Do Estigma à Exclusão

Histórias de corpos (des)acreditados

FERNANDO SILVA TEIXEIRA FILHO

DO ESTIGMA À EXCLUSÃO

Histórias de corpos (des)acreditados

© 2005 Casa do Psicólogo® Livraria e Editora Ltda.
É proibida a reprodução total ou parcial desta publicação, para qualquer finalidade, sem autorização por escrito dos editores.

1ª Edição
2005

Editores
Ingo Bernd Güntert e Myriam Chinalli

Assistente Editorial
Sheila Cardoso da Silva

Revisão
Adriane Schirmer

Produção Gráfica & Capa
Renata Vieira Nunes

Editoração Eletrônica
Helen Winkler

Dados Internacionais de Catalogação na Publicação (CIP)
(Câmara Brasileira do Livro, SP, Brasil)

Teixeira Filho, Fernando Silva
Do estigma à exclusão: histórias de corpos (des) acreditados / Fernando Silva Texeira Filho – São Paulo: Casa do Psicólogo®: FAPESP, 2005.

Bibliografia
ISBN 85-7396-366-2 (Casa do Psicólogo)

1. Anomalias humanas 2. Corpo humano 3. Estigma (Psicologia social) 4. Exclusão social 5. Psicologia social 5. Psicanálise I. Título.

04-7089   CDD-155.916

Índices para catálogo sistemático:
1. Corpo humano: Malformações congênitas: Estigmatização: Aspectos psicológicos 155.916
2. Estigmatização: Corpos humanos: Malformações congênitas: Aspectos psicológicos 155.916
3. Malformações congênitas: Corpos humanos: Estigmação: Aspectos psicológicos 155.916

Impresso no Brasil
Printed in Brazil

Reservados todos os direitos de publicação em língua portuguesa à

Casa do Psicólogo® Livraria e Editora Ltda.
Rua Mourato Coelho, 1059 Vila Madalena CEP 05417-011 São Paulo/SP Brasil
Tel.: (11) 3034.3600 E-mail: casadopsicologo@casadopsicologo.com.br

Ao João, pelos sonhos

Sumário

Prólogo 11

Agradecimentos 13

Prefácio 15

Apresentação 19

Um convite 21

Introdução 23

CAPÍTULO 1

A (des)naturalização do corpo-extrófico 31

Uma pequena história… 31

Sobre o estranho 32

Das marcas, dos estigmas e dos ritornelos 35

O processo de naturalização 37

Transmutação das marcas em estigmas 41

A molaridade do estigma 43

O processo de (des)naturalização 49

A molecularidade do estigma 53

Da moral como princípio da subjetivação estigmatizante 54

Da ética como princípio da subjetivação estética 57

CAPÍTULO 2

A corp@logia e o método da pesquisa narrativa 61

O método da corp@alogia 61

O método da pesquisa narrativa 63

O processo de pesquisa narrativa 64

Participantes 65

Instrumentos da coleta de dados dos participantes 66

Segmento I 66

Segmento II 68

Procedimentos de análise 69

Primeiro nível de interpretação 69

Último nível de interpretação 70

Os problemas e o campo problemático do trabalho 70

CAPÍTULO 3

O corpo e a invenção da extrofia vesical **71**

O corpo e a Idade Média **71**

    O nascimento dos monstros 74

O corpo e a Renascença **79**

    Descartes e a invenção do corpo-máquina 81

O corpo e o Iluminismo:
O nascimento da clínica médica **83**

    O nascimento da extrofia como doença 89

    Da revolução iluminista ao industrialismo:
    o corpo-doença e e o corpo-político 94

"Violeta e o confronto com a institucionalização da Medicina" **101**

CAPÍTULO 4

O corpo-extrófico, a família e a educação **123**

O que é família? **124**

As origens da família **130**

A genealogia da família nuclear e da infância **137**

    Até o século XVII 137

    A partir do século XVIII 141

As funções da família nuclear **142**

    A série educacional 143

    A série da saúde 154

    Os novos papéis da mãe e do pai 157

        O papel da mãe *158*

        O papel do pai *165*

        Dos direitos do pai e da mãe *166*

    O caso de Carmem, sua filha Maria e seu marido José 171

CAPÍTULO 5

O corpo-extrófico e a Psicanálise **195**

Condições de possibilidade da Psicanálise **198**

A histeria e o corpo como expressão de afectos **200**

O corpo-pulsional e a sexualidade infantil **208**

O corpo-erógeno e o infantil sexual **213**

O corpo-simbólico e o corpo-sexuado (gênero sexual) **217**

    A via das pulsões 217

    A via das identificações 221

A via do falo (*Phallus*) e da castração 224

A via psicopatológica 229

Crítica ao Édipo e às funções maternas e paternas na Psicanálise **232**

A clínica psicanalítica do corpo-extrófico **237**

A clínica do Simbólico 237

A clínica dos afectos 240

A sexualidade de um corpo-extrófico: Dora e Farineli **246**

CONSIDERAÇÕES FINAIS
O fim da Cruzada **271**

BIBLIOGRAFIA **277**

FILMES CITADOS **287**

SUMÁRIO DOS QUADROS

Quadro 1 – Significados da deficiência em diferentes períodos da história 45

Quadro 2 – Séries de fundação do pátrio poder 166

Quadro 3 – Modos de reação à castração 229

PRÓLOGO

Bem fundamentado em autores como Foucault, Deleuze, Guattari, Freud e Lacan, o autor apresenta a tese na qual a extrofia vesical é entendida como uma invenção e não um dado natural.

É uma proposta ousada!

Trata-se, portanto, no entender do autor, de diferentes interpretações. Ele diz: "para a medicina, essa condição é uma anomalia genética; para a família, uma desgraça; para a religião, um mistério divino; para a escola, uma exceção".

A primeira abertura que Fernando apresenta, então, é a de tomar a realidade como semblante, como interpretação, conseqüentemente passível de deslocamentos. Questiona assim com veemência "a transmutação do corpo extrófico em anomalia".

Apoiado no conceito de corpo para a psicanálise, em seus três registros – imaginário, simbólico e real – oferece, de maneira própria e original, uma alternativa ao que existe como assistência a essa condição de corpo: a *corp@logia*. "Um neologismo cunhado para se pensar o papel do corpo na gênese da subjetividade."

Este livro, originalmente uma tese de doutorado chamada *As transmutações do corpo e a invenção da extrofia vesical*, revela, tanto do ponto de vista teórico quanto clínico, um novo fazer, não somente em relação às chamadas anomalias, mas também quanto às diversas formas de estigmatização que a sociedade estabelece em relação a tudo o que escapa ao que é reconhecido como normal. Conclui que o estigma não está tão submetido ao campo da moral quanto "à atualização de práticas sociais que circunscrevem os modos de ser e estar no mundo".

Sendo a "anomalia" uma visão de mundo, *Do estigma à exclusão...* passa a ser uma leitura altamente recomendável a todos aqueles que buscam opções à abordagem reducionista construída pelo par normal e patológico.

Sandra Arruda Gröstein
Psicanalista

AGRADECIMENTOS

Desejo expressar, retrospectivamente ao ano 2000, meus sinceros agradecimentos:

À minha analista, Sandra Gröstein, que acompanhou a feitura deste trabalho desde os momentos em que eu o esbocei no divã, bem como tornou-se referência na minha formação teórico-prática que aqui está descrita.

Aos Professores Doutores Suely B. Rolnik e Luis B. L. Orlandi da Pontifícia Universidade Católica de São Paulo, que me acompanharam orientando-me e formando-me academicamente na realização deste trabalho e que depositaram a mais fiel confiança em minha potência de conexão, de produção de "delírios" teóricos e expansionismo das sensações na existência.

Aos Professores Doutores João Antonio Telles e Patrick Diamond, sem os quais o percurso na descoberta do embasamento teórico-prático sobre o método desta pesquisa teria sido muito mais espinhoso.

Aos Professores Doutores Sônia França, Hélio Rebello, Dr. Amilcar M. Giron e Antonio José Sterza Justo, por aceitarem fazer parte da qualificação e defesa da tese, e que agora apresento como livro, cujas pontuações enriqueceram este trabalho com suas experiências e prudentes leituras.

Aos meus familiares, pais, irmãos, avó, tia Nozinha e tio Marinho, que me apoiaram sempre e foram de um altruísmo incomparáveis para me ajudarem a formar-me academicamente e referendar-me a ser a composição que estou sendo.

Ao meu querido e saudoso amigo Alan Kenny, que compreendendo o choque cultural e desilusões acadêmicas por mim enfrentados em um ano de Inglaterra, necessários para a pesquisa bibliográfica e aprendizagem metodológica, suportou toda a minha nostalgia trazendo-me alegria, levando-me para passear, editando meus trabalhos, enfim, sendo meu amigo e confidente.

A todos os amigos que foram se despedir de mim quando da minha viagem à Inglaterra para fazer esta pesquisa lá (como era meu projeto inicial), que me escreveram e telefonavam, e que foram me receber no aeroporto em meu regresso.

Por fim, mais uma vez, ao CNPq e CAPES, por terem confiado no mérito deste trabalho e a mim liberado o dinheiro público para realizar este projeto na sua forma de pesquisa de doutoramento e a FAPESP (Fundação de Amparo à Pesquisa do Estado de São Paulo) que tornou possível, juntamente com a Casa do Psicólogo, a transformação deste trabalho de pesquisa no livro que agora torno público.

Prefácio

Fernando traça em seu livro linhas de superfície dos modos de existência de pessoas envolvidas com uma questão em seus corpos denominada pela Medicina de *extrofia vesical*.

A fim de delinear essa cartografia, o autor conduz-nos pelos caminhos traçados por esses corpos no interior das práticas médicas, assistenciais, teológicas, familiares e educacionais, expondo de forma contundente como estes adquirem contornos específicos a partir dos agenciamentos históricos e, na atualidade, dos padrões normativos implicados em cada uma dessas práticas.

Essa condição existencial de *anomalia genética* circunscreve essas pessoas em processos estigmatizantes baseados em equivalentes gerais que negam a diversidade e a expansão das conexões da forma humana com outras formas viventes, limitando as possibilidades de enunciação de outros campos de afectos portadores de diferenciação de estilos de vida.

Assim, seu trabalho de pesquisador e analista volta-se para uma avaliação dos conteúdos que as disciplinas ditas inteligentes — a Medicina, a Pedagogia, a Teologia — oferecem para o trabalho da normalização social, e como suas práticas intitucionalizadas precisam ser interrogadas, pois não são naturais nem supra-históricas, a fim de dar passagem à potência de conexão dos corpos, estes sim, materialidades abertas na história.

Então, seu primeiro capítulo traz o corpo, matéria de carne, por isso, corpo-suporte, sendo engendrado em diversos registros históricos e, dependendo de onde e de como esse corpo-suporte é produzido, ele será valorado positiva ou negativamente; ou seja, o processo de naturalização do corpo, regido pela lógica das analogias e semelhanças, produz estigmas, oferece-lhe atributos que não lhe dizem respeito.

Capturado na sobrecodificação dos equivalentes gerais, o corpo deixa de ser máquina maquínica que processa fluxos heterogêneos para tornar-se corpo-máquina-mecânica, regulado por funções orgânicas.

A preocupação do autor em introduzir circuitos que processem uma desnaturalização do corpo é relevante, pois visa problematizar o sentido hegemônico que os processos estigmatizantes impõem às formas existentes.

Em seu entender, o processo maquínico da vida está sempre a diferir, a produzir marcas que, em princípio, não têm finalidade nem nome, e essas marcas são gêneses de devir, de possibilidades de existência. É a vida delimitando uma certa combinação (agenciamento) para sua expansão, pois em sua dimensão molecular a existência é atravessada por fluxos, velocidades, intensidades caóticas que se misturam, compondo formas e corpos, texturas e diversidades que não cessam de se expandirem.

Então, a constituição de um corpo é fundamentalmente plástica, uma experimentação estética da existência, matéria de expressão e expansão da vida. Referir todo vivente às normas gerais e serializadas é negar-lhe uma antologia do sensível. Fixado no modelo ele deixa de ser cartografia de sensações e das intensidades que o constitui.

As marcas que um corpo traz são formas de expressão da vida e, como ritornelos do tempo, servem para sustentar um sentido, um abrigo diante das forças do caos; combinando matérias de expressão, as marcas desenvolvem paisagens territoriais para fixar um limite e traçar uma linha nas experimentações ilimitadas da vida.

Então, a *extrofia vesical* é o efeito do encontro dessa marca no corpo-suporte que é tornada estigma no encontro com as práticas sociais historicamente constituídas para lidar e cuidar do corpo-suporte. Esse problema será, então, debatido nos capítulos três e quatro.

Para tal, Fernando inicia esse debate, no capítulo dois, explicitando as diferentes materialidades históricas que irão compor o que chamamos de corpo.

Primeiramente, hábitat da alma, lugar de combate entre o bem e o mal, de adoração ou execração da carne. A ética cristã traz o corpo do ser humano como expressão do poder de Deus, em sua ima-gem e semelhança, há que se normatizar a boa imagem do humano, pois também são diversas as imagens de Deus.

O que fazer com o estranho, o monstruoso? Que alma ou augúrios podem eles acolher ou esconder?

Em seu excesso encarnado, o monstro é um além da realidade, uma linha de fuga que repõe a possibilidade de uma outra origem; nele pode estar um outro do humano, conservando viva a suspeita dessa humanidade semelhante a Deus.

Ao revelar o que deve permanecer oculto, o corpo monstruoso subverte a ordem sagrada das relações entre o corpo e a alma, torna visível o invisível. Alma feita de carne, um mau presságio que rompe sentidos da existência e prenuncia um possível outro para a humanidade.

Então, a renascença traz a dessacralização do corpo e, conseqüentemente, outras materialidades irão dar-lhe contorno: o corpo-organismo, sem ressurreição, há que viver a vida. Despojada de sortilégios, a natureza torna-se domínio da investigação empírica que descobre as leis que regem a natureza dos corpos, ou seja, a racionalidade da natureza.

Um novo modo de olhar e observar se efetiva e a Medicina é que irá desenvolver esse saber sobre o corpo e sua natureza, aplicando à vida um valor de uso funcional.

O corpo é agora o hábitat da doença, ela não está mais na superfície do corpo, mas em uma anatomia, e a palavra de ordem aqui será ajustar a percepção (anatômica) à leitura dos sistemas (a descrição que torna visível o invisível), então, perceber a doença é um modo de perceber o corpo.

A modernidade traz, então, uma nova economia de poder que toma o corpo como objeto problemático: o Estado moderno e a organização da sociedade capitalista. Há que se fabricar um tipo de ser humano necessário ao funcionamento dessa sociedade, e o corpo deve ser útil, e, portanto, restabelecer a sua força produtiva é tarefa do Estado e da Medicina.

No momento em que as relações de poder do Estado moderno se incumbem de gerir a vida dos homens, há que se criar procedimentos que impeçam os homens de morrer. Referenciando-se em Foucault, o autor expõe os efeitos da sociedade disciplinar: a individualização dos corpos, o controle dos gestos, o registro e a vigilância das minúcias do comportamento humano que irão, efetivamente, produzir o corpo-indivíduo.

Essa biopolítica moderna irá ter as instituições família, educação, hospitais e cidades, como aliadas para a higienização, tomando como referência os discursos médicos, psiquiátricos e, posteriormente, no século XIX, também as Ciências Humanas, produzindo uma organização lógica da existência, tendo o corpo como suporte de um circuito que se orienta entre a família, a educação, e a tríade Hospital-Medicina-Estado. E é justamente isso, essa rede higienista, que o autor demonstra a partir dos excertos das entrevistas realizadas com os(as) participantes dessa pesquisa. Ponto a ponto, essa tríade vai sendo apresentada, analisada e desnaturalizada em suas diversas formas de expressão narrativa até que delas só restem os afectos que as compõem.

Esse acontecimento, mais do que oferecer lugares para um corpo, irá circunscrevê-lo no interior de práticas discursivas e não discursivas que se regulamentam não pela lei, mas pela norma que visa adaptar ora abolindo comportamentos ora produzindo novos.

Então, o corpo-suporte tornado corpo-extrófico, mais do que uma natureza, é o efeito desse plano organizador sustentado por princípios teológicos e científicos em nossa atualidade histórica.

Finalmente, como psicanalista, o autor traz no último capítulo, o lugar da Psicanálise nesse contexto tão complexo. Em seu entender, esse conjunto teórico lhe oferece uma clínica do corpo entendido como afectos, estados intensivos produtores de alteridade. Esculpir sensações é sua tarefa, cujo método é a corp@logia, isto é, um conjunto de procedimentos que percebem que as marcas de um corpo não são nem boas nem más, nem cientificizáveis nem interpretáveis, outrossim, são durações de uma vida, intensidades produzindo expressão.

Drª Sônia Aparecida Moreira França[1]

---

[1] Professora Livre Docente no Departamento de Psicologia Clínica da Universidade Estadual Paulista (UNESP) – Faculdade de Ciências e Letras "Julio de Mesquista Filho", Assis, SP.

Apresentação

Em junho de 2000, na Pontifícia Universidade Católica de São Paulo, dentro do Programa de Pós-Graduação em Psicologia Clínica, sob a orientação do professor doutor Luis Benedicto Lacerda Orlandi, defendi minha tese de doutoramento intitulada *As transmutações do corpo e a invenção da extrofia vesical*.

Na época, inspirado pelo livro *Living with Bladder Exstrophy (Vivendo com Extrofia Vesical)* publicado pela Associação para Crianças com Extrofia Vesical, escrevi um capítulo totalmente dedicado a informar o(a) leigo(a) sobre as condições clínicas e as vicissitudes das pessoas que nascem com esta condição física. Mais tarde, quando submeti esta tese para avaliação e publicação, sugeriram-me o desmembramento deste capítulo em um livro à parte tal foi o seu valor informativo. Ele foi intitulado *Extrofia Vesical: orientações para pais, familiares e profissionais da Saúde*.

Neste livro, de um lado, tomando a extrofia vesical como metáfora da estigmatização, interessa-me informar o leitor sobre a construção sociohistórica das marcas corporais que foram, ao longo do tempo, adquirindo um valor negativo a elas agregado. Trata-se de uma genealogia da história das representações sobre o corpo e de como estas histórias foram fazendo-nos mudar nossa relação com ele, afetando, portanto, as formas de subjetivação. Por outro lado, estarei abordando algumas questões específicas do funcionamento psíquico de pessoas nascidas com extrofia vesical, que em Medicina é chamada de malformação congênita. Entretanto, não estou preocupado em mostrar que as pessoas nascidas com esta condição possuem (ou deveriam possuir) uma estrutura psíquica específica. Ao contrário, tento aqui mostrar que, como todos nós, elas também têm de enfrentar a passagem da condição de ser puramente biológico para simbólico e posicionar-se sexualmente. Todavia, por terem nascido com uma marca corporal que já é desvalorizada socialmente, elas precisam lidar com certos padrões específicos de subjetivação. Além disso, há a especificidade de sua condição física que nos possibilita pensar em um modo diferenciado de gerenciamento de suas pulsões haja vista que em todos os casos relativos à extrofia vesical há a presença da incontinência urinária.

Até o momento, a extrofia tem sido uma questão puramente médica, isto é, uma doença, uma anomalia. Porém, seu alcance é muito maior, já que toca em questões profundas e de difícil resposta que deixam qualquer profissional que dela se aproxima em uma situação de desconhecimento quase absoluto, forçando-o a rever posições e a inventar novos percursos. Espero, portanto, com este livro, contribuir para o esclarecimento de algumas dessas questões. Mas me darei por satisfeito se ao menos, ao final, os leitores puderem compreender que, na vida, nada, nem mesmo o ar que se respira, é natural, sendo, portanto, a realidade um artifício que construímos para dar conta do excesso de sentidos que aquela pode vir a ter.

Um convite

Convido o leitor a um exercício de devir. Imagine que somos um grupo de crianças brincando no deserto. De repente, debaixo da areia, encontramos uma série de fotos das quais apenas sabemos que o fotógrafo que as tirou não tinha outro propósito senão o de descrever o que viu. As fotos estão bem à nossa frente. Decidimos que cada um escreveria as suas impressões em uma folha à parte e depois iríamos discuti-las conjuntamente.

Insatisfeitos com o que conversamos, quisemos discutir nossas opiniões com outras pessoas. Assim, decidimos cruzar o deserto em busca de outras referências. Como o deserto é puro horizonte, saltamos no mesmo lugar, para cima e para baixo. Nossos pulos produziram ondas que formaram círculos. Esses círculos se dobraram em si mesmos e, como mágica, fizeram surgir alguns portais. No primeiro estava escrito Medicina. No segundo, Escola. No terceiro, Família. No quarto, Psicanálise. No quinto, Arte. Antes de iniciarmos nossa Cruzada, equipamo-nos com água, comida e uma cartografia afetiva na qual estava escrito:

"Guardemo-nos! — Guardemo-nos de pensar que o mundo seja um ser vivo. Para onde se expandiria? De onde se alimentaria? Como poderia crescer e multiplicar-se? Sabemos, aliás, mais ou menos, o que é o orgânico: e haveríamos de interpretar o indizivelmente derivado, tardio, raro, contingente, que é só o que percebemos sobre a crosta da Terra, como o essencial, o universal, o eterno, como fazem aqueles que denominam todo um organismo? Isso me repugna. Guardemo-nos desde já de acreditar que o todo seja uma máquina; ele certamente não foi construído visando a um alvo, com a palavra "máquina" prestamos a ele uma honra alta demais. Guardemo-nos de pressupor algo tão perfeito em sua forma, como os movimentos cíclicos de nossas estrelas vizinhas, em geral e por toda parte; já um olhar à Via-Láctea faz emergir dúvidas, se não há ali movimentos muito mais rudimentares e contraditórios, e igualmente estrelas com eternas trajetórias cadentes em linha reta e coisas semelhantes. A ordem astral em que vivemos é uma exceção; essa ordem e a relativa duração que é condicionada por ela possibilitaram, por sua vez, a exceção das exceções: a formação do orgânico. O caráter geral do mundo é, ao contrário, por toda a eternidade, o caos, não no sentido da falta de necessidade, mas da falta de ordem, articulação, forma, beleza, solidariedade, ou como se chamem todos esses humanismos estéticos. Julgados a partir de nossa razão, os lances de dado infelizes são, de longe, a regra; as exceções não são o alvo secreto, e o jogo inteiro repete eternamente sua toada, que jamais poderia chamar-se uma melodia — e, por último, até mesmo a palavra "lance infeliz" já é uma humanização, que encerra em si uma censura. Mas como poderíamos censurar ou louvar o todo! Guardemo-nos de lhe imputar falta de coração e irrazão ou seus contrários: ele não é perfeito, nem belo, nem nobre, e não quer tornar-se nada disso, nem sequer se esforça no sentido de imitar o homem! E nem é atingido por nenhum de nossos juízos estéticos e morais! Também não tem um impulso de autoconservação nem em geral qualquer impulso; também não conhece nenhuma lei. Guardemo-nos de dizer que há leis na natureza. Há somente necessidades: nela não há ninguém que mande, ninguém que obedeça, ninguém que transgrida. Se sabeis que não há fins, sabeis também que não há acaso: pois somente ao lado de um mundo de fins a palavra "acaso" tem um sentido. Guardemo-nos de dizer que a morte é oposta à vida. O vivente é somente uma espécie de morto, e uma espécie muito rara. — Guardemo-nos de pensar que o mundo cria eternamente o novo. Não há substâncias de duração eterna; a matéria é um erro tão grande quanto o deus dos eleatas. Mas quando chegare-

mos ao fim de nossa cautela e guarda? Quando todas essas sombras de Deus não nos toldarão mais? Quando teremos a natureza inteiramente desdivinizada? Quando nós, homens, com a pura natureza, descoberta como nova, redimida como nova, poderemos começar a nos naturalizar?"

Friedrich Nietzsche. *A gaia ciência* (1983 [1881-1882], p. 199).

Livro III, Aforismo 109.

Assim começamos nossa Cruzada no deserto.

Introdução

Das unheimliche[2] *na minha experiência profissional*

Este trabalho começou a se esboçar no meu encontro com os pacientes de um hospital público nascidos com aquilo que em Medicina é chamado extrofia vesical. Dele resultou minha tese de doutorado denominada *As transmutações do corpo e a invenção da extrofia vesical*, defendida em junho do ano 2000, na Pontifícia Universidade Católica de São Paulo, no Programa de Pós-Graduação em Psicologia Clínica, sob a orientação do professor doutor Luis Benedicto Lacerda Orlandi e ela está sendo agora apresentada em forma de livro.

Na época, inspirado pelo livro *Living with Bladder Exstrophy (Vivendo com Extrofia Vesical)* publicado pela Associação para Crianças com Extrofia Vesical, escrevi um capítulo totalmente dedicado a informar o(a) leigo(a) sobre as condições clínicas e as vicissitudes das pessoas que nascem com esta condição física. Mais tarde, quando submeti o trabalho de tese para avaliação e publicação, sugeriram-me o desmembramento deste capítulo em um livro à parte tal foi o seu valor informativo. Ele foi intitulado *Extrofia Vesical: orientações para pais, familiares e profissionais da Saúde* (Casa do Psicólogo; FAPESP, São Paulo, 2004).

Neste livro, abordo em detalhes o ponto de vista médico sobre a extrofia vesical para a qual ela é uma "falta do desenvolvimento de nascença que afeta a formação física dita normal, a função da bexiga, dos órgãos sexuais, e outros órgãos internos responsáveis pela função urinária. Essa é uma condição rara que afeta aproximadamente 1:25.000 para 40.000 nascimentos, com uma predominância do gênero masculino de 3:1 nascimentos e é classificada como uma malformação congênita[3] ". Aqui, entretanto, não estarei detalhando do ponto de vista médico essa condição física, sendo suficiente para os fins deste volume a explicação apresentada.

Minha prática como psicanalista, trabalhando com crianças, adolescentes (e seus pais), e também com adultos nascidos com esta condição física, na clínica de Urologia daquele hospital, mostrou-me que a maioria dos pais com quem trabalhei descreveu suas relações com seus filhos assim nascidos como *estranhas*. E os "extróficos", eles mesmos, também se referiam à sua condição física como "esquisita" e "incômoda", além do que sofriam discriminações por serem deste modo, isto é, a reação das pessoas a esta condição chegava mesmo a atribuir-lhes o significado de monstruosidade, de aberrações. E eu também, no meio dessa composição, sentia-me "estranho". Percebi, portanto, que socialmente a condição física daquelas crianças era estigmatizada. Elas carregavam o estigma da "imperfeição" sempre que seus corpos eram contrastados com o corpo supostamente padrão proposto pelo discurso médico.

O que me "estranhava" em uma bexiga projetada do interior para o exterior do corpo era justamente a capacidade daquele corpo em poder continuar vivente mesmo sem suportar esse *semblant* de perfeição corporal que a civilização moldou na forma de "organismo". O corpo-extrófico[4] mostrou-me que é mais razoável que a razão, que os discursos

---

[2] *Das unheimliche* foi traduzido em português por *O estranho*, texto freudiano de 1919, que se encontra no Vol. XVII da Standard Edition das *Obras Completas de S. Freud*, 1979. A palavra alemã usada por Freud pretende dar conta de certas experiências em nossas vidas que são vividas como estranhas, secretas e capazes de produzir um sentimento de medo ou terror. Se *heimliche* significa segredo e *heim* significa casa, então, *unheimliche* tem um dúbio sentido: o que é secreto deve ser conhecido antes de ser posto em segredo ou escondido, ou feito invisível. *Unheimliche* significa, portanto, a experiência que é tanto familiar quanto não-familiar, simultaneamente.

[3] Damario, S.E. Carpenter, H.W. Jones, Jr. & J.A. Rock (1994). "Reconstruction of the external genitalia in females with bladder exstrophy". Em *International Journal of Gynaecologic Obstetrics*, 44(**3**), Mar., pp. 245-53.

[4] Para os fins deste trabalho, toda vez que a palavra corpo estiver seguida de um hífen e um adjetivo, significará que estou tentando destacar o valor substantivo deste tipo de corpo mais do que seu valor adjetivo.

positivistas, que as invenções humanas que se dizem prioritárias e/ou superiores a outros viventes deste planeta. Ele, com uma bexiga exposta, que não pensa, que não tem sentimentos, é capaz de compor-se com uma infinidade de elementos que venham a garantir a expansão da vida nele. Esse corpo-extrófico, uma "tiririca" no meio de um jardim renascentista, vem provar que também é capaz de ornamentar a vida, na medida em que ele é um outro extrato dela.

Esse corpo-extrófico, que é suporte da virtualidade de uma vida que raramente se atualiza, é prontamente reduzido à soberania das formas cotidianas tornando-se assim um "humanóide", quer dizer, um "quase-humano". Em outros termos, podemos aceitá-lo desde que ele seja definido pelos "corpos-perfeitos" como "monstruosidade", "anomalia", uma forma "meio-humana", etc. E aqui encontramos a função do atributo: sustentar a manutenção de uma dimensão Imaginária e Simbólica do Real do corpo. Por isso, o corpo-extrófico, quando contrastado a equivalentes gerais de referência para se pensar o humano (simbólicos e/ou imaginários), será definido como lapso, chiste, sintoma, gaguejar da própria língua humana, um não-sentido. Assim, no *Capítulo 1* desse estudo, estarei investigando as bases filosóficas e conceituais que influenciam na transmutação desse corpo-extrófico em "estigma".*

Por meio da escrita das considerações narrativas das práticas sociais e culturais historicamente datadas de como lidar, cuidar e conviver com o corpo-extrófico, e de uma análise rizomática, eu tentei elaborar cartografias específicas para descrever como, possivelmente, influenciam os pais na maneira de se relacionarem com o modo de ser de seus filhos. Além disso, interessei-me por apontar como os participantes dessa pesquisa fazem para manter a expressividade de seu corpo-suporte. Isto é, de que modo eles "fogem" e se defendem da soberania da estigmatização? De que modo as linhas de força moleculares os atravessam e para onde elas os arrastam? O que pode e como pode os seus corpos sustentarem o plano molecular e o plano molar de produção da subjetividade? Qual é o papel do cor-

po-suporte na constituição de seus processos de subjetivação? Os detalhes sobre esse método de escrita e análise de dados colhidos em entrevistas com os pais de pessoas nascidas com "extrofia" e com elas próprias, compõem o *Capítulo 2.*

Interessei-me por esse assunto para poder mostrar não a monstruosidade em si, mas justamente para combater a crença em um "em-si" da monstruosidade; para indicar que há todo um discurso "humano, demasiadamente humano", produzido em torno dos nascimentos ditos monstruosos, que nos limitam na nossa relação com a diferença, que produzem a exclusão (essa sim "mal(in)formada"), que nos afasta daqueles laços sociais que têm a potência de expansão da vida como valor soberano. Assim é que, no *Capítulo 3*, tento desvendar que após a "clínica médica" ter se constituído um saber referente e, mais propriamente, quando ela foi inserida em um discurso que lhe conferiu "Verdade", o corpo-extrófico foi inventado como "extrofia-vesical". Isto é, quando a Medicina foi adquirindo o caráter de "ciência" de onde passou a ser um equivalente geral soberano para se pensar a vida, as subjetivações e seus elementos foram estigmatizados em duas grandes categorias: os normais e os anormais equivalentes à saúde e à doença. Desse momento em diante o corpo-extrófico adquiriu os atributos de anomalia, doença, malformação congênita e disfunção genética.

É para combater a "estupidez" da estigmatização que apelo ao coletivo, para dizer que a vida, em sua absoluta diferença, não rotula as formas que cria. E mais ainda, tudo que ela cria parte de corpos-sem-órgãos que são a própria "monstruosidade" do corpo-organismo. Assim, somos, cada um de nós, "monstros" em nossa natureza. Mas poucos se tornam grotescos como nas obras de arte. Essa é, portanto, a dimensão de protesto desta obra, tal como visto no *Capítulo 4*, que trabalha a produção de atributos a esse corpo-extrófico a partir das práticas sociais e familiares (discursivas e não-discursivas) criadas para se lidar e conviver com esse modo de ser do corpo, auxiliando a Medicina a higienizá-lo.

---

* A partir dos de (des)naturalização do corpo-suporte.

Baseado em alguns fundamentos nevrálgicos de uma certa Filosofia e Psicanálise "menores", que acreditam que tudo o que *a vida produz tem a necessidade de estar sendo*, isto é, *devindo-se*, *expandindo-se*, defendo aqui a tese de que a vida é *máquina maquínica*[5] de produção de infinitas formas e modos de subjetivação, e levo o leitor à segunda dimensão deste trabalho: a *corp@logia*. Neologismo cunhado para se pensar o papel e a virtualidade do corpo na gênese da subjetividade.

O corpo físico é uma das marcas da vida. Ele é feito de carne e de órgãos que se ligam entre si por relações nada harmônicas e naturais. Esse corpo suporta algumas dimensões da existência. Por isso, neste trabalho, quando estiver me referindo ao corpo como lugar de sustentação de dimensões existenciais, irei me referir a ele como corpo-suporte.

Há algumas dimensões do corpo-suporte que estou trabalhando aqui. Para melhor falar delas, irei recorrer a alguns conceitos da teoria lacaniana no ponto mesmo em que são compatíveis com o propósito da corp@logia aqui sugerida.

Há quatro dimensões do corpo que estou trabalhando aqui.

A primeira é a de um corpo-com-órgãos, que é suporte material de algumas subjetivações. Esse corpo-suporte pode ser multiforme. Ele é o corpo feito de carne, que circunscreve, que é materialização da vida sendo ele mesmo uma matéria de sua expressão e expansão. Ele é uma solução encontrada pela própria vida para que esta possa se exprimir. Esse corpo-suporte pode ainda sustentar a expansão da vida em três outros registros: Imaginário, Simbólico e Real.

Quais são as outras dimensões da vida que esse corpo-suporte pode sustentar para que a vida nele continue se expandindo? Aqui eu trabalho com as dimensões Imaginárias, Simbólicas e Reais. Al-

guns antropólogos, como Lèvi-Strauss, Margaret Mead, Marcel Mauss, já nos mostraram a história de produção de cada uma dessas dimensões e vemos que sua condição de existência primordial é a necessidade que a vida tem de se expandir.

Comecemos pela dimensão Imaginária do corpo. Ela é aquela que oferece uma ilusão de unidade, de fusão entre os díspares, tornando-os Um. Mas, ao mesmo tempo que esta dimensão produz completude, ela encerra a "verdade" do desamparo, da alienação de um ao outro. Como disse Lacan (1949) é uma ordem de "reflexo do semelhante ao semelhante", de identificações, pois que reflete o que os outros reatualizam em nosso corpo. Em síntese, o Imaginário é a dimensão da não-diferença, da alteridade ela mesma transformada em semelhança pela analogia das formas, das paixões pela imagem, e das fixações à carne. Esse procedimento produz o dualismo "amor/ódio" regulando o erotismo do corpo, caminho para a produção de uma identidade até mesmo sexual. É nessa dimensão que o corpo-suporte tem os atributos colados a ele, que delimitam a sua expansão, pois o fixam em um significado específico, naturalizando o atributo ao suporte, isto é, inventando uma natureza ao corpo desconectada do campo de imanência que o produziu. Assim, a pergunta de ordem nesta dimensão é sempre: *o que é isso?* E o regime de forças constante é a ambigüidade e a dualidade regulando o erotismo do corpo, o seu prazer, a partir da colagem simbólica de um atributo a ele imposto.

A dimensão Simbólica do corpo remete mesmo à lógica do significante que suscita a questão imaginária: *o que é?* Embora refletida pela ordem Imaginária, o Simbólico é caracterizado pela falta de qualquer relação "natural" entre significante e significado. Assim, esta dimensão é constituída pelo dualismo "presença/ausência", "vida/morte". O Sim-

---

[5] O termo maquínico diferencia-se da idéia de mecânico, pois "o maquínico é o processo de agenciamento de fluxos heterogêneos e independentes entre si, os quais não se organizam sempre da mesma maneira; além disso, os fluxos, no sentido maquínico, conectam-se sempre com outros fluxos exteriores" (Selaibe, 1989, p. 26). Neste estudo, um exemplo de um modelo mecânico de produção da subjetividade é a referência ao corpo como um organismo. Isto é, um corpo-máquina regulado por funções mais ou menos independentes umas das outras e mais ou menos descontextualizadas, podendo ser repostas como peças de um maquinário, visando à homogeneização e harmonia de forças e funções. Nas produções maquínicas, os elementos envolvidos se ligam a qualquer outro e podem assumir funções muito diferentes umas das outras. Um exemplo de produção maquínica seria a brincadeira infantil que se regula pela combinação e agenciamento de elementos muito diversos entre si, regulados a partir das necessidades da própria situação proposta como problematização para a criança.

bólico caracteriza-se então pela relação triádica, ou antes quaternária porque as relações de subjetivação e do desejo aqui são sempre mediadas pela Linguagem. Assim há sempre uma criança tendo de se haver com uma função materna, paterna e com o falo (significante que presentifica a falta do objeto imaginado que levaria à completude, mas que, por exercício da Lei do *Nome-do-Pai*, foi perdido para sempre de modo a sempre presentificar a relação não-natural entre o significado e o sentido). Portanto, essa é a dimensão que regula não o erotismo, mas o posicionamento do corpo-suporte diante da Lei de seu desejo e sua sexuação.

A dimensão Real é aquela na qual o corpo é usina de produção de afectos. Não há falta nesta dimensão, não há fissuras. Esta dimensão é puramente sensacionista e inacessível à Linguagem, inassimilável por ela, porém é o que a anima. É tudo aquilo que subsiste fora da simbolização, mas sem a qual esta não seria possível. Isto é, nesta dimensão a morte é vista na sua positividade; ela nunca é um fim porque não há ponto de partida e de chegada. Vive-se em constante transmutação, ficando-se mais do lado do *avesso* das coisas, *entre* as coisas e menos do lado da vida ou da morte. Para autores como Deleuze e Guattari, é justamente nesta dimensão dos afectos, dos fluxos e dos devires, que o desejo se constitui. Logo, para eles, diferentemente de Lacan, o desejo não seria imposto por uma Lei Abstrata e Soberana, dependente do despotismo da linguagem, mas, sim, por efeito dos múltiplos agenciamentos coletivos de enunciação que se dão no Real. E por agenciamento entenda-se a conexão de uma diferença a outra não por analogias (*ou* isto *ou* aquilo…), mas, sim, por ressonâncias. Desse modo, o desejo sempre é fruto de rizomas (*e* isto *e* aquilo…), de alianças díspares. Por exemplo, o que determina a minha "relação" com uma abelha não é outra coisa senão o espaço de ressonância que há entre meu corpo e o dela para que ela não me pique, e para que eu não a afaste de mim, ou a mate. No caso das pessoas que se cobrem de abelhas no seu próprio corpo, não se trata de um homem se tornando abelha, nem tampouco de abelhas se tornando homem. Antes, trata-se de produzir um *liame*

entre ambos que os faça se conectarem naquela composição. Nesse caso específico, sabemos que é o mel. Digamos que o "mel" aqui adoça e suaviza o espaço de ressonância entre esses elementos *díspares* tornando-os Um, mas múltiplos, pois dali derivam outras coisas, por exemplo, o enxame.

E a dimensão Real que o corpo-suporte sustenta se divide em virtual e atual. Por virtual entenda-se as conexões possíveis que os afectos que atravessam o corpo-suporte podem devir: um *devir* touro na bicicleta e vice-versa, como em Picasso. Mas o virtual, como nos ensina Levy (1996), não é o possível. Recorrendo aos ensinos de Deleuze em *Diferença e repetição*: "o possível já está todo constituído, mas permanece no limbo. O possível se realizará sem que nada mude em sua determinação nem em sua natureza. É um real fantasmático, latente. O possível é exatamente como o real: só lhe falta a existência" (p. 16). Portanto, o Real diferencia-se do possível apenas por uma questão lógica e sua oposição se dá ao atual. O virtual "é como o complexo problemático, o nó de tendências ou de forças que acompanha uma situação, um acontecimento, um objeto ou uma entidade qualquer, e que chama um processo de resolução: a atualização. Esse complexo problemático pertence à entidade considerada e constitui até mesmo uma de suas dimensões maiores" (p. 16).

E, por atual, entenda-se a facticidade dessas conexões, elas postas em ato, mas, ainda assim, inassimiláveis pelas dimensões Simbólicas e Imaginárias, um enxame por exemplo. O atual é propriamente a solução "impossível" de uma dimensão virtual, isto é, a solução que não estava previamente constituída. Atualizar é criar, acontecer, inventar "uma forma a partir de uma configuração dinâmica de forças e finalidades. O atual, portanto, é uma "resposta" ao virtual.

O Real é a dimensão da diferença em estado bruto, uma dimensão molecular de forças agindo umas sobre as outras, articulando-se constantemente e necessitando atualizar suas expansões. Tal necessidade, diga-se de passagem, sempre causa *estranhamento* às dimensões Simbólicas e Imaginárias do corpo pela (in)suportabilidade mesma de assimilação de suas compreensões dada a rigidez de suas composições. É neste regime que se encontra a ordem do gozo do corpo, isto é, de desterritorialização absoluta, o "caminho em direção à morte" (Lacan, 1969-70, p. 16). Assim, o gozo é a saída do dualismo simbólico, o sepultamento da dicotomia imaginária entre amor e ódio. O Real é a afirmação da processualidade da vida, a afirmação de sua potência de expansão.

Especificamente no *Capítulo 5*, pretendo descrever os processos de composição de um corpo-organismo, que chamo aqui de corpo-suporte. Mas também as dimensões do Real deste corpo, que são as dimensões virtuais e atuais, que ficam "do lado de fora" de uma certa circunscrição soberana de produção da subjetividade. Trata-se propriamente do corpo-sem-órgãos. Isto é, de um corpo não-organismo, caótico, não marcado, porém regimentado por suas intensidades, durações, linhas que percorrem latitudes e longitudes, movimentos de expansão e retração, enfim toda uma dinâmica molecular da qual não estamos habituados (ou "preparados") para suportar totalmente, mas que nos abalam todas as vezes que esta dimensão das forças recorta transversalmente as outras duas dimensões do corpo-suporte.

O corpo-suporte é a atualização de um corpo-sem-órgãos que é sempre virtual. Isto é, são dois modos de viver não excludentes, unidos pelos devires. Mas o que é um corpo-sem-órgãos?

De todo modo você tem um (ou vários), não porque ele preexista ou seja dado inteiramente feito — se bem que sob certos aspectos ele preexista — mas de todo modo você faz um, não pode desejar sem fazê-lo — e ele espera por você, é um exercício, uma experimentação inevitável, já feita no momento em que você a empreende, não ainda efetuada se você não a começou. (...) Um corpo-sem-órgão é feito de tal maneira que ele só pode ser ocupado, povoado por intensidades. Somente as intensidades passam e circulam. Mas o corpo sem órgão não é uma cena, um lugar, nem mesmo um su-

porte onde aconteceria algo. Nada a ver com um fantasma, nada a interpretar. O corpo-sem-órgãos faz passar intensidades, ele as produz e as distribui em um *spatium* ele mesmo intensivo, não extenso. Ele não é espaço e nem está no espaço, é matéria que ocupará o espaço em tal ou qual grau — grau que corresponde às intensidades produzidas. (...) O corpo-sem-órgãos é o *campo de imanência do desejo, o plano de consistência* própria do desejo (ali onde o desejo se define como processo de produção, sem referência a qualquer instância exterior, falta que viria torná-lo oco, prazer que viria preenchê-lo). (...) Percebemos pouco a pouco que o corpo-sem-órgãos não é de modo algum o contrário dos órgãos. Seus inimigos não são os órgãos. O inimigo é o organismo. O corpo-sem-órgãos não se opõe aos órgãos, mas a essa organização dos órgãos que se chama organismo. (...) O corpo-sem-órgãos não se opõe aos órgãos, mas, com seus "órgãos verdadeiros" que devem ser compostos e colocados, ele se opõe ao organismo, à organização orgânica dos órgãos. O *juízo de Deus*, o sistema do juízo de Deus, o sistema teológico, é precisamente a operação Daquele que faz um organismo, uma organização de órgãos que se chama organismo porque Ele não pode suportar o corpo-sem-órgãos, porque Ele o persegue, aniquila para passar antes e fazer passar antes o organismo. O organismo já é isto, o juízo de Deus, do qual os médicos se aproveitam e tiram seu poder. O organismo não é o corpo, o corpo-sem-órgãos, mas um estrato sobre o corpo-sem-órgãos, quer dizer um fenômeno de acumulação, de coagulação, de sedimentação que lhe impõe formas, funções, ligações, organizações dominantes e hierarquizadas, transcendências organizadas para extrair um trabalho útil. O corpo-sem-órgãos é desejo, é ele e por ele que se deseja. Não somente porque ele é o plano de consistência ou o campo de imanência do desejo; mas até mesmo quando cai no vazio da desestratificação brutal, ou bem na proliferação do estrato canceroso, ele permanece desejo (Deleuze & Guattari, 1996, p. 9-29).

A criação de um corpo-sem-órgãos é propriamente a produção de uma virtualização. Isto é, fazer sair de uma solução dada a um *outro* problema. É "o inverso de atualizar" (Levy, 1996, p. 17).

No caso de nosso problema de pesquisa: temos um corpo que é dito ser como é em função de mutações genéticas. Vejamos: os genes são como sementes de árvores. Neles estão contidos os possíveis de uma pessoa. Não se pode modificar esse possível. O problema dos genes (sejam os da semente das plantas ou dos humanos) é fazer chegar à forma que lhe é possível chegar (preexistente). O gene é propriamente o problema da extrofia tanto quanto a semente é o problema da árvore. Todavia, a semente e o gene sofrerão a ação de forças com as quais eles terão de interagir para fazer chegar à solução de seu problema (a atualização da árvore, a atualização do corpo). Essas forças são propriamente o "campo problemático", o corpo-sem-órgãos do problema. Logo, a árvore, assim como a extrofia, são as soluções encontradas, respectivamente pela semente e pelo gene, atravessados pela problemática de seu campo para fazer chegar à sua atualização. O virtual, que pode aqui ser visto como o corpo-sem-órgãos, ou mesmo o campo problemático, é todo este jogo de forças que se dá entre a semente e a atualização do possível. O corpo-sem-órgãos é um campo problemático, em sua dimensão Real inassimilável pelo possível ou pelo atual, pois que dependerá de toda uma conjuntura absolutamente inesperada. Porém, essas dimensões são mesmo inseparáveis. Como diz Levy (Ibid., p. 16):

> Por um lado, a entidade carrega e produz suas virtualidades: um acontecimento, por exemplo, reorganiza uma problemática anterior e é suscetível de receber interpreta-

ções variadas. Por outro lado, o virtual constitui a entidade: as virtualidades inerentes a um ser, sua problemática, o nó de tensões, de coerções e de projetos que o animam, as questões que o movem são uma parte essencial de sua determinação.

Por isso foi dito aqui, inúmeras vezes, que não se trata apenas de desnaturalizar as dimensões imaginárias e simbólicas do corpo. É preciso ir à "raiz" do seu campo problemático; isto é, tem de se encontrar o seu campo problemático, o seu corpo-sem-órgãos e de lá virtualizá-la. A dimensão mais radical da desnaturalização, portanto, é a virtualização; e virtualizar é "descobrir uma questão geral à qual ela [uma entidade] se relaciona" e fazê-la mutar em direção a essa interrogação, redefinindo a atualidade de partida como resposta a uma questão particular (Levy, 1996, p. 18). Desse modo, desnaturalizar um estigma é virtualizá-lo buscando nele "linhas de fuga" que se conectem com outros corpos-sem-órgãos, mudando, assim, o campo problemático, fazendo mesmo desaparecer algumas atualizações e problemas e criando novas problematizações. Assim, a extrofia só será um estigma se o corpo-sem-órgãos que a produz como tal continuar se atualizando neste modo estigmatizante. Como fazemos para uma árvore crescer retilineamente? Nós a colocamos apoiada em um pequeno pedaço de pau. Como fazemos para que uma criança "extrófica" e sua família não se sintam mais desacreditadas? De um lado, modificando o corpo-suporte por meio de cirurgias e, por outro, potencializando o corpo-sem-órgãos para fazer fluir o desejo. Desse modo, o trabalho do cirurgião é com o organismo e o do psicanalista é com o Real mais do que com o Simbólico. A este modo de trabalho denominei *corp@logia*.

A fala de um dos participantes da pesquisa[6] explicita bem o que estou dizendo. Sua mãe, certa vez, o interrogou sobre a relação que tinha a sua masculinidade com o tamanho de seu pênis. Já havia chegado a hora de se recorrer à cirurgia plástica estética para a ampliação do pênis e "melhora" de sua

---

[6] Refiro-me a Dora e a seu filho Farinelli apresentados no capítulo 5 desse estudo.

aparência, que é uma das últimas cirurgias de correção da extrofia de bexiga, dentre as inúmeras que são necessárias. Havia a possibilidade de não se conseguir tecido suficiente para a ampliação do pênis e a sua mãe estava discutindo isso com ele visando, a partir de sua resposta, pensar com a equipe médica outras alternativas cirúrgicas. Foi aí que, para a surpresa da mãe e da equipe, ele "curto e grosso" respondeu: "Enquanto eu tiver língua, dedos e criatividade, eu vou me considerar homem. Se o pinto for grande, bom. Se for pequeno, bom também. De qualquer modo, quando eu ficar velho eu não vou mesmo poder contar com ele. Então é melhor eu não depender dele desde já".

Por fim, tento mostrar aqui que seres humanos são estigmatizados pois o campo social em que se inserem se recusa a deixar passar por eles outra coisa que não um valor moral. O processo de subjetivação estigmatizante que recai sobre seus corpos-suportes age nitidamente por modos de retração que despotencializam a maioria das conexões possíveis de suas existências. Esse modo recai justamente no Real desse corpo, invalidando o seu possível. Por exemplo, se a eles é possível uma incontinência urinária, uma dada conexão particular com a urina, ser-lhe-á dito que isso não é válido, que isso precisa ser contido. Essa despotencialização tem graus de ação, de modo que se pode mesmo querer extirpar esta marca de seu corpo. Assim, dizer que uma criança "extrófica" é inválida ou que seu corpo em si mesmo produz intensidades, variações e velocidades diminutivas, por mais imoral que seja, ainda assim é uma forma de aceitar este corpo-suporte na *máquina maquínica* de produção do desejo. Mas, na verdade, se o corpo-suporte de uma criança "extrófica" é atravessado por tal diferenciação, ele não é menos marcado por esse atravessamento do que outros corpos. As variações não se dão por uma condição física intrínseca, mas, sim, pelo modo como esta condição está conectada no campo no qual ela habita. Assim, não é uma ordem significante, por si só, que poderá fazer cambiar suas intensidades de conexão. É preciso também que seus corpos adentrem em uma outra composição que os arreste

para uma outra direção variando, até mesmo, sua natureza. Isto é, precisamos acreditar que é possível alterar os rumos que a vida toma. Se não for assim, como pensar que um amputado de uma ou duas pernas pode vencer uma maratona? Como entender que um paraplégico possa jogar basquete, nadar ou mesmo dançar balé?

A questão aqui é sempre: com quais devires o corpo-suporte pode se unir para manter a vida se exprimindo nele e por ele? Não do ponto de vista das analogias, mas, sim, das suas *entrelinhas*, dos rizomas de suas composições, para fazê-los ressoar com outros elementos que o tornem mais potentes. E potente aqui implica em intensificações dos graus de conexões. Isto é, "diga-me com quem andas que te direis como és, o que podeis, no que irá se transmutar".

Por fim, embasado nos ensinos de Foucault sobre as relações de produção de poder e saber, de Deleuze e Guattari no que concerne ao desejo e os processos de subjetivação e seus modos de produção e, Lacan e Freud no que diz respeito à pulsão, que é "liame" de conexão de elementos díspares *entre* si (sensações e representações), foi possível concluir que estigmatizar um corpo-suporte nada tem a ver com ser bom ou mau, agir de má-fé, ou apresentar má índole. Ao contrário, tem a ver com a atualização de práticas sociais que circunscrevem os modos de ser e estar no mundo, de viver, que promoveriam intensidades de estigmatização e de subjetivação estética; de onde o nascimento de uma criança com "malformação congênita", ele mesmo, nada representa de negativo ou de positivo. O importante é saber o que fazemos com estas marcas. Que corpo-sem-órgãos produz esse desejo de estigmatização? Como a estigmatização pode vir a ser desejada? E como se foge dela?

Conhecendo mais a potência do corpo-suporte das crianças nascidas com a condição física que ora investigo, mergulhando na composição que assim as constituem, talvez seja possível desassociar a aliança que une essas crianças às identidades que os regimes molares lhes atribuem. Talvez esse seja o caminho de relançá-las na virtualidade do campo de imanência do desejo e investir o seu suporte em composições que ampliem a sua potência díspar(adora) de desejo. Isto é, fazê-las expandirem-se para além dos limites de seus corpos circunscritos naquela condição, lançando-as como formas problematizantes, como questões, literalmente, auxiliando-as a "virar o jogo do avesso", a fazê-las voar como os trapezistas "mancos" do Cirque du Soleil (Circo do Sol), a se doutorarem em "besteirologia" como os Doutores da Alegria[7] . Mas não por analogia, e sim por ressonância de um a outro, por *devires pássaros* que recortam o suporte do trapezista, por *devires humanos* como o sorriso que transversalmente atravessam os animais, e assim por diante.

---

[7] O projeto dos *Doutores da Alegria* é precisamente esse: entrar nos hospitais e, buscando as pontas dos desejos que sustentam o discurso médico, isto é, suas linhas de fuga, costurar um novo sentido para aquele espaço físico, para a condição física das pessoas internadas. Desse modo, os médicos se tornam doutores em 'besteirologia', executam cirurgias nas enfermeiras que, ultimamente andam 'engolindo muito sapo' e assim por diante. De repente, toda a enfermaria se transforma num picadeiro e eles não a abandonam, até que consigam arrancar do rosto de todos os presentes um sorriso 'bobo', sem sentido, rir apenas porque é gostoso, 'porque faz cócegas no céu da boca'. Rir da cara do palhaço porque ela está toda pintada de piadas faz muito bem (definição de palhaço dada por uma paciente). Cf. Morgana Masetti. *Soluções de palhaços*, 1998.

CAPÍTULO 1
A (DES)NATURALIZAÇÃO DO CORPO-EXTRÓFICO

UMA PEQUENA HISTÓRIA...

Lembro-me de um atendimento que fazia na enfermaria do hospital, onde esta pesquisa foi realizada, a um rapazinho de mais ou menos 12 anos. Ele havia retornado da cirurgia há dois dias. Já restabelecido, ele pediu a minha presença a uma das enfermeiras. Sentei-me em seu leito e começamos a conversar. Ele me falava do medo que sentiu de fazer a cirurgia, do quanto se sentiu sozinho na sala de operação e do desejo de ter sua mãe e seu pai ao seu lado naquele momento. Falou-me também das dores que estava sentindo pela cicatrização e do medo de que os cortes se infeccionassem. Foi então que ele suspendeu o lençol e, sem que eu tivesse tempo de reagir, me mostrou a cirurgia. Sua barriga estava costurada com muitos fiozinhos de *nylon* preto e apresentava intumescências de carne em um tom vermelho abscesso. Fiquei paralisado com aquela imagem por alguns segundos, que pareciam eternos. Dei-me conta então de que estava falando com ele e não quis expressar nenhum tom de surpresa, espanto ou horror. Pensei que precisava controlar minhas sensações para evitar mal-entendidos. Então, desloquei meu olhar de sua barriga e mirei seus olhos e rosto. Dei um sorriso, então ele também sorriu e voltou a cobrir-se.

Ficamos assim, em silêncio, digerindo o que vimos. Eu, com a imagem de sua barriga na minha mente, sendo observado por ele e, ao mesmo tempo, deixando-me observar. Achei que seria lógico deixá-lo me ver, já que ele quis que eu o visse. De alguma maneira, fui capturado por sua querência e me entreguei. Não sei por quanto tempo ficamos naquela sensação. Era uma sensação nova para mim, uma sensação "estranha", que cortava minha carne. Senti um corte na minha barriga, depois senti-a sendo costurada e pensava, enquanto sentia, que

deveria ser doloroso ter o corpo assim cortado. Capturado por aquela sensação, percebi que a dor poderia ser ainda maior caso a carne, como que por livre vontade, resolvesse compor forças com as bactérias e inflamar-se expandindo a vida em uma infecção. Percebi que essa era uma dor que nem eu nem aquele rapazinho poderíamos controlar. Estávamos impotentes e dependentes unicamente dos antibióticos.

Entregues à duração daquele instante cheio de pensamentos, ficamos falando de coisas superficiais... tentando fazer o tempo passar. Foi quando eu me dei conta de que estávamos em um hospital e de que eu estava conversando com uma criança que, por estar ali, tinha o modo de ser de seu corpo visto como uma doença. Toda aquela sensação dolorosa me fez esquecer deste "detalhe". Aquela criança também possuía outros atributos. Lembrei também que o hospital nos controlava, que havia regras hospitalares a serem seguidas e que, de algum modo, havia sido chamado ali, talvez, porque quisessem que eu exercesse algum tipo de controle sobre aquele paciente. Queriam que cuidasse dele para que as bactérias não ficassem cada vez mais fortes e tomassem conta da carne? Quem sou para controlar isso? E se pudesse controlar isso, eu o faria? Por quê? Qual era a minha função ali? Na verdade, não sabia exatamente qual era a minha função em um hospital. Aliás, nunca soube. Primeiro, porque minha função ia depender do contexto. Segundo, porque não queria fazer uso do saber psicanalítico para controlar ninguém. Para mim sempre foi mais fácil, portanto, definir o que não era minha função. Baseado em uma agenda de princípios, eu deveria sempre que possível:

1) buscar rastrear as forças invisíveis que exerciam sua potência de restrição da expansão da

diversidade da vida sobre os corpos ali deitados nos leitos de enfermaria ou sentados nas salas lotadas dos ambulatórios;

2) nunca ceder ao desejo do discurso institucional que se baseia nos verbos: controlar, disciplinar, manipular e conhecer;

3) ser ético, isto é, promover a Saúde, que era ali sinônimo de vida nova. Quer dizer, buscar encontrar, e se possível achar, algo novo que fizesse diferença naquele contexto e, como dizia John Lenon, *let it be*.

Recordei-me então de uma coisa que os discursos considerados científicos chamam de estúpida, superficial, mas que foi fundamental para "interpretar", para dar forma, para esculpir aquelas sensações. Veio-me à mente a figura de Elizabeth Taylor na pele da Fada Azul do conto *O pássaro azul*[8] . Um conto que meu pai havia lido para mim quando eu ainda tinha 6 ou 7 anos e que mais tarde vi em filme. E, tanto no filme quanto no livro, lembrei que as sensações de deslumbramento eram as mesmas. Como pode ser que exista uma fada? Como pode existir um ser tão transformador e mágico como esse, que me alivia a angústia, aquela sensação de desesperança, de irreversibilidade dos acontecimentos? Até hoje não sei a resposta. Só sei que funciona.

Sem reprimir esse fluxo mágico, "não-científico", perguntei ao garoto se ele acreditava em fadas. Assustado, talvez pensando que eu era doido, disse-me que não acreditava. Ficamos em silêncio por algum tempo mais. Eu lhe disse então que também não acreditava mais em fadas, mas que houve um tempo em que acreditei, e que até brincava de ser uma fada ou um mágico. Ele concordou dizendo que também já foi assim e que acreditava, até mesmo, em Papai Noel. Disse a ele que não importava muito se eu ou ele já não acreditávamos mais, mas

que era fundamental não apagar essa memória de nossas vidas, pois, em algum momento, acreditamos que as mudanças podem ocorrer, como em um encantamento.

Ele sorriu para mim, e eu saí do quarto prometendo voltar a vê-lo em breve. Voltei à enfermaria depois de algum tempo e ele estava se recuperando bem. Recebeu-me com um largo sorriso de alegria. A cirurgia não falhou e a carne não infeccionou. Teria sido isso mágica? Não importa muito. O importante é que ele estava se diferindo.

SOBRE O ESTRANHO

O termo *estranho* era naquele contexto discursivo da instituição familiar um atributo legado à própria "pessoa extrófica". Assim, embora a criança fosse familiar a seus pais, essa mesma criança era também (des)conhecida, em virtude da, segundo seus próprios testemunhos, "malformação congênita" que ela portava. Alguns pais, em suas tentativas de conviver com este modo de ser do corpo, passaram a lidar com esta situação por meio daquilo que chamarei aqui de *modo de subjetivação estigmatizante*.

Eu me perguntava: será que os pais estigmatizam seus filhos porque eles possuem uma "natureza ruim", uma "má índole?". Então, dobrando-me sobre esta questão, percebi que a condição de possibilidade de sua formulação foi a crença no inatismo[9] e por isso logo a descartei, isto é, percebi que era um falso problema, pois parto do pressuposto de que ninguém nasce "bom ou mau", mas que as pessoas tornam-se morais, éticas, profissionais e qualquer outra coisa ao longo de seus processos de subjetivação e das práticas que os produzem. Além do que o homem e suas práticas não estão dissociados da natureza. E por natureza en-

---

[8] Maurice Maeterlink (1862-1949), belga, prêmio Nobel de Literatura, escreveu esta obra em 1908. Com o título original em francês, *L'Oiseau bleu*, foi traduzida para o português por Carlos Drummond de Andrade em 1962. Esta história fala de duas crianças que saem em busca do pássaro azul. Durante a caminhada por muitos reinos elas passam por transformações — relacionadas às mudanças da infância para a juventude — e transformam os lugares por onde passam. Quando voltam para suas casas, encontram um lugar muito diferente do início da aventura.

[9] Por inatismo entenda-se "a doutrina que admite a existência de idéias ou princípios independentes da experiência". Cf. *Novo Dicionário Aurélio da Língua Portuguesa*. São Paulo: Nova Fronteira, 1995.

tendo como processualidade. Assim, não há efetivamente uma identidade das coisas desconectadas na natureza, pois "a essência humana da natureza e a essência natural do homem se identificam na natureza como produção ou indústria, isto é, igualmente na vida genérica do homem. (...) homem e natureza não são como dois termos, um em face do outro, mesmo tomados em uma relação de causalidade, de compreensão ou de expressão (causa-efeito, sujeito-objeto, etc.), mas uma só e mesma realidade essencial do produtor e do produto. A produção como processo excede todas as categorias ideais e forma um ciclo que se refere ao desejo como princípio imanente" (Deleuze & Guattari, 1976, p. 18-19).

A partir desse paradigma de produção da subjetividade imanente à natureza, passei a investigar o que poderia estar produzindo o modo de subjetivação estigmatizante. Nesse sentido, eu comecei a pensar que estes pais estariam estigmatizando seus filhos por força das ações de práticas de disciplina e de controle, encontradas no interior das práticas médicas, assistenciais, pedagógicas, familiares e outras, cuja base está fundada no paradigma da humanização do homem. Esse paradigma é construído a partir da normatização do que é natural e do que é humano. Tais práticas, portanto, separam as ações do homem da própria natureza que o produziu, de modo que à natureza fica restrito o mundo animal e ao homem fica restrito o mundo racional. Cria-se, assim, um "modelo" de natureza e um de ser humano.

O ser humano é tornado humano, isto é, humanizado, e suas produções são consideradas artificiais, desconectadas do plano de imanência no qual são produzidas, já que este plano não é visto como parte da natureza. E isto é um processo que já se inicia mesmo com a afirmação da vida do princípio normatizador que se reflete nas ciências e outras práticas sociais. Pode-se dizer que o trabalho de todo aquele que se propõe a combater esta "naturalização do humanismo" deve se referendar a um de seus mais temidos combatentes, a saber: Nietzsche. O filósofo uma vez escreveu:

Não sou, por exemplo, de modo algum, um lobisomem ou um monstro moral — sou mesmo uma natureza antitética da espécie de homens até agora venerados como virtuosos. Aqui para nós, penso que isto constitui, precisamente, parte do meu orgulho. Sou discípulo do filósofo Dionísos, prefiro mesmo ser um sátiro a um santo. Mas bastalhes ler este escrito. Talvez eu conseguisse dar expressão a esta antítese de uma maneira jovial e afável. É possível que esta prosa tivesse isto como única finalidade. A última coisa que *eu* prometeria seria "melhorar" a Humanidade. Não ergo novos ídolos; os velhos ídolos que aprendam por si o que representa ter pés de barro. *Derrubar ídolos* (a minha expressão para "ideais"), isso sim, é a minha função. A realidade foi privada do seu valor, do seu significado, da sua veracidade na mesma extensão em que foi *fabricado* um mundo ideal... O "mundo real" e o "mundo aparente"— em termos simples: o mundo *fabricado* e a realidade... A *mentira* do ideal tem sido, até agora, a maldição da realidade; por meio dela, a própria Humanidade tornou-se embusteira e falsa até nos seus instintos mais profundos — a ponto de adorar os valores *inversos* dos únicos que podiam garantir a sua prosperidade e futuro, o exaltado *direito* a um futuro (1987 [1888], p. 41-42).

Ou seja, o homem tornado "natural" a partir do "naturalismo" de suas ações não percebe que está sendo capturado por um ideal de vida, por uma modulação da vida. Esta idéia me chegou em uma das sessões de grupo que eu conduzia com 11 mães de crianças com "malformação congênita", as quais acompanhavam seus filhos internados na enfermaria da clínica urológica daquele hospital.

Neste grupo, em certo momento, surgiu a seguinte polêmica. De um lado, uma mãe tinha retirado seu filho extrófico da escola porque ele estava sendo discriminado pelos seus colegas e, então, em vez de procurar uma outra escola, ou tentar resolver o problema ali mesmo, ela decidiu que seria melhor conseguir que alguém da família lhe ensinasse em casa as matérias da escola. Neste mesmo grupo, uma outra mãe havia indiciado a escola onde queria matricular sua filha porque o corpo-diretor desta escola não queria aceitá-la "malformada", pois o cheiro de xixi decorrente de sua incontinência urinária incomodava os amigos e a própria condução das aulas.

Interessante perceber que a primeira mãe era doméstica e residia em um bairro de classe socio-econômica baixa. A segunda mãe era advogada e se considerava de classe média alta. Cabe salientar esses atributos das mães a fim de perceber como o modo de subjetivação estigmatizante tem poder para atravessar igualmente diferentes estratos sociais, sendo apenas os modos de expressão destes atravessamentos que irão diferenciá-los. Porém, seus efeitos ainda serão os mesmos: buscar uma identidade, reduzindo a potência de conexão e expansão deste modo de ser do corpo. Ou seja, vivenciar a identidade não como referência, mas como essência.

As outras nove mães permaneciam em silêncio... dentre essas, umas poucas começaram a chorar. Uma delas disse: "Mas um dos meus filhos não é 'aleijado', e no bairro onde eu moro tem muita violência, e meu filho *tá* sempre voltando pra casa com ferida de briga da escola. Isso porque ele não sabe se defender. Não quer entrar em briga porque tem medo de machucar sua bexiga exposta. Mas não é por isso que eu vou tirar ele da escola". Então, a mãe que retirou seu filho da escola disse: "Mas a gente não *tamo* falando de uma criança normal! A gente *tamo* falando de uma criança deficiente. É meu *instinto de mãe* (grifo meu) que diz pra fazer isso! Eu tô errada?". Uma outra replicou: "A gente não sabe o que fazer. Os médicos diz que elas têm que ser cuidada, que não pode levar pontapé na barriga pra não machucar a bexiga dele. Então a gente tem medo de tombo, de briga com os amigos." Eu intervim dizendo: "Parece que a dificuldade não é tanto saber o que fazer. Mas saber como fazer". Neste momento, a mãe que havia processado a escola disse: "É... todas nós aqui estamos *aprendendo* a ser mãe".

Uma outra mãe lança esta questão: "Mas o que é ser mãe? Meus pais morreram quando eu era ainda criança e eu sempre vivi com minha avó até eu ter dez anos...".

Ficou evidente para mim que a escola e a família serviam de apoio a um discurso médico que rotulava estas crianças como "malformadas". E se nunca foi essa a intenção destes discursos (e creio que não tenha mesmo sido), pelo menos era assim que eles estavam sendo apropriados por aquelas mães e pela escola. E por quê? O que liga este discurso ao discurso médico é justamente o paradigma no qual o instinto, a aprendizagem e a produção da forma humana estão sendo pensados. No caso específico, a mãe que restringiu seu filho às aulas particulares fundamentou-se no "instinto" de mãe para proteger seu filho, como que para separá-la de sua atitude. Se por efeito desta atitude ela o "estigmatiza", ela nada tem a ver com isso porque o "instinto" de mãe é mais forte que ela e a domina. Já aquela que enfrentou a escola apostou na hipótese de que ninguém nasce sabendo ser mãe, mas aprende a sê-lo. E se o paradigma aqui não é inatista, a dificuldade que esta mãe enfrenta é decidir por um paradigma que não recaia na separação humanidade *versus* natureza, pois o paradigma da cidadania que ela escolheu reforçou ainda mais a busca por uma identidade, no caso, a identidade do "ser doente". "O doente também tem direito à escola", ela disse depois. Duas faces de um mesmo paradigma: o inatismo e o humanismo. Novamente, aqui o "inatismo": a idéia de uma "doença", com vida própria, uma vida inumana, dissociada da natureza humana, de modo que o humano é dela uma vítima e nada tem a ver com isso.

Esse paradoxo também provocava um estranhamento, porém mais da ordem do "erro" e do "absurdo", paralisando o pensamento. Havia um outro estranhamento que, em vez de paralisar o pensamento, forçava-o a pensar. Horrorizava-o com suas novas idéias, com sua nova lógica. Há um bonito testemunho de Rolnik (1993, p. 242-3) sobre a gênese desse *estranhamento* que esclarece bem o que estou tentando dizer:

Ao longo de nossa existência inteira e em cada uma das dimensões de que ele vai se compondo, vivemos mergulhados em toda espécie de ambiente, não só humano. Proponho que consideremos o que se passa em cada um destes ambientes, e não apenas não só no plano visível, o mais óbvio, mas também no invisível, igualmente real, embora menos óbvio. Pois bem, no visível há uma relação entre um eu e um ou vários outros (como disse, não só humanos), unidades separáveis e independentes; mas no invisível, o que há é uma textura (ontológica) que vai se fazendo dos fluxos que constituem nossa composição atual, conectando-se com outros fluxos, somando-se e esboçando outras composições. Tais composições, a partir de um certo limiar, geram em nós estados inéditos, *inteiramente estranhos* em relação àquilo de que é feita a consistência subjetiva de nossa atual figura. Rompe-se assim o equilíbrio desta nossa atual figura, tremem seus contornos. Podemos dizer que, a cada vez que isto acontece, é uma violência vivida por nosso corpo em sua forma atual, pois nos desestabiliza e nos coloca a exigência de criarmos um novo corpo — em nossa existência, em nosso modo de sentir, de pensar, de agir etc. — que venha encarnar este estado inédito que se fez em nós. E a cada vez que respondemos à exigência imposta por um destes estados, nos tornamos outros. Ora, o que estou chamando de *marca* são exatamente estes estados inéditos que se produzem em nosso corpo, a partir das composições que vamos vivendo. Cada um destes estados constitui uma diferença que instaura uma abertura para a criação de um novo corpo, o que significa que as marcas são sempre gênese de um devir. (Grifo meu)

Neste sentido, o *estranhamento* traz como efeito as marcas que devem ser vistas mais como a marcação de um tempo, de uma cronogênese, como na composição musical, do que propriamente um sinal de pertença, de uma identidade. As marcas são ritornelos.

DAS MARCAS, DOS ESTIGMAS E DOS RITORNELOS

As marcas são primeiramente ritornelos e, em função de determinadas composições do campo ontológico em que são produzidas ou capturadas, elas se tornam estigmas.

A palavra estigma origina-se das cinco marcas deixadas no corpo de Cristo pela Crucificação. Essas marcas teriam sido também impressas no corpo de São Francisco de Assis e outros religiosos do século XVIII. A essas marcas chamam de estigmata (Hoad, 1993; Fowler & Fowler, 1995). Aliás, como demonstrou Wilson (1988) tais marcas, até o momento, apenas foram encontradas nos corpos de pessoas devotas do catolicismo ou do protestantismo, o que nos leva a crer que, dentro do discurso religioso, estigmatizar um corpo é santificá-lo.

Além desta ligação com a estigmata, a palavra estigma é anteriormente atribuída às marcas corporais infligidas pela vontade da pessoa ou de outros, e não trazidas de nascença. Daí a relação do estigma com a tatuagem, a escarificação ou qualquer outra forma de marcar e/ou alterar o corpo via sua "estigmatização" (Hambly, 1925). Porém, dentro de certos movimentos sociais como nos adeptos do *body-piercing*, perfurar o corpo "visa constituir órgãos externos intensivos, agarrados à pele, que resultam da transformação-esvaziamento dos órgãos viscerais do espaço interno do corpo" (Gil, 1997, p. 271). Ou ainda, dentro de práticas milenares como a escarificação Maori, o propósito de cortar sulcos de carne no rosto, nas pernas e nos braços visa justamente a produzir uma conexão com as forças da natureza, fazendo o Maori devir um animal sempre que precisar, por exemplo, entrar em combate (Mayor-General, 1987; Barrow, 1984; Riria, 1989; Nicholas, 1995).

Porém, como nos alerta Gil (Ibid.), para todos os casos em que haja práticas de alteração corporal, há o risco de fazer do corpo um território[10], simplesmente agregando a estas marcas valores inatos, entendendo-as a partir desta valoração como organismos desconectados do plano de imanência que o produziu, para serem capturados pelos processos mecânicos de subjetivação como a *mass mídia*, o espetáculo, ou tão-somente por uma ingênua familiarização subjetiva. Nesses casos, as marcas são rotuladas com valores que estancam sua processualidade de produção de devires, de cronogênese.

A invariante nesses casos é que *estigmatizar significa, antes de tudo, marcar*. Isto é, expandir-se via formas. Então, interessa-me saber como esses processos de estigmatização (produção de marcas) se tornaram estigmas, transformando-se no que chamei aqui de *modo de subjetivação estigmatizante*. Isto é, são marcas marcadas? Marcadas com o quê? Não menos do que com normas de produção da subjetividade tornadas equivalentes gerais que negam a diversidade e a expansão das conexões da forma humana com outras formas viventes diversas, sem que se precise passar pelo crivo dos equivalentes gerais. Um exemplo claro disto é a relação que muitas pessoas e famílias têm com os animais de estimação. Parece-me que para a grande maioria das pessoas não há outra forma de se conectar a um cão se este não for apropriado à família como um filho, um irmão, enfim, um outro "ser humano". Não interessa muito a forma do cão, é preciso que ele seja o "filhinho" da família para que então seja inserido no seu modo de funcionamento. Trata-se de uma humanização dos animais (incluindo-se aí o humano).

Para mim, o processo de estigmatização (produção de marcas) é diferente do processo de rotulação (agregação de valores morais às marcas), mas, por alguma razão, estes processos foram unidos, reduzindo o processo de estigmatização à produção de estigmas.

Poderíamos pensar estas marcas como formas de expressão da vida, independentemente de elas serem congênitas ou produzidas pela vontade de uma pessoa ou de um grupo? Acredito que sim, pois, em um caso ou em outro, é a vida, ela mesma, que define o modo de produção de suas marcas, a menos que consideremos a pessoa e o grupo como seres viventes destacados dos processos que os constituírem, o que seria, no mínimo, cair na transcendência. O grupo e a pessoa são também formas de manifestação da vida e o que essas formas fazem são também expansões da vida. O pressuposto aqui é que a vida necessita de expansão e tal necessidade assume diversas e ilimitadas formas.

Nesse caso, a extrofia vesical pode ser vista como uma forma (marca) que a vida produz como o vento, os animais, a chuva, o céu, enfim, todos os seres. Ela não seria nem uma forma completa ou incompleta. Ela seria apenas a expressão da potência de um agenciamento. *Deste modo, uma marca é uma expressão da vida se expandindo, se singularizando, é um suporte de sustentação desta vida*, tanto quanto uma tela e os materiais são suportes para uma obra de arte. E à medida que os suportes e os materiais se compõem de um modo específico para dali advir a obra, eles mesmos se tornam arte com a obra. Isto é ética: a vida marcando, dando corpo a seus fluxos, seus afectos, enfim, delimitando uma certa combinação (agenciamento) de sua expansão.

Proponho pensarmos as marcas como ritornelos que servem para sustentar formalmente um sentido, uma experiência, uma das inúmeras variações da existência, para fazer chegar o futuro, como na improvisação, indo ao encontro do mundo, traçando "linhas de errância", como bem apontou Deleuze (1997, p. 117) ao descrever o terceiro aspecto do ritornelo. Em um sentido geral, ele assim o define: "chamamos de ritornelo todo conjunto de matérias de expressão que traça um território, e que

---

[10] Basicamente, o conceito *território* diz respeito a modos de existência mapeados, com seus pontos de apoio que são mais fixações das marcas do que referências instrumentais. O território, concebido como lugar fixo, de segurança, perde sua potência de instrumento, de campo de passagem de um estado para outro. Fixado, o território deixa de ser uma cartografia das sensações, dos fluxos, das vibrações e intensidades que o constitui. Assim, a desterritorialização implica no desmanchamento do território e na composição de outra nova territorialidade que pode implicar, às vezes, em reterritorialização (retorno ao mesmo equivalente geral para sobredecodificar as novas sensações e submetê-las a velhas referências). Cf. Suely B. L. Rolnik (1989). *Cartografia sentimental: transformações contemporâneas do desejo*. São Paulo: Estação Liberdade.

se desenvolve em motivos territoriais, em paisagens territoriais" (Ibid., p. 132). Seus outros dois aspectos dizem respeito, primeiramente, a fixar no caos um centro frágil, por exemplo, pulando no mesmo lugar, traçando, assim, um espaço dimensional (para cima, para baixo, para baixo, para cima). Contrariamente, temos o segundo aspecto do ritornelo que faz da simples circunscrição de um centro frágil, um limite, um círculo, criando um espaço de proteção às forças do caos: um abrigo, uma casa anticaos.

A vida é máquina maquínica de produção de marcas, que são ritornelos. Estas formas são marcas de subjetivação. Neste livro denominei estas marcas de suportes, assim como o ritornelo é suporte de marcação do tempo em uma composição musical. Estes suportes são referências de nossa subjetivação, são "gêneses de devires", isto é, de novas possibilidades de existência. Dependendo dos processos de subjetivação nos quais estes suportes são produzidos, eles serão rotulados ou com um valor positivo, ou negativo, ou neutro, ou então não serão rotulados de forma alguma. *Quando um suporte é rotulado, ele se torna um estigma.* Faço a distinção de dois processos de subjetivação: um de homogeneização e um de singularização.

O PROCESSO DE NATURALIZAÇÃO

O processo de naturalização é um dos muitos processos de homogeneização existentes. Tal processo especifica-se por produzir estigmas. Denominei estigma o efeito de rotulação de uma marca-suporte. E rotular é valorar, colar um atributo que não é próprio da marca-suporte, fazê-la sustentar este atributo como se ele lhe fosse dado desde sempre, como se este lhe fosse natural, inato. Rotular uma marca-suporte é sempre uma estigmatização. A esse processo de rotulação das marcas-suportes eu já chamei aqui de *processo de subjetivação estigmatizante* como efeito da naturalização. E o que vai determinar os rótulos que irei dar a essas marcas-suporte será justamente o câmbio de valores elevados à ordem de equivalentes gerais dentro de um determinado campo de produção dos modos

de subjetivação. Portanto, essas marcas são suportes, pois sustentam um certo modo de relação com a vida que a produziu.

Nesse processo, o plano de produção das marcas deixa de ser visto como composição e passa a ser concebido como estrutura ou sistema. Assim, às vezes, uma marca pode ser tão negativamente rotulada em um dado campo de produção que chegará a ser inassimilável por este. O resultado disto é o extermínio radical desta marca. A este grau de estigmatização intenso eu denominei *modo despótico*, pois extirpa a expansão de outras formas de vida. Mas as marcas podem ser também negativamente valoradas de modo que sua potência de expansão seja reduzida, mas não inteiramente estrangulada. A este grau redutor de estigmatização eu denominei de *modo reducionista* de subjetivação. No caso em que marcas são valoradas com excesso de positividade, levando mesmo a um "frenesi" e idolatria delas, eu denominei de *modo alienante*. No que se refere à indiferença em relação às marcas, eu denominei de *modo indiferente*. Por fim, temos o modo mais comum, que se baseia no princípio da cidadania, dos direitos humanos, do direito à civilização e à diferença tornada identidade. A esse eu chamei de *modo utópico*.

O processo de homogeneização funciona por leis transcendentais que organizam os viventes a partir de um equivalente geral regido por uma lógica de analogias e semelhanças, de diferenças na forma, de órgãos e funções que geram categorias desconectadas da "textura ontológica" na qual foram produzidos. Aqui, a marca-suporte e o atributo a ele aplicado são vistos como totalidades-em-si. Nesse caso, "o contato entre os seres se dá em uma procura infinita dos fundamentos e das origens, algo que por fim explique como tudo começou e para onde vai tudo afinal! É o caminho de uma história que se traça, aquela que com fatos se constrói. (...) A esta lógica chamamos molar porque apreende os objetos em seu estado já constituído" (Barros, 1996, p. 99).

Toda produção discursiva embasada em equivalentes gerais para determinar o quanto e o como tal ou qual forma irá se expandir pode ser classificada de redutora. Assim funcionam os saberes médicos, psicológicos, religiosos, familialescos[11], etc. O discurso médico, por exemplo, busca a sobrevivência de uma dimensão molar da vida. Isto é, de uma dimensão já constituída e não da dimensão constituinte ou a se constituir, que, por sua vez, é molecular. São duas dimensões de uma mesma e única vida. A dimensão molecular da vida é maquínica na medida em que é atravessada por fluxos, velocidades, intensidades caóticas sempre se misturando, compondo novas e infinitas formas e corpos com suas dimensões e extratos, linhas duras, estrias, vincos, enfim, toda uma série de texturas e diversidades que não cessam de se expandir.

Não se trata de atacar ou revoltar-se contra os médicos e a Medicina. Não são os médicos que são onipotentes, nem tampouco suas corporações, práticas e sabedoria. O que os faz (oni)potentes são as práticas discursivas e não discursivas que os articulam, que estão *entre* eles. E essas práticas são reducionistas na medida em que referem todo o vivente a normas gerais e serializadas de subjetividades produzidas e apresentadas ao campo social como essências, como verdades inatas, absolutas e, às vezes, divinizadas.

Esse tipo de molaridade que a Medicina objetifica tem sempre dois lados. Ao circunscrever essas normas, ela deixa de fora outros fluxos que se agregam e potencializam o já constituído, fazendo a molecularidade da vida escapar de si mesma quando ela está expressa, por exemplo, no corpo de uma criança dita extrófica. Assim, quando o médico jura lutar pela sobrevivência de todo o vivente humano independentemente de seu credo, raça, orientação sexual e situação econômica, ele faz avançar sua prática tecnologicamente, e por causa desse avanço, muitas vidas estão salvas.

No meu entender, a Medicina e todas as disciplinas que se debruçam sobre a Saúde, e que têm a molaridade como solo de suas produções, devem servir ao princípio da sobrevivência de uma ou outra forma de expressão que a vida encarna, sem que se entenda a saúde como "adequação" a uma sempre duvidosa "qualidade de vida". Ao contrário, essas práticas seriam certamente mais potentes se se prestassem a tentar garantir também a expansão da vida. Essa potência de criação de valores imbutida nesses discursos da Saúde só fazem enfraquecer a molecularidade da vida, na medida em que rotula ou engendra o modelo ideal de um corpo saudável.

Tal regime de constituição da subjetividade opera, primeiramente, via produção industrializada de modelos de existência em escala nacional e internacional. Tais modelos possuem o atributo de uma essência invariante em seu conteúdo, mas variada em sua forma. O objetivo deste atributo essencial, justamente por ser repetitivo, é fazer do modelo uma representação universal. Este conteúdo será re(a)presentado em escala industrial, no sentido de ser serializado e de ser uma verdadeira "máquina de sobrecodificação". Ou seja, toda a diferença, quando se defronta com essa máquina, será arregimentada como um igual nas séries que a máquina produz. Essa serialização se fundamenta na homogeneização dos valores morais, éticos e políticos que atravessam o corpo. Tal homogeneização implica o achatamento das singularidades e a tendência a se criar um distanciamento entre a subjetividade humana e sua intensa potência processual, que é propriamente a sua natureza. Conseqüentemente, os seres humanos serão moldados conforme os modelos difundidos por tal modo de produção.

Os processos de subjetivação homogeneizantes produzem modelos que difundem, no imperativo, uma moral universal em relação ao modo de ser, ao modo de estar em grupo ou individualmente, ao modo de viver, de amar, de se vestir, de dançar, de criar e outros. Nas produções da mídia — telenovelas, por exemplo —, estamos habituados a pensar que a subjetividade se reduz a uma visão pessoal

---

[11] Familialesco não diz respeito apenas ao que é familiar, mas, também, refere-se a um modo de produção e cristalização da representação da família em que esta deve ser entendida como "papai-mamãe-filhinho".

de representação de mundo; a acreditar que a subjetividade resulte única e exclusivamente a partir dos dramas familialescos e que estes são universais. Essa concepção acerca da natureza da subjetividade humana distancia a própria subjetividade do encontro com sua *alteridade* subjetiva. Isto é, a subjetividade passa a ficar distante daquilo que lhe é subjetivamente novo ou *estranho*. Tal distanciamento reduz esses encontros, ou, antes, o surgimento dessas diferenças e, conseqüentemente, impossibilita o engendramento de experiências heterogêneas.

Estamos, desse modo, diante da segunda maneira de se homogeneizar a produção de subjetividades: reduzindo-a a uma questão de representação personológica de visão de mundo, fazendo com que as pessoas vivenciem a natureza maquínica da produção de subjetividades como uma busca de representação de um *si mesmo*. Isto tem o intuito de fazer as pessoas acreditarem que esta representação de *si mesmo* realmente exista, mas que está obliterada ou como que faltosa. A partir desta crença fundada no hábito de pensar que o ser humano não tem nada a ver com a natureza processual da natureza, cria-se a ilusão de que o desejo é fruto desta tentativa humana de reencontrar a sua própria identidade, ou antes a sua Verdade. Mas assumir a própria identidade é retroalimentar aquilo de que se pretende escapar: a difusão de modelos, pois a idéia de identidade já é um modelo *per se*. Assim, "os modelos de formas de ser instituem identidades a serem assumidas e repostas por nós, quotidianamente, a fim de manter o mesmo funcionamento do campo social" (Selaibe, 1989, p. 37).

Entretanto, essa reposição tem tanto uma natureza de diferenciação (repetição da produção do diverso em constante diferenciação) quanto de similitude (repetição da produção dele parecendo ser diverso). Ela não deve ser reduzida à idéia de que a homogeneização implica produzir algo sempre igual. O movimento específico desta reposição é a sua capacidade de elevar os modelos que cria a graus de transcendência. Conseqüentemente, a produção de subjetividades homogeneizadas estará sempre remetendo a um modelo transcendente, mas nem por isso deixará de apresentar variações na sua forma de enunciação. A homogeneização apenas nos impede de abrigar as naturais transformações virtuais da subjetividade que são processadas a partir do encontro desta com sua alteridade subjetiva. É desse remetimento a modelos transcendentes (experiências anteriores elevadas a níveis de modelos) que resulta o caráter de pasteurização ou banalidade da existência. Contudo, repito, essa produção pode ser muito cambiante e não necessariamente igual a si mesma, embora fique parecendo sempre igual.

A subjetividade então passa a ser pensada como algo que transcende a existência ao longo dos tempos históricos, justamente porque se está pensando a natureza humana como algo separado da imanência que a produziu. Assim, habituada a crer que o desejo é fruto de uma tentativa de resgatar a Verdade acerca da natureza humana, a subjetividade homogeneizada cambia suas produções a partir de índices de distanciamento: quanto mais lhe falta este saber, maior será o desejo de Verdade fruto desse *não-saber*. Desejo este que tende a produzir um saber que preencha esse *não-saber*. E quanto maior esse desejo, maiores serão as (re)produções individuais. No fundo, tal (re)produção pretende aumentar a distância entre a natureza humana e a natureza maquínica da própria natureza, pois se esse *não-saber* for totalmente preenchido não haverá mais produção de desejo.

A terceira característica desses processos de homogeneização é a captura e sedimentarização dos fluxos e das linhas de produção de desejo coletivo, tornando-as duras. Assim, modelam-se tais fluxos e linhas de produção do desejo coletivo e fazem-nos declinar a um *status* de condição humana individual.

Mas o que vem a ser desejo? Será que ele realmente é fruto de uma falta (de saber)?

Na concepção de Deleuze/Guattari, desejo é uma produção que ocorre entre os fluxos. Não se trata de um sujeito desejante e de um objeto desejado. A objetividade do desejo inscreve-se nos fluxos, e estes fluxos são resultantes de articulações entre signos a-significantes (animais, vegetais, minerais...) e são também originários do campo social e não do sujeito. O desejo é imanente ao campo social e se desvincula de modelos de referência transcendentes às transformações deste campo. O desejo não é, pois, interior a um sujeito, nem tampouco tende a um objeto: é estritamente imanente a um plano que não preexiste, a um plano que é necessário construir, e no qual as partículas se emitem e os fluxos se conjugam.

É endurecendo e sedimentarizando essas linhas que os processos de homogeneização alienam os seres humanos de suas possibilidades de existência variável e variante — o caráter *mutatis mutantis* das forças. Para interromper a diferenciação e fazer prevalecer um ou vários modelos de subjetividade, esse processo paralisa os agenciamentos de fluxos e impede as desterritorializações e territorializações da subjetividade, tornando-os reterritorializados — isto é, duplamente territorializados. Tal paralisação dos agenciamentos produz o enfraquecimento do desejo. Ela sempre ocorrerá quando os processos conseguirem desmantelar a organização de modos singulares de subjetivação, que são apenas possibilidades de efetuação da potência de agenciamento dos seres humanos.

Além destas, uma quarta maneira de se efetuar a homogeneização consiste em transformar as máquinas-órgãos-maquínicas (o corpo) e máquinas-fontes (seio, fonte de leite) em objetos circunscritos. E como isso ocorre?

Uma máquina torna-se objeto a partir do momento em que se captura dela a sua potência de agenciamento, ou seja, a sua natureza maquínica. Mas o que é potência? Potência é processualidade. É próprio da potência produzir agenciamentos que se efetuam por meio do intercâmbio e da conexão *entre* os fluxos. Os fluxos cruzam-se e constituem campos e territórios existenciais no limite de seus cruzamentos.

Os processos de homogeneização procedem justamente do controle desses fluxos, dessa potência de agenciamento e desses limites. A partir

desse controle é que se instaura a divisão entre a natureza maquínica da natureza e a cultura, o conhecimento, a política, enfim, os campos de saber. Assim, a cultura perde o seu caráter de produto imanente à natureza e é investida de um poder transcendente. A cultura destaca-se da natureza e passa a ser vista como um território à parte, como algo que nada tem a ver com os animais, com os vegetais, com os minerais, com as sensações, etc. A cultura passa a ser definida como um território simbólico, um artifício, cujo acesso se dá a partir da representação e não mais da experiência de sensações.

Portanto, efetua-se a cisão entre o corpo (usina de sensações) e o pensamento (usina de representações). Ao pensamento é reservada a responsabilidade de construir representações acerca da natureza do corpo. Isso implica re(a)presentar o corpo a *si mesmo*, isto é, delegar-lhe uma identidade. Assim, o corpo não se sente a si mesmo, pois está sendo mediado pelo pensamento; e o pensamento, ele mesmo, já não é fruto de experiências, mas resultado de representações das experiências. Isto é, o corpo passa a ser visto e ao mesmo tempo impedido de ver. Sua linguagem é despotencializada, desvalorizada, reduzida a pó.

Eticamente, isso implica a impossibilidade de uma produção de existência que tome o corpo como o princípio das experiências engendradas. Portanto, nega-se a ontologia do sensível, nega-se a construção de micropolíticas baseadas nas sensações, nega-se a natureza maquínica da natureza e todos os devires não humanos do ser humano... Tudo isto é negado sempre em favor da homogeneização, do clichê.

Em suma, são quatro as maneiras básicas de se efetuar a homogeneização da produção de subjetividades, resultando em sua naturalização:

1) por meio da difusão de modelos de existência de equivalentes gerais no plano pessoal, coletivo e internacional — o que caracteriza o modo de funcionamento da máquina de sobrecodificação;

2) por meio da captura do desejo via interrupção dos fluxos, cujo efeito é a redução da potência de novos agenciamentos, que serão substituídos por Leis e valores morais com o propósito de pasteurizar a existência;

3) por meio da transformação das máquinas-órgãos e máquinas-fontes em objetos circunscritos que produzem a ilusão de um ser idêntico a *si mesmo*, cuja conseqüência é a concepção da subjetividade como identidade; e, por fim,

4) via a difusão de um modelo de existência que retroalimenta a homogeneização da subjetividade, a partir do discurso de que a singularização é caótica, contra o discurso da maioria e, por isso, ilógica, e, também por isso, ilegal (como são as minorias).

A TRANSMUTAÇÃO DAS MARCAS EM ESTIGMAS

Quando a vida se exprime com a marca do modo de ser do corpo rotulada de "extrofia vesical", por exemplo, a marca, ela mesma não se auto-impregna com um valor positivo nem com um valor negativo. Isso porque a marca é primeiramente um processo de singularização, o suporte da expressão de uma individuação da existência. Além disso, as marcas são também sempre minoritárias, antes mesmo de serem a referência a uma minoria.

Mas, de algum modo, são capturadas pelos processos de homogeneização e se tornam estigmas. Como isso ocorre? Guattari & Rolnik (1986) dão-nos um bom exemplo desse processo quando falam das minorias homossexuais, femininas, dos loucos, etc. Para eles, a reivindicação das minorias (feministas, homossexuais, movimento negro, etc.) sempre são atravessadas por devires minoritários.

> ... a idéia de "devir" está ligada à possibilidade ou não de um processo se singularizar. Singularidades femininas, poéticas, homossexuais, negras, etc., podem entrar em ruptura com as estratificações dominantes. Para mim, esta é a mola-mestra da problemática das minorias: é uma problemática da multiplicidade e da

pluralidade, e não uma questão de identidade cultural, de retorno ao idêntico, de retorno ao arcaico. No caso de traços arcaicos serem retomados — por exemplo, traços das religiões africanas que existiram centenas de anos atrás —, não é como arcaísmos que eles adquirem alcance subjetivo, mas na sua articulação em um processo criador. É o caso, por exemplo, do que há de mais vivo no jazz. Ele incorpora certos traços de singularidade dos *spirituals* negros para fazer uma música autêntica, que corresponde à nossa sensibilidade, nossos instrumentos e nossos modos de difusão, até que também essa música se choque contra o muro do Estado (Ibid., p. 74).

Assim, dependendo do regime de produção da subjetividade em que esta criança dita "extrófica" aparecer, ela será rotulada de um modo diferente. De modo que, tanto para a pessoa que nasce marcada com uma "malformação física" quanto para aquela que produziu uma alteração corporal via tatuagem, pintura tribal, *piercing*, etc., é o coletivo que insiste em definir o valor dessas marcas; isto é, as marcas serão positiva ou negativamente avaliadas dependendo do quanto elas, respectivamente, se aproximam ou se distanciam, em graus intensivos e quantitativos, dos processos coletivos instituídos para a produção da subjetividade, de seus discursos, de suas práticas, enfim, de suas existências. Portanto, o princípio geral da rotulação dessas pessoas é o de referenciá-las a um único equivalente geral de produção dos modos de subjetivação, de valorizá-los em oposição a uma norma, a um modelo arbitrariamente estabelecido. E, no caso das crianças "extróficas", por exemplo, um modelo do que seria um "corpo-perfeito" é o que irá determinar o seu desvio. Isso porque a contemporaneidade está dominada por práticas normativas que regulam genericamente as atitudes e desejos referendando-as a equivalentes transcendentes de produção e funcionamento dos estilos de vida. Essas práticas — a religião, por exemplo, com sua equivalência do corpo humano à imagem e semelhança de Deus detentor da vida — subjugam um corpo escarificado a fazer de sua marca um sinal de culpabilização, ou, mais precisamente, um sinal de *pertença*, transformando o que era antes uma estilística singular da existência em uma prática de culto à identidade grupal, dissolvendo as articulações discursivas que uniam uma tribo, recortando-a em diversas categorias identitárias. Foi isso propriamente o que fizeram os colonizadores ingleses aos aborígenes da Austrália, de modo que hoje suas gloriosas casas e "ocas" repletas de incrustações em madeira não passam de vitrines turísticas[12].

Portanto, o que cabe aqui ser problematizado é a relação das marcas com o valor atribuído pelos *socius*, os quais selecionam, a partir dos modos de produção de subjetivação, as marcas que serão estigmatizadas[13]. Por *socius*, entenda-se mais do que as definições sociológicas sobre o social. O *socius* remete ao plano molecular de engendramento de devires, que são sempre coletivos. Assim, a questão a ser feita é: o que fazemos com as marcas que a vida nos imprime, como as interpretamos? Como, por exemplo, lidamos com as *marcas do tempo* em nosso rosto, enrugando-o, literalmente dobrando-o, esticando-o, (de)marcando-o, sinalizando a transmutação e conseqüente finitude de nossa forma. No mundo contemporâneo, vivido sob a égide do "fisiculturismo" como correspondência aos valores de troca e objetificação dos regimes capitalistas, geralmente recorremos à cirurgia plástica estética, aos *spas* ou mesmo ao "velho e mágico" elixir da vida para, despoticamente, eliminar do corpo estas marcas. Mas o irônico disso, como comicamente foi mostrado no fil-

me *A morte lhe cai bem*, ou em clima mais erótico-gay-chique no filme *Entrevista com o Vampiro*, é que, apesar de tudo, a expansão da vida continuará independentemente da nossa presença ou ausência no mundo. A vida como que nos diz: "Obrigado por me deixar exprimir-me nesta forma, por ter servido à minha expansão deste modo, e agora vou continuar devindo em outra forma. Você está sendo devorado por outras formas de vida, servindo à minha expansão". Esses filmes, cada qual a seu modo, evidenciam o caráter do corpo como suporte da vida, sendo ele mesmo vida expressa em uma forma corporificada. Ora, a vida, por ser maquínica, é antropofágica, por isso devora o corpo com o sabor do tempo para dali digerir sua potência de conexão e produzir outra coisa.

As marcas, portanto, estão sempre arriscadas a serem desconectadas de sua processualidade, de seu campo problemático, para virem a se tornar referências identitárias. Esse risco não é por causa da cultura, de uma dificuldade de entendimento, benevolência com o estranho, com o grotesco, etc. Trata-se antes de incorporar a processualidade maquínica que as marcas sustentam e referendá-las a modos de subjetivação que estancam essa processualidade. E porque isso ocorre? Guattari & Rolnik (1986) afirmam que os processos de homogeneização são os responsáveis pela associação da marca a um rótulo, que deriva em estigma. Esses processos são encontrados em todas as sociedades cujo regime de produção da subjetividade é o capitalístico. Por capitalístico deve-se compreender não apenas um regime de produção da subjetividade restrito às sociedades capitalistas, mas, antes, a todas aquelas que têm a

---

[12] Cf. o filme *Once were warriors*, de 1995, que trata do processo de estigmatização por meio do seu modo reducionista, aplicado pelas práticas de aculturação dos membros desta tribo. No caso do filme, os descendentes dos aborígenes já estavam vivendo na cidade. Porém, sentiram que os últimos devires que ainda os conectavam estavam sendo absolutamente estrangulados pelos processos de homogeneização vigentes. A potência de articulação destes devires ainda foi suficiente para reagrupá-los e, por meio do resgate das escarificações, da dança e música de preparação para a guerra e cortejo funerários, tentavam compor uma nova individuação.

[13] Cf. o livro de Ted Polhemus. *Body styles*. London: Lennard Publishing, 1988. Especialmente o capítulo 1, item 5, *The pursuit of the perfect body*, p 24-28. Neste, o autor analisa práticas milenares de alteração corporal como suporte de transmutações tribais. Fala-nos também do que acontece quando "importamos" estas mesmas práticas para a contemporaneidade: interrompemos sua processualidade. Nestes casos, a cirurgia plástica (alteração corporal), a tatuagem, a coloração do corpo com maquiagens, guardam com as práticas milenares apenas uma relação analógica, representacional e têm funções diametralmente opostas: lá, tratava-se de marcar o corpo para sustentar um devir, aqui, marca-se o corpo para se territorializar, buscar construir uma identidade que interrompa o estranhamento provocado pela processualidade de novos devires.

essência da subjetivação fundamentadas na produção de equivalentes gerais. Por isso, é possível que os autores digam:

> É condição para as sociedades capitalísticas se manterem, que elas sejam calcadas em uma certa axiomática de segregação subjetiva. Se os negros não existissem, seria preciso inventá-los de alguma maneira. No Japão não há negros, mas eles inventaram os negros no Japão: lá há minorias étnicas totalmente marginalizadas – os coreanos, por exemplo, são como os norte-africanos na França (1986, p. 77-78).

As marcas são transversalidades que recortam todos os devires "subjetivos que se instauram através dos indivíduos e dos grupos sociais", porque elas são propriamente processos de subjetivação e configuram a existência dessas realidades subjetivas. Quando Guattari e Rolnik falam por exemplo do racismo (marca de cor na pele), eles concordam em dizer que lutar contra o racismo não é propriamente construir uma identidade negra. Trata-se antes de resgatar a negritude que atravessa todas as cores. Essa negritude é definitivamente uma marca coletiva, a afirmação da expansão da vida em diversos setores sociais. É atrás da negritude (devir) que devemos ir, e não tentar construir uma identidade para os negros.

> São esses devires que me parecem a verdadeira resposta aos problemas do racismo: eles consistem em pegar o problema pela raiz. Ou seja, pegar o problema não ao nível das grandes entidades culturais e ideológicas, mas ao nível em que se articula, efetivamente, a construção, a produção das subjetividades. É o nível de todo esse racismo entre homem e mulher (imposto quase que desde o nascimento), de todas essas dicotomias nas relações de semiotização (atividade lúdica *versus* atividade escolar, por exemplo), de todos esses sistemas de punição que fazem com que

só sejam selecionadas atividades rentáveis para um certo sistema de hierarquia social. É o nível da projeção de todos esses fantasmas coletivos da periculosidade dos chamados marginais ("os loucos são pessoas perigosas", "os negros têm uma sexualidade extraordinária", "os homossexuais são perversos polimorfos", e assim por diante). É essa maneira de captar os processos de singularização e enquadrá-los imediatamente em referências — referências afetivas, referências teóricas por parte dos especialistas, referências de equipamentos coletivos e segregadores. É nesses devires que se dá a articulação entre o nível molecular da integração subjetiva e todos os problemas políticos e sociais, que hoje perpassam pelo planeta (Guattari & Rolnik, 1986, p. 78).

Portanto, se estigma, em sua raiz etimológica, é o nome que se dá ao processo de atribuição de marcas ou sinais em alguém ou alguma coisa ou a um animal, com o fim único de sustentar um sentido, uma *hecceidade* (individualidade de uma existência), a atribuição de rótulos a essas marcas decorre dos agenciamentos sociais e não de uma qualidade inata às marcas. E, pelo exposto, a prática de marcar o corpo com fins de produção de *hecceidades* passou a ser fundida aos rótulos quando a primeira foi capturada pelos processos homogeneizantes da produção da subjetividade.

A MOLARIDADE DO ESTIGMA

Mas, para muitos autores, o estigma é uma necessidade social. Nesse caso, tudo é explicado pelo "sociologismo", como se o social fosse primeiro aos fluxos de vida que os produziram. Isso ocorre porque o social é tomado em seu sentido constituído, no seu plano molar sem se levar em conta as forças moleculares que se engendraram para compô-lo e continuar "outrando-o", isto é, transmutando-se em outra coisa. Isso significa dizer que uma dada sociedade se constitui alheia à criação de outras formas de vida que se processam em coexistência apenas porque o "mundo" à sua volta não está sendo interpretado por ela. Isto é, o social inventa estigmas não porque isso faz parte do modo como ele é constituído, senão pelo efeito de sua estruturação, de seus sistemas de funcionamento. A diferença aqui é sutil, mas se encerra quando entendemos que uma coisa é a estrutura (molaridade), e outra coisa é a imanência (condição de existência das estruturas), por isso, molecular.

Rabin *et al.* (1965) parecem corroborar essa distinção entre processos de estigmatização (marcas existenciais) e processos de rotulação (atribuição de valores aos atributos e sinais físicos, por exemplo), quando afirmam que é a linguagem de relações *entre* os valores sociais e as marcas que irá definir a estigmatização, porque um atributo que estigmatiza um tipo de pessoa, ou seja, uma marca marcada, pode confirmar sua inutilidade em outra marca e, portanto, não fazer dela nem um ser *desacreditado* nem *desacreditável* Goffman (1982); e mais, o estigma é, para ele, um tipo especial de relação entre atributo e estereótipo. Ele exemplifica:

> ...nos Estados Unidos da América há uma alta incidência de uma doença congênita nos quadris entre os Navajo. Esta condição afeta as rotinas diárias de uma pessoa, causa dor e limita sua mobilidade. Uma equipe de profissionais da Saúde foi até a reserva dos Navajo a fim de planejar um programa que iria melhorar a saúde e oferecia acompanhamento e tratamento para as crianças acometidas desta doença congênita dos quadris. Porque os Navajo não viam esta condição nem como estigmatizante, nem tampouco a viam como uma deficiência, eles rejeitaram a oferta[14].

Aprendemos com este exemplo que as "escolhas" dos atributos que serão estigmatizados variam de uma sociedade para outra. Desse modo, os rótulos não nascem com as marcas nem por elas são produzidos. A variação do estigma (rotulação) é dependente das relações estabelecidas entre as marcas (atributos) e os valores que sustentam as práticas sociais em um dado corpo social. Trata-se propriamente de vermos funcionando aí uma lógica analógica que toma um modelo de corpo ao qual deveriam todos os outros corpos se igualarem em sua funcionalidade, forma e organização. No exemplo acima, fica nítido que o discurso médico tentou atribuir um rótulo de doença a uma marca no corpo dos Navajo, mas não obteve sucesso, pois para eles o rótulo de doença, de anormalidade, responsável pela prática social produtora do discurso médico não existia. Logo, não se produziu na tribo um corpo-médico; isto é, tornou-se impossível ler, dobrar aquele corpo a partir das referências médicas. As referências tribais de produção das marcas, sua ética, sua moral não são inseridas nesse plano normativo.

Nesse sentido, o estigma é de fato um valor decorrente de práticas coletivas criadas ao longo da história. Ele não se origina naturalmente com a produção das marcas que a vida imprime nas formas que a expressam senão por efeito da contingência dos regimes de subjetivação em que elas estão inseridas. Por exemplo, uma criança extrófica que não nasça no seio de uma sociedade que incorpora o discurso médico jamais será vista como doente, ou melhor, não trará consigo o rótulo de extrófica, anormal e/ou malformada, como demonstram os casos relatados por Benka *et al.* (1991 e Davillas *et al.* (1991).

Não se trata de acreditar que a estigmatização ou o estigma seja um fenômeno exclusivamente individual: uma mãe não estigmatiza um filho porque ela possui uma má índole, por exemplo; ou então, quando alguém se tatua por narcisismo, não se pode dizer que este narcisismo é individual, pois reproduzir-se a si mesmo em

---

[14]No original em inglês: *"...in the United States there is a high incidence of congenital hip disease among the Navajo. This condition affects a person's daily functioning, causes pains, and limits mobility. A team of health workers went to the Navajo reservation to plan a program that would improve health and offered to set up screening and treatment for children with congenital hip disease. Because the Navajo did not view the condition as either stigmatizing or disabling, they rejected the offer."*, p. 42.

uma tatuagem é também uma prática que espelha o sentido daquele campo social no qual o narcisismo foi produzido. Como sugerem Ainlay, Becker e Coleman (1994, p.4):

> O estigma é uma construção social — um reflexo da cultura ela mesma, não uma propriedade de indivíduos. Como insistia Goffman, o "normal" e o "estigmatizado" não são pessoas, mas perspectivas (1963). Não há nada inato nos atributos de algumas pessoas que as qualifiquem para a estigmatização. Ao contrário, as pessoas são qualificadas como estigmatizadas apenas dentro do contexto de uma cultura particular, de eventos históricos, ou econômicos, políticos, ou de situações sociais.[15]

Um outro exemplo é o que ocorre com os indivíduos ditos excepcionais. Esse atributo, "excepcional", já é um valor moral inventado pelas práticas ditas científicas que embasa o saber produzido nas práticas da Saúde. Mendes (1984, p. 1), no quadro abaixo, mostra como a Medicina, ao voltar seus olhos para o passado e investigar o modo como outras práticas anteriores ao discurso científico interpretaram o corpo do excepcional, descobre que o conceito de deficiência influencia a atitude que temos diante da pessoa que apresenta essa condição física.

De um modo geral, até a difusão do Cristianismo na Europa, a sorte dos deficientes mentais e de outras pessoas excepcionais (ou com alguma diferença evidente) é praticamente a mesma sugerida pelo regime espartano que considerava essas pessoas subumanas, o que legitimava sua eliminação ou abandono (prática coerente com a ética de guerra e com os ideais atléticos e clássicos).

Graças à doutrina cristã os deficientes começam a escapar do abandono ou da "exposição", uma vez que, donos de uma alma, tornam-se pessoas e filhos de Deus, como os demais seres humanos. É assim que passam a ser, ao longo da Idade Média, "les enfants du bom Dieu", em uma expressão que tanto implica a tolerância e a aceitação caritativa quanto encobre a omissão e o de-

PERÍODO HISTÓRICO	CONCEPÇÕES PREDOMINANTES	ATITUDES SOCIAIS CONCOMITANTES
Anterior à Idade Média	As deficiências são aspectos de subumanidade	Negligência e maus-tratos
Idade Média	Concepções sobrenaturais como causa da deficiência	Atitudes ambivalentes: ora o deficiente era maltratado, por representar a encarnação de um mau presságio, ora era bem cuidado por ser visto como uma criatura de Deus
Século XV ao XIX	Concepção organicista	Institucionalização
Século XX	Concepção multideterminista	Atendimento multiprofissional

QUADRO 1 - SIGNIFICADOS DA DEFICIÊNCIA EM DIFERENTES PERÍODOS DA HISTÓRIA

---

[15]Em inglês no original: *"Stigma is a social construct — a reflection of culture itself, not a property of individuals. As Goffman insisted, the "normal" and the "stigmatized" are not persons but perspectives (1963). There is nothing inherent in the attributes of any persons that qualify them of stigmatization. Instead, people qualify as stigmatized only within the context of a particular culture, historical events, or economic, political, or social situation."*, p. 4

sencanto de quem delega à divindade a responsabilidade de prover e manter suas criaturas deficitárias (Pessotti, 1984, p. 4).

Já do século XV ao XIX, que coincide com o advento da "ciência", grandes instituições foram criadas para "tratar" os "diferentes". Aquilo que nasceu dos mais "belos ideais" de preservação da diferença veio a se tornar o lugar de direito e de fato da estigmatização. A história da institucionalização das pessoas nascidas com singularidades ditas "anormais" já foi mencionada por diversos autores na Filosofia, Psicanálise, História. É na história dessa prática que se escorou o poder do discurso médico sobre o corpo e, especificamente, sobre a idéia de um corpo que necessita ser "restaurado", "refeito", "reconstruído", já que, na sociedade ocidental, é recente a dessacralização do corpo humano. É apenas na contemporaneidade que temos interesse em "lutar" pela cidadania de pessoas ditas malformadas, basicamente porque estamos escorados por uma ética da diferença, explicitada pela prática humanista moderna que compõe as atuais Cartas de Direitos Humanos escrita no período pós Segunda Grande Guerra, fruto do horror produzido pelo discurso eugênico-nacionalista do Nazismo alemão. Assim, atualmente as deficiências possuem uma concepção multideterminista e o seu tratamento implica a atuação de equipes multiprofissionais. Mas, para chegarmos até aqui, tivemos de passar pela Revolução Industrial e potencialização do capitalismo que realocou a função dessas pessoas simplesmente por entender que qualquer corpo é passível de tornar-se matéria-prima para mão-de-obra no trabalho.

Assim, os rótulos nascem das práticas de subjetivação que se autorizam a interpretar a natureza maquínica da produção de subjetividades em vez de descrevê-las. No exemplo citado, vemos práticas pré-científicas inventando a personagem do monstro e do santo, e práticas científicas inventando a personagem do doente e do anormal. Poderíamos acrescentar, nesse quadro proposto por Mendes (Ibid.), quais seriam os agenciamentos coletivos que sustentam cada uma destas práticas despóticas, bem como compreender como foi que elas se tornaram tão poderosas.

Becker & Arnold (1994, p.49) fornecem outro bom exemplo dos valores que embasam práticas sociais que estigmatizam determinadas marcas:

> Uma jovem mulher foi desfigurada quando era uma combatente européia para a liberdade durante a Segunda Guerra Mundial. Inicialmente, sofreu pouca estigmatização. Sua desfiguração era um símbolo de sua bravura em ter lutado por seu país e isso era reconhecido positivamente pelos outros. Além disso, ela era apenas uma das muitas pessoas que foram desfiguradas. Quando ela imigrou para os Estados Unidos poucos anos depois e ingressou em novos papéis sociais e em um novo ambiente, o contexto de sua desfiguração não foi reconhecido. As pessoas a fitavam. Ninguém mais sabia a história de sua "horrível" cicatriz. O estigma que ela experienciou afetou profundamente sua habilidade para prosseguir em seus papéis sociais com "paz de espírito", e ela iniciou uma busca para modificar sua aparência por meio da cirurgia plástica.[16]

Os autores concluem que a modificação por meio da cirurgia plástica da marca estigmatizada é uma das muitas maneiras de lidar com a marca. O estigma, neste caso, foi duplo, pois a marca (sinal de

---

[16] No original em inglês: *"... a young woman was disfigured when she was a European freedom fighter during World War II. She initially experienced little stigma. Her disfigurement was a symbol of her bravery in fighting for her country and was acknowledged by others. In addition, she was only one of many people who were disfigured. When she emigrated to the United States a few years later and entered new social roles and a new environment, the context of her disfigurement was not recognized. People stared at her. No one else knew the history of her "hideous" scars. The stigma she experienced profoundly affected her ability to carry out her roles with equanimity, and she began a quest to change her appearance through plastic surgery."*, p. 49.

guerra provocado por estilhaço de granada, por exemplo) inicialmente foi capturada no modo alienante de subjetivação e por isso foi interpretada como positiva. Em outro contexto, ela já foi capturada por um modo reducionista e foi interpretada negativamente e, posteriormente, aquela marca da cicatriz-de-guerra (como todos os seus fluxos germinais de subjetivação) desapareceu por meio da cirurgia plástica, que aí funcionou como alicerce ao modo reducionista de subjetivação.

No caso do grupo de mães (citada na p. 33) seria preciso que aquela mãe entendesse que as crianças se sujarem de barro, se machucarem, se xingarem, mas na mesma hora estarem amigas novamente, tudo isso também faz parte da vida. Ao médico é preciso compreender que é muito perigoso empregar seu saber técnico e vocação cirúrgica tendo as normas como referência para a sua prática. Assim, por exemplo, tentar fazer uma criança incontinente vir a ser continente não deve se pautar nas exigências arbitrárias de uma escola higienista. A operação de prolongamento do pênis de uma criança extrófica[17] não precisa ser pautada em uma suposta funcionalidade "normal" da resposta sexual humana, como apontam os estudos em Sexologia[18], ou do Imaginário social pornográfico que propaga a idéia de que o prazer sexual só será alcançado se se tiver um pênis desta ou daquela dimensão. Um corpo não merece também ser violado apenas para se adequar aos valores religiosos do casamento (procriação, por exemplo), o que implica operações de correção da abertura da vagina e do canal vaginal, visando a ampliá-los e deixá-los funcionais para uma possível gravidez e parto normal[19]. A continência, o prolongamento do pênis e a correção da vagina (problemas que mais recente-

mente atormentam os urologistas) devem ser buscados dentro da proposta que cada família possui para compor a estilística de sua existência, mesmo que ainda esteja comprometida com os processos normatizadores. Isso porque as práticas de saúde precisam ser descritivas e não prescritivas. E, quando essa estilística parecer estranha à família, a questão a fazer é: "quem está dizendo que é estranho?". Assim, essas práticas poderão se concentrar mais na busca de modos e formas de manutenção da expansão da vida naquele corpo que o interpela. Suas questões seriam: O que pode esse corpo? Quais são suas potências de agenciamento? O que e quem está em seus entornos? Quais são os problemas que este corpo-suporte propõe que podem ou não se conectar, se entrelaçar com as problemáticas de outros campos para evitar a individualização de seus corpos?

A condição física que estudo, portanto, recebe atributos quando inserida em determinadas práticas sociais. Isto é, como se não bastasse ter nascido com uma condição física que lhes proporciona dor, essas pessoas ainda têm de suportar um sinal de desgraça (doença, malformação, anomalia), e o sentimento heterodirigido de *descrédito* ou o de serem *desacreditadas*, que só fazem a paisagem de sua existência tornar-se mais angustiante e reduzida. Essas pessoas são estigmatizadas pelos seus próprios pais, parentes, amigos, colegas de escola, e, de forma geral, pela sociedade[20].

Ora, mas a condição física em si mesma não é nem boa nem má. São os atributos que nascem de práticas muito específicas, datadas na história, que dão significados e sentidos a esta condição. E a ironia reside justamente aqui: a vida produz marcas, que suscitam modos de subjetivação, que dão consistência às práticas coletivas, as quais, por sua

---

[17] As crianças extróficas do sexo masculino, por causa da epispádia que acompanha esta condição física, possuem um pênis relativamente abaixo do padrão, atingindo, mesmo depois da reconstrução e prolongamento peniano, uma média de 8 a 10 cm de comprimento. Muitos pacientes no hospitais reclamavam do tamanho de seu pênis, embora isso não os impedisse de investir no uso de outras partes de seu corpo para a obtenção do prazer sexual com suas parcerias.

[18] Cf. por exemplo Michel-Wolfromm, H *et al. O ato sexual normal e psicopatologia sexual.* São Paulo: Ed. Mestre Jou, 1970; Masters, W. & Johnson, V. *A resposta sexual humana.* São Paulo: Roca, 1984; Masters, W. & Johnson, V. *Inadequação sexual humana.* São Paulo: Roca, 1985; Stekel, W. *Impotência masculina:* perturbações psíquicas na função sexual do homem. São Paulo: Ed. Mestre Jou, 1967; Fogel, G. *Psicologia masculina: novas perspectivas psicanalíticas.* Porto Alegre: Artes Médicas, 1989.

[19] Aliás, neste aspecto, parece que a ética da expansão da vida falou mais alto, pois hoje se recomenda a cesariana para todos os casos de gestação em pacientes extróficas. Isso porque há riscos de ocorrência de 'queda do útero' após o parto.

[20] Erving Goffman (1975). *Estigma.* Rio de Janeiro: Jorge Zahar Editores. Tradução do original em inglês de Márcia Bandeira de M. L. Nunes.

vez, produzem discursos e atributos que dão linguagem aos modos de subjetivação por eles produzidos. Esses modos de subjetivação avaliam, interpretam e tentam dar sentido àquilo que não tem sentido, que não pode ser isso ou aquilo, já que isso (o plano molecular) insiste sem existir (ex-iste), na afirmação de que isso não é, mas está sendo; trata-se de um porvir infinito. O paradoxo está nisso: a vida, que não tem sentido, produz, como efeito de sua expansão, seres que tentam lhe fabricar sentido.

O processo maquínico da vida está sempre a diferir, a produzir marcas, que a princípio não têm finalidade nem nome. Quando uma forma aparece, ela já diz a que veio. É a vida se exercendo, expandindo suas formas. Porém, para o humano, quando essa forma aparece ela já vem inscrita na interioridade de uma prática. Por exemplo, hoje, quando um corpo humano nasce, ele já está inscrito na prática médica. Diz-se até por brincadeira: "Eu nasci em um hospital". Nesta prática é dito: "Nasceu normal ou com "problemas". Quando uma forma aparece, mas não corresponde ao registro normativo que sustenta essa prática, produz-se o estranhamento. É justamente esse momento que faz o humano abrir-se para essa intensidade molecular da vida de estar sempre diferindo. Mas o difícil para o humano é deixar de se apropriar a si mesmo como "modelo" de vida. Por ele assim agir é que fica difícil se conectar com o diverso, com a alteridade[21].

Naquele grupo de mães (citado na p. 33), de um lado tínhamos uma mãe que se deixou capturar pelo modelo da "natureza perfeita" responsável pela produção de um corpo perfeito, com finalidades específicas, com propósitos previamente traçados, por exemplo, de uma produção de um organismo encerrado em si mesmo, de um *corpo-máquina*, isto é, de um corpo cujo funcionamento é previsto ou pela "Natureza" ou por um Deus bondoso e justo em suas ações e meios. Uma mãe que se prendeu na idéia de que a forma de seu filho é uma

malformação, um desatino da carne, pois que a aparência de seu filho não corresponde ao equivalente geral daquilo que se chama de organismo, ou antes, de um corpo-máquina. Desqualificar a potência do filho de diferir, de fazer quantas conexões com a vida puder, pela via da anormalidade, é uma forma real de não assumi-lo como um vivente, como um acontecimento.

De outro lado, temos o brado forte de uma advogada que tem o discurso utópico da cidadania como meta de solução para o enfrentamento dos processos de estigmatização das crianças extróficas. Evidentemente que essas práticas de promoção da cidadania são importantes, porém o desejo veemente por identidade que elas produzem também impede a passagem de fluxos de subjetivação heterogêneos. "Cidadania aos excepcionais! Que valham os direitos dos oprimidos!" — bradam as vozes "revoltadas". Mas, nesta lógica, para fazer valer esses direitos, é preciso identificar-se a algo muito circunscrito e fechado. Um espaço que pode levar ao sufocamento de novas formas de *outramento* da subjetividade. Além disso, tanto em um caso como no outro, ainda há germes de interpretação, de uma significação sobrepondo-se ao sentido, e, conseqüentemente, aos processos maquínicos de subjetivação.

Esses modos de subjetivação desqualificam a produção maquínica da subjetividade por meio da agregação de atributos transcendentes ao fenômeno em questão; o que resulta na imputação de uma certa negatividade a este acontecimento, fazendo-o parecer naturalmente desacreditável.

Esse aspecto cambiante dos atributos (rótulos) demonstra que o estigma (agenciamento das marcas com os rótulos) não é um dado natural. Por exemplo, os estigmatas só são assim chamados porque, da perspectiva do discurso religioso, suas marcas já são a produção de uma "santificação", de um modo de subjetivação beatífico inerente ao discurso religioso.

---

[21] Devo este parágrafo às calorosas e empolgantes discussões com a colega Sonia França.

Nos exemplos citados, evidencia-se que o estigma é um decalque que mapeia a produção maquínica da subjetividade. Ele seria mais próximo do segundo aspecto do ritornelo. Primeiro traça-se um centro frágil oscilando em si mesmo. Ou seja, primeiro marca-se uma referência, um ponto na produção de uma cartografia. Posteriormente, faz-se um círculo em torno desse centro frágil organizando assim um espaço limitado, produzindo um mapa. Assim,

> (...) muitos componentes bem diversos intervêm, referências e marcas de toda espécie. Isso já era verdade no caso precedente. Mas agora são componentes para a organização de um espaço, e não mais para a determinação momentânea de um centro. Eis que as forças do caos são mantidas no exterior tanto quanto possível, e o espaço interior protege as forças germinais de uma tarefa a ser cumprida, de uma obra a ser feita. Há toda uma atividade de seleção aí, de eliminação, de extração, para que as forças íntimas terrestres, as forças interiores da terra, não sejam submersas, para que elas possam resistir, ou até tomar algo emprestado do caos através do filtro ou do crivo do espaço traçado (Deleuze, 1997, p. 116).

O PROCESSO DE DESNATURALIZAÇÃO

Todavia, há momentos em que essas marcas não conseguem ser capturadas pelos processos de estigmatização, pois são assimiladas em processos de singularização que aqui denominei de *desnaturalização*. Isto é, elas estão constantemente articulando problemáticas singulares de seu campo com outras problemáticas de outros campos, sem se reduzirem a questões de domínio particular.

Primeiramente, o conceito de processo utilizado no conceito de processo de singularização não é aqui entendido como uma marcha ou sucessão progressiva (ou retrógrada) de algum fenômeno ou desenvolvimento sucessivo de algum

trajeto. Se este fosse o sentido que atribuo a este conceito estaria presumindo que o processo de singularização apresenta certa previsibilidade — um ponto de origem, um território de partida circunscrito e um lugar de chegada. O conceito de processo, tal qual o concebo, tem a ver com uma mistura de fluxos heterogêneos que se interpenetram de maneiras variadas e aleatórias. Conseqüentemente, o processo é aquilo que há *entre* uma forma e outra, e estas formas são resultantes dos cruzamentos de fluxos e não lugares de saída ou chegada destes. O processo não tem início ou fim. *O processo é sempre entre*, por isso se pode dizer: "São justamente esses elementos que levariam a falar de um norte-sul através dos países, de uma negritude por meio de todas as raças, de línguas menores por meio de todas as línguas dominantes, de um devir homossexual, de um devir criança, de um devir planta através dos sexos delimitados. São esses elementos que eu e Deleuze agrupamos na rubrica de 'dimensão molecular' do inconsciente" (Guattari & Rolnik, 1986, p. 75).

O processo de singularização é uma das inúmeras maneiras de se viver a relação com a produção de subjetividade, e a singularização existirá sempre que houver o aproveitamento das potências que constituem a subjetividade. Tal aproveitamento se faz pelos agenciamentos.

Todas as vezes que os fluxos se agenciam, um universo virtual se engendra e diferentes modelos e subjetivações poderão ou não se atualizar.

Os agenciamentos carregam em si a força de produção e enunciação de sentidos heterogêneos. Trata-se da produção maquínica de desejo dada em si mesma, pois um agenciamento é povoado de devires e de intensidades. Os agenciamentos reinventam as articulações entre os artigos, pronomes indefinidos, nomes próprios, verbos no infinitivo, etc. Eles produzem e enunciam novos enunciados e novas línguas. Deleuze (1997) denominou desejo esta coexistência da força de produção e expressão na natureza dos agenciamentos. Para ele, o desejo só existe se agenciado maquinicamente. Portanto, o desejo é sempre uma construção e nunca um já existente a ser "descoberto".

É justamente a natureza maquínica do processo de singularização que permite a criação e invenção de novos territórios singulares e sempre prontos a se desterritorializarem. Ao longo dessa processualidade, encontram-se territórios marcados por tensões, por vazios e faltas que, polissêmicas e polifônicas, permitem a passagem dos fluxos heterogêneos. É por isso que o processo de singularização é sempre inconstante. Ele se define pela criação de territórios por meio do desmanchamento constante de territórios já existentes (desterritorialização), seguido de novas articulações (territorializações), e assim por diante.

Em certo momento, aquilo que se cria nos infinitos modos de singularização poderá tornar-se homogeneizante. E o que garantirá aos processos de singularização um caráter singular e duradouro são as suas forças de enunciação e de produção de novos enunciados. Conseqüentemente, a duração de cada processo de singularização determina um ciclo trágico, pois cada duração lança à história da subjetividade um novo território existencial que nada tem a ver com territórios antigos e suas respectivas experiências. Assim, o que dura não são os modos de existência e objetos, mas, sim, a própria singularização como repetição diferenciadora, na qual se produzem novos modos de existência (formas corporais), objetos, etc. Essa construção de novos territórios existenciais tem a ver com os planos moleculares e molares de produção de componentes de subjetivação, que são planos de encontros, de alianças entre níveis transpessoais, sociais e individuais da existência. Os fluxos sociais, econômicos, políticos (e outros) atravessam os níveis transpessoais e nesta travessia ocorre o encontro desses fluxos. A cada uma dessas diferentes formas, encontramos singularidades que nos contam histórias diferentes, que nos apresentam personagens novos e novas terras e, o mais importante, cada um deles apresenta-nos problemas diferentes.

Mas este ciclo trágico não pode ser confundido com um ciclo dramático. Este é determinado pelo retorno da experiência vivida, já aquele é determinado pelo retorno da experiência diferencial. O ciclo trágico coexiste com a singularização. Ele é o movimento do processo de singularização e caracteriza-se pelo *eterno retorno* da experiência diferencial, possibilitando a afirmação de vivências heterogêneas. Assim, "singularizar é, então, uma maneira de romper com a instauração de modelos, de axiomas, de representações, por ser justamente uma maneira de instaurar um movimento: o processual" (Selaibe, 1989, p. 11).

Uma vez apresentada a natureza daquilo que chamo de subjetividade singularizada, resta saber o critério pelo qual é possível identificar quando é que se está singularizando.

Para singularizar é necessário estar atento para o fato de que qualquer território singular a ser atualizado carrega consigo o veneno da transcendência e da ilusão (do clichê). Sabendo disso, resta-nos criar uma maneira de combatê-lo com vigor. Cada território existencial possui seu veneno bem como seu antídoto específicos.

O antídoto que proponho é a desnaturalização.

A desnaturalização consiste em destituir a marca de todo e qualquer atributo a ela associado. Isso implica recompor a marca a seu plano de produção, retirando dela toda a ilusão de totalidade-em-si, fazendo-a fluir em uma composição múltipla, diversa, da qual sairá como *hecceidade*, transmutação, individuando-se em determinados agenciamentos. Isto é, a descolagem dos atributos às marcas insere-as em novas expansões que se remetem não a uma Lei Transcendental de organização, mas, sim, à distribuição de intensidades, velocidades, acelerações e movimentos de um plano de imanência da subjetivação. Uma imanência que funciona em um regime molecular, de conexão de fluxos e forças. Dessa perspectiva, as marcas são formas incompreensíveis à lógica de pensamento molar, pois é impossível fazer invariantes, equivalentes gerais, a partir das intensidades moleculares que constituem as ilimitadas formas. Assim, o discurso molar tende a dizer que não é possível que estas marcas existam sem nenhum atributo. Mas sua suposta inexistência se faz presente por sua insistência de desterritorialização, questionamento e problematização dos processos de subjetivação estigmatizantes. Por isso existem porque insistem. E insistem em quê? Em uma palavra, na possibilidade de produção de um novo mundo. A esse modo de relação com o estigma eu chamei, em trabalho anterior[22], de *modo de subjetivação estética*, pois que expande a vida na medida em que *cria* novas formas de viver. Esse modo de produção de um "possível" para os estigmas, para além das estigmatizações que sofrem, opera por velocidades e lentidões, que irão fazê-los virar do avesso, como essa a única alternativa de operar uma desnaturalização sobre seus atributos. Esse procedimento artístico, de desnaturalização, de ir buscar as forças moleculares de produção do já constituído fará com que essas marcas

> ...cheguem ou não rápido o bastante para operar uma passagem, um devir ou um salto sobre um mesmo plano de imanência pura. E se, com efeito, há saltos, fracassos entre agenciamentos, não é em virtude de sua irredutibilidade de natureza, mas porque há sempre elementos que não chegaram a tempo, ou que chegam quando tudo acabou, tanto que é preciso passar por neblinas, ou vazios, avanços e atrasos que fazem parte eles próprios do plano de imanência. Até os fracassos fazem parte do plano. É preciso pensar esse mundo onde o mesmo plano fixo, que chamaremos de imobilidade *ou* de movimento absolutos, encontra-se percorrido por elementos informais de velocidade relativa, entrando neste ou naquele agenciamento individuado, de acordo com seus graus de velocidade e lentidão. Plano de consistência povoado por uma matéria anônima, parcelas infinitas de uma matéria impalpável que entram em conexões variáveis (Deleuze, 1997, p. 41).

Assim, não é apenas por meio das ressignificações das marcas, de seus enunciados e enunciações em um determinado campo que iremos efe-

tuar um expancionismo da existência. Como disse Rolnik (1993, p. 242), "o sujeito engendra-se no devir: não é ele quem conduz, mas, sim, as marcas. O que o sujeito pode é deixar-se estranhar pelas marcas que se fazem em seu corpo, é tentar criar sentido que permita sua existencialização – e quanto mais consegue fazê-lo, provavelmente maior é o grau de potência com que a vida se afirma em sua existência". Portanto, é preciso compreender o modo de funcionamento do campo de imanência que produz essas marcas, saber o que pode uma determinada marca naquele campo que a determinou. Se a deslocarmos daqui para lá, que ressonâncias serão produzidas? O que ela passará a advir a partir dali? Nas experimentações das crianças e dos artistas isto é muito conhecido. Que relação há entre o guidão e o assento da bicicleta no touro de Picasso? Não há, efetivamente, nenhuma relação. Há tão-somente ressonâncias, devires *entre* esses elementos, que aludem ao touro apenas pelo modo como esses elementos estão dispostos na composição que os criou. De modo que não há nada parecido com uma essência ou estrutura do touro na obra de arte que, por analogia, nos remeteria ao animal. Outrossim, há uma certa "tourada" circulando, ressoando *entre* estas marcas. "Vamos brincar de touro? Quem se arrisca a ser o toureiro aqui ou acolá?". Assim, não se trata de imaginarmos as marcas isoladas de um todo. A marca, um órgão, "será exatamente aquilo que seus elementos farão dele de acordo com sua relação de movimento e repouso, e a maneira como essa relação compõe-se com a dos elementos vizinhos. Não se trata de animismo, não mais do que de mecanismo, mas de um maquinismo universal: um plano de consistência ocupado por uma imensa máquina abstrata com agenciamentos infinitos de durações finitas" (Ibid., p. 42).

Deste modo, (des)naturalizar-se é sustentar a processualidade da vida neste ou naquele corpo, e é também uma micropolítica. Ou seja, é uma forma de se tentar "agenciar as coisas de modo que os pro-

---

[22] Cf. Fernando S. Teixeira Filho. *Subjetividade estética: o gesto da sensação*. Dissertação (Mestrado). Pontifícia Universidade Católica de São Paulo, São Paulo, 1993.

cessos de singularização não se neutralizem mutuamente, não se recuperem na reconstituição de pseudo-entidades molares. A micropolítica consiste em criar um agenciamento que permita, ao contrário, que esses processos se apóiem uns aos outros, de modo a intensificar-se" (Guattari & Rolnik, 1986, p. 79).

Mas não se trata de um corpo encerrado em si mesmo e destacado do território onde ele se cria. A subjetividade não se finaliza no corpo, mas, antes, entre um e outro corpo (matéria de expressão), ou seja, na relação desses corpos dentro de um limite espaço-temporal de imprecisa quantificação. Portanto, é mais preciso falar em estratos, em fluxos, em platôs, em níveis de subjetivação, os quais podem ser "avaliados" pela intensidade de sensações que "desestabilizam" um território existencial já estabelecido, expandindo-o, retraindo-o, amolecendo-o, ora desterritorializando-o, ora (re)territorializando-o em uma nova forma que já não exprime mais o que era antes. Mas não se trata de simples remanejamentos dos elementos em uma série. Antes, a circulação das intensidades com suas velocidades diferenciais, seus saltos e depressões fazem os elementos transmutarem, constituindo uma outra série que se atualiza em outro corpo. É toda uma química envolvida na composição de novos territórios existenciais. Desse modo, nunca somos os mesmos, estamos sempre *devindo* outra coisa, em constante processualidade.

Que são territórios existenciais? São como roupas que compõem um estilo. Por isso temos várias; uma para cada estilo que *devém* em nós. Sem os territórios, correríamos o risco de sairmos desnudos à rua, a não ser que o corpo nu seja ele mesmo uma roupa compondo um estilo, como é o caso, por exemplo, no naturismo. Mas o território não é simplesmente uma cobertura sobre a pele, porque ele é, propriamente, uma pele, um revestimento que se compõe com outros níveis de subjetivação mais invisíveis a olho nu — a pele compondo-se com a carne e esta compondo-se com os ossos, etc.

Os processos visíveis de construção da subjetividade não causam *estranhamento*. Contudo, os processos invisíveis sempre produzem algo de "grotesco-em-mim", já que forçam a existência para uma nova forma. Essas experiências do gro-

tesco insistem em causar um desassossego nas existências já constituídas, ou seja, nas molaridades. São coisas que, de um modo ou de outro, estigmatizamos; para não nos afastarmos do já constituído, assim nos defendemos do desassossego que elas causam. Fazemos isso porque somos "humanos, demasiado humanos". É preciso que nos tornemos mais des(h)umanos para que possamos deixar aparecer aquilo no que nos *outramos* por efeito desses processos invisíveis. Isto é, para que deixemos de ser prescritivos em relação à vida e sejamos mais descritivos em relação aos processos de engendramento de novos corpos que se processam em nossa forma. Para tal, devemos perder o hábito de acreditar que existam coisas tais como "Natureza", forma ideal, modelo de perfeição e outros valores que supostamente são naturais e intrínsecos às coisas. Isto é, ser humano é esquecer que a vida é processualidade, usina de fabricação de formas, afectos, sentimentos, enfim, de tudo o que "ex-iste" (que insiste de fora da representação)... é esquecer que a vida é muito mais "potente" (no sentido de afectar e ser afectada pelos afectos que ela processa) que o humanismo — o qual é dela apenas uma das inúmeras referências. É esquecer que somos nós mesmos, por meio de certas práticas sociais de convivência, de educação, de saúde, de família, etc.; é esquecer que atribuímos juízos de valor à natureza, elevando nossas teorias e métodos a graus de transcendência, a modelos de interpretação da vida, esquecendo-nos que nós mesmos somos — incluindo o que em nós e a partir de nós se produz — originados na própria natureza, sendo, portanto, nem superior nem inferiores a ela. Ao contrário, fazemos parte dela no que tange a seu princípio mais imbatível: a processualidade maquínica de subjetivação. É preciso "forçar o pensamento a pensar" para que nos tornemos mais desumanos:

> Pensar, como atividade, é sempre um segundo poder do pensamento, não o exercício natural de uma faculdade, mas um extraordinário acontecimento no próprio pensamento, para o próprio pensamento. Pensar é uma n + 1 ...

potência do pensamento. É preciso ainda que ele seja elevado a essa potência, que se torne "o leve", "o afirmativo", o "dançarino". Ora, ele nunca atingirá essa potência se as forças não exercerem uma violência sobre ele. É preciso que uma violência se exerça sobre ele como pensamento. É preciso que um poder force-o a pensar, lance-o em um devir-ativo. Tal coação, tal formação, é o que Nietzsche chama "Cultura" (Deleuze, 1976, p. 89).

A MOLECULARIDADE DO ESTIGMA

Ora, haveria então uma certa positividade no estigma? Em todos os casos, o estigma, ao traçar um círculo naquilo que é apenas um ponto de referência, embora não esgote sua possibilidade de conectividade com o caos, de algum modo o seleciona, o avalia, o interpreta. Isso acaba por interromper alguns fluxos de subjetivação em detrimento de outros. A questão então está em decidir por qual critério se deve selecionar os fluxos do caos para "fugir" do estigma, para fazer descer as suas atribuições transcendentes à imanência que as produziram. Qual ética escolher ou a produzir?

Se, às vezes, a vida, que só quer se expandir, avalia as formas que cria e, decorrente dessa avaliação, chega mesmo a extingui-las, só o faz para vir a se tornar mais potente em um outro momento. Para retornar diferente. Para poder fazer valer novos princípios éticos como ocorre no terceiro aspecto do ritornelo.

Como se o próprio círculo tendesse a abrir-se para um futuro, em função das forças em obra que ele abriga. E dessa vez é para ir ao encontro de forças do futuro, forças cósmicas. Lançamo-nos, arriscamos uma improvisação. Mas improvisar é ir ao encontro do Mundo, ou confundir-se com ele. Saímos de casa no fio de uma cançãozinha. Nas linhas motoras, gestuais, sonoras que marcam o percurso costumeiro de uma criança, enxertam-se ou se põem a germinar "linhas de errância", com volteios, nós, velocidades, movimentos, gestos e sonoridades diferentes (Deleuze, 1997, p. 117).

Invoco aqui, além do ritornelo, o princípio do eterno retorno nietzschiano. Para compreender o eterno retorno é preciso esclarecer que Nietzsche não acreditava na finalidade da Natureza como algo que tende ao equilíbrio. Para ele, segundo Deleuze (1976), a natureza jamais atingirá um equilíbrio porque todo o instante que existe é um instante que passa, pois é sempre devir. "O instante atual, não sendo um instante de ser ou de presente "no sentido estrito", sendo o instante que passa, *força-nos* a pensar o devir, e a pensá-lo precisamente como o que não pôde começar e o que não pode acabar de tornar-se" (Ibid., p. 39). Portanto, há uma estreita relação entre o tempo e o eterno retorno que se funda na duração. E duração é a coexistência sintética de passado, presente e futuro. Duração é devir. O eterno retorno

não deve ser interpretado como o retorno de alguma coisa que é, que é um ou que é o mesmo. Na expressão "eterno retorno", fazemos um contra-senso quando compreendemos retorno do mesmo. Não é o ser que retorna, mas o próprio retornar constitui o ser como é afirmado do devir e daquilo que passa. Não é o um que retorna, mas o próprio retornar é o um afirmado do diverso ou do múltiplo. Em outros termos, a identidade no eterno retorno não designa a natureza do que retorna, mas, ao contrário, o fato de retornar para o que difere. Por isso o eterno retorno deve ser pensado como uma síntese: síntese do tempo e de suas dimensões, síntese do diverso e de sua reprodução, síntese do devir e do ser afirmado do devir, síntese da dupla afirmação (Ibid., p. 40).

O único princípio que é a razão mesma de ser do eterno retorno, tal qual Nietzsche o estabelece, é a *vontade de potência*. É a vontade de potência que constitui a natureza seja em qual forma ela se exprimir. Partindo da vontade de potência e de seus efeitos, podemos talvez chegar à natureza da mudança de estado de um modo de ser de um corpo para outro.

É preciso acrescentar ao que foi dito sobre o corpo que os fluxos de força que o constituem estão em permanente combate, o qual assegura a morte e o renascimento do corpo. É em função desse combate que o corpo está sempre ativo, sempre vivo. Portanto, o eterno retorno desse combate é o que faz durar o corpo.

Mas o que anima essa batalha de forças que por si mesmas produzem os corpos e os sentidos? Ora, nada mais que a *vontade de potência*. E o que é vontade de potência? É força de expansão. A vontade de potência é, antes de tudo, biológica. Ela designa a persistência do corpo para manter-se vivo. Tal vontade comanda a própria vida que insiste e persiste para afirmar-se como viva e vivente. Não se trata de uma querência da vida (a vida não tem quem quer?) ou de uma atribuição predicativa. Ao contrário, trata-se do fundamento da vida, seu princípio e sua condição de possibilidade para existir. *Essa vontade de potência está em todos os corpos existentes.*

Com o conceito de vontade de potência fundamenta-se a idéia de que a natureza está isenta de intenções, mas plena de afirmações. A afirmação de um modo de ser de um corpo é fruto do campo de batalha entre as forças que operam no corpo, e a vontade de potência é fruto da síntese destas forças. Então, *tal síntese é o princípio do eterno retorno.*

Nas palavras de Marton (1991, p. 32):

> ao ser humano não seria facultado exercer ou não a vontade; ela não apresentaria caráter intencional algum. Ao contrário do que se poderia supor, o sujeito não é o executor da ação mas, sim, o seu "efeito". A vontade de potência exerce-se nos em numerosos seres vivos microscópicos que formam o organismo, na medida em que cada um quer prevalecer na relação com os demais. Ganhando

adeptos e esbarrando em opositores, deparando solicitações que lhe são conformes e outras antagônicas, conjugando-se com os elementos de disposição concordante e vencendo os que lhe opõem resistências, ela predomina, enfim, graças ao concerto de uma pluralidade de elementos.

Portanto, os devires tomam corpo, a partir desse campo de forças. A natureza da constituição de um corpo é fundamentalmente plástica, assim como é plástica a natureza das diversas espécies de arte.

Neste trabalho, irei me limitar em descrever os processos de expansão e retração da vida, suas velocidades e intensidades encarnadas nas marcas corporais das crianças nascidas com "extrofia vesical". Tentarei descrever como suas marcas lhes são centros frágeis, casas-abrigo e conexões com o futuro na produção de suas cartografias existenciais. Quais são os fluxos que atravessam essas marcas, que afectos as compõem e como cada prática social pelas quais os participantes desta pesquisa habitualmente se inserem — a Medicina, a escola, a família e o atendimento terapêutico — interpretam o seu corpo. Isto é, a quais modos de processos de estigmatização eles são submetidos.

DA MORAL COMO PRINCÍPIO DA SUBJETIVAÇÃO ESTIGMATIZANTE

Inspirado nessa crítica sobre as interpretações humanas acerca da *caosmose*[23] da vida, feita por Deleuze, Guattari, Nietzsche e muitos outros, especificamente aquelas que tomam os efeitos pela causa, tentarei nesta tese dar subsídios argumentativos para combater, na "raiz", os processos de estigmatização. Não que o combate ao estigma seja uma necessidade movida por "um bem comum", a favor, por exemplo, do humanismo, da "paz na terra" ou

---

[23] Tomo emprestado este termo de Felix Guattari usado em *Caosmose: um novo paradigma estético*. (Trad. Ana Lúcia de Oliveira e Lúcia Cláudia Leão. Rio de Janeiro: Ed. 34, 1992), pois ajuda a ampliar a idéia nietzschiana de caos eterno ao introduzir nele o caráter maquínico de produção da subjetividade. Isto é, de uma produção que não se refere a um único modo de inventar-se a si mesma. Há sempre diversos componentes presentes na produção de qualquer subjetividade fazendo de sua produção uma "experimentação". No livro, especificamente no capítulo 1, "Da produção de subjetividade", ele fala de especificamente três níveis de produção inspirados na história, na tecnologia e nos avanços da etologia e da ecologia.

coisas do "gênero naturalista". Longe disso, pois os processos de estigmatização também são frutos de realizações da vida, isto é, são expressões de uma dada forma de subjetivação. Não se trata de (des)qualificá-lo para enaltecer ingenuamente um discurso sobre a diferença, mesmo porque não se pode dizer que exista uma diferença "comum" a todos. Mas ainda assim o combatemos. Por quê? Por um imperativo ético, pois os processos de estigmatização recorrem sempre a princípios morais para fazerem-se hegemônicos, interrompendo a processualidade dos processos de subjetivação, estancando a diversidade, tentando, em casos extremos, eliminar qualquer forma de expansão da vida que não corresponda ao seu ideal moral. Esses processos tomam corpo por exemplo nos discursos inatistas, que naturalizam a natureza maquínica do humano, que tentam nos convencer de que há propriamente uma relação natural entre o homem e a natureza, equivalendo o que em nós é desejo ao instinto animal. Como se no animal houvesse também tal coisa chamada instinto. A própria Biologia é naturalizadora. Ora, todos sabemos que os animais, para se adaptar ao meio, vão modificando sua alimentação, seus padrões de comportamento sexual, enfim, seus modos de existir. Mas, ainda assim, insistimos em pensar que a eles a Natureza haveria de ter reservado um instinto. Na verdade, o que se passa é que na natureza não existe uma relação natural sequer. Tudo nela é produção.

A estigmatização não ocorre apenas por medo em relação a algo estranhamente familiar, mas também por efeito de uma praga mais perniciosa e dilacerante que é a crença em uma Natureza transcendente. Uma Natureza abrigada nas mãos de um só mestre, isto é, de uma Natureza supostamente gerada em um só princípio de produção da subjetividade que sirva de equivalente geral para a produção de outras. A Natureza não procede por seriação, senão por experimentações caosmóticas. O pensamento, capturado pelos processos de homogeneização, que também são frutos dela, esquadrinha uma suposta harmonia, uma suposta explicação, uma suposta artificialidade, que faz com

que o homem pareça estar desconectado dela. De modo a cometer um dos maiores roubos dos "direitos humanos" que é a sua relação existencial com o mistério, com a castração, com a ausência de sentidos... Ou seja, a institucionalização, seja a religiosa ou científica, do mistério dessas produções maquínicas foi o maior engodo do qual o ser humano se viu vítima.

Então, o que é o homem a partir desta invenção de Transcendência? Ele é um animal racional, ou a imagem e semelhança de Deus, um homem-máquina, etc. Ora, isso não é inato, senão para se saber que esta invenção do homem também já é uma parte partida das inúmeras dobras que se produzem no plano caótico da natureza.

Desse modo, não irei aqui desqualificar essa "praga" por meio da utilização de um outro princípio moral, como, por exemplo, o humanismo, visando ao bem geral e à qualidade de vida da raça humana, ou da flora e fauna. A erradicação dessa "praga" pode muito bem ser feita, acredito, via utilização de uma ética da existência, pois a "tiririca" moral que invade os jardins da natureza também faz parte dela, isto é, também é vida. Assim, não basta desqualificá-la. Aliás, nem é certo desqualificá-la para não criarmos novamente o dualismo (transcendência *versus* imanência). Trata-se de valorá-la por meio de outros recursos, como, por exemplo, a ética necessária à diversidade de outras formas de vida, de outras formas de composição da vida manifestada em existências plurais. Como diz Deleuze (1992, p. 125-26):

> (...) a moral se apresenta como um conjunto de regras coercitivas de um tipo especial, que consiste em julgar ações e intenções referindo-as a valores transcendentes (é certo, é errado...); a ética é um conjunto de regras facultativas que avaliam o que fazemos, o que dizemos, em função do modo de existência que isso implica. Dizemos isso, fazemos aquilo: que modo de existência isso implica? Há coisas que só se pode fazer ou dizer levado por uma baixeza de alma, uma vida rancorosa ou por vingança con-

tra a vida. Às vezes basta um gesto ou uma palavra. São os estilos de vida, sempre implicados, que nos constituem de um jeito ou de outro.

Ora, a vida é *amoral*. Ela não se produz baseada em finalidade alguma. Sua única *razão de ser* é a experimentação. O que deseja a vida? Nada. A vida não quer nada, não tem sentido algum, ou seja, não visa à finalidade alguma. A vida dobra-se em si mesma, produzindo subjetividades e "corporeidades". Portanto, o princípio de nossa produção subjetiva é a experimentação como modo de estilística da existência. É por isso que viver (existir) pode se aproximar dos processos artísticos, como tentei argumentar em minha dissertação de mestrado (Teixeira Filho, 1993), dizendo que o artista não é um ser naturalmente dotado de um talento específico para a arte ou a criatividade. Ao contrário, o artista é aquele que se deixa dobrar por fluxos de criação engendrados na própria caosmose, dando forma, cor, textura, palavras, enfim, corpos a esses fluxos, subjetivando-os. O artista, como qualquer outro ser neste planeta, também é uma das inúmeras dobras da produção maquínica de subjetivação que caracteriza a vida. Portanto, o artista não inventa a vida e tampouco a imita. Ao contrário, o artista exprime a vida, mistura um elemento a outro, estabelece novas relações que produzem sentidos diversos. E isso não é uma questão de talento senão de "encontros", de agenciamentos, de acontecimentos e, enfim, de produção de linhas de fuga.

Para o artista, viver é se compor ao princípio necessário da vida, qual seja, produzir, experimentar formas (des)necessárias, sem finalidade alguma, apenas para continuar fluindo.

Toda problematização se faz quando acreditamos encontrar um sentido hegemônico às formas existentes. Porém, o sentido não está nas criaturas da vida. O sentido está na relação que essas criaturas estabelecem umas com as outras, ou consigo mesmas. Os sentidos são plurais, polifônicos, expressivos, insistem e subsistem no mais profundo nível de todas as proposições, como bem nos disse Deleuze (1974)[24]. O sentido é o profundo mais superficializado de um enunciado, e se nos parece sedimentado é por estar sempre *entre* as coisas e *não nas* coisas elas mesmas.

Porém, algumas relações se tornam poderosas, não no sentido de potentes (de produtoras de diversidades), mas no sentido de tornarem-se autoritárias, de transformarem-se em verdadeiras máquinas de modelagem e padronização da existência, eliminando, portanto, a diversidade. Não se trata de combatê-las e eliminá-las por apologia à diversidade como sentido hegemônico. Trata-se apenas de retificar a hegemonia desses poderes para que se lembrem que sua existência é também apenas uma das dobras da vida.

E o que é a vida? É esse plano caótico-maquínico que se dobra infinitamente lançando novas subjetivações, espalhando-se com elas sem finalidade alguma. Por ser cada subjetividade que ela produz uma expressão de seu funcionamento, uma dobra de seu corpo-sem-órgãos, a subjetividade ela mesma continua a se dobrar e dobrar e dobrar até o infinito, como bem expressam as imagens grotescas do barroco[25], sejam as redobras da matéria, sejam as dobras na alma, mas desde que se entenda que matéria e alma não se separam como entidades distintas da subjetividade, senão em estratos, em platôs, que bem se diferenciam das seqüências em uma escala evolutiva.

---

[24] Deleuze, Gilles. Da proposição. In: *Lógica do sentido*. Tradução de Luiz Roberto Salinas Fortes. São Paulo: Perspectiva, 1974, pp. 13-23. Neste capítulo, Deleuze fala de três níveis da proposição: 1) o nível do enunciado que trata do objeto referendado; 2) o nível da manifestação que revela a minha subjetividade, apresentando o enunciado dos desejos e das crenças que correspondem à proposição; 3) o nível do sentido estrito da proposição, ou seja, sua significação: "trata-se desta vez da relação da palavra com conceitos *universais ou gerais*, e das ligações sintáticas com implicações de conceito"; e 4) o nível do sentido que é justamente "o exprimível ou o expresso da proposição e o atributo do estado de coisas", ou antes, ele é o acontecimento, "com a condição de não confundir o acontecimento com sua efetuação espaço-temporal em um estado de coisas". Ele é, portanto, aquilo que insiste, que está anexado ao ser sem com ele confundir-se, mas a ele se referindo sem qualificá-lo, mas compondo-o, sendo sua razão de ser, mas sem o sê-lo. Seria mais fácil, entretanto, dizer que o sentido *não é algo*, mas ele o *é sendo*, devindo-se.

[25] Para um detalhamento do barroco como expressão da produção da subjetivação em dobras, cf. Gilles Deleuze, *A dobra: Leibniz e o barroco*. Tradução Luiz B. L. Orlandi. Campinas, SP: Papirus, 1991.

DA ÉTICA COMO PRINCÍPIO DA SUBJETIVAÇÃO ESTÉTICA

Foucault, em seus últimos trabalhos, preocupava-se em nos deixar entrever que em algum tempo da longa história da humanidade neste planeta, houve pessoas que se interessaram por viver uma vida nobre, plena de liberdade, porém sem o romantismo de Rousseau. Diferentemente dos artistas que recorrem à estética da representação para produzir uma linha de fuga nesta rede de produção de uma individualidade-objeto-dócil-útil-transcendental (tão pertinente ao capitalismo), Foucault recorre à ética. Como disse Fonseca (1995), "esta inquietação o faz olhar para além do âmbito em que é posto o problema da constituição do sujeito moderno. A abertura do pensamento de Foucault para a questão da ética tem sua origem nesta problemática que privilegia o presente, mas o leva para o domínio da cultura da Antiguidade clássica a fim de demonstrar como, neste domínio, se dá a constituição de um sujeito moral a partir das práticas de si" (p. 135).

Segundo seus estudos, Foucault percebeu que para os gregos a ética é entendida como uma relação consigo, no que tange a uma estetização, uma estilística da existência inserida dentro da *cultura de si*. "O que seu trabalho mostra é a necessidade que tem o indivíduo moderno de construir uma ética capaz de proporcionar-lhe um modelo de constituição de si, como única possibilidade de este indivíduo desvincular-se do modo de constituição que o produz como sujeito, o modo de constituição do poder normalizador" (Id., p. 136). Isso tudo implica em um grau até então inimaginável de desejo por liberdade, já que é a isto que esta ética almeja. Liberdade, até então, só vista no terreno do estético, no qual a individuação nada tem a ver com a produção de um Eu encerrado em si mesmo. Ao contrário, tal liberdade é abertura para o público, para o coletivo, para o novo, para o terreno do pré-individual e daquilo que Deleuze (1981) chama de sensações.

Desse modo, como o princípio que me norteia nessa desnaturalização não é um princípio moral, lanço mão da ética como um *possível* para que as criaturas da natureza possam coexistir de modo menos transcendente, isto é, remetendo a produção maquínica da subjetividade a um equivalente geral que homogeiniza outros modos de valoração e de produção de subjetividade, a partir do qual uma quantidade enorme de exclusão e segregação toma forma e corpo. A isso, à mudança de paradigma moral para o paradigma ético-estético e político, Guattari, por exemplo, chamou de Ecosofia[26], alegando que este novo paradigma parte do princípio de que tudo pode tanto melhorar quanto piorar. É uma questão de sustentar o risco implicado em todas as transmutações e aprimorarmo-nos com prudência nos juízos éticos como condição *sine qua non* de estar mais conectado com o real, com a naturalização do homem. Essa Ecosofia é ética porque tem a vida como valor maior, não salta de seu plano virtual para sustentar-se em nenhuma de suas dobras, elevando-as às categorias de origem, mito, enfim, de transcendência. É estética porque está sempre implicada com a produção de novas formas de estilística existencial. E é política porque implica a negociação de afectos, de sensações, de agenciamentos de forças sem que uma força sufoque a outra produzindo uma hegemonia. Não visa à paz e à harmonia. Simplesmente não visa a nenhuma finalidade senão manter a negociação em um nível constante. Isto é, a política, a ética e a estética não se realizam em finalidades e objetos eles mesmos, senão na própria processualidade de seu fluxo de subjetivação.

Desnaturalizar é quebrar os processos de estigmatização em várias partes, é rachar as palavras, interromper os fluxos hegemônicos, conta-

---

[26] Guattari, Felix (1991). *As três ecologias*. Tradução de Maria Cristina F. Bittencourt; revisão de tradução Suely Rolnik. Campinas, SP: Papirus. "Ela [Ecosofia] não será nem uma disciplina de recolhimento na interioridade, nem uma simples renovação das antigas formas de 'militantismo'. Tratar-se-á antes de um movimento de múltiplas faces dando lugar a instâncias e dispositivos ao mesmo tempo analíticos e produtores de subjetividade. Subjetividade tanto individual quanto coletiva, transbordando por todos os lados as circunscrições individuais, 'egoisadas', enclausuradas em identificações, e abrindo-se em todas as direções: do lado dos *socius*, mas também dos *Phylum* maquínicos, dos Universos de referência técnico-científicos, dos mundos estéticos, e ainda do lado de novas apreensões "pré-pessoais" do tempo, do corpo, do sexo... Subjetividade da ressingularização capaz de receber cara a cara o encontro com a finitude sob a forma do desejo, da dor, da morte..." (p. 54-55).

minar seus núcleos de controle e poder. Enfim, é toda uma operação de guerrilha, de minar os territórios existenciais da transcendência que, por não possuir um centro, precisa ser despotencializado em diversas partes, uma a uma, gradativamente. Pois o poder não tem uma sede, não é ninguém, mas está entre, sempre nas relações, combinando os corpos, dispondo-os conforme suas finalidades de controle e/ou disciplina.

A ética apenas será "solução" para os problemas de convivência e partilha neste planeta, desde que ela seja pensada como um propósito finito. Calcando-se nos princípios éticos da produção maquínica da subjetividade, ou da des(h)umanização do ser humano, a regra a seguir é a da necessidade. E do que a vida necessita? Apenas de circulação, de ventilação de fluxos, de continuar devindo-se outra. A vida necessita *outrar-se*, fluir. Neste sentido, a ética parece ser a melhor ferramenta para fazer drenar fluxos virtuais bloqueados pela hegemonia de certos modos atuais de subjetivação.

Isso que foi dito irá tomar palavra e corpo por meio da narrativa de minha experiência com os pais de crianças nascidas com aquilo que em Medicina é chamado de extrofia vesical, e com as crianças, os adolescentes e os adultos, eles mesmos, nascidos com esta condição física. Uso este trabalho como testemunho de uma experiência de estigmatização que se apossou de mim quando eu, pela primeira vez, entrei em contato com esta condição física no hospital onde trabalhei. Foi por ter sentido a estigmatização crescer em mim que senti a necessidade de escrever, esperando poder revelar aqui os processos de desestigmatização por mim empregados para poder retornar ao meu estado "natural". Para poder "escutar" os pacientes (e participantes) e por eles ser "escutado", para juntos desmontarmos estes processos e retornarmos à caosmose, ao plano "natural" do qual nos *outramos*. Ou seja, para alcançar o estado de despreendimento de valores morais e de reapropriação da ética da diferença, da vida como o maior de todos os valores. Um estado propriamente embrionário, indiferenciado, pré-pessoal, pois se passa no nível dos fluxos, dos devires e não apenas das estruturas de formatação da subjetividade, ou seja, as práticas sociais elas mesmas. Isso porque as práticas sociais, sozinhas, não são suficientes para a produção da subjetividade. Há algo mais que coexiste nesta produção. Esse "algo mais", Deleuze, ao expor suas divergências com Foucault, irá chamar de *agenciamentos de desejo*, como aquilo que coexiste às práticas de poder produtoras de subjetivação. Ele diz: "…não seriam os dispositivos de poder que agenciariam ou que seriam constituintes, mas os agenciamentos de desejo é que disseminariam formações de poder segundo uma de suas dimensões. Isso me permitiria responder a seguinte questão necessária para mim, mas não para Michel: como o poder pode ser desejado?" (Deleuze, 1996, p. 18). Nesse caso, portanto, o poder é uma afecção do desejo.

Os agenciamentos de desejo são justamente os campos de imanência destas práticas de estigmatização. As pontas desses agenciamentos comportam justamente aquilo que Deleuze & Guattari (1976) denominaram de *linhas de fuga*. Elas são propriamente as responsáveis por fazer escapar fluxos de subjetivação de um território existencial, desterritorializando-o, constituindo os rizomas e as cartografias, dando um novo sentido às experimentações existenciais. As linhas de fuga escapam à homogeinização do desejo expresso nas imposições de poder das práticas sociais de produção das subjetividades, desde que se suponha o desejo não como um dado natural, isto é, que se afirme que o desejo é produzido por agenciamentos coletivos de enunciação nem sempre humanos, nem sempre animais, que nada desejam senão imporem sua própria soberania processual. Diferentemente de Foucault, para o qual o prazer é a forma mais verdadeira de fuga à hegemonia da microfísica do poder, Deleuze (1996, p.22) aposta no desejo, pois que não o remete à falta ou a um dado natural. Para ele, o desejo é processualidade, afecto, *hecceidade* (individualidade de uma existência), ele é acontecimento, produtor de um corpo-sem-órgãos, enfim, ele é fluxo de potência conectiva, virtualidade imanente a qualquer expressividade.

A subjetivação estética é justamente a potencialização do modo de produção da subjetividade singularizante. É a pesquisa da molecuralidade nas formas já constituídas. É a inserção na processualidade dos devires, o mergulho na caosmose, visando à expansão da vida, experimentando-a. Chamo de estética esta maneira de viver, pois que não há outro modo de fazer isso senão fazendo com arte, o que não implica necessariamente fazer arte, produzir objetos de arte que possam ser comercializados no mercado. Viver com arte é viver traçando cartografias afetivas, produzindo e inventando novos modos de fazer as coisas e, coexistentemente, novas coisas a serem feitas. Fazer com arte é se deixar atravessar pelo devir criança, que é o devir de mais alta conectividade de díspares. Por isso se diz que a criança "pinta o sete", é "arteira", "só faz arte". Mesmo que ainda se use essa expressão para dizer que a criança "se comporta mal", o que há de explícito neste dizer é que um certo devir criança atravessa a criança e a impulsiona para juntar e organizar as coisas de um modo totalmente novo, combinando coisas que até então não se pensava serem possíveis de se juntar. Viver com arte é trocar o certo pelo incerto, na devida medida da prudência.

CAPÍTULO 2
A CORP@LOGIA E O MÉTODO DA PESQUISA NARRATIVA

No capítulo anterior, vimos como em algum momento da história, as práticas de naturalização da existência e do corpo reduziram e, em alguns casos, bloquearam os diversos fluxos de subjetivação desses corpos-extróficos. Ou seja, foram estrangulando suas *hecceidades* e transformando-as em identidades. Impediram que eles se *outrassem* produzindo-lhes um corpo-organismo estigmatizado.

Neste capítulo, mostrarei como é possível desnaturalizar os estigmas atribuídos ao corpo extrófico. Para tal, desenvolvi um método de análise cartográfica dos afectos que atravessam o corpo-suporte, e que são despotencializados pelos processos de estigmatização. Tal método está sendo chamado de corp@logia. A referência ao símbolo arroba@ é proposital, já que atendo os afectos como virtualidades que podem ou não virem a se atualizar dependendo dos processos de subjetivação estética em que se inserirem.

O MÉTODO DA CORP@LOGIA

Na época em que trabalhei no hospital onde essa pesquisa foi feita, esses indivíduos chegaram até a mim estigmatizados. A proposta de trabalho foi, então, a de desnaturalizar este estigma. Juntos construímos "fórmulas" específicas e singulares de desnaturalizar seus corpos-extróficos das vestes "malformadas" que as práticas sociais capitalísticas lhes adornavam. Tentamos, no decorrer de cada análise, descosturar ponto a ponto a pele enrugada de preconceito e sofrimento que recobria a superfície de seus corpos, para poder resgatar deles sua natureza intensiva. A descostura do tecido endurecido pelo estigma consistiu na *corp@logia*, que é a narrativa sobre a influência dos afectos na produção da subje-

tividade. A corp@logia é um método de análise cartográfica dos afectos que, longe de ser a construção de uma interpretação, de um circuito dialético sobre o corpo, é mais um exercício de desconstrução rizomática, de recortes, de separações, de retalhamentos transversais, de produção de conexões inesperadas para fazer chegar à micropolítica das sensações, que é a matéria-prima do corpo-biológico, político, coletivo, etc.

Segundo Rosset (1989), essa desnaturalização do humanismo (des(h)umanização), esse retorno à caosmose regida pelo princípio da necessidade em detrimento da finalidade ao qual se refere Nietzsche, Deleuze e Guattari é simplesmente impossível:

> O homem será "naturalizado" no dia em que assumir plenamente o artifício, renunciando à própria idéia de natureza, que pode ser considerada uma das principais "sombras de Deus", ou então, o princípio de todas as idéias que contribuem para "divinizar" a existência (e, desta maneira, depreciá-la como tal). Dia que, contudo, não tem nenhuma possibilidade de chegar: a ilusão naturalista está sempre pronta a recompor-se em um novo rosto, cada vez que cai em desuso uma de suas máscaras. A idéia de natureza — qualquer que seja o nome com o qual ela encontre, dependendo da época, um meio propício de expressão — afigura-se como um dos maiores obstáculos que isolam o homem do real, ao substituir a simplicidade caótica da existência pela complicação ordenada de um mundo (Idem, p. 10).

Mas talvez não seja necessário suprimir a naturalização do humanismo humano da agenda de nossas reflexões, assim como não é necessário preterir o desejo ao prazer. Apenas é preciso estar atento e forte para o sentido do desejo na produção do humano em cada prática social que o corpo-suporte se inserir. A natureza humana pode ser entendida ou como transcendência, princípio geral de modulação despótica de produção do diverso, ou apenas como um imenso plano de imanência virtual, uma superfície caósmica que contenha não formas prontas, mas processos, fluxos, devires e linhas de fuga, de onde dobram-se infinitos corpos. Uma imanência que tem corpo, porém sem órgãos.

Para que a natureza seja compreendida como um plano de produção de corpo-sem-órgãos (corp@logia), é preciso apostar na ética como necessária para a convivência com o diverso. Mas desde que se saiba que não é uma ética dada, senão uma a ser agenciada.

Acredito que ainda seja importante manter a palavra Natureza. Bastaria desmontar todo o naturalismo, o inatismo, o humanismo nela depositado, que a tomou como um câncer deteriorando sua potência, pois, como diz Deleuze (1992, p. 218):

> (…) acreditar no mundo é o que mais nos falta; nós perdemos completamente o mundo, nos desapossaram dele. Acreditar no mundo significa principalmente suscitar acontecimentos, mesmo pequenos, que escapem ao controle, ou engendrar novos espaços-tempos, mesmo de superfície ou volume reduzidos. (…) É ao nível de cada tentativa que se avaliam a capacidade de resistência ou, ao contrário, a submissão a um controle. Necessita-se ao mesmo tempo de criação e povo.

Assim, esse era o propósito do meu trabalho clínico naquele hospital: criar um corpo-sem-órgãos com cada paciente estigmatizado por possuir um corpo-extrófico. Em cada prática social que essas pessoas se inseriam (a prática médica, a familiar, a educacional e a psicanalítica), um corpo-sem-órgãos estava ali presente, mesmo que despotencializado. Tratou-se de formular um modo de arranjar suas intensidades permitindo que desejos novos se produzissem e escapassem indo se

depositar em espaços até então impensados. Pela narrativa dos efeitos dessas práticas capitalísticas sobre seus corpos, bem como das soluções inventadas por eles para resolverem os problemas inesperados que seus corpos lhes apresentava, essas pessoas iam desmanchando antigos territórios e criando outros. Deste modo, a narrativa de vida foi o procedimento usado para que a corp@logia se efetuasse. Mas a corp@logia é também uma ação da narrativa sobre o corpo. Ao contar e recontar as histórias de vida, os pacientes iam se modificando, se desterritorializando e compondo novas formas de expressão de seus afectos. Além disso, a corp@logia é também uma intervenção no corpo-suporte, de modo que no trabalho clínico com estas pessoas, comumente sugeríamos a inserção do corpo-extrófico em práticas que buscassem trabalhar os seus afectos. Percebíamos que uma intervenção direta sobre seus corpos ia esculpindo uma outra forma de expressão de afectos, bem como ia produzindo novos afectos. Foi então que percebemos que uma ação direta sobre o corpo-suporte influencia a produção de corpos-sem-órgãos. Desse modo, insistimos nesse modo de clinicar, pois tratava-se de uma questão de vida ou morte: encontrar um corpo-sem-órgãos, um momento de indiscernibilidade no qual tudo é fluxo de desejo, sem objeto, apenas forças pulsantes, "satisfazendo-se" em seu próprio circuito de expansão em oposição ao prazer obtido com um objeto. E que isso não se confunda com a criação de um corpo-de-gozo em que nenhuma atualização possa ser produzida. Ao contrário, esperava-se fazer chegar às dimensões conectivas do corpo-sem-órgãos, que são as suas dimensões desejantes, que impulsionam para soluções.

Infelizmente não foi possível reproduzir toda a corp@logia experienciada com aqueles pacientes nesse estudo, pois já não trabalhava mais naquele hospital na época em que o realizei. Assim, escolhendo ao acaso, contatei alguns voluntários para participar dessa pesquisa. E em nossos encontros, tentamos compreender como eles fazem para deixar fluir o desejo em cada corpo-sem-órgãos específico que sustenta seus corpos-extróficos e as relações por eles estabelecidas.

O MÉTODO DA PESQUISA NARRATIVA

Inspirei-me no método de inquérito narrativo (também chamado de *pesquisa narrativa*[27]) por acreditar que ele estava bem próximo da experiência corp@lógica. Por meio da escrita das considerações narrativas das práticas parentais de lidar, cuidar e conviver com a condição física de seus filhos, eu tentei elaborar sentidos específicos para descrever como essas práticas influenciaram esses pais, e o próprio portador de "extrofia", na maneira de lidar com esse modo de ser do corpo.

Usei o conceito de narrativa tal qual elaborado por Connely & Clandinin que assim o definem:

> (...) é igualmente correto dizer "pesquisa da narrativa" tanto quanto "pesquisa narrativa". Por isso compreendemos que narrativa é tanto fenômeno quanto método. Narrativa nomeia a qualidade estruturada da experiência a ser estudada, e também nomeia os padrões de pesquisa [inquérito] para seu estudo. Para preservar esta distinção usamos o razoável e já conhecido dispositivo de nomear o fenômeno de "história" e a pesquisa [Inquiry] de "narrativa". Deste modo, dizemos que as pessoas espontaneamente moldam vidas estoriadas e contam histórias daquelas vidas, ao passo que pesquisadores guiados por este método descrevem essas vidas, coletam e contam suas histórias, e escrevem narrativas de experiências.[28]

A pesquisa narrativa tem sido amplamente usada em diversas disciplinas[29]. Em meu trabalho como psicanalista, vejo minha própria narrativa como analista (descrita, por exemplo, no início deste trabalho – *Uma pequena história*), e a narrativa dos participantes da pesquisa (os excertos das entrevistas aqui apresentadas), como metáforas para a relação participante-pesquisador. Como demonstra a experiência psicanalítica da corp@logia, ao construir minha própria história de vida e as histórias de vida de meus pacientes, é necessário ter-se uma elaboração da própria experiência analítica. Isto é, saber diferenciar o trabalho de análise com fins de tratamento visando à "cura" da pesquisa narrativa, a qual comumente produz efeitos analíticos. A questão, assim, é estar aberto à elaboração das narrativas de experiências de vida fora do *setting* psicanalítico. Qual é o papel do participante-pesquisador no processo de elaboração analítica das experiências de vida sem que se esteja em análise?

O que Connely & Clandinin dizem acerca de seus trabalhos em *Curriculum* talvez nos ajude a pensar a relação participante-pesquisador no contexto da produção da pesquisa narrativa em Psicanálise [fora do contexto de tratamento analítico]. Eles dizem: "narrativas de vida são o contexto para produzir sentido nas situações escolares"[30]. Sendo autores canadenses, onde a grande preocupação existente é formar professores em um contexto multicultural como o Canadá, Clandinin & Connelly propõem que o relato da experiência de vida é um bom caminho para a produção de sentidos na pesquisa com seres humanos.

---

[27] Traduzi *narrative inquiry*, por pesquisa narrativa, por acreditar que o termo *inquiry*, nada tem a ver, neste contexto, com a idéia de inquérito que, em português, está associado com investigação legal e/ou judicial (Ex.: sindicância, inquérito administrativo, judicial, policial ou militar). Ver *Novo dicionário da língua* portuguesa. 2ª edição. Rio de Janeiro: Nova Fronteira, p.949.

[28] F. Michael Connelly & D. Jean Clandinin (1990). "Stories of experience and narrative inquiry". In: *Educational Researcher*, **19**(5) June-July, p. 2. No original em inglês: "(...) it is equally correct to say 'inquiry into narrative' as it is 'narrative inquiry'. By this we mean that narrative is both phenomenon and method. Narrative names the structured quality of experience to be studied, and it names patterns of inquiry for its study. To preserve this distinction we use the reasonably well-established device of calling the phenomenon 'story' and the inquiry 'narrative'. Thus, we say that people by nature lead storied lives and tell stories of those lives, whereas narrative researches describe such lives, collect and tell stories of them, and write narratives of experience."

[29] Veja, por exemplo, o uso da pesquisa narrativa nas pesquisas em teoria literária e Psicanálise realizadas por Peter Brook [*Reading for the plot* e *Psychoanalysis and literature*]; também o trabalho de R. Schafer que em sua prática como psicólogo clínico usa a pesquisa narrativa como método, e o trabalho de F. Michael Connelly e D. Jean Clandinin os quais usam a pesquisa narrativa para os estudos em educação de professores e aprendizagem de professores.

[30] F. Michael Connelly & D. Jean Clandinin (1990). *Stories of Experience and Narrative Inquiry, Op. cit.*, p. 3.

A prática da análise está longe de ser imediatamente conectada à idéia de tratamento seja psiquiátrico, ou psicológico, ou mesmo médico. Análise não é um termo de uso exclusivo ou mesmo criado pelas práticas médicas ou psicológicas. Ela é a prática de produção de sentidos. Tratar alguém é uma outra prática baseada em construtos teóricos, produzidos a partir do método descritivo, por exemplo, na Medicina. No caso do tratamento psicanalítico, o qual envolve análise narrativa[31], uma vez definido como "tratamento", implica-se a idéia de que há um "Outro" que sabe mais sobre o sofrimento de quem o procura. Jacques Lacan denominou esta posição de "sujeito suposto saber"[32]. Isto é, o sujeito que vai em busca de uma análise, supõe que o analista sabe sobre o sofrimento do qual ele, paciente, padece. O analisando, assim, supõe um saber ao Outro (o analista no que este possui de Simbólico, Real e Imaginário). Além disso, a idéia de tratamento pressupõe a cura. Por cura, há definitivamente, dois sentidos possíveis: i) em Medicina, a cura implica em remoção tanto do sintoma quanto da doença; ii) em Psicanálise, a cura implica em abertura para a construção de novos mundos, em nada adaptativos, em nada idealizados, em nada perfeitos. A pesquisa narrativa, embora produza sentidos novos, não se propõe a curar o participante. Todavia, é fato que este método de pesquisa pode, talvez, servir como articulador de contextos para a reflexão. Isto é, pode vir a mobilizar o participante a se interessar por realizar análises mais extensas dos sentidos que se atualizam no decorrer da pesquisa. Isto porque, a pesquisa narrativa não trabalha com a prioris, com construtos teóricos que antevêem as respostas e comportamentos dos participantes envolvidos.

A pesquisa narrativa está ligada à prática de construção de histórias sobre as práticas de vida, no sentido de conectá-las, associá-las, de tentar perceber como essas práticas influenciam a produção de nossa subjetividade. Possivelmente, essa prática pode trazer uma "renovação" de sentidos para os participantes. Digamos que a pesquisa narrativa se propõe à compreensão das práticas humanas de maneira analítica. De onde, as práticas humanas são expressas em narrativas.

O PROCESSO DE PESQUISA NARRATIVA

Primeiramente, no processo de pesquisa narrativa é importante estabelecer o *cenário* da narrativa. Por cenário, compreendo o papel dos participantes o qual inclui o papel do pesquisador já que este é inserido na pesquisa como participante. O processo de pesquisa narrativa não é um processo no qual os participantes estão passivamente fornecendo informações sobre suas experiências. Eles também questionam, fazem sugestões e expressam suas dúvidas. Eles não são objetos, mas sujeitos que agenciam. Não há manipulação dos dados, informações e sentidos, sem que estes sejam corroborados com os participantes. Suas informações são compartilhadas, discutidas, e interpretadas no processo de construção de sentidos *entre* e *pelo* pesquisador-participante.

Há negociação de ingresso no campo da pesquisa entre pesquisador e participante. Aqui, o participante também se torna pesquisador (de sentido) e o pesquisador se torna participante. Ambos negociam e compartilham experiências e conhecimento pessoal acerca do assunto que está sendo pesquisado. Esta negociação é fundamental para o processo de pesquisa narrativa porque nela se assume que nem o pesquisador nem o participante possuem "certeza" sobre o que está sendo pesquisado. Ou seja, nem um dos dois detém a "Verdade" do que se pesquisa. Isto é importante, pois esta prática de compartilhar os dados desmistifica e anula o "sujeito suposto saber", e a idéia de Verdade irredutível e absoluta. Negociar o ingresso no campo da pesquisa é uma questão ética moldada em termos de prin-

---

[31] Peter Brook (1994). *Psychoanalysis and storytelling*. London: Hartnolls Ltd, Bodmin, Cornwall. Especialmente capítulo III, Changes in the Margins: Construction, Transference, and Narrative, pp. 46-75.

[32] Jacques Lacan (1968) *The language of the self: The function of language in psychoanalysis*. Translated with notes and commentary by Anthony Wilden. Baltmore: The Johns Hopkins Press.

cípios que estabelecem responsabilidades para ambos, pesquisador e participantes. Como dizem Connelly & Clandinin: "um outro jeito de entendermos o processo [pesquisa narrativa] como uma questão ética é vê-la como a negociação de uma unidade compartilhada."[33].

A natureza do processo de pesquisa narrativa é colaborativa, é a de um jogo de equivalências, de encontros e desencontros de forças. É por isso que "um sentido de regularidade entre os participantes é particularmente importante na pesquisa narrativa"[34].

Assim, esta pesquisa atinge sentido quando ambos, pesquisador e participante, trabalham em um processo de inserção nas histórias, como uma maneira de atualizar essas histórias, de provocar um discurso analítico a partir da criação de uma voz analítica aos participantes, de uma "consciência crítica" de suas práticas.[35]

Neste livro, os princípios da pesquisa narrativa foram parcialmente executados. Tanto participante quanto pesquisador não conseguiram escrever suas histórias de vida e deixar que elas fossem lidas entre eles. Isto ocorreu em parte porque os participantes da pesquisa talvez se sentiram inibidos em escrever por não se sentirem "à altura" do nível de letramento do pesquisador (esta dissimetria foi-me apontada por dois participantes). Percebendo isso, eu também me inibi. Tentamos, então, resolver esse princípio de equitatividade da pesquisa narrativa contando um ao outro nossas experiências de vida com eventos de estigmatização marcantes em nossas vidas. As próprias entrevistas, das quais aqui apresento excertos, já são formas de solução para este problema do pesquisador colocado no lugar de "suposto saber".

Finalmente, qual é a história que se busca na pesquisa narrativa? São aquelas que se atualizam durante a pesquisa. São as histórias das experiências dos participantes contadas durante a pesquisa, as histórias que se originam no processo (e a partir dele). Então, o participante conta suas histórias e o pesquisador apresenta a seu participante as considerações narrativas que construiu, levando em conta, principalmente, o *modo como* essas histórias foram construídas[36].

O processo de pesquisa narrativa é processual. Clandinin & Conelly (2000) sugerem a metáfora de "pegar um bonde andando". Isto é, quando o pesquisador se encontra com o participante, esse já está inserido em uma processualidade, já está sendo transportado por um "bonde" de práticas sociais que estabelecem sua subjetivação. O pesquisador entra e sai da pesquisa com o "bonde andando". Então, a pesquisa narrativa é uma relação de autorização, capacitação envolvendo sentimentos de "conectar-se ao outro" na busca de sentido, mesmo que este sentido seja muito particular e diverso para ambas as partes. Por isso, a pesquisa narrativa atualiza o jogo de forças, constrói um campo problemático, o explicita, o critica e o autoriza.

PARTICIPANTES

Os participantes desse estudo foram onze, abaixo descritos:

---

[33]F. Michael Connelly & D. Jean Clandinin (1990). *Stories of Experience and Narrative Inquiry.*, *Op. cit.*, p. 3. No original em inglês: "another way of understanding the process [of narrative inquiry] as an ethical matter is to see it as a negotiation of a shared unity."

[34]F. Michael Connelly & D. Jean Clandinin (1990). Idem ibidem, p. 4. No original em inglês: "a sense of equality between participants is particularly important in narrative inquiry". Aqui, a palavra *equality* pode tanto ser vista como a busca de "igualdade" (imaginária), como a atualização de forças que tendem a regular-se em sua desestabilização, sempre que possível.

[35]Acerca do conceito "consciência crítica", ver Norman Fairclough (1994). *Language and power*. London: Longman. O conceito de "critical awareness" tem a ver com "tomada de consciência", com "conscientização", como pensado em Paulo Freire. A consciência crítica, portanto, está próxima da idéia de elaboração, constituição de novos campos de criação de subjetividades gerados a partir da crítica de práticas que promovem a repetição do asfixiamento da subjetividade.

[36] Clandinin, D. Jean & Connely, F. Michael (2000). Composing research texts. In: *Narrative inquiry: experience and story in qualitative research*. San Francisco: Jossey-Bass Publishers, p. 145.

a) três mães de meninos;
b) uma mãe de uma menina;
c) um adolescente;
d) a mãe desse adolescente;
e) uma adolescente;
f) o pai e a mãe dessa adolescente;
g) uma mulher;
h) um homem.

Com cada um deles realizei de 4 a 5 entrevistas semi-estruturadas. À exceção de duas mães, os demais participantes dessa pesquisa eram de classe média e todos estudam ou estudaram (apenas uma tem curso superior) e se relacionam afetivamente com alguém. Em parceria analisamos essas narrativas levando em conta a história das práticas sociais criadas para lidar com as pessoas nascidas com esse corpo-extrófico. Essas práticas foram:

• de convívio familiar;
• inserção nas práticas médicas;
• formação educacional.

Além disso, tentamos perceber nas narrativas a participação do corpo-extrófico na produção da subjetividade.

Uma vez que esta pesquisa não estava preocupada em correlacionar as práticas parentais de viver e lidar com uma criança com uma malformação física, com questões acerca de gênero sexual ou classe econômica e social, este estudo foi feito com pessoas de ambos os sexos, e níveis socioeconômicos. Evidentemente que, questões de gênero e nível socioeconômico emergiram nas considerações narrativas na medida em que os participantes estabeleceram sentidos a estas questões, principalmente quando tentamos produzir sentido ao fato de que, na maioria dos casos de nascimento de crianças extróficas, são as mães as que se sentem mais "responsabilizadas" pelas crianças (cf. cap.4, p. 161 e seguintes).

INSTRUMENTOS DA COLETA DE DADOS DOS PARTICIPANTES

Parte do método desta pesquisa narrativa consistiu de quatro entrevistas semi-estruturadas, enfocando as práticas parentais de lidar e conviver com a "malformação física" da criança. A outra parte consistiu na elaboração por escrito das considerações narrativas contadas nas entrevistas.

As considerações narrativas são o primeiro passo formal no processo interpretativo e podem ser usadas como cenários para uma outra entrevista cujo propósito é o de gerar a corroboração dos sentidos atualizados acerca das práticas elaboradas.

Essas considerações narrativas, entretanto, foram discutidas oralmente com os participantes. As considerações consistiram em um primeiro nível interpretativo dos dados coletados nas entrevistas.

Portanto, organizei a coleta de dados em dois segmentos:

SEGMENTO I

Conduzi quatro entrevistas semi-estruturadas com o pai, com a mãe e com o(a) portador(a) de "extrofia" em separado. Mas, apenas em um caso (Capítulo 4), o pai compareceu e, mesmo assim, a apenas duas das quatro entrevistas propostas. Cada entrevista teve a duração de uma hora. Realizei uma entrevista a cada semana com cada um deles em separado. Todas foram audiogravadas e transcritas posteriormente por mim.

Para estimular a produção das narrativas dos participantes na primeira entrevista, comecei por dar-lhes a seguinte sugestão[37]:

Estamos aqui para falar de seu relacionamento com sua criança... Então, vamos começar contando em suas palavras a história desse relacionamento. Eu gostaria que você me contasse sobre suas vidas juntos como se isso

---

[37]Estou seguindo as sugestões oferecidas por Riessman acerca das entrevistas com participantes em uma entrevista tipo semi-estruturada. In Catherine Kohler Riessman (1993). *Narrative analysis*. London: Sage Publication., p. 55.

fosse uma história com um começo, meio e como as coisas se organizarão no futuro... Não há nem certo nem errado acerca de sua história... Conte-me coisas que você goste de realizar com sua criança, e coisas do cotidiano de vocês... Talvez eu faça algumas perguntas como você vai contando; serão perguntas acerca das relações familiares em geral. Essas perguntas são importantes para dar uma idéia de como a relação entre os membros de sua família estão compostas em termos de viver e lidar com a condição física de sua criança.

Gostaria de lembrar, mais uma vez, que esta e outras entrevistas que fizermos serão audiogravadas. Podemos começar?

Para facilitar a produção da narrativa, quando necessário, sugeri a eles o seguinte:

Para ajudar a pensar de onde você poderia começar a contar a sua história, gostaria que você pudesse, então, começar a me contar do início desta relação, que já começou quando você se deu conta da gravidez, da gestação de sua criança. Então, vamos ouvir esta história. Como isso tudo começou? (Ibid.)

A segunda, terceira e quarta entrevistas iniciaram-se dentro dos seguintes padrões:

Em nosso último encontro, nós terminamos por falar... [então eu reconto o assunto]. Há alguma coisa a mais que gostaria de contar acerca disso?... se você, sentir que já contou o suficiente acerca deste assunto, vamos então falar de outra coisa hoje. Contudo, se durante essa nossa entrevista, você perceber que é relevante retomar qualquer um dos assuntos já narrados, por favor, não hesite em fazê-lo. Você pode fazer as associações que quiser. Vamos começar falando de... (Ibid.)

Quando o participante começava a entrevista falando do último encontro e, "por acidente", tocava em temas que eu pretendia sugerir na entrevista, então, deixava que seguisse o fluxo da narrativa. Contudo, nos casos em que os participantes diziam que não tinham nada a comentar a respeito de nosso último encontro, então, sugeria novos temas que estimulassem novas histórias.

As linhas de temas tratados nas entrevistas foram como seguem:

a) Histórias parentais acerca de suas interações com o desenvolvimento da criança. Isto é, a história da concepção da criança, posição dela no quadro familiar, eventos ocorridos durante a gravidez, acompanhamento médico, acidentes durante a gestação, parto, como foi comunicada a malformação da criança, quem comunicou, como foi decidido o nome da criança, alimentação, desenvolvimento motor, reações ao dormir e escolaridade.

b) Histórias parentais acerca do cotidiano da interação com a criança no cotidiano de suas vidas. Ou seja, como é a vida em família, que tipos de atividades realizam, como são feitas as escolhas acerca dessas atividades. Como a criança é cuidada?

c) Histórias parentais acerca da sociabilidade da criança. Relatos de histórias acerca das brincadeiras, melhores amigos, como são feitas estas escolhas, como os pais participam nestas escolhas, como inseriram a criança no contato com outros familiares.

d) Histórias parentais acerca da sua relação com o futuro da criança. Isto implica em narrar suas expectativas em relação ao matrimônio, decisões que se modificaram no confronto dessas expectativas com a realidade, como se percebiam sendo pai/mãe, como se percebiam como educadores.

Por vezes, durante o processo de entrevista, sugeri aos pais que me recontassem histórias que não ficaram claras para mim. Estimulei o participante a "livre-associar" sobre alguns elementos de suas narrativas. Por livre associação, compreendo o processo pelo qual os participantes se engajam em comunicar-me suas idéias ou pensamentos que a eles ocorreram em conecção com algum assunto particular ou conceito que talvez produzam. Assim, eu esperava considerar, por meio de fragmentos das narrativas dos participantes, suas "teorias, construções e filosofias pessoais" (*personal constructs*)[38]. Isto é, considerar não apenas o que os participantes simbolizavam, mas também quais eram suas estratégias gerais de construção desta ou daquela história, levando em consideração também como as intensidades funcionam neles "no nível daqueles contínuos e ininterruptos processos os quais sujeitam nossos corpos, governam nossos gestos, ditam nossos comportamentos, etc."[39] É esse nível micropolítico de construção da subjetividade que espero ter conseguido atualizar a partir destas considerações narrativas. Por exemplo, o nível micropolítico de construção de uma alegria "virtual" criada com a inserção da ultra-sonografia nos exames pré-natais, que servem mais para disfarçar a angústia de uma possível constatação de uma "malformação" na criança, a partir do lançamento de um falso problema: será menina ou menino?

Segmento II

Depois de realizadas essas entrevistas, transcrevi-as e iniciei o primeiro nível de interpretação do material (o qual inclui a própria transcrição, pois essa produziu associações em mim). Uma vez transcritas, as entrevistas foram enviadas aos participantes para apreciação e comentários. Eu as deixei com eles por um período de um mês. Anexada às transcrições, inclui uma nota dizendo:

> Como combinado, aqui estão as transcrições das entrevistas. Eu gostaria de deixá-las contigo por um período de um mês. Após este período, irei novamente contatar-lhe para marcamos uma outra entrevista onde gostaria de escutar de você quais foram suas impressões acerca das entrevistas. A intenção é percebermos o que poderá ser concluído sobre o modo como você lida e reage à malformação de sua criança e as implicações que isso tem para ele, na relação dele contigo. Esta nossa próxima entrevista também será audio gravada.

É a este procedimento que Connelly & Clandinin chamam de *corroboração*[40] dos dados. O propósito disso é a produção de novos sentidos às considerações narrativas dos participantes. A corroboração justifica-se metodológica e eticamente, na medida em que estas práticas fazem parte da vida dos participantes e cabe a eles a decisão do quanto querem ou não se expor na pesquisa. Evidentemente tentei auxiliá-los a encontrar formas de analisar, até mesmo, os modos pelos quais eles buscavam a discrição, a proteção dos conteúdos das narrativas, etc.

As entrevistas foram corroboradas com Violeta, Dora e Farinelli e, embora tivesse enviado para Maria, Carmem e José as transcrições das entrevistas com eles realizadas, infelizmente não obtive retorno para conseguir a entrevista de corroboração.

---

[38] David Hunt (1976). Teachers are psychologists, too: On the application of psychology to education. *Canadian Psychogical Review*, 17(**3**), 210-218.

[39] Michael Foucault (1977) *Discipline and punish*. Harmondsworth: Penguin, p. 98. In D. Silverman (1985) *Qualitative methodology and sociology*. England: Gower Publishing Company Ltd, p. 89.

[40] F. Michael Connelly & D. Jean Clandinin (1986) On narrative method, personal philosophy, and narrative unities in the story of teaching. p. 298. *Journal of research in science teaching*, 23(**4**), pp. 293-310.

PROCEDIMENTOS DE ANÁLISE

PRIMEIRO NÍVEL DE INTERPRETAÇÃO

Entrevistas são conversas, e conversas são uma forma de interação[41]. Em uma conversa cada pessoa assume um papel na interação. Este papel é fundamentado na idéia que a pessoa faz de si mesma, e também pela reação do outro acerca da atualização desta imagem.[42]. A esta percepção, conceitos e imagem acerca de si e de outros chamarei de "espectros interacionais". Isto é, são "fantasmas" que se constroem no pensamento e determinam a interação das pessoas entre si. Cada participante atualiza estes fantasmas durante o processo de pesquisa. Não resta dúvida de que estes espectros são produzidos pelas práticas de convivência e interação entre as pessoas. Mas quais seriam estas práticas?

Trata-se de uma complexa e variada rede de práticas sociais, econômicas e lingüísticas que se desenrolam ao longo da existência. Como não se pode precisar a origem destas relações, pode-se, pelo menos, investigar seus modos de entrelaçamento, sua composição, sua dinâmica, sua força, sua natureza e sua economia. Assim, sugeri uma análise que investigasse a relação entre essas práticas e a produção desses espectros interacionais. Baseado nesta proposta, analisei os dados a partir dos conteúdos temáticos que surgiram nas entrevistas. Foram eles:

a) Identificação do que os pais fazem e como eles fazem para lidar e cuidar da criança com malformação física;

b) Identificação do sentido dessas práticas;

c) Identificação dos conceitos do que vem a ser pai/mãe e, evidentemente, das práticas que os produziram;

d) Identificação de como o conceito de malformação física foi produzido para estes pais;

e) Identificação das associações realizadas pelos pais acerca de suas interações com a criança;

f) Identificação das práticas pelas quais os pais alcançaram essas associações e conceitos;

g) Identificação do uso do corpo e das problematizações por ele produzidas, bem como o modo de resolvê-las.

Em alguns momentos, esses conceitos puderam ser identificados e analisados durante o processo de entrevista. Por exemplo, imaginemos que um participante, durante a entrevista, tenha dito: "Eu penso que eu sou um bom pai." Então perguntei: "O que é ser um bom pai?". A resposta poderia ter sido: "Um bom pai é aquele que dá educação religiosa ao filho, que lhe explica…"; aqui, o participante poderia ter contado sua história de contato com a religião e com as práticas que o levaram a ter esse contato, etc.

Portanto, no primeiro nível interpretativo, selecionei alguns eventos conectados com minha proposta de analisar como meus participantes compreendem:

a) seu papel de pai/mãe;

b) seus conceitos sobre a infância;

d) seus conceitos acerca da "malformação física";

e) sua própria prática de lidar e conviver com esse corpo-extrófico.

A seleção destes eventos serviu-me de referência para a construção de algumas categorias de análise, as quais realizei com a ajuda de um *software* (programa de computador) especificamente criado para a análise de entrevistas não-estruturadas e semi-estruturadas, chamado Q.S.R. NUD.IST[43]. Este *software* foi desenhado para auxiliar no manuseio de dados não-numéricos e desestruturados usados em análises qualitativas via:

a) administração, exploração e pesquisa do texto de documentos;

b) administração e exploração das idéias acerca dos dados;

---

[41] W. Labor & D. Fanshel (1977). *Therapeutic discourse: psychotherapy as conversation*. New York; San Francisco; London: Academic Press., p. 30.

[42] E. Goffman (1971). *Relations in public*. New York: Basic Books.

[43] © Copyright *Qualitative Solutions and Research Pty. Ltd. Box 171*, La Trobe University Post Office, Victoria, Australia, August 1994. Q.S.R. Student user guide: Macintosh or PC Windows, Revision 3.0.

c) ligação das idéias e construção de teorias acerca dos dados;
d) testagem das teorias e hipóteses construídos a partir dos dados;
e) geração de relatórios incluindo resumos estatísticos.

Basicamente, este *software* ajudou-me a registrar as entrevistas em termos de:
a) criação de categorias emergentes a partir dos dados;
b) indexação ou codificação de documentos ou segmentos de documentos destas categorias indexadas, o que implicou na associação destas categorias por planos de analogias;
c) seleção de informações fatuais acerca das práticas dos participantes.

SEGUNDO NÍVEL DE INTERPRETAÇÃO

Uma vez identificadas essas práticas, conceitos e os espectros interacionais, redigi as considerações narrativas acerca das histórias de interação das pessoas com o corpo-extrófico.

ÚLTIMO NÍVEL DE INTERPRETAÇÃO

A análise final foi feita por meio da mediação dos dados dispostos no primeiro e segundo níveis de interpretação com os dados históricos. Por fim, procurei nas *entrelinhas* das entrevistas o deslocamento de sensações dos afectos, a produção de devires e de novos corpos-sem-órgãos que possivelmente influenciaram a produção de estilística da existência destas pessoas.

OS PROBLEMAS E O CAMPO PROBLEMÁTICO DO TRABALHO

As questões gerais que percorreram os capítulos deste trabalho foram:

1. Como as práticas sociais de convívio, assistência e educação lidam com este modo extrófico de ser do corpo?
2. Que tipo de pais e de criança nascem como efeitos destas práticas?
3. Que linhas de fuga são possíveis de serem criadas (ou encontradas) no interior destas práticas para que o desejo circule?
4. Qual é a influência do corpo na produção da subjetividade?

Tais perguntas partem do pressuposto de que tudo o que existe é uma afirmação da existência, não havendo, portanto, negatividade em relação ao "não-ser", pois este só não o é, quando, por analogia o remetemos ao Uno, ao equivalente geral. O "não-ser" é antes uma singularidade, um simulacro em sua positividade diferenciante e diferenciada. É por isso que pude desassociar os rótulos das marcas corporais, e entender que esses rótulos são frutos de uma dada prática social nascida em um dado momento histórico, não me esquecendo, porém, de que estas práticas nasceram de determinados agenciamentos de desejo ocorridos à revelia do pensamento humano. Ou seja, quando nos demos "conta de si", já estávamos capturados por eles, já estávamos nos subjetivando.

CAPÍTULO 3
O CORPO E A INVENÇÃO DA EXTROFIA VESICAL

Vimos no capítulo anterior o método utilizado neste trabalho para se fazer chegar às linhas de composição dos elementos, forças, sensações, devires, sentimentos e comportamentos que nos fazem tanto entidades imutáveis quanto mutáveis. Trata-se da corp@logia usada como o estudo descritivo dessas linhas. A interpretação é dada pela narrativa que produz sentido às direções que estas linhas vão seguindo em nossas vidas.

O que me interessa neste capítulo, portanto, é realizar uma breve narrativa dessa condição física, tendo como perspectiva os diferentes corpos-sem-órgãos (campos problemáticos) e afectos em que ela foi aparecendo, bem como saber como cada corpo-sem-órgãos interpretou tal condição dentro do espectro de problematizações que lhe foi próprio. Isso permite dar mais consistência à tese de que pensar o estigma apenas como uma questão sociológica (Goffman, 1971), ou mesmo "inata" ao ser humano ("impulso de classificação inato") como certos autores acreditam (Menninger, K. *et al*, 1963), não ajuda de fato a despotencializá-lo simbólica e imaginariamente. Seria preciso pensar o campo problemático que o criou como estigma e que, aos poucos, a este foi sendo agregado um valor negativo, levando, então, ao descrédito ou descrença. Por exemplo, em uma sociedade competitiva como a nossa, o corpo é uma mercadoria. Portanto, o mercado estipula algumas questões tais como: quais são os atributos que meu corpo deve ter para que eu possa expandir-me nesse meio? Digamos que a idéia de um corpo-suporte perfeito seja uma delas. Define-se então padrões de perfeição e valores para cada um desses padrões. Digamos que um dos padrões de perfeição seja o de ter um abdome bem definido, sem cicatri-

zes de qualquer espécie. Inserido neste corpo-sem-órgãos, a pessoa com extrofia não conseguiria solucionar esse problema desse modo e o estigma já teria se instalado em um dos modos por mim sugeridos no Capítulo 1. Ou, então, essa pessoa poderia inventar um novo corpo-sem-órgãos com outras problematizações que não envolvessem a forma física do corpo como solução, de modo que a própria resposta criativa já seria uma fuga ao despotismo do campo problemático e o prenúncio de um outro. Isto é, um campo problemático cuja questão pudesse ser: "que uso eu posso fazer de meu corpo"; e não "que corpo eu preciso ter para..."

Assim, estarei tentando descrever as linhas de composição do campo problemático no qual o corpo-extrófico está inserido em seus aspectos biológicos, sociohistóricos e psicológicos, seja a partir de uma arqueologia dos saberes sobre o corpo (e especificamente sobre esta condição física), seja a partir de uma corp@logia das sensações que atravessam essa identidade estigmatizada e dos sentidos que a elas são atribuídos favorecendo ou desfavorecendo as suas mutações. No caso, estarei pontuando esses momentos a partir das narrativas com os participantes.

O CORPO E A IDADE MÉDIA

A extrofia não é uma condição física nova. Ela já é conhecida desde a Babilônia. É da Assíria (em 2.000 a.C.) que temos o primeiro caso registrado em inscrições em pedra que está exposta no *British Museum* em Londres[*]. Mas, o campo problemático da Medicina, a partir de um certo período na História, passou a ser o de "curar o corpo de sua doença" para mantê-lo produ-

---

[*] Para um maior aproveitamento sobre os registros históricos concorrentes à descrição desta condição física a partir do olhar médico, cf. Teixeira Filho, f.s. (2004). *Extrofia Vesical: Orientação para famílias, portadores de profissionais da saúde*. Casa do Psicólogo e FAPESP: São Paulo, pp, 31-35.

tivo, dócil e útil. Assim, a pessoa com essa condição física, nascida dentro desse campo problemático, começou a receber cuidados e assistências específicos para a manutenção de sua sobrevivência.

Não há relatos médicos documentados do que ocorria com essas crianças nesse vasto período que corresponde à Idade Média. Um período que vai de 500 a 1500, mas que é coberto de descontinuidades, sendo portanto heterogênea. Esse é um período cujo corpo-sem-órgãos é produzido por linhas de força diversas. Como aponta Rosen (1994, p. 52), "o mundo medieval enfrentava o desafio de fundir a cultura dos invasores bárbaros com a herança clássica do extinto Império e com os ensinamentos da religião cristã". Toda e qualquer forma de adoecimento do corpo era solucionada por meio do paganismo ou da religião cristã. Esse modo de enfrentamento dos modos diversos do corpo foi mais forte de 500 a 1000 (chamado "Idade das Trevas"), mas apenas foi perder a sua força em fins do século XVIII com o nascimento da clínica médica.

É apenas no século XVI que voltaremos a escutar sobre ela, precisamente nos registros médicos, por intermédio de Scheuke von Graefenberg em 1597 (conforme citado por Murphy, 1972).

Essa quase ausência de registros sobre essa condição física nos faz supor o seguinte:
1) não havia um controle de nascimentos até essa época;
2) por causa de sua raridade e diversidade, as problematizações que ela suscitava não tinham como ser atendidas a tempo, por isso deixavam as crianças morrerem;
3) as crianças assim nascidas morriam poque não era permitido "operar" sobre um corpo, pois isso poderia significar uma profanação do "ciclo vital" ou da "vontade divina";
4) o significado de tal nascimento era o de um mau presságio e por isso não se desejava a sua sobrevivência; aliás, eram considerados nascimentos de "monstros";
5) respeitava-se a potência daquela vida tal qual foi gerada e se sua sobrevida era breve é porque esse era o seu destino.

Rouche (1989, p. 444) dá-nos um bom exemplo do quanto os "nascimentos monstruosos" eram considerados na Baixa Idade Média (Ano 1000), punições e obras demoníacas: "Uma mulher de Berry havia dado à luz a um filho entrevado, cego e mudo, mais um monstro que um ser humano. Ela confessava, chorando, que o concebera em uma noite de domingo e não ousava matá-lo, como muitas mães costumam fazer nesses casos; entregou-o a alguns mendigos, que o puseram em uma carroça e o levaram para mostrá-lo ao povo. Aqui a cólera dos deuses se manifesta, literalmente se mostra através do monstro. É redobrada pelo conselho cristão de abster-se de relações carnais em um dia consagrado".

Da baixa à alta Idade Média, com pequenas variâncias, o corpo é considerado um lugar sagrado depois do batismo, mas ainda sujeito à profanação. Nos séculos XI a XIII, como afirma Duby (1990, p. 515):

> ninguém colocava em dúvida que a pessoa fosse formada de um corpo e de uma alma, que fosse partilhada entre a carne e o espírito. De um lado, o perecível, o putrescível, o efêmero, o que deve voltar a ser pó, que, no entanto, é chamado a reconstituir-se para ressuscitar no último dia; do outro, o imortal. De um lado, o que é atraído para baixo pelos pesos, pelas opacidades das substâncias carnais; do outro, o que aspira à perfeição celeste. O corpo, portanto, é considerado perigoso: é o lugar das tentações; dele, de suas partes inferiores, surgem naturalmente as pulsões incontroláveis; nele se manifesta o que depende do mal, concretamente, pela corrupção, pela doença, pelas purulências às quais nenhum corpo escapa; sobre ele se aplicam os castigos purificadores que expulsam o pecado, a falta.

O corpo, portanto, é o hábitat da alma e a essência do ser está na alma e não em seu corpo. Ele deve, assim, ser "fechado" para preservar a integridade da alma. O corpo deve ser a casa e a clausura da alma. Ele deve ser ajustado, educado e reprimido para que as suas tentações não levem a alma para a perdição. Como diz Rosen (Ibid.), "velhos costumes e ritos pagãos, carregados de magia, sobreviviam e o cristianismo via no adoecimento uma punição pelo pecado ou o resultado da possessão pelo Diabo, ou da feitiçaria. Em conseqüência, as pessoas com problemas de saúde recorriam à oração e invocavam santos. Mas, sendo o corpo a morada da alma, era necessário o fortalecer, fisicamente, para que pudesse resistir às investidas do demônio" (p. 52-53).

Eram a Igreja e os monastérios que mais se preocupavam com as atividades sanitárias e de higiene da população, pois o fortalecimento do corpo era propriamente o seu problema. Mas não se resumia a isso. Haveria também que cuidar da alma para que o destino da morte fosse o da ressurreição. Desse modo, o problema essencial da relação do corpo com a vida era o de gerenciar a morte. Mas as cidades não possuíam um sistema de saúde adequado. O campo problemático delas era defender a vida de seus habitantes de inimigos externos, que poderiam invadir suas muralhas. Assim, as pessoas da época se relacionavam com as cidades do mesmo modo que viviam a relação com os seus corpos, protegendo-os, guardando-os. Um inimigo mais cruel que os invasores externos então surgiu: as epidemiais. Fruto da incompatibilidade de um alto crescimento urbano e um deficiente sistema sanitário, as epidemias devastaram a Europa feudal em grandes proporções. Toda essa ordem de fatores propiciava ao homem desta época interpretar os acontecimentos superestimando as forças divinas. Assim,

> o corpo humano era, pois, o lugar privilegiado de um verdadeiro combate entre o mal e o bem, entre a doença e o milagre, força divina muitas vezes obtida através da oração aos santos (…) Assim, todos esses corpos enfermos eram corroídos pelo sofrimento e dominava-os uma culpa surda, preço inevitável das idas e vindas entre a adoração e a execração da carne. Pelo lugar concedido às vestes e aos cabelos, pelo tabu relativo à nudez, pelo gosto mórbido da castração e da tortura, pelas doenças orgânicas e pelos sintomas maníaco-depressivos,

o estudo do corpo e das sensações que provoca revela, pois, que essa humanidade superestimava os valores de força, procriação e saúde física e moral, provavelmente porque lhe eram indispensáveis num mundo instável, ameaçador e incompreensível (Rouche, *Op. cit.*, p. 441-442).

Desse modo, mesmo diante de uma humanidade atormentada pelo medo da morte e preocupada com a contínua expansão de sua forma, o que justifica a obsessão pela criança e seu nascimento (Rouche, *Op. cit.*, p. 444), não se poderia esperar outro futuro para uma criança "extrófica" senão a morte; ou, se ela sobrevivesse, que fosse considerada um monstro, ou ainda um escravo. Esse caráter monstruoso da extrofia se explica pela relação que o período medieval tinha com o corpo. Isto é, uma bexiga para fora do "invólucro" da alma, que o corpo é, não produz outra coisa senão a própria profanação da alma, ato considerado monstruoso naquele período. Quanto à escravidão, trata-se de colocar a criança no lugar de serventia de quem lhe dá acolhida, que, no caso, é a Igreja. "Na verdade continuam existindo as práticas pagãs relativas à criança, sobretudo o enjeitamento, porém o fato de largar na porta de uma Igreja um bebê ainda sangrento não mais acarreta a morte. O padre no púlpito proclamava o ocorrido e, se ninguém reclamasse a criança, dava-a ao 'inventor', o qual se tornava seu proprietário, criava-a e fazia-a seu escravo" (Ibid., p. 444).

Pessoti (1984), em sua obra dedicada às crianças nascidas com "deficiência mental", aponta para modos distintos de acolhida destas crianças pela Igreja, pois a problemática aqui é como se pode conceber que essas crianças, tão "diversas" da imagem de Deus — que serve para normatizar a boa imagem do humano —, podem ser consideradas humanas? Teriam elas almas? "Às variações da noção teológica de cristão implicando uma doutrina do pecado e da expiação corresponderão condutas clericais diversas, face ao deficiente mental, segundo a Teologia da culpa que cada corrente do cristianismo, ortodoxa ou herética, adotará. De um lado, como *enfant du bon Dieu* o deficiente ganha abrigo, alimentação e talvez conforto em conventos ou asilos; de outro, como cristão, é passível de alguma exigência ética ou de alguma responsabilidade moral. Ganha a caridade e com ela escapa ao abandono, mas ganha também a "cristianidade" que lhe pode acarretar exigências éticas e religiosas. Para outros hierarcas a condição de cristãos, dos deficientes, os torna culpados até pela própria deficiência, justo castigo do céu por pecados seus ou de ascendentes. É cristão, e por isso merece o castigo divino e, no caso de condutas imorais, é passível do castigo humano também. Muitos chegam a admitir que o deficiente é possuído pelo Demônio, o que torna aconselhável o exorcismo com flagelações, para expulsá-lo. A ambivalência caridade-castigo é marca definitiva da atitude medieval diante da deficiência mental" (Pessoti, 1984, p.6).

Porém, a ética cristã transforma o corpo humano em expressão do poder de Deus. Definido que as crianças monstruosas são também obra de Deus, mesmo que ainda sejam estas criações divinas um mistério para a ignorância humana, "reprime-se a tendência a livrar-se do deficiente através do assassínio ou da exposição, como confortavelmente se procedia na antiguidade: o deficiente tem que ser mantido e cuidado" (Ibid., p. 7).

Vê-se, portanto, que, no corpo-sem-órgãos, entrelaçado por questões religiosas, bélicas e de convivência em cidades de alto índice de aglomeração humana, toda uma hierarquização rígida foi se atualizando: Quem são os mais ricos e os mais pobres? Quem merece ou não ter a vida preservada? "A rejeição se transforma na ambigüidade proteção-segregação ou, em nível teológico, no dilema caridade-castigo. A solução do dilema é curiosa: para uma parte do clero, vale dizer, da organização sociocultural, atenua-se o "castigo" transformando-o em confinamento, isto é, segregação (com desconforto, algemas e promiscuidade), de modo tal que segregar é exercer a caridade, pois o asilo garante

um teto e alimentação. Mas, como o teto protege o cristão as paredes escondem e isolam o incômodo ou inútil" (*Loc. cit.*). Como a caridade era um preceito cristão, a explicação desses mistérios só poderia ser uma: "Deus fez os condenados e os pobres para que os ricos pudessem se beneficiar da caridade".

O NASCIMENTO DOS MONSTROS

Tudo o que é fora da mundaneidade, que escapa à vulgaridade do trivial, é visto como um excesso. Seja a coisa muito bela ou muito feia, ainda assim, a interpretação que damos é de excesso. Excesso de quê? Excesso de expressão. Pelo simples fato de a coisa excedente ser um acontecimento, uma atualização de uma virtualidade até então logicamente possível, abstratamente razoável, mas que, encarnada, traz espanto, ela se torna uma heresia do pensamento, uma desrazão da razão. Esse excesso, quando encarnado, tem o mesmo efeito de choque e perturbação que aquele de uma fantasia tornando-se realidade. Trata-se de intensidades semelhantes em diferentes momentos, sejam esses sonhos ou realidades.

A algumas dessas atualizações do fantástico (que é real, existe, persiste e não pode ser negado), ou seja, suas encarnações no cotidiano mais vulgar, que Liceti (1708), Martin (1880), Taruffi (1881-1894), Lascault (1973), Wittkower (1977), Kayser (1986) e Delumeau (1996) dedicaram alguns anos de estudo na tentativa de classificar, observar e, precisamente, compreender como seria possível tal façanha da natureza: a de produzir o nascimento monstruoso seja no corpo de uma criança, seja na pena ou pincel dos artistas (Bosch, Goya), ou ainda na própria existência humana, como foi o caso de John Mervick, o *homem elefante*[44] . Na obra de Gil[45], especialmente, somos ofertados com uma teoria que pode nos ajudar a compreender por que as

---

[44] Também contada em filme de David Lynch, *The elephant man*, baseado nas obras de Ashely Montagu, *The elephant man: a study in human dignity* e de Howell, Michael Howell, *True history of the elephant man: complete & unabridged*.

[45] De onde retirei importantes referências sobre os diversos tratados acerca da monstruosidade.

crianças nascidas com extrofia vesical nos parecem vítimas naturais da estigmatização. Ele sustenta a tese de que a linguagem é limitada para dar sentido aos nascimentos monstruosos em decorrência de seu funcionamento analógico. Desse modo, todo o excesso só poderá ser aceito na linguagem na categoria de infralíngua, que é a condição da arte.

Ou seja, esse autor está tentando perceber um outro elemento no corpo-sem-órgãos da existência humana que justifique interpretar o nascimento de uma criança com essa condição física como monstruosa. Para além da relação representacional com o corpo, sua simbologia e semiologia, haveria ainda a questão da linguagem.

Fazendo um percurso que vai desde Santo Agostinho (Idade Média) até Descartes (Renascimento), Gil tenta explicar o porquê da humanidade ver-se fascinada por figuras monstruosas como os Ciápodes, anões, duendes, nascimentos monstruosos, centauros, etc.. "Por que, ainda hoje, os monstros proliferam nas artes, no cinema e na cultura popular? Que tipo de magnetismo, de alma e de augúrios pode uma figura monstruosa acolher?". Qual é a sua especificidade, função e utilidade para nós, homens, seres simbólicos por excelência? (Ibid.) A resposta que ele encontra é a de que precisamos dos monstros para continuarmos nos acreditando humanos.

Para Santo Agostinho e Descartes, os monstros são criaturas que não se podem admitir existentes senão, respectivamente, na maldade do pensamento ou no seu lapso. Como pode, Deus, bondoso por natureza e que jamais me levaria ao pecado e ao erro, conceber a existência de tamanha bestialidade como a crença na existência de criaturas monstruosas? Definindo uma lógica a partir das crenças nos monstros, entre o simbólico e o real, retirada da crença nas raças fabulosas da Idade Média e da união da alma e do corpo em Descartes, é que José Gil argumenta que "o monstro é pensado como uma aberração da 'realidade' (a monstruosidade é um excesso de realidade) a fim de induzir, por oposição, a crença na 'necessidade da

existência' da normalidade humana. Uma existência que seja um dado adquirido: é imprescindível não questionar a nossa identidade de homens como seres reais. A nossa facticidade é de direito" (*Op. cit.*, p. 17). Essa seria, por exemplo, uma outra maneira de justificar as formas de caridade realizadas nos asilos, hospícios e mosteiros. Enclausura-se a forma humana diferente para garantir o limite de normalidade e, ao mesmo tempo, tornar-se bondoso por realizar um ato benevolente.

Na Idade Média duas questões são importantes para se comentar em relação à persistente representação de personagens monstruosos na iconografia ocidental. Como comenta Lascault (1973), há a crença na existência de raças e povos fabulosos no Oriente e confins da Terra (mensagem trazida já pelas Cruzadas) e, também, a idéia de que os nascimentos monstruosos seriam presságios.

O nascimento monstruoso é fato inegável, e, embora não justifique a crença na existência de raças fabulosas, reforça a sua possibilidade de existência. Para Santo Agostinho, não se trata de crer ou não na existência de raças fabulosas, ou de se duvidar de nascimentos monstruosos. Trata-se apenas de tentar compreender os sentidos e utilidades que isso tem na relação da raça humana com a existência até onde essa compreensão não ponha em risco a crença em Deus, na sua palavra e na própria alma humana. Desse modo, "os monstros são criações estranhas da Natureza e de Deus: limitando a crença a um certo nível de realidade, Agostinho abre a porta à admiração perante as maravilhas incompreensíveis da Criação. Assim, situa os monstros no espaço terrestre, mas prepara-se para se tornarem 'fabulosos'". (Gil, 1980, p. 33). Tudo será aceito desde que não ponha em risco a veracidade da palavra de Deus, a crença na alma humana como obra divina e a fé em um Deus bondoso e amoroso para com sua criação. Por isso, "no quadro de uma tal concepção, o nascimento de um monstro estabelece uma ruptura com o reflexo de Deus e o homem é rapidamente inclinado a se livrar de uma responsabilidade tão pesada, evocando os amores zoofílicos de uma Pasipahé, ou a paternidade de um pesadelo" (Lascault, 1973, p. 372, citado em Gil, 1994)[46].

Assim, Santo Agostinho fez o possível para tornar inofensivas em relação aos enunciados do dogma cristão essas duas crenças associadas à monstruosidade, bem como a crença nela própria. Mas nem todo o trabalho de Agostinho para anular a crença em tal monstruosidade impediu que, até o século XVI, os homens acreditassem fervorosamente em tais criaturas e nas superstições a elas ligadas. Por que ainda precisávamos dessas crenças? Para Gil a resposta é única:

> As raças fabulosas [monstros humanos] não são unicamente simbólicas nem unicamente reais, mas digamos, simultaneamente quase simbólicas e quase reais. Têm, portanto, uma função polivalente, múltipla: permitem, claro, pensar a humanidade do homem, mas permanecem sempre secretamente aberrantes, conservando viva a suspeita quanto a essa mesma humanidade. Não arrastam elas atrás de si a memória dissimulada de uma outra origem, um tempo não inscrito na visão cristã do mundo? (*Op. cit.*, p. 57).

O monstro é, portanto, um mito, uma linha de fuga ao dogma cristão. Ele é a "esperança" na possibilidade de uma outra origem diversa daquela que a religião nos mostra na imobilidade de suas palavras. Os monstros estão sempre neste vazio entre o Simbólico e o Imaginário (crença na alma e divindade) e o Real (o corpo-sem-órgãos), um espaço de convergência, diverso, múltiplo, como é a própria natureza. Por isso, deve-se temer aos monstros como deve-se temer ao Diabo, ou mais até; e aqui, Freud só fez interpretar o já sabido, mas proibido de se dizer: todo o medo leva a um desejo, fato que também não escapou às observações atentas de Delumeau (1996).

No que tange à fenomenologia da monstruosidade, algumas observações feitas por Gil merecem destaque, pois me parece importante saber como funciona o corpo-sem-órgãos que produz essa forma e quais são as problemáticas que ela suscita. Primeiramente, a origem da palavra monstro remete, na interpretação de Liceti (1708) surpreendentemente, à idéia de ver e ser visto (*monstrare*). Para ele:

> Os monstros não se chamam pois assim por serem sinais que pressagiam de algum modo coisas vindouras [interpretação suposta por Scipion du Pleix (1607) de onde a etimologia adviria da palavra advertir (*moneo*)]: mas é por serem como são que a sua novidade e extravagância nos fazem considerá-los com admiração, surpresa e espanto e cada um os mostra reciprocamente. Trata-se de um comportamento comum entre os homens que, quando alguém viu algo de maravilhosamente extravagante, o mostra aos vizinhos ou àqueles que encontra. E mesmo quando não encontram ninguém a quem contar a sua surpresa e espanto por ter visto esse monstro, não descansa até encontrar alguém a quem o mostrar. De tal maneira o homem gosta de mostrar a outro o que ele próprio viu de raro e surpreendente! (*Apud* Gil, *Op. cit.*, p. 78).

Nesses casos, o olhar parece ser um ponto determinante na relação do monstruoso com os seus diferentes. E, em destaque, o monstro sempre apresenta a marca do excesso, até mesmo quando em sua anomalia faltam-lhe órgãos, pois, ainda assim, há excesso de vida: como pode um homem sem cabeça pensar e andar?[47] O monstro sempre mostra o impossível ao pensamento tornado real. Logo, quando

---

[46] Em francês no original [Tradução do autor]: "dans le cadre d'une telle conception, la naissance d'un monstre établit une rupture avec le reflect de Dieu et l'homme est vite enclin à se décharger d'une si lourde responsabilité, à évoquer les amours zoophiles d'une Pasipahé, ou la paternité d'un incube".

[47] Em nosso estudo, por exemplo, encontramos casos de pessoas nascidas com extrofia que só muito tardiamente foram se consultar com o médico, não necessariamente por causa desta condição, mas por função de outra como o câncer. Aqui, a mesma questão: como pode alguém nascido com extrofia, sobreviver tanto tempo sem os cuidados médicos? Sobre estes casos conferir os artigos de Davillas, N.; Thanos, A.; Liakatas, J; Davilas, E. (1991). Bladder exstrophy complicated by adenocarcinoma. *British Journal of Urology*, v. 68 (1), p. 107 e, Benka-Coker, L. B., Akumabor, P. N. (1991) Extrophy of the bladder — A case report in a 17 year old male Nigerian. *Central African Journal of Medicine*, v. 37 (7), p. 216-19.

o real do pensamento aparece à visão de forma indubitável, ele se torna fantástico, um sonho tornado tangível ao olhar do homem vulgar, por isso o real nos cega.

O monstro é, ao mesmo tempo, absolutamente transparente e totalmente opaco. Ao encará-lo, o olhar fica paralisado, absorto num fascínio sem fim, inapto ao conhecimento, pois este nada revela, nenhuma informação codificável, nenhum alfabeto conhecido. E, no entanto, ao exibir a sua deformidade, a sua anormalidade — que normalmente se esconde — o monstro oferece ao olhar mais do que qualquer outra coisa jamais vista. O monstro chega mesmo a viver dessa aberração que exibe por todo o lado a fim de que a vejam. O seu corpo difere do corpo normal na medida em que ele revela o oculto, algo de disforme, de visceral, de "interior", uma espécie de obscenidade orgânica. O monstro exibe-a, desdobra-a, virando a pele do avesso, e desfralda-a sem se preocupar com o olhar do outro; ou para o fascinar, o que significa a mesma coisa. (...) Mas, na realidade, o olhar nada vê; fica suspenso nessa revelação-ocultação que é a imagem do corpo monstruoso. O monstro mostra o interior do corpo — ou antes, é o resultado do revirar da pele do corpo normal, da transformação deste em corpo de órgãos aparentes que proliferam desordenadamente. Corpo decomposto em órgão e órgãos à flor do olhar — o horror que tal espetáculo provoca prova que os órgãos não são para ser vistos, mas apenas pensados. A transparência do corpo do monstro é isto: o interior visceral à flor da pele. (Gil, *Op. cit.*, pp. 82-84).

Essa extensa citação revela bem o que aparece no discurso de alguns participantes desta pesquisa, bem como descreve meticulosamente as sensações que a extrofia vesical nos provoca como observadores. Vem-nos à mente a indignação quando vemos uma bexiga extrófica: "Que ousadia desta bexiga projetar-se para fora do corpo desta "criança inocente!" É "ridículo" tal pensamento, mas ele só o é pois:

ao revelar o que deve permanecer oculto, o corpo monstruoso subverte a ordem mais sagrada das relações entre a alma e o corpo: a alma revelada deixa de ser uma alma, torna-se, no sentido próprio, o reverso do corpo, um outro corpo, mas amorfo e horrível, um não-corpo. Que monstruosidade carrega o monstro teratológico com ele? A de uma alma feita carne, vísceras e órgãos (Ibid., p. 85).

Se há algum mau presságio ligado à etimologia da monstruosidade, para quem tem um filho nascido com esse modo de ser do corpo, ou que trabalha com pessoas portadoras de condições físicas consideradas diversas do padrão da maioria das pessoas, a sensação é a de que essa "catástrofe da alma tornada víscera" poderia ter acontecido com qualquer um porque não há relação alguma de causa e efeito na produção desse modo extrófico de ser do corpo que é propriamente uma problematização ao problema dos gens. Ela não é uma condição propriamente "herdada". Ela é efeito de contingências meramente casuais, mas poucos são os pais que se conformam com essa explicação. A maioria sente-se responsável pelo acontecimento ou então responsabilizam os deuses pela sua produção.

O pensamento de Liceti (*Apud* Gil, *op.cit.*), que, de certa maneira, encaminha a monstruosidade para a dessacralização — a qual somente será final a partir da instauração do discurso dito científico —, fez-me ver um pouco de meu *umheimlich* na intenção da feitura deste trabalho. De certa maneira, o desejo de contar a outro sobre a monstruosidade vista é a instalação de um compromisso social (cada um o mostra reciprocamente). Como acrescenta Gil (Ibid.):

Atração angustiante: nesse monstro humano que eu vejo há simultaneamente um outro homem e eu mesmo, todos os seres humanos que correm o risco de ser apanhados na suspeita de monstruosidade. Esse monstro precisa ser afastado, posto a distância e voltar a ser *introduzido* no discurso de todos os dias: far-se-á dele uma curiosidade (de feira) e ele tornar-se-á paradoxalmente num factor libertador da angústia. Reordenará do exterior as relações entre os homens sem os fazer sofrer um constrangimento comum; sem os obrigar a acorrentar-se a um modelo rígido e permitindo-lhes reconhecer-se como humanos, iguais, singulares e diferentes uns dos outros (p. 87-8).

E é exatamente isso que me interessa, dessacralizar, desnaturalizar a monstruosidade das histórias associadas aos nascimentos de crianças ditas malformadas para fazer emergir deles um sentido outro, mais genuinamente "monstruoso", desde que se possa entender o monstruoso percorrendo os mesmos percursos do belo, do estupidamente belo, naquilo que ele traz de *outramento*, de fórmula de produção de devires-animais (homem-elefante, homem-cobra), devir-pássaro (acrobatas), etc. Isto é, o caminho para o belo e o monstruoso é um só, em ambos há a produção de uma ruptura nos sentidos, na vulgaridade e na quotidianeidade da existência. Há, como efeito dessa ruptura, sobras esparsas de sentido que carregam de sua origem apenas um resto placentário das condições que o formaram, ou ainda a marca de um cordão umbilical tornado umbigo.

Mesmo que o monstro produza uma "infralíngua", ainda assim mantém a totalidade dela: o que é sentido pela razão como a desrazão da língua, ou ainda, como a desrazão da razão. Trata-se, portanto, de um problema de estética como defende Lascault (1973), pois para se ver humanidade nos monstros é preciso que as variações de suas representações não afetem em demasia as funções dos órgãos humanos e as suas especificidades. Ou seja, é preciso que o monstro faça parte de uma lógica simbólica propriamente humana, que ele viva, pelo menos, no vazio espacial do cruzamento da fronteira entre o que é e não é humano, para que ele seja minimamente reconhecido como portador de algo humanóide. É preci-

so que o processo de constituição dessa pessoa seja grotesco[48] dentro daquilo que a estética reserva de positivo a essa palavra; ou seja, um encanto da vida, um traço de vida ornamental, desvairada, nessa cartografia imanente da natureza.

Mas ao ser "infralíngua", ele não é linguagem articulada em uma cadeia de significantes, por exemplo, mas, mesmo assim, permite-nos entrever o sentido de um gesto ou forma.

É certo que os monstros produzem deslocamentos, mas apenas dos órgãos (ou de apenas um), em relação à totalidade de suas funções (finalidades do organismo) comparadas ao corpo tido como modelo. Por isso os monstros não fazem sentido, embora, ainda assim, possam ser representados.

> O deslocamento que cria o desvio significativo não remete, por conseguinte, para um desvio entre uma função orgânica anormal e a função orgânica normal correspondente: a relação está certamente aí inscrita, mas remete mais profundamente na representação do monstro, para uma relação entre o que *permite* o sentido (o corpo como "todo") e o que se encontra parcialmente impedido de contribuir para esse sentido uma "parte" desse corpo, um "órgão"). Estas "funções" (na charneira entre a Biologia e a Lingüística) situam-se num campo semântico não verbal, na origem do sentido. Os desvios que a monstruosidade opera revelam esse campo como, poder-se-ia dizê-lo, desvios infrasignificantes (Gil, Ibid., p. 154-55).

Mas aqui permito-me questionar o seguinte: o sentido não preexiste ao corpo-sem-órgãos. Ele é construído coexistentemente a ele e ao corpo-suporte. Logo, se o corpo-suporte tornado monstro não suporta os sentidos da linguagem, não é por um não-sentido próprio ao corpo que isso se dá, mas porque a linguagem é que não pode suportar as problematizações que este corpo-suporte lhe apresenta como afirmação, como problema. O corpo-suporte é Real e ao Real nada

---

[48] Cf. Wolfgang Kayser (1986). *O grotesco:* configuração na pintura e na literatura. São Paulo: Editora Perspectiva.

falta. Ele é produção até mesmo de linguagem, que é Simbólica.

Assim, um monstro é a encarnação de infinitas decomposições virtualmente possíveis da infralíngua, desse campo pré-pessoal que é matéria-prima da composição humana. Um monstro é parte homem, parte animal, parte espírito sem identidade rígida, é, propriamente, uma mutação, um díspar, uma processualidade em progresso, o prenúncio de um possível para a humanidade; e tanto mais horrível o será, quanto mais revelar o interior do corpo-suporte dos investimentos do Real, do Simbólico e do Imaginário.

O corpo e a Renascença

O que teria permitido que as primeiras tentativas de prolongar a sobrevida desse modo de ser extrófico do corpo de um recém-nascido ocorressem no século XVI? E também, de onde teria vindo esse desejo médico de curar? Tentar responder a essa pergunta é o que me move neste item.

Vemos, pois, que os problemas da Idade Média são próprios daquilo que Foucault, segundo Deleuze (1992), denominou de *sociedades de soberania*, cujo objetivo e funções eram de pensar em bem viver para se garantir uma boa vida após a morte. No que tange à relação com o corpo, fica compreensível então que pouco poderia ser feito às crianças extróficas, já que a cirurgia-médica não poderia mesmo se desenvolver neste campo em que o corpo era propriedade divina. Operá-lo seria profaná-lo. É apenas com o nascimento de uma nova clínica médica potencializada pelo Estado que o corpo irá adquirir outro sentido e a soberania dos saberes sobre o humano irá imperar. O corpo humano então vai ficando cada vez mais dessacralizado e sua violação poderá ser realizada. É somente no Renascimento, portanto, que iremos saber das primeiras tentativas de intervenção médica sobre esse modo extrófico de ser do corpo. Para isso, quero apresentar os sentidos de corpo que sustentaram essa intervenção cirúrgica nesse período.

É difícil precisar com certeza quando essas mudanças efetivamente se deram. A maioria dos historiadores são unânimes em dizer que cada período histórico se caracteriza não pela soberania absoluta de um paradigma, mas pela força que esse paradigma possui na constituição dos modos de ser da existência. De fato, o que ocorria na Idade Média ainda persevera nesse período, porém em escala intensiva muito mais insignificante. O Renascimento é um período que pode mesmo ter suas raízes nos séculos XIV e XV. Suas transformações podem ter se iniciado com algo que já se havia procedido no tempo das Primeiras Cruzadas (1090 a 1096). Com elas, as primeiras cidades foram se estabelecendo.

Nas cidades, as pessoas não se ocupavam exclusivamente da terra e estipularam uma nova forma de riqueza: a riqueza mercantil, fundada na circulação do dinheiro ou artigos de comércio que se mediam em valores monetários. Assim, os ricos não eram apenas aqueles que possuíam terras, mas, antes, aqueles que acumulavam bens flutuantes. Nascem, portanto, os burgueses que são verdadeiramente a ameaça ao sistema estático e inflexível do feudalismo medieval. O caráter dinâmico no manejo com os fluxos de dinheiro advindos do comércio alterou o modo de ser do humano e toda a sua configuração social. As vilas e as cidades muradas feudais já não podiam mais conter o excedente populacional e o advento constante de novas doenças. Foi preciso que as cidades derrubassem suas muralhas para a entrada e saída de fluxos novos. Essa nova circulação dos fluxos permitiu a mudança do corpo-sem-órgãos feudal para o renascentista. A mudança do fluxo agrário para o mercantil foi até mesmo a responsável pela calculabilidade numérica como um dos traços primordiais do homem renascentista, dada a sua necessidade de gerenciar sua vida a partir dos fluxos variantes do mercado (Simmel George *apud* Rosen, 1984, p. 74).

As grandes invenções medievais, como a criação de minas, salinas, fundições, vidrarias e a invenção da imprensa no fim do século XV, foram decisivas para instigar no espírito humano um desejo de saber sobre si para além das perspectivas teológicas. O ser humano pôde olhar para si e para os astros na busca de uma explicação outra para os fenômenos naturais e as doenças que acometiam o corpo. O convívio nas cidades fez com que a relação com o corpo se modificasse. Se na Idade Média a relação com a terra definia o ciclo vital das pessoas (nascia-se dela por meio da concepção e a ela regressava-se na morte, aguardando a ressurreição), no Renascimento é a relação com a cidade que define o ciclo vital. Já não se nasce mais da terra, mas, sim, de um lugar concebido pela força humana: as cidades. Já não necessariamente há ressurreição após a morte, daí preocupava-se com "bem viver" a vida como se está vivo. A soberania da religião na Idade Média instaurava uma relação com o corpo como propriedade de Deus e daqueles por ele designados para evitar sua profanação. O apego à terra, como disse, instaurava uma imagem de sucessão das gerações em ciclos de vida, em analogia aos ciclos do tempo na natureza, e isso influenciava os saberes sobre o corpo. O corpo era propriamente um "corpo da linhagem" ou um "corpo dos astros", como supunham os alquimistas. "O indivíduo dispunha do próprio corpo somente na medida em que não contrariasse os interesses da família. Em certo sentido, transmitia a vida sem realmente poder vivê-la a sua maneira. Todo o seu dever vital se resumia em dar a vida" (Gélis, 1991, p. 313).

As mudanças de posição social e circulação na sociedade são agora mais flexíveis e os homens dispõem de mais opções. Como diz Gélis (1991), o corpo na Idade Média é próprio no mesmo instante em que é público, pois o nascimento de um filho indicava necessariamente o modo de uma casta se perpetuar em relação a um grupo específico. O espírito calculista do Renascimento já instaura uma relação de barganha, de negociações com a transcendência e com a longevidade da existência. "A discussão sobre o empréstimo a juros e a usura levara a acordos com o Céu e à criação de novas estruturas comerciais; as contradições entre os interesses da linhagem e os do indivíduo vão se pautar por acordos sucessivos, à medida que o espírito da linhagem se enfraquece e os poderes do indivíduo aumentam" (Ibid., p. 316).

Visando a responder aos novos problemas urgidos por esse novo corpo-sem-órgãos, a preocupação com a linhagem e com os interesses individuais mudou os modos de subjetivação das pessoas em diversos sentidos e contextos, incluindo o familiar. O corpo vai se dessacralizando e tornando-se cada vez mais um corpo próprio, individual, e os problemas restringem-se mais a situações domésticas ou adquirem pequena proporção social. Os interesses familiares vão paulatinamente se sobrepondo à Igreja e à Monarquia. É por isso que a história de *Romeu e Julieta* (1597) pode ser contada na época em que genialmente Shakespeare a inventou para o teatro[*]. Nessa história, o que se vê é a individualização gradativa do desejo tornando-se cada vez mais personalizado, conflitando-se com o problema da linhagem. Tal problema vai aparecendo para resolver a dependência do homem a Deus e à terra. Se esta já não se dá mais via a Igreja, os filhos são a única garantia de que o nome do pai irá se perpetuar. De qualquer modo, mesmo aí, a linhagem, como representação de soberania sobre a terra ou comunicação com o divino, vai se enfraquecendo e se transforma em uma briga entre famílias, um quase problema doméstico, isto é, bem restrito a um certo condado, a uma certa vila. Com o problema da linhagem o corpo-infantil muda de posição subjetiva diante da família. Tal mudança de interesse sobre a criança contribuirá também para o impulso de preservação de um corpo-suporte, não mais para que não seja profanado, mas, sim, para que não padeça com ele a linhagem. Como diz Gélis (Ibid., p. 319):

> Essa mudança de atitude com relação à criança, que é fundamentalmente uma mutação cultural, ocorre ao longo de um período extenso. (…) Sem dúvida, quem deu o tom foi a cidade, local por excelência da inovação. Não é na cidade que a partir do século XV progressivamente emerge a "família moderna", reduzida ao casal e aos filhos? Na cidade do Renascimento, a relação estreita com a ter-

---

[*] Originalmente, Shakespeare teve acesso a uma versão inglesa desta história veronense, feita por Artur Book (1562), que a traduziu da versão francesa feita por Pierre de Boisteau de Launay, a partir da adaptação de Bandello do original de Luigi da Pato.

ra-mãe tende a desaparecer, já não se percebe tão nitidamente a sucessão das estações. Atenua-se a referência aos ancestrais, ainda ontem essencial: na cidade há cada vez menos lugar e tempo que se possa consagrar-lhes; quanto aos problemas de esterilidade do casal, evidentemente não se resolvem com recursos "naturais" e mágicos. Nesse meio reconstruído pelo homem, nessa cidade do Renascimento cada vez mais "pensada como corpo", o recolhimento junto à família nuclear acarreta o arranjo de um espaço doméstico mais íntimo. As cidades italianas — Florença em particular — dera início a uma evolução nesse sentido já no século XIV; seguiram-nas a Inglaterra, a Flandres e a França no século XV e sobretudo no XVI.

O ser humano, especificamente o do sexo masculino, portanto, "torna-se senhor de si mesmo" e tende a perpetuar sua soberania em seus filhos, que são vistos pelos pais como extensão deles. O corpo é propriedade da linhagem, porém mais propriamente, de uma família; aquela que deve prezar pela manutenção de bens não mais fixos, mas circulantes.

Para corresponder a esses novos desejos, que são propriamente problematizações no corpo-sem-órgãos renascentista, a Medicina foi cada vez mais requisitada e estimulada a se desenvolver. Se anteriormente suas preocupações giravam em torno de descrever os fenômenos sem poder interferir em seus cursos, agora, investida com o objetivo de preservação da vida individual, da sobrevivência do corpo, ela terá que nele "operar" para dali arrancar o mal ("a doença") que o aflige. Mas para que essa transmutação no olhar do médico sobre o corpo pudesse advir, foi necessário que se construísse um corpo-sem-órgãos para si mesma que lhe autorizasse a operar no corpo uma forma condizente com a solução de seus problemas e função social. É aqui que gostaria de incluir a perspectiva de Descartes como o germe daquilo que foi possibilidade para as mudanças no ver e no dizer transcorridas na clínica médica.

DESCARTES E A INVENÇÃO DO CORPO-MÁQUINA

Em seu discurso sobre a *Dióptrica* (*Tratado dos homens*, 1664), Descartes mostra que os desejos não advêm da alma, mas, sim, do corpo e que este, se está ligado a ela, não é senão por mistério. Segundo Gil (1994, p. 111):

> Descartes não precisa supor uma alma disseminada no corpo, quer dizer, uma alma que, como substância espiritual, teria modos no plano da *rés extensa*. O corpo move-se por si próprio, apesar de a alma poder obrigá-lo a mexer-se. Mas o movimento do corpo explica-se pelas leis da *rés extensa* e não é necessário recorrer-se à alma para o compreender. Os desejos explicam-se pelos movimentos mecânicos de certas partículas "subtis", mas materiais. Tudo se faz por movimentos corporais; acabaram-se as "semelhanças", as "analogias", as "assinaturas".

Vemos que Descartes, no plano filosófico, abre caminho para toda uma positividade que embasa as produções científicas que visam à eliminação do erro, da dúvida, do subjetivismo, enfim, dos duplos. Operando uma revolução radical nas teorias sobre a produção de uma individuação e produzindo um "Eu" pensante, que pode se isentar de todo o erro e inverdade separado do corpo-máquina que habita, Descartes imprime um novo modo de se relacionar com o Real, com a caosmose, na medida em que se propõe a interpretá-la, a explicá-la, rotulando-a. Agora o Real pode ser interpretado espacialmente ou abstratamente. Ou, em outros termos, produziu-se a transcendência na matéria, algo já familiar a Platão e mesmo a Aristóteles.

> A partir da separação que, no homem individual, vai ser realizada entre o seu corpo e a sua alma, vão-se distinguir nitidamente os dois domínios, o que irá permitir a abertura ao olhar científico de campos totalmente disponíveis e inexplorados. Despojada de sortilégios, a Natureza torna-se um imenso domínio de investigação empírico, só com-

preensível pelo poder da inteligência que nela descobre as leis dos corpos (Gil, *Op. cit.*, p. 123).

Essa é a base que faltava para a edificação da ciência como transcendência e que permite o nascimento dos "monstros", anti-naturais não mais por efeito da transcendência (obra de Deus ou do Diabo), senão por efeito das próprias determinações da Natureza. Isto é, se os monstros existem é por "distúrbio" do corpo, o mesmo corpo que, sob efeito do desejo, produz miragens. O monstro já não existe empiricamente, apenas subjetivamente. Ele deixou de ser um dado "natural", um possível empírico, e passou a ser uma realidade que é não-realidade, pois é fantástica. E a fantasia é subjetiva. Mas a subjetividade já não conta mais no percurso em direção à Verdade. Se vejo monstros, é porque essa é a minha perspectiva, a minha representação das coisas, é a minha "verdade" (com vê minúsculo, pois não é universal, transcendente, portanto, legitimada por um Deus bondoso e onisciente). É um fenômeno muito particular. O que interessa a Descartes são as Verdades gerais, aquelas "não-produzidas" pelos humanos, pois estes apenas produzem artifícios e para ele o artifício não é natural (da Natureza divina). Por isso ele se apegou tanto às Verdades da Física e da Matemática que por ele são vistas como as únicas capazes de produzir um saber Verdadeiro sobre a Natureza.

Pode-se dizer, de modo geral, que o século XVII acabou com o problema dos duplos, dos semelhantes, simulacros — pelo menos teoricamente: o cartesianismo apresenta uma teoria global dos fenômenos da ilusão sensorial e das criações da imaginação. O funcionamento do corpo-máquina justifica perfeitamente as miragens, as ilusões, os sonhos, a crença em fantasmas e outros prodígios — do mesmo modo que explica o aparecimento dos desejos (Gil, *Op. cit.*, p. 114).

No plano da compreensão do funcionamento do corpo-suporte, o discurso médico é embasado pela idéia de um corpo-máquina produzida com o cartesianismo. Quer dizer, para Descartes, a alma não estava ligada ao corpo senão por vontade de Deus, sendo, assim, incompreensível. Esse Deus, em sua perspectiva, era sinônimo de Natureza (grafada com ene maiúsculo para marcar ainda mais sua transcendência). Como a preocupação de Descartes não era místico-espiritual, mas, sim, metafísica, ele tratou de explicar os afectos e desejos humanos como efeitos da matéria, reservando a essência ao pensamento. Seu objetivo último era ascender às Idéias claras e distintas, ou seja, à Verdade (equivalente geral), de onde conclui que o Ser é pelo pensamento, ou, propriamente, no processo de pensar. Assim, reforça a separação mente/corpo já instituída no cristianismo, porém agora lançada na ciência, já que, a partir dele, fazer ciência é ascender à Verdade dos fenômenos "naturais" (obras de um Deus bondoso) por meio de um método.

Nesse sentido, como a ciência aborda o corpo? Dissociando-o do Eu, criando uma subjetivação na qual o Eu pensante, racional, nada tem a ver com o corpo-suporte e suas produções. É como se o corpo-suporte fosse independente do pensamento, ligando-se a este apenas para induzi-lo ao "erro" ou "falsidade". Nesses casos, em que o pensamento é falso, a sua errância se deve a um mau funcionamento do corpo-máquina. Assim, por exemplo, em relação às miragens, ilusões, sonhos, crenças em fantasmas e monstros, é sempre uma explicação a partir do mau funcionamento de um corpo-máquina que se trata de construir. Não há duplos, semelhantes, simulacros. Toda a crença nisso foi desqualificada. Passou-se a ver esses fenômenos como "não-seres", frutos da imaginação, como se esta mesma não fosse uma produção humana apenas porque são produzidas por um corpo afectado por disfunções. Ou, ainda, passou-se a vê-las como algo negativo, que deve ser eliminado. São posições diferentes: não-Ser e Ser-não. A primeira forma não existe, a segunda forma existe e deve ser desacreditada, pois assim reza a soberania daquele que é, ou seja, da produção de uma concepção universal (soberana) do que venha a ser o Ser.

Em seu tratado de *Dióptrica* ou mesmo em suas *Meditações Metafísicas*, Descartes explicita que os dados sensoriais (visão, tato, paladar... os sonhos, os desejos) não merecem atenção daquele que quer ascender à Verdade, pois que são mutáveis, múltiplos, não objetivos, enfim, subjetivos.

Assim, para explicar os desejos, Descartes baseia-se unicamente no seu conceito de corpo-máquina. Os desejos são meramente um caso particular da transmissão de certos movimentos dos espíritos animais desde o nervo óptico até determinadas partes do corpo. A alma já não é necessária, pois, quando muito, não é a decodificação desses movimentos pela alma da mãe, mas algumas das suas "ações", que provocam a impressão no corpo da criança das marcas de desejo. Já não há uma alma única que governa dois corpos, mas, sim, uma alma singular para um corpo-máquina. Nem duplos: o seu derradeiro avatar é a "representação", resultado da decifração dos movimentos corporais, representação que é apenas um modo da substância pensante — existindo, de certa maneira, no "interior da alma" (Gil, 1994, p. 112).

Por fim, Descartes exclui o desejo como matéria do conhecimento e mesmo como produtor do conhecimento. Ele desvaloriza o desejo como processualidade que ele próprio reconhece como existente. Do desejo ele nada quer saber, pois dali não se extrai nenhum equivalente geral, apenas marcas coletivas de individuações, identidades de existências comuns a todos como condição de imanência, mas individuais como produção de um estilo de viver. Todo desejo, na perspectiva de Descartes, é fora da Lei de organização do Real, pois essa Lei é transcendente ao desejo, é apenas uma possibilidade de representação do Real que é inassimilável na linguagem.

Esse modo de pensar cartesiano, no meu entender, foi fundamental para o início da criação do corpo-sem-órgãos médico. Foi, digamos, o primeiro elemento de seu ritornelo: o corpo é máquina mecânica e seu papel não é outro senão o de sustentar algo mais digno, imutável (por isso essencial e

verdadeiro), que é a alma ou mesmo as "Verdades naturais". O instrumento para se ascender a essa Verdade é o pensamento e não o corpo. Esse modo de se relacionar com o corpo autorizou a Medicina a violá-lo para tentar compreender melhor seu funcionamento e suas conexões com as doenças. Nasce, portanto, a clínica médica e o corpo-organismo.

O CORPO E O ILUMINISMO: O NASCIMENTO DA CLÍNICA MÉDICA

O Iluminismo talvez tenha sido o primeiro movimento social globalizado da história humana. Liderado pela França, seu maior valor era a crença na razão como a chave para entender o "mundo natural" e o lugar da raça humana nesse mundo. O problema do corpo-sem-órgãos iluminista sempre foi o de se desvencilhar da religião e de toda a subjetividade. Assim, por natural, deve-se entender tudo aquilo que não sofre a ação humana, ou seja, que não é artifício. O ser iluminista, portanto, via a religião como um artifício que afastava a razão do conhecimento da natureza mesma das coisas. Decorrente disso, a razão é o avesso de toda a subjetividade, é aquilo que compete ao terreno da evidência e "da prova" como pilares mestres de sustentação da ciência.

A racionalidade foi o que imperou nesse período histórico, que teve a sua inspiração nas idéias dos filósofos gregos antigos, do Renascimento, e da revolução tecnológica dos fins da Idade Média. Os filósofos da Antiguidade Clássica já tinham notado a regularidade no funcionamento do "mundo natural" e concluíram que a razão poderia *ver* e *explicar* essa regularidade. Entre esses filósofos, Aristóteles e Platão foram os escolhidos como emblemas da nova ciência.

O Renascimento, com sua revivificação da aprendizagem clássica, e a Reforma do século XVI que provocou a divisão da Igreja Católica, acabou com a visão mundial que esta última tinha apresentado durante mil anos. Simultaneamente a esses eventos veio a revolução científica, que produziu uma outra dimensão para a existência humana. Entre os "líderes" dessa "revolução silenciosa", encontramos Francis Bacon, René Descartes, Nicolau Copérnico, Galileu Galilei, Gottfried Wilhelm Leibniz e Isaac Newton. Foi Newton quem explicou o universo e quem ousou justificar a racionalidade da natureza. A resposta do corpo religioso a essa avalanche de idéias científicas não foi amistosa. Galileu foi chamado antes da Inquisição em Roma e foi forçado a retroceder em suas declarações de que o Sol, não a Terra, é o centro do Sistema Solar.

O solo desse século não era propriamente uma terra de Deus. O ateísmo foi bastante difundido e baseava-se mesmo no reencontro com filósofos gregos como Epicuro, que acreditava em um mundo feito de átomos e espaços vazios.

A Filosofia estava tomada por uma visão otimista de uma fraternidade universal, que foi reforçada pela noção de empirismo do filósofo inglês John Locke (1632-1704) de que as pessoas são o resultado do ambiente em que estão inseridas. Isso conduziu à idéia de que os abusos sociais, econômicos e políticos deveriam ser "corrigidos". A brutalidade da execução de leis e a instituição da escravidão foram amplamente atacados por esses que acreditaram na melhoria moral de sociedade pelos racionalistas (Martins & Monteiro, 1991).

Como alguns pensadores, como Francisco Maria Arouet, dito Voltaire (1694-1778), se prendiam em apoiar os poderes do Absolutismo, dois pensadores foram veementes contra qualquer outra forma de governabilidade que não se encaixasse no discurso de uma "liberdade natural" que havia sido ceifada pelo convívio em sociedade. John Locke na Inglaterra, em seu *Second treatise of government*, propunha um regime de pessoas de boa vontade e uma sociedade na qual a lei natural garantiria os homens os direitos para a vida, liberdade e propriedade. E na França, Jean-Jacques Rousseau (1712-1778), no seu *Contrato social*, reivindicava que os governantes substituíssem liberdade cívica por liberdade natural. Antes do fim do século XVIII, as idéias de ambos ganharam vitórias importantes. O pensamento de Locke poderia ser mesmo encontrado na Declaração de Independência Americana, e na França, seguindo a Re-

volução de 1789, o pensamento de Rousseau poderia ser visto atrás da Declaração dos Direitos dos Homens.

Os pensadores da época criticavam os sistemas legislativos vigentes alegando que durante anos as leis sempre favoreceram a poucos. Desse modo, acreditavam que a lei apenas seria válida se viesse a conformar as leis naturais. Para eles, as leis não eram feitas por regras senão pela certeza da razão.

A economia também estava deixando de ser puramente mercantilista e se transformando em uma economia capitalista, isto é, livre da interferência do governo e mais inclinada aos valores propostos por Adam Smith das leis do livre mercado (oferta e procura).

Os gregos e romanos sempre acreditaram em ciclos históricos traçando a história da raça humana, que a levavam a picos de crescimento e prosperidade até a decadência e morte. A Igreja havia entendido isso como uma Lei Divina. Logo, pensadores, como Francis Bacon, criticaram essas perspectivas e propuseram que a chave para o conhecimento residia no método. A partir do método é que a raça humana poderia traçar a sua história. Ao final do século XVIII, a idéia de um progresso intelectual e científico como o modo pelo qual a humanidade poderia se desenvolver já havia se tornado uma crença. Todavia, tanto o progresso moral quanto o material apenas seriam alcançados por meio das regras e da razão. Assim, impulsionados pelas idéias anti-inatistas de Locke, esses pensadores acreditavam que "a inteligência social só poderia ganhar realidade se houvesse informações ao público." (Rosen, 1994, p.110). Esse período foi caracterizado pela "avidez de levar os resultados da ciência e da Medicina até as pessoas, para as esclarecer em assuntos de saúde e higiene".(Ibid.). É neste sentido que a Medicina vai assumindo paulatinamente o caráter de "utilidade pública". Mas sua força será maior quando se unir totalmente ao Estado.

Pouco a pouco, a Medicina vai transitando do terreno da observação empírica, como mera compiladora de dados, para o de uma ciência, na medida em que vai desenvolvendo um método de sistematização do que foi aprendido pela arte da observação. Inicialmente, os chamados médicos não eram outra coisa senão uma classe desorganizada formada por estudiosos, cirurgiões-barbeiros, boticários e físicos (Santos Filho, 1977), cada qual com seu olhar tentando aplacar o mal que se acometia sobre o corpo. Mas foi quando houve uma mudança no "olhar" médico sobre o corpo que a Medicina nasceu. É fato que a Medicina tende a dizer que nasceu com a "arte da clínica", isto é, da verificação da evolução das doenças, da sintomatologia e dos resultados terapêuticos. Mas, na verdade, segundo Foucault (1980; Fonseca, 1995), foi o modo de olhar e de observar que fez a Medicina ser o que é. Foi o modo como olhava o seu olhar que a fez ser o que é. Estudando o discurso médico, Foucault nos fez saber das condições de possibilidade da criação da Medicina tal qual a conhecemos hoje. Para ele, foi apenas a partir do século XVIII que a Medicina chegou a ser o que é atualmente, pois neste período ela mudou o foco e o modo de olhar o corpo. *Ela, influenciada pelos ideais iluministas e por outras problemáticas sociais, desenvolveu um método para potencializar sua expansão.*

Movida pela clássica questão aristotélica, *o que é isso?*, a Medicina passou a focalizar o seu olhar de um determinado modo sob o seu corpo de observação. Suas questões passaram a ser: que tipo de relações funcionais por semelhanças e analogias os órgãos estabelecem? Como é a forma deste corpo e deste órgão em comparação com outros?

O que anima o sentido dessas preocupações é a busca da essência das coisas, ou antes, o que faz um organismo ser *o que é. A Medicina crê existir tal coisa chamada organismo como dado natural.* Uma concepção mesma de uma forma de funcionamento que independe, por exemplo, da ação do ser humano sobre o corpo. Para ela, o corpo já existe como entidade inde-

pendente das paixões e desejos que sustenta. O corpo-suporte é visto pela Medicina como puramente biológico, mas de uma Biologia propriamente mecânica, por isso, um corpo-máquina. Por isso também, a Biologia (pesquisa pura) é anterior à própria Medicina, já que dela é possível extrair um evolucionismo natural, isto é, sem a interferência da subjetividade humana.[49]

Essa crença em um dado "evolucionismo natural" embasa os chamados métodos científicos que, para conhecer essa suposta harmonia evolucionista, utiliza-se, por exemplo, da nosografia, da categorização dos seres em espécies, gêneros e classes, e da estatística como dispositivo para a produção de equivalentes gerais. Esse método, em si mesmo, não causa bem ou mal algum, mas ele se transforma em complicador quando, a partir de amostras ditas demonstrativas de todos os seres humanos, estabelece um equivalente geral para definir toda a sua produção, transformando a vida em mercado, aplicando a ela um valor de uso em detrimento do seu valor de troca, ou melhor, da sua potência de conexão e expansão. É pior, quando este método adquire o valor de "Verdade" retirando a legitimidade de qualquer outro método de conhecimento. *Assim, de expansionista, a vida passa a ser vivida como evolucionista.*

Esse critério, bem aos moldes aristotélicos, age por analogia e semelhanças. Assim nascem os conceitos de normal e anormal. O método analógico é supostamente objetivo, pois elimina as intensidades, as reciprocidades, as descontinuidades, que são propriedades dos simulacros (erros provocados pelas paixões que iludem o corpo). Os objetos que esse método cria (sem imaginar que o faz) são transcendentes em oposição à imanência. Esse método visa à essência já dada, à essência factual das coisas, objeto da pergunta *que é?* Porém, essa essência não se localiza propriamente em uma imanência, não se pensa, por exemplo, na sua natureza, nas condições que a criaram, em sua força afectada por um discurso qualquer (Orlandi, 1999). Ao contrário, essa essência seria um equivalente inatingível, não ex-

---

[49] A esse respeito ver Jean Clavreul (1983), Capítulo 2 – *Medicina. Ciências "positivas". Ciências "humanas"*, p. 51-63.

primível em sua totalidade, pois as formas (corporais ou incorporais) são variantes. Da essência, portanto, só sabemos seu sentido, sua força. O Ser seria representável, porém não todo exprimível nas ilimitadas formas que produz.

A Medicina, ao ter sido recortada pelo paradigma positivista que até hoje a fundamenta como científica, tem como objetivo "eliminar a doença" (anormalidade) que, por vezes, acomete o ser humano. Tal objetivo é o que propriamente embasa os valores humanistas da Medicina. Um humanismo que já existia desde os gregos, que foi abondonado na Idade Média e reavivado no Renascimento e Iluminismo; e que permitiu a Hipócrates atestar que a função do médico é a de curar o doente, já que *a saúde é um dever* que se impõe a todo o cidadão grego (Clavreul, 1983, p. 75). Tal humanismo é o que sustenta a ideologia médica de um "inatismo" em relação ao "desejo natural" (instintivo, intrínseco) no médico de curar, e que o faz pensar (e a nós) que a Medicina existe porque não há um só homem neste planeta que deseje estar doente. Seria esse humanismo do "desejo de curar" e do "desejo de ser curado" um etnocentrismo da Medicina?

Assim, Clavreul (Ibid.), diferentemente de Foucault, vai buscar a origem desse humanismo não na instauração das revoluções científicas iluministas, mas, sim, em Hipócrates[50].

> O doente, na ordem médica, se define pela soma de dois elementos: o homem mais a doença. Ou melhor, o homem se define como constituído pelo doente do qual a doença teria sido retirada: homem = doente – doença. Curando os doentes, separando-os da doen-

ça, o médico procede então como o escultor que extrai da pedra informe a imagem do Homem, o homem ideal. Ele procede, também, como o filósofo que ensina a afastar as superstições e os raciocínios falaciosos para extrair as vias da justa razão. Todos contribuem para demonstrar que o homem é naturalmente "são" de corpo e espírito, e que sua liberdade se manifesta por sua adesão às idéias e aos ideais da civilização. O médico, segundo Hipócrates, é, pois, um dos artesãos que contribuem para constituir um humanismo que outros forjam nas leis, na filosofia, na arte, etc (Clavreul, Ibid., p. 73).

Embasado na obra lacaniana e, especialmente em um de seus aforismas ("Não há fatos senão pelo fato do discurso"), para Clavreul, o método não é exatamente o que embasa o discurso médico, é antes o inverso[51]. Em suas palavras:

> O que seduz evidentemente o médico contemporâneo que lê Hipócrates não é a descoberta desta ou daquela etiologia, mas a instauração de um método, e, para dizer melhor, de um discurso sobre a doença, sobre sua etiologia e sua patogenia: um discurso que permite constituir como fatos elementos que, sem ele, permaneceriam puramente contingentes, inessenciai. (Clavreul, 1983, p. 79).

Para Clavreul, portanto, o Iluminismo apenas reacendeu no espírito da Medicina o que a Idade Média havia apagado. Para ele, o método criado pelo discurso médico já fazia parte da Medicina desde

---

[50] Cf. Clavreul, Ibid., p. 75. "O discurso médico não é um discurso sobre o homem, mas sobre a doença. Nem por isso deixa de implicar uma certa idéia implícita sobre o homem, sobre sua liberdade, sobre seu Ser. Nós podemos, portanto, remontar a Hipócrates as origens desse discurso, não somente em razão da enorme coerência interna de sua obra, mas sobretudo pelo fato de que ela está em completa harmonia com os ideais da época em que nasceu, ideais sem os quais o discurso médico não poderia se desenvolver. O resto, isto é, as teorias pelas quais a Medicina afirma sua cientificidade, estão elas mesmas em concordância com as idéias que a ciência sucessivamente fez de si própria. Essas teorias são contingentes porque estão ligadas à contingência de uma época. A permanência não é a dos fatos, mas do discurso médico que os constitui como tais."

[51] Cf. Clavreul, "Essencialmente, é a constituição da Medicina como discurso que a funda, e a funda como científica" (Ibid., *p*. 74) "M. Foucault mostrou as bases conceituais e semânticas que a anatomia patológica forneceu à Medicina moderna, constituindo os significantes mesmos de sua linguagem. Aí está um procedimento rigoroso, mas é também um procedimento que está na Ordem, que não pretende e não pode pretender dizer outra coisa que não o que vê no 'olhar' médico, que retém somente o que o discurso médico pode reter" (Ibid., p. 42). Ele chega então a afirmar que "é, pois, o discurso médico que tornou possível a identificação mórbida e não o contrário" (Ibid., p. 44).

Hipócrates, pois desde lá o discurso médico já estava incorporado nos valores da cultura. Na época de Hipócrates, os deuses tinham deixado a convivência dos homens para habitarem a transcendência do Olimpo. Nesse sentido, a saúde era uma questão do Estado e de interesse geral.

> A Medicina, até então, era um assunto coletivo (como o é em muitos países não ocidentais). A doença interessava à coletividade, e era o Estado que se encarregava da saúde dos cidadãos, estes tendo de pagar um imposto especial, o *iatron*, com o qual os médicos eram remunerados (muito mal, aliás). Aos poucos, uma Medicina individual aparece, da qual, é claro, se beneficiavam sobretudo os ricos (Ibid., p. 72).

Dificilmente se poderia dizer que Foucault desconhecia que Hipócrates já possuía um método. Desse modo, fica a questão: o que de fato interessava a Foucault quando escreveu *O nascimento da clínica*?

Antes, porém, é preciso dizer que a história que lhe interessou não foi propriamente aquela que narra os acontecimentos no seu plano molar, na efetuação deste em "estados de coisas". Reservar um interesse nisso seria incorrer no erro de buscar um "mito das origens". O que lhe interessou na História foi justamente a determinação, o condicionamento de experimentações específicas em uma certa molaridade do corpo-sem-órgãos que teria atualizado algumas práticas sociais. E experimentações são devires. Portanto, o que interessou a Foucault foi justamente ver na História o conjunto das condições pelas quais o devir desvia-se para impedir o estancamento de sua processualidade em um estado de coisas constituído. Além disso, por não acreditar em um discurso que possa perdurar transcendente e à parte dos agenciamentos sociais, ele conclui que os discursos são efeitos de determinadas práticas sociais criadas pontualmente na História. Assim, se uma certa individualidade já existia desde Hipócrates, certamente não seria a mesma individualidade inventada a partir do Renascimento e exarcebada no Iluminismo. Há

um elemento que Clavreul desconsidera, em seu discurso sobre a individualização e elitização do discurso médico desde Hipócrates, que é o elemento do caráter privado na produção deste indivíduo. O individual para o grego significa particular e não privado, próprio, como apenas uma política mercantilista encaminhando-se para um capitalismo poderia produzir. Sabendo disso, Foucault estabelece que são as práticas sociais que criam os discursos. E que as práticas são produzidas por devires moleculares por natureza, que fazem parte de uma micropolítica. E qual devir interessou a Foucault nesse percurso? Justamente o do poder-saber. Entender de que maneira o poder se infiltra em práticas sociais específicas para dali constituir a subjetividade. De que modo o poder pode "dobrar" o corpo humano e dessa dobra extrair algum saber? Esse era o problema de Foucault. Assim, ele até concordaria com Clavreul em dizer que o discurso médico já existia em Hipócrates e que este já possuía propriamente um método de dispor as coisas que via e dizia. Isso não seria um problema. O que há de novidade no trabalho de Foucault é justamente a problematização dos discursos: qual seria a sua genealogia? Quais são as práticas que os produzem e os sustentam?

Entretano, o que me parece interessante no texto de Clavreul, e que deve ser resgatado aqui, é a união da Medicina com a ciência. Por alguma razão, a ciência tornou-se sinônimo de Verdade; a metodologia médica tornou-se modelo de epistemologia e isso nos faz acreditar incondicionalmente nela. A Medicina tornou-se uma crença tão inconteste que se transformou em uma Ordem. E quanto a esse seu novo perfil Clavreul nos diz: "A Ordem médica é mais poderosa que o mais poderoso ditador, e, às vezes, tão cruel. Não se pode resistir a ela, porque não se tem nenhuma 'razão' a lhe opor." (Ibid., p. 47). "(…) Ela está sempre presente em nossa vida, desde nosso nascimento numa maternidade até nossa morte no hospital, desde os exames pré-natais até a 'verificação', na autópsia" (Ibid., p. 40). É justamente esse poder da Ordem médica que exclui ou homogeiniza todos os outros saberes sobre a existência, que merece ser investigado. E é justamente aí que eu me interesso por unir algumas perspectivas desses autores.

Segundo a análise de Roberto Machado (1993a), na sua introdução à publicação brasileira de *Microfísica do poder* (*Op. cit.*), o que interessou a Foucault em seus estudos acerca do discurso médico foi, basicamente, demonstrar que o poder não existe como entidade e essência, por isso não se concentra na figura de representação do Estado. "O Estado não é o ponto de partida necessário, o foco absoluto que estaria na origem de todo tipo de poder social e do qual também se deveria partir para explicar a constituição dos saberes nas sociedades capitalistas" (Idem., p. XIV). Controvérsias à parte, a idéia central na tese de Foucault, segundo Machado, é a de que o poder se resume e se explicita não nas suas representações, mas, sim, nas suas relações, o que o permite ser, até mesmo, micropoliticamente. "O que significa dizer que o poder é algo que se exerce, que se efetua, que funciona. E que funciona como uma maquinaria, como uma máquina social que não está situada em um lugar privilegiado ou exclusivo, mas se dissemina por toda a estrutura social. Não é um objeto, uma coisa, mas uma relação" (Idem., p. XIV). E para que serve o poder? Ao analisar as prisões, Foucault (1977) conclui que a utilização da disciplina como dispositivo mantenedor do poder eleva este último a um grau não esperado: o de produção de saber. Assim, do ponto de vista econômico e político, o poder produz um ser humano "útil e dócil" e, além disso,

> a grande importância estratégica que as relações de poder disciplinares desempenham nas sociedades modernas depois do século XIX vem justamente do fato de elas não serem negativas, mas positivas, quando tiramos desses termos qualquer juízo de valor moral ou político e pensamos unicamente na tecnologia empregada. É então que surge uma das teses fundamentais da genealogia: o poder é produtor de individualidade. O indivíduo é uma produção do poder e do saber (Machado, *Op. cit.*, p. XIX).

Deleuze (1990), em um artigo ao *L'Autre Journal*, traduzido e publicado em *Conversações*

(1992, p. 219-226), resume bem o trabalho de Foucault: "Foucault situou as *sociedades disciplinares* nos séculos XVIII e XIX; atingem seu apogeu no início do século XX. Elas procedem à organização dos grandes meios de confinamento. O indivíduo não cessa de passar de um espaço fechado a outro, cada um com suas leis: primeiro a família, depois a escola ("você não está mais na sua família"), depois a caserna ("você não está mais na escola"), depois a fábrica, de vez em quando o hospital, eventualmente a prisão, que é o meio de confinamento por excelência. (...) Foucault analisou muito bem o projeto ideal dos meios de confinamento, visível especialmente na fábrica: concentrar; distribuir no espaço; ordenar no tempo; compor no espaço-tempo uma força produtiva cujo efeito deve ser superior à soma das forças elementares. Mas o que Foucault também sabia era da brevidade deste modelo: ele sucedia às *sociedades de soberania* cujo objetivo e funções eram completamente diferentes (açambarcar, mais do que organizar a produção, decidir sobre a morte mais do que gerir a vida); (...) Mas as disciplinas, por sua vez, também conheceriam uma crise, em favor de novas forças que se instalavam lentamente e que se precipitariam depois da Segunda Guerra Mundial: sociedades disciplinares é o que já não éramos mais, o que deixávamos de ser. (...) Trata-se apenas de gerir sua agonia e ocupar as pessoas, até a instalação das novas forças que se anunciam. São as *sociedades de controle* que estão substituindo as sociedades disciplinares" (p. 219-20).

Deleuze chega mesmo a dizer que a descoberta foucaultiana nos permite entrever outras questões: a da produção tecnológica. A partir do raciocínio de que os agenciamentos sociais são arregimentados a partir de determinadas práticas de subjetivação, que envolvem a produção específica de determinadas máquinas de sobrecodificação de fluxos e devires, fica explicado o modo como a tecnologia vai sendo produzida. Não que ela explique alguma coisa do próprio agenciamento, porém delas pode-se ter uma "pista" sobre a processualidade que percorre o agenciamento. Assim, ele diz: "a cada tipo de sociedade, evidentemente, pode-se fazer corresponder um tipo de máquina: as máquinas simples ou dinâmicas para as sociedades de soberania, as máquinas energéticas para as de disciplina, as cibernéticas e os computadores para as sociedades de controle" (1992, p. 216).

Nesse sentido é possível explicar por que esse modo extrófico de ser do corpo só se tornou objeto de estudo da Medicina a partir do século XVIII, data de sua invenção como doença no momento mesmo em que ela vai parar no hospital.

O NASCIMENTO DA EXTROFIA COMO DOENÇA

Foucault vai descrevendo como o método empregado pela Medicina foi-lhe conferindo um caráter científico e potencializando-a como ciência e discurso que mais tarde iria se articular com o Estado tornando-a tão poderosa quanto fazem ver as observações de Clavreul a respeito do poder do discurso médico. Ao ver que houve mudança no lugar (na prática) no qual a linguagem médica se apoiava, ele estabeleceu uma certa divisão.

Outro momento da Medicina é a sua vertente classificatória. A *Medicina classificatória*, apoiada exclusivamente no olhar sobre a doença, em detrimento do corpo do agora chamado "doente", cria uma nosologia e a descoberta de um universo absolutamente invisível a olho nu, sendo, portanto, preciso observar o corpo-suporte por dentro e microscopicamente. Essa Medicina é a que se mantém até hoje.

A primeira organização do olhar clínico, segundo Foucault, busca ver os invariantes da doença sobre o corpo adoentado. Ele irá dizer:

> No invariante da clínica, a Medicina teria ligado a verdade e o tempo (...) Antes de ser um saber, a clínica era uma relação universal da Humanidade consigo mesma: idade de felicidade absoluta para a Medicina. E a decadência começou quando foram inaugurados a escrita e o segredo, isto é, a repartição deste saber com um grupo privilegiado, e a dissociação da relação imediata, sem obstáculos ou limites, entre Olhar e Palavra: o que já se soube só era, a partir de então, co-

municado aos outros e transferido para a prática depois de ter passado pelo esoterismo do saber (1980, p. 60-61).

Foi a sistematização metodológica desse olhar que permitiu à clínica produzir um saber sobre a doença. Não se olha de qualquer modo para se ver alguma coisa específica. E quando se objetifica o olhar, o foco perceptivo constrói um espaço, territorializa-se em um determinado ponto do Real e dali extrai o seu objeto de estudo. Esse adestramento do olhar sobre o corpo permitiu espacializar a doença e vê-la como uma entidade em si mesma, ora nascendo com o corpo (inatismo), ora utilizando-se dele para emergir (naturalismo) como dado visível.

> O espaço de configuração da doença e o espaço de localização do mal no corpo só foram superpostos, na experiência médica, durante curto período: o que coincide com a Medicina do século XIX e os privilégios concedidos à anatomia patológica. Época que marca a soberania do olhar, visto que no mesmo campo perceptivo, seguindo as mesmas continuidades ou as mesmas falhas, a experiência lê, de uma só vez, as lesões visíveis do organismo e a coerência das formas patológicas; o mal se articula exatamente com o corpo e sua distribuição lógica se faz, desde o começo, por massas anatômicas. O "golpe de vista" precisa apenas exercer sobre a verdade, que ele descobre no lugar onde ela se encontra, um poder que, de pleno direito, ele detém (Ibid., p. 2).

Esse saber sistematizado, articulado em métodos diferenciados de investigação, resultou na constituição de um saber sobre o corpo que poucos dominavam. Desse modo, a Medicina deixou de ser "pública" e passou a criar para si um espaço "privado", de seleção de membros que poderiam ou não exercê-la. A proposta cartesiana de construção de um método para se ascender à Verdade serviu para dar fundamento ao olhar médico classificatório que vai dando consistência científica ao corpo-máquina, agora, corpo-organismo. Possuindo, então, um outro método para olhar para o corpo e para sua relação com a doença, foi possível constituir um saber e dar consistência a um tratamento que chegasse à cura.

Com o avanço da técnica do olhar em detrimento da descrição sem suporte perceptivo baseada na linguagem e quantidade, a Medicina foi avançando e refinando o seu método qualitativo de cura que "abre o olhar à plenitude das coisas concretas, com o esquadrinhamento minucioso de suas qualidades, [que] funda uma objetividade mais científica, para nós, do que as mediações instrumentais da quantidade" (Foucault, 1980, p. XI). Mas ela não procede assim sem o prejuízo do sujeito. Novamente aqui a produção de dois mundos em paralelo: a doença e a subjetividade, cada qual com sua vida própria, não se encontrando nem mesmo no adoecimento, que é visto não como produção, mas como reação de um mundo ao outro. Assim, temos que:

> Para conhecer a verdade do fato patológico, o médico deve abstrair o doente: É preciso que quem descreve uma doença tenha o cuidado de distribuir os sintomas que a acompanham necessariamente, e que lhe são próprios, dos que são apenas acidentais e fortuitos, como os que dependem do temperamento e da idade do doente. Paradoxalmente, o paciente é apenas um fato exterior em relação àquilo de que sofre; a leitura médica só deve tomá-lo em consideração para colocá-lo entre parênteses. Claro, é preciso conhecer a estrutura interna de nossos corpos; mas isso para melhor subtraí-la e libertar, sob o olhar do médico, a natureza e a combinação dos sintomas, das crises e das outras circunstâncias que acompanham as doenças. Não é o patológico que funciona, com relação à vida, como uma anti-natura, mas o doente com relação à própria doença (Foucault, 1980, p. 7).

Anteriormente ao século XVIII, uma certa sistematização do olhar médico já se esboçava, o que permitiu, portanto, a invenção de uma estrutura do corpo e a sua concepção como organismo. Assim, André Vesálio (1514-64) lançou a primeira fundação da estrutura do corpo humano, William Harvey (1578-1657) fez do corpo uma unidade com a proposição da circulação do sangue e Thomas Willis (1621-1675) lançou as bases para o organicismo. Mas Foucault irá ele mesmo perceber que não basta dizer que a História da Medicina é concomitante ao aparecimento dos asilos e hospitais ou mesmo às descrições de doenças, pois tanto o hospital quanto o registro descritivo das doenças já eram comuns da alta Idade Média até a Renascença. É efetivamente o emprego de um método que fez a diferença. Assim, ele estabelecu cinco diferenciações (Ibid., p. 65-69):

1. O médico deve descrever o que vê para daí "formar um campo nosológico inteiramente estruturado";

2. Não importa ao médico a individualidade do portador da doença senão naquilo que a doença precisa dele para se manifestar; o que interessa é a doença em si mesma, o seu corpo próprio; o doente é o exemplo, o "acidente de sua doença, o objeto transitório de que ela se apropriou";

3. "A clínica não é um instrumento para descobrir uma Verdade ainda desconhecida; é uma determinada maneira de dispor a Verdade já adquirida e de apresentá-la para que ela se desvele sistematicamente. A clínica é uma espécie de teatro nosológico de que o aluno desconhece, de início, o desfecho". O fundamental na relação médico-paciente é saber o nome da doença. É sabendo disso que o médico poderá instaurar algum procedimento. Não se trata de "examinar" o paciente no sentido de analisar e sintetizar um saber sobre a doença, baseado simplesmente em uma descrição do olhar. O "toque do médico" que antes decifrava a doença, a partir de agora, será um certo jeito de olhar o corpo e de escutar o discurso sobre a doença, mais do que o doente.

4. A partir disso, o que diz o paciente não serve de nada ao médico senão para sinalizá-lo sobre a doença. Instaurou-se uma nova verticalidade na relação médico-paciente que é constituída a partir da soberania de um discurso sobre o outro. O médico não detém um saber sobre a vida privada do sujeito adoentado, mas sabe sobre a doença que o afeta. Visando à doença e não ao sujeito, foi possível transmitir esse saber. "A clínica só diz respeito a esta instrução, no sentido estrito, que é dada pelo professor a seus alunos. Não é em si mesma uma experiência, mas o resultado, para uso dos outros, de uma experiência anterior. O professor indica a seus alunos a ordem em que os objetos devem ser observados para serem mais bem-vistos e gravados na memória; ele lhes abrevia o trabalho; os faz aproveitar suas experiências". É uma clínica, portanto, propriamente demonstrativa.

5. Por ser cumulativa, os saberes por ela compilados dependem do tempo para serem questionados, pois que a doença tem sua própria linguagem que geralmente contradiz os dogmas criados sobre ela, "de tal modo que a lição dada pelo mestre pode voltar-se contra ele e proferir, acima da linguagem vã, um ensinamento que é o da própria natureza".

Foucault ainda irá dizer que é um erro conceber o avanço da Medicina a partir da possibilidade de uma anatomia patológica. A abertura dos cadáveres no Iluminismo só veio reforçar o caráter clínico da Medicina.

> O método da nova anatomia é como o da clínica, a análise: mas uma análise separada de seu suporte lingüístico, definindo mais a divisibilidade espacial das coisas do que a sintaxe verbal dos acontecimentos e dos fenômenos. Daí a paradoxal reativação do pensamento classificatório, no início do século XIX. Em vez de dissipar o velho projeto nosológico, a anatomia patológica, que o superaria alguns anos depois, lhe dá novo

vigor, na medida em que parece trazer-lhe sólido fundamento: a análise real por superfícies perceptíveis (Ibid., p. 150).

A mudança da superfície do corpo para o interior do corpo na busca das doenças traz consigo o interesse por desvelar suas causas mais acentuadamente. Isto é, "o acesso do olhar médico ao interior do corpo doente não é a continuação de um movimento de aproximação que teria se desenvolvido, mais ou menos regularmente, a partir do dia em que o olhar, que começava a ser científico, do primeiro médico se dirigiu, de longe, ao corpo do primeiro paciente; é o resultado de uma reformulação ao nível do próprio saber e não ao nível dos conhecimentos acumulados, afinados, aprofundados, ajustados" (Ibid., p. 157). Substitui-se, portanto, o registro das freqüências, os eventos, o campo do constituído, para se penetrar mais em um corpo invisível aos olhos, mas tornado cada vez mais dizível. Vai-se em busca do ponto fixo no corpo, onde tudo teria começado. Inventa-se uma estrutura para o corpo-da-doença e um organismo para o corpo-suporte. Assim é que podemos ter certas reformulações importantes, por exemplo, no campo da compreensão da deficiência mental:

> A obra de Willis, típica da neurofisiologia seiscentista, junta às sólidas descrições anatômicas e morfológicas conceitos fisiológicos hipotéticos que só serão abandonados com o advento da eletricidade como recurso de pesquisa e como princípio explicativo. As curiosas hipóteses para explicar a condução nervosa espelham a dificuldade conceitual e metodológica da neurofisiologia do século XVII: Willis, como Descartes, como os iatromecânicos Borelli e Baglivi, recorre às idéias de fluido nervoso, suco nervoso, líquido dos nervos e, principalmente, à idéia de fluidos voláteis ou "espíritos animais" no sentido de substâncias sutis, até explosivas, como gases. De todo modo, ao entender a idiotia e outras deficiências como produto de estruturas ou eventos neurais Willis começa a sepultar, pelo menos nos estratos mais cultos

da sociedade, a visão demonológica ou fanática daqueles distúrbios, agora não graças a razões éticas ou humanitárias mas em virtude de argumentos 'científicos'" (Pessoti, 1984, p. 18).

Há então diferentes doenças: aquelas trazidas pelo corpo (inatas ao organismo) e aquelas adquiridas pelo corpo na sua relação com o social. Na primeira, trata-se de uma doença dentro do corpo. Na segunda, de uma doença fora do corpo. Tanto em um caso como em outro o que se conserva é a idéia de matriz, de ponto de origem e de chegada, de lugar. Assim, a "deficiência mental", por exemplo, se explica como doença no corpo. As pestes já são de espécies diferentes. Existem independentemente do corpo, fora dele, no ar, mas precisam dele para se potencializar como a semente que precisa da terra e da água para fazer brotar a árvore.

O que se abstrai sobre o corpo-suporte a partir da Medicina anatomo-patológica é que da morte é possível extrair conhecimento. Portanto, a morte não é de toda obscura, impenetrável ao pensamento. A chave de acesso a ela, segundo Foucault, não poderia estar na simples dessacralização do corpo, mas, sim, no olhar classificatório que se dá em um espaço essencial. Isto é, em um certo modo de dispor as coisas.

Se antes, com a espacialização primária na Medicina das espécies, o médico se demorava mais com o doente e sua proximidade a ele se dava pela individualização da doença naquele corpo, com a espacialização secundária, a Medicina classificatória, apoiada que está em uma anatomia e fisiologia do corpo, pode abstraí-lo à doença. Não é necessário, portanto, se demorar com cada doente, e a ironia reside no fato de que o médico, a partir deste momento, cada vez mais se aproxima do doente, mas não pela sua individualidade subjetiva, mas, sim, pela individualidade da doença que apresenta e que torna seu corpo um equivalente geral.

Médico e doente estão implicados em uma proximidade cada vez maior e ligados, o médico por um olhar que espreita, apóia sempre mais e penetra, e o doente pelo conjunto das qualidades insubstituíveis e mudas que nele traem, isto é, mostram e variam, as belas formas ordenadas da doença. Entre as características nosológicas e os traços terminais que se lê no rosto do doente, as qualidades atravessam livremente o corpo. Corpo em que o olhar médico não tem razões para se demorar, ao menos em sua espessura e seu funcionamento (Foucault, 1980, p. 16).

Em oposição a toda prática anterior, da Medicina das espécies, baseada no acompanhamento constante do médico ao paciente, na clínica descritiva "estrito-senso" apenas se permitia uma prescrição via experimentação e experiência acumulada. A partir do uso do método analógico, já existe uma possibilidade de prescrição mais familiarizada com a classificação preestabelecida. O ver torna-se dizer e uma nova postura do médico diante do doente e da doença se inicia:

Médicos e doentes não estão implicados, de pleno direito, no espaço racional da doença; são tolerados como confusões difíceis de evitar: o paradoxal papel da Medicina consiste, sobretudo, em neutralizá-los, em manter entre eles o máximo de distância, para que a configuração ideal da doença, no vazio que se abre entre um e outro, tome forma concreta, livre, totalizada enfim em um quadro imóvel, simultâneo, sem espessura nem segredo, em que o reconhecimento se abre por si mesmo à ordem das essências (Ibid., p. 8).

A mudança no método de disposição do olhar modifica o que será constituído como saber. Assim, nasce também uma mudança no olhar e no saber sobre o corpo. O corpo, ele mesmo, se distancia de seu antropomorfismo. Ele já não se mistura ao sujeito, pois tem uma vida própria e independente do doente tanto quanto a doença o tem, com seus próprios tempos e qualidades. Há um corpo-suporte do Real, de carne e osso, onde antes era coexistentemente o lugar da pessoa e o lugar da doença. Agora, o corpo não interfere na doença, não tem mais "poder" sobre ela, senão para servi-lhe de hábitat. E o mesmo se passa com o médico que, escorado pela instituição e pela "causa" da Medicina (eliminar a doença daquele corpo), passa a ser investido, sobremaneira, de um poder sobre o corpo doente, modificando-se, até mesmo, a relação jurídica do médico em relação ao doente e à sua família. É nesse sentido que o médico pode "operar" sob o corpo-suporte, com o fim específico de lhe retirar um "intruso": a doença.

> O tempo do corpo não modifica, e muito menos determina, o tempo da doença. O que faz o corpo essencial da doença se comunicar com o corpo real do doente não são, portanto, nem os pontos de localização, nem os efeitos da duração; é, antes, a qualidade. (…) O conjunto qualitativo que caracteriza a doença se deposita em um órgão que serve então de suporte aos sintomas. A doença e o corpo só se comunicam através do elemento não espacial da qualidade (Idem., p. 12).

Assim, por exemplo, um exame clínico, uma anamnese, investiga o "corpo-máquina" que não funciona bem quando afetado pela doença. Na anamnese (dispositivo médico de produção de equivalências gerais), o sujeito passa de agente a paciente. Ele nada tem a ver com o "mal" (a doença) que lhe acomete. Ele é dessubjetivado. Esse paciente, ou seu responsável[52], será escutado pelo médico, mas já desqualificado por este, pois que não possui um "saber objetivo" sobre si. Por meio desse dispositivo, essa linguagem é logo decodificada por um saber transcendente (máquina abstrata de decodificação) em linguagem científica, isto é, dessubjetivada (sinônimo de objetiva) e mensurável. Tudo aquilo que escorrega, que não se encaixa ao equivalente geral, ou fica estigmatizado na anmnese e cairá na invisibilidade (nas sombras), ou irá para a virtualidade (fantasia).

Se cair nas sombras, será marcado, rotulado negativamente, como o oposto do Bem. Se cair na virtualidade, será marcado pelo avesso, isto é, não é nem Bom, nem Mau, mas não-conhecido, inexistente que é insistente. A esses saberes desacreditados Foucault chamou de *saberes dominados*:

> Por saber dominado, entendo duas coisas: por um lado, os conteúdos históricos que foram sepultados, massacrados em coerências funcionais ou em sistematizações formais. Concretamente: não foi uma semiologia da vida asilar, nem uma sociologia da delinqüência, mas, simplesmente o aparecimento de conteúdos históricos que permitiu fazer a crítica efetiva tanto do manicômio quanto da prisão; (…) Portanto, os saberes dominados são estes blocos de saber histórico que estavam presentes e mascarados no interior de conjuntos funcionais e sistemáticos e que a crítica pode fazer reaparecer, evidentemente através do instrumento da erudição. Em segundo lugar, por saber dominado se deve entender outra coisa e, em certo sentido, uma coisa inteiramente diferente: uma série de saberes que tinham sido desqualificados como não competentes ou insuficientemente elaborados: saberes ingênuos, hierarquicamente inferiores, saberes abaixo do nível requerido de conhecimento ou de cientificidade (1993a, p. 170)

Em relação ao aparecimento desse segundo nível de saber, Foucault diz que se trata de um saber particular, regional, local, um saber *díspar*, que só deve sua força à dimensão que o opõe a todos aqueles que o circundam – que realizou a crítica. Seria esse saber menor, sombrio, comum, um saber ético, no sentido em que ético, para Foucault, tem a ver com a implementação de uma estilística da existência criada não em oposição, mas em "fuga" em relação ao despotismo desses saberes soberanos?

---

[52] Diz-se assim no caso do paciente ser uma criança, ou ser considerado "inválido" por insanidade, demência ou desrazão.

O curioso acoplamento desses saberes domina-dos (a erudição e o saber popular) é o que irá consti-tuir o primeiro plano daquilo que Foucault denominou *genealogia*; lugar de luta contra o poder homogeneizante dos saberes soberanos (Idem, p. 171).

Nesta atividade, que se pode chamar genea-lógica, não se trata, de modo algum, de opor a unidade abstrata da teoria à multiplicidade concreta dos fatos e de desclassificar o especulativo para lhe opor, em forma de cientificismo, o rigor de um conhecimento sistemático. Não é um empirismo nem um positivismo, no sentido habitual do termo, que permeiam o projeto genealógico. Tra-ta-se de ativar saberes locais, descontínuos, desqualificados, não legitimados, contra a ins-tância teórica unitária que pretenderia depurá-los, hierarquizá-los, ordená-los em nome de um conhecimento verdadeiro, em nome dos direitos de uma ciência detida por alguns. (...) trata-se da insurreição dos saberes não tanto contra os conteúdos, os métodos e os con-ceitos de uma ciência, mas de uma insurrei-ção dos saberes antes de tudo contra os efei-tos de poder centralizadores que estão liga-dos à instituição e ao funcionamento de um discurso científico organizado no interior de uma sociedade como a nossa.

Enfim, trata-se de fazer a genealogia dos sa-beres ingênuos, hierarquicamente inferiores, sabe-res abaixo do nível requerido de conhecimento ou cientificidade, para potencializá-los em novos agenciamentos e, quem sabe assim, poder "fugir" à soberania do saber-poder. Essa foi a pesquisa de Foucault. Mas ela ainda foi mais intensa, pois que sua arqueologia do saber descobriu também que es-ses saberes se misturam, se dobram do avesso e fa-zem nascer um novo saber. É esse novo saber que finalmente interessa a Foucault, pesquisador dos du-plos, dos reversos, dos avessos.

Mais uma vez, essa desqualificação não é privi-légio do discurso médico. Trata-se antes de uma prá-tica de produção de saber-poder que se encarna em determinados campos do conhecimento sem, contu-do, pertencer a nenhum deles, sem poder ser extinto em nenhum, pois isso não faz identidade já que se trata de uma teia de relações invisível em si mesma. Tais relações se exercem sobre o nosso corpo e re-zam o nosso destino, os nossos desejos, fazendo-nos agir como seres absolutamente manipuláveis. São essas forças de relações que são especificamente responsáveis pela invenção da extrofia.

DA REVOLUÇÃO ILUMINISTA AO INDUSTRIALISMO: O CORPO-DOENÇA E O CORPO-POLÍTICO

É inexato dizer apenas que a Medicina despossui o doente de sua doença, de seu sofrimento, de sua posição subjetiva. Ela despossui, do mesmo modo, o médico, chamado a calar seus sentimentos porque o discurso médico exige. Ao mesmo tempo que o doen-te, como indivíduo, se apaga diante da doença, o médico como pessoa também se apaga diante das exigências de seu saber. A relação "médico-doente" é substituída pela relação "instituição médica-doen-ça". O resto não é senão verborréia com relação a essa transformação da situação, e não pode senão acentuar-se na medida em que se desenvolve o dis-curso médico.

Foucault (1993a, p. 49) irá referir-se a duas séries distintas que em um certo momento da His-tória se unem: as séries médica e hospitalar.

Por série médica ele pensa todo o desenvolvi-mento do saber médico que inicialmente se deu lon-ge dos hospitais. Na época que classificou de Me-dicina das espécies, a clínica não passa de uma nosologia infinita e nesse ponto a Medicina já havia constituído para si uma linguagem específica. Não uma linguagem de corporação profissional que ex-clui, por falar uma "língua conceitual", para se ocul-tar o visível. É bem o contrário, trata-se de uma "língua elucidativa" que, por meio da descrição, tor-na o invisível visível. "E é aí que se estabelece, pe-las virtudes espontâneas da descrição, o vínculo entre o campo aleatório dos acontecimentos patológicos e o domínio pedagógico no qual estes formulam a ordem de sua verdade. Descrever é seguir a orde-nação das manifestações, mas é seguir também a seqüência inteligível de sua gênese; é ver e saber ao mesmo tempo, porque dizendo o que se vê o integramos espontaneamente ao saber; é também ensinar a ver, na medida em que é dar a chave de uma linguagem que domina o visível" (Foucault, 1980, p. 129-130).

Todavia, essa linguagem de um "olhar que escuta e um olhar que fala" trazia problemas sérios no que tange à ilimitada quantidade de saber a ser transmitido. Haveria que reduzir essa visão a um ponto específico, circunscrever mais a doença. O olhar médico então vai sofrendo a interferência de um outro sentido: o tato. Tratava-se de apalpar o corpo, de sentir a interferência da doença no corpo com as próprias mãos. "E a Medicina dos sintomas, pouco a pouco, entrará em regressão, para se dissipar diante da Medicina dos órgãos, do foco e das causas, diante de uma clínica inteiramente ordenada pela anatomia patológica" (Ibid., p. 139).

Para Foucault, a anatomia patológica, conquista de Bichat, teria então o mérito de ser primeiramente ordinal para chegar a ser definitivamente local. Isto é, a preocupação de Bichat estava em localizar a doença no corpo. Intuia-se aí a busca pela "causação" das doenças, pois a preocupação da anatomia patológica estava em "ajustar a percepção anatômica à leitura dos sintomas" (Ibid., p. 152). A partir de Bichat,

> A doença não é mais um feixe de característica disseminadas pela superfície do corpo e ligadas entre si por concomitâncias e sucessões estatísticas observáveis; é um conjunto de formas e deformações, figuras, acidentes, elementos deslocados, destruídos ou modificados que se encadeiam uns com os outros, segundo uma geografia que se pode seguir passo a passo. Não é mais uma espécie patológica inserindo-se no corpo, onde é possível; é o próprio corpo tornando-se doente (1980., p. 155).

Finalmente, a idéia cartesiana de um mau funcionamento do corpo-máquina, produzindo alucinações e fantasias fazia agora o mais pleno sentido. A

anatomia-patológica, portanto, não é apenas uma "evolução" do saber médico, mas é justamente uma revolução a esse saber. *Mudou-se a questão, mudou-se o corpo*. Tratava-se de ver agora o *lugar* da doença, o seu ponto fixo em detrimento de sua descrição, de sua dinâmica ingênua. Como diz Foucault, a "noção de *sede* substitui, definitivamente, a de *classe*" (Ibid., p. 160).

Portanto, Bichat, segundo Foucault, provoca uma inversão na constituição e modo de se ascender ao saber. Se até o Renascimento a vida só pode ser compreendida nela mesma e em sua duração vital, a partir do século XVIII, é na morte que a vida se esconde, das trevas se extrai a luz.

Mas uma nova necessidade se impunha ao saber médico e lhe interrogava freneticamente. Simultaneamente a essa investigação o médico se deparava com uma sociedade mais interessada na conservação e sobrevivência de seus entes queridos. A sociedade mudava e a cada nova fase enfrentava um ciclo diferenciado de doenças, especialmente as epidemias. As epidemias possuem um caráter distinto das demais doenças, pois a forma de contaminação se dá por contágio. "A análise de uma epidemia não se impõe como tarefa reconhecer a forma geral da doença, situando-a no espaço abstrato da nosologia, mas reencontrar, sob os signos gerais, o processo singular, variável segundo as circunstâncias, de uma epidemia a outra que, da causa à forma mórbida, tece em todos os doentes uma trama comum, mas singular, em um momento do tempo e em determinado lugar do espaço" (Ibid., p. 26). As epidemias têm uma dinâmica distinta das outras doenças. Ainda não se conhecia o nome de vírus, mas sabia-se que sua natureza era diferente, por exemplo, da de uma deficiência mental, de uma catarata ou mesmo das doenças provocadas por bactérias. As epidemias necessitavam, portanto, de um estudo à parte, impondo diferentes e complexos métodos de observação.

Foi preciso o aparecimento de uma Medicina fisiológica que observasse a vida dos órgãos na sua relação com órgãos e na relação destes com tudo aquilo (interno e externo) que pode exercer influência sobre eles (Ibid., p. 215). Percebe-se, a partir dessa nova concepção, que a "doença é do *espaço* antes de ser *para a vista*", tenta-se, portanto, definir uma *fisiologia* do fenômeno mórbido. Conseqüentemente, em 1816, "desaparece o *ser* da doença".

A partir de então, o olhar médico só pousará em um espaço preenchido pelas formas de composição dos órgãos. O espaço da doença é, sem resíduo nem deslizamento, o próprio espaço do organismo. Perceber o mórbido é uma determinada maneira de perceber o corpo. Acabou o tempo da Medicina das doenças; começa uma Medicina das reações patológicas, estrutura de experiência que dominou o século XIX e até certo ponto o século XX, visto que, não sem modificações metodológicos, a Medicina dos agentes patogênicos nela virá se encaixar (Ibid., p. 221).

Essa concepção de uma causalidade das doenças foi fundamental para a articulação da Medicina ao hospital. Não apenas no que tange ao aspecto da evolução de seu ensino, mas no sentido mesmo em que a doença, compondo-se com o corpo para mortificá-lo, pode ter sua causa externa ao corpo, compreende-se os hospitais como um foco de contaminação maior do que se podia imaginar. É nesse sentido que a Medicina, antes mesmo de entrar no hospital, precisou higienizá-lo.

A institucionalização da Medicina não ocorre entretanto sem o agenciamento com o Estado. Isto é, qual é o significado da cura no século XVIII? Seria o mesmo que o dos gregos: um dever ser saudável?

Foucault conta-nos que antes do século XVIII os hospitais não passavam de depósito de pobres e miseráveis que aguardavam a morte (1993b). Eram instituições exclusivamente assistencialistas que cumpriam uma função social de segregação e exclusão do "anormal". "O pobre como pobre tem necessidade de assistência e, como doente, portador de doença e de possível contágio, é perigoso" (1993a, p. 101). A equipe que se movimentava no hospital não visava à "cura" do doente, senão à sua salvação. A palavra de ordem aqui era *dever salvar-se*. Não se poderia deixar que alma alguma não fosse para o céu. "Assegurava-se, portanto, a salvação da alma do pobre no momento da morte e a salvação do pessoal hospitalar que cuidava dos pobres. Função de transição entre a vida e a morte, de salvação espiritual mais do que material, aliada à função de separação dos indivíduos perigosos para a saúde geral da população" (Ibid., p. 102).

Para Foucault, as duas séries, hospital e Medicina, foram independentes até a metade do século XVIII. Foram mutações no campo político sob a forma do Estado e expansões comerciais de escala até então impensadas que forçaram a transmutação do hospital de lugar de morte para lugar de cura.

O primeiro fator da transformação foi não a busca de uma ação positiva do hospital sobre o doente ou a doença, mas, simplesmente a anulação dos efeitos negativos do hospital. Não se preocupou primeiramente medicalizar o hospital, mas purificá-lo dos efeitos nocivos, da desordem que ele acarretava. E desordem aqui significa doenças que ele podia suscitar nas pessoas internadas e espalhar na cidade em que estava situado, como também a desordem econômico-social de que ele era foco perpétuo (Ibid., p. 103).

Com o fluxo do capital cada vez mais incontrolável, evidentemente que o enriquecimento também se deu por meio de contrabandos e de toda espécie de comércio dito ilegal. Os hospitais eram também depósitos desse contrabando e desse dinheiro conseguido por meio da ilegalidade. Curiosamente, a primeira higienização se deu nos hospitais marítimos, seguidos dos militares. "Aparece também, nesses hospitais marítimos e militares, o problema da quarentena, isto é, da doença epidêmica que as pessoas que desembarcam podem trazer" (Ibid., p. 104).

No que tange ao hospital militar, o que se viu foi que, com o aparecimento de uma nova tecnologia bélica (o fuzil), o exército, no século XVII, tornou-se mais técnico e, portanto, um investimento maior foi feito em seus soldados. Não se poderia deixá-los morrer "em vão", pois, afinal, isso custou dinheiro ao Estado. Vê-se que o corpo passa a ter um outro atributo. Ele agora é mercadoria e o conhecimento é algo que se obtém e se vende, torna-se um serviço a ser prestado. Assim,

> (...) nos séculos XVII e XVIII, ocorre um fenômeno importante: o aparecimento, ou melhor a invenção de uma nova mecânica de poder, com procedimentos específicos, instrumentos totalmente novos e aparelhos bastante diferentes, o que é absolutamente incompatível com as relações de soberania. Este novo mecanismo de poder apóia-se mais nos corpos e seus atos do que na terra e seus produtos. É um mecanismo que permite extrair dos corpos tempo de trabalho mais do que bens e riqueza. É um tipo de poder que se exerce continuamente através da vigilância e não descontinuamente por meio de sistemas de taxas e obrigações distribuídas no tempo; que supõe mais um sistema minucioso de coerções materiais do que a existência física de um soberano. Finalmente ele se apoia no princípio, que representa uma nova economia do poder, segundo o qual se deve propiciar simultaneamente o crescimento das forças dominadas e o aumento da força e da eficácia de quem as domina (Foucault, 1987, p. 187-88).

Para que tal investimento militar não se perdesse, foi necessária uma reorganização administrativa, política e econômica desses espaços institucionais. Tal reorganização se fez não a partir de uma técnica médica (esta ia se desenvolvendo autonomamente, nas universidades, para atender a uma demanda privada e rica da população). "O hospital marítimo e militar foi reordenado, mas, essencialmente, a partir de uma tecnologia que pode ser chamada política: a disciplina. A disciplina é uma técnica de exercício de poder que foi,

não inteiramente inventada, mas elaborada em seus princípios fundamentais durante o século XVIII". (1987, p. 105). Evidentemente, a disciplina sempre existiu nas escolas, mas é o uso que é feito dela que fez a diferença. Isto é, ela se tornou uma tecnologia no momento mesmo em que o poder a incumbiu de gerir a vida dos homens em dois sentidos: (a) impedindo que os soldados morressem; b) impedindo que eles permanecessem nos hospitais depois de curados.

A disciplina então está sendo usada para moldar o corpo como mercadoria, para adestrá-lo a servir o desejo de um Outro, a saber, o poder. Assim, Foucault (Ibid., p. 106-107) irá apontar algumas características dos efeitos da disciplina: 1) individualização pelo espaço, inserção dos corpos em um espaço individualizado, classificatório, combinatório; 2) controle do desenvolvimento dos gestos necessários para a execução de uma ação; 3) produção de uma sistemática de vigilância perpétua e constante dos indivíduos; 4) esta vigilância precisa ser registrada para ter efeito, mas é um registro individual, tendendo mais para o controle particularizado.

A disciplina, como tecnologia de poder, nasce de práticas e "métodos que permitem o controle minucioso das operações do corpo, que asseguram a sujeição constante de suas forças e lhes impõem uma relação de docilidade-utilidade", realizando um verdadeiro enquadramento de controle e manipulação dos elementos do corpo, produzindo seus gestos, seus sentimentos, enfim, "fabricando o tipo de homem necessário ao funcionamento e manutenção da sociedade industrial capitalista" (Foucault, 1993, p. XVII). De modo que a Medicina passa a ser uma estratégia biopolítica (Ibid., p. 80) utilizada pelo Estado para manter o corpo sempre produtivo, sempre ativo, para dele extrair sua força de produção, sua potência de agenciamento e singularização.

> A ação sobre o corpo, o adestramento do gesto, a regulação do comportamento, a normalização do prazer, a interpretação do discurso, com o objetivo de separar, comparar, distri-

buir, avaliar, hierarquizar, tudo isso faz com que apareça pela primeira vez na história esta figura singular, individualizada – o homem – como produção do poder. Mas também, e ao mesmo tempo, como objeto de saber. Das técnicas disciplinares, que são técnicas de individualização, nasce um tipo específico de saber: as ciências humanas (Idem., p. XX).

Como em uma sociedade como a medieval "a individualização é máxima do lado em que se exerce a soberania e nas regiões superiores do poder…[53], em um regime disciplinar a individualização, em contrapartida, é descendente: à medida que o poder se torna mais anônimo e funcional, aqueles sobre quem ele se exerce tendem a ser mais fortemente individualizados; e isso por vigilâncias mais do que por narrativas comemorativas, por medidas comparativas, que têm a norma como referência, e não por genealogias que apresentam os ancestrais como pontos de referência; por separações mais do que por proezas" (Foucault, 1987, p. 194-5).

Desse modo a disciplina é uma tecnologia do poder que produz um corpo-indivíduo podendo facilmente controlá-lo, dispor dele para servir aos interesses de um Outro. De fato, a mais eficaz forma de controle é a individualização.

E é aqui que entra a Medicina. "A formação de uma Medicina hospitalar deve-se, por um lado, à disciplinarização do espaço hospitalar, e, por outro, à transformação, nesta época, do saber e da prática médicas" (Ibid., p. 107).

A nova concepção da doença baseada nos desenvolvimentos de sua fisiologia, que vão construir um novo saber sobre a causação das doenças a partir de ações do meio sobre o indivíduo, vai cair como uma luva na compreensão e tratamento das epidemias. "De modo que a cura é, nessa perspectiva, dirigida por uma intervenção médica que se endereça, não mais à doença propriamente dita, como na Medicina de crise[54], mas ao que a circunda: o ar, a água, a temperatura ambiente, o regime, a alimentação, etc. É uma Medicina do meio que está se constituindo, na medida em que a doença é concebida como um fenômeno natural obedecendo a leis naturais" (Ibid., p. 107). E aqui é inegável ver o ideal iluminista agindo como mais uma força nessa concepção de uma naturalidade das coisas e de que a razão só deve se dirigir às Verdades buscadas na Natureza.

Com a imbricação dessas duas séries, o hospital passou a ser visto como lugar de assistência, ensino e pesquisa. Nasceu, portanto, a Medicina hospitalar com características que nos são conhecidas até hoje: 1) problemáticas em torno de sua espacialização e divisões clínicas visando à assistência e ao ensino; 2) soberania do poder do médico sobre os outros profissionais que trabalham no hospital, pois a eles cabe o saber sobre o corpo-doença; 3) organização permanente de modos de registros visando à vigilância, constituindo no seio do hospital uma imensa massa de informação aguardando a pesquisa e a produção de saber. Desse modo, Foucault conclui que esse agenciamento serviu tanto aos propósitos do Estado, que precisava de corpos vivos para fazer circular o capital, expropriar sua força de produção, quanto aos propósitos científicos da Medicina. Assim, desde o século XVIII, até hoje, essa nova Medicina é obrigada a prestar contas tanto de uma dimensão individual da cura quanto de uma dimensão coletiva[55].

A partir dessa conexão da Medicina com o Estado, produz-se algo até então desconhecido para aqueles que se dedicavam a curar as pessoas por curiosidade em desvendar os mistérios da natureza da vida e do corpo humano, e, talvez, também por uma certa "benevolência" para com os enjeitados sociais. A Medicina agenciada ao Estado adquire poder, e a função de curar não é outra senão a de devolver ao Estado os seus corpos roubados pelas doenças. Curar então é operar no corpo-suporte uma modulação que corresponda aos interesses do Estado.

---

[53] Veja por exemplo o caráter de figura pública dos filhos de um Rei, que até hoje se mantém em alguns países que não querem abrir mão de sua Monarquia, mesmo que ainda esta, do ponto de vista político e econômico, seja apenas figurativa.

[54] Por Medicina da crise, subentende-se a Medicina classificatória de onde a partir do afrontamento no doente de sua natureza sadia pela doença, apoiado na observação destes sinais, o médico poderia indicar a sua orientação clínica.

[55] Para detalhes dos efeitos deste imbricamento em diversos países, sugiro o livro de George Rosen. *Uma história da saúde pública* (*Op. cit.*).

A boa Medicina deverá receber do Estado testemunho de validade e proteção legal; a ele cabe "estabelecer a existência de uma verdadeira arte de curar". A Medicina da percepção individual, da assistência familiar, dos cuidados a domicílio só pode encontrar apoio em uma estrutura coletivamente controlada e que recobre a totalidade do espaço social. Entra-se em uma forma inteiramente nova e mais ou menos desconhecida, no século XVIII, de espacialização institucional da doença. Nela, a Medicina das espécies se perderá (Foucault, 1980, p. 21).

O discurso médico, potencializado pela união aos hospitais e destes ao Estado, torna-se poder, e o poder produz saber. O corpo, então, toma a sua forma política a partir das relações de poder que passam por ele seja para o atendimento das necessidades do Estado (Medicina do Estado), a fim de preservar a higiene pública com o advento das cidades no século XVIII, especialmente na França (Medicina Urbana), seja pelo crescimento dos pobres que punham em risco a vida da classe burguesa emergente (Medicina Social). Toda essa evolução dos desdobramentos do poder vem mostrar a sua ação sobre os corpos, ou, propriamente, o quanto essas relações de poder são aquilo que anima os engendramentos de produção das subjetividades homogeneizadas nos sistemas capitalistas.

É como força de produção que o poder investe no corpo-suporte, tendo a Medicina como seu agente mais prestativo. Instaurou-se, portanto, a partir dos séculos XVII e XVIII, o que Foucault irá chamar de *economia do poder*, por meio do investimento na tecnologia de produção do saber. Tal economia permite a instauração de

> (...) procedimentos que permitem fazer circular os efeitos de poder, de forma ao mesmo tempo contínua, ininterrupta, adaptada e "individualizada" em todo o corpo social. Estas novas técnicas são ao mesmo tempo muito mais eficazes e muito menos dispendiosas (menos caras economicamente, menos alea-

tórias em seus resultados, menos suscetíveis de escapatórias ou de resistências) do que as técnicas até então usadas e que repousavam sobre uma mistura de tolerância mais ou menos forçadas (desde o privilégio reconhecido até a criminalidade endêmica) e de cara ostentação (intervenções espetaculares e descontínuas do poder cuja forma mais violenta era o castigo "exemplar", pelo fato de ser excepcional) (1980, p. 8).

O que se está querendo dizer é que o poder do qual fala Foucault está longe de ser o poder coercitivo. O poder-saber do discurso médico tem na coerção a sua forma mais rudimentar e grosseira. Claro está que o poder do discurso médico é controlador e tende ao restabelecimento de uma certa "ordem" social, via a produção de um indivíduo dócil e útil que se enquadre nos moldes de sua linguagem. Mas trata-se de um poder invisível, não localizável aqui ou acolá, mas que se exerce sobre o corpo, produz um saber sobre o corpo que não se baseia simplesmente na "ciência" da sua fisiologia, mas que implica necessariamente o controle de sua força produtiva. É propriamente uma *tecnologia do corpo*. Configurado como tecnologia, esse poder investiga o corpo minuciosamente e é capaz de saber sobre ele de forma a controlá-lo e exercer sobre ele um poder que o modificará. Nasce a tecnologia para se observar o interior do corpo e o saber sobre o fluxo que nele se exerce e o anima. Nasce o corpo-virtual. Como diz Levy (1996, p. 29-30):

> Ora, as imagens médicas nos permitem ver o interior do corpo sem atravessar a pele sensível, sem seccionar vasos, sem cortar tecidos. Dir-se-ia que fazem surgir outras peles, dermes escondidas, superfícies insuspeitadas, vindo à tona do fundo do organismo. Raios X, scanners, sistemas de ressonância magnética nuclear, ecografias, câmeras de pósitons virtualizam a superfície do corpo. A partir dessas membranas virtuais, pode-se reconstruir modelos digitais do corpo em três dimensões e, a partir daí, maquetes sólidas

que ajudarão os médicos, por exemplo, a preparar uma operação. Pois todas essas peles, todos esses corpos vituais têm efeitos de atualização muito importantes no diagnóstico médico e na cirurgia. No reino do virtual, a análise e a reconstrução do corpo não implica mais a dor nem a morte. Virtualizada, a pele torna-se permeável. Antes que tenham nascido, já é possível conhecer o sexo e quase o rosto dos filhos. (…) O interior passa ao exterior ao mesmo tempo em que permanece dentro.

O *corpo-virtual* está bem próximo das sociedades de controle da qual fala Deleuze (1992). Mas desse nível de produção social do corpo-controlado-virtualmente, por questões de ordem de análise dos dados, não irei tratar aqui.

Por fim, o hospital se une à Medicina por conjuntura das demandas de um Estado preocupado com os investimentos feitos no corpo e com as possibilidades de perdê-los. Saímos então de um investimento no corpo calcado na relação *soberano-súdito* e adentramos no corpo-político. Essa nova forma de poder é o *poder disciplinar* que retira dos corpos algo até então impensável: o tempo e a força de trabalho. Não se trata mais de um urbanismo preocupado com o gerenciamento da morte, mas de um Estado buscando evitar perdas econômicas. Com a instauração da disciplina nos hospitais, o médico tem o *dever* de tratar do corpo para que seja restabelecida nele a sua produção, nem que para isso a Medicina institucional tenha de passar por cima da figura do médico.

Assim, voltando para a questão do modo de ser extrófico do corpo, temos que a sua invenção como extrofia vesical corrobora como mais um dos tantos fatos de evidência do saber médico. Ela nasce com a Medicina classificatória, de onde a doença emerge como valor soberano sobre a pessoa que por ela é afetada. A disciplina como estratégia de poder é responsável pela docilidade desse corpo, por sua obediência

ao saber do discurso médico que só pode operar na medida mesmo em que retira aquele corpo do coletivo e o investe individualmente. De modo que o que fica mais evidente nele é o estigma, em detrimento de qualquer outra marca que possa vir a possuir. Assim, o estigma vai sendo cada vez mais "naturalmente" identificado à pessoa, incorporado à sua identidade, na medida mesmo em que o sentimento de identidade vai nascendo no embate iluminista pela ordem pública e a esfera privada[56].

Baseada na "demonstração de fatos", na eleição de prioridades e organização de certos elementos que se repetem, o olhar médico, agora modificado e disciplinado, impõe uma certa organização lógica sobre a existência. Tal olhar ajuda-o a sustentá-la. Os fatos que o olhar médico vê são coisas que constituem semblantes, isto é, dados que lhe permitem organizar a vida e explicar, por meio deles, a sua razão lógica de existência, encontrar um sentido (qualquer que seja) aos acontecimentos. Não que isso seja privilégio da Medicina, mas, sim, que isso ocorre com toda a ciência que tem a idéia de ciência calcada no positivismo, isto é, em um certo modo de operar os semblantes que o tornem prioritários à lógica sensacionista que os ordena. No caso específico do positivismo, trata-se de uma lógica asséptica, isenta de desejo e vontade. O que essas disciplinas não sabem, e é aí que reside a impotência de seus discusos, é que os fatos de evidência empírica (a extrofia) não são outra coisa senão semblantes, já que só são fatos na medida em que fazem sentido nas práticas que a produziram. Fora dali, a extrofia pode ser qualquer outra coisa.

"Semblante", o que, por isso, não quer dizer falso, pois é realmente um "fato" que elas são localizáveis em sua eqüidistância, portanto *semelhantes* à imagem que já surgiram em observações anteriores. (…) A Medicina teve, e tem sempre, de constituir os semblantes com os quais ela funciona. As síndromes, as doenças são, de início, semblantes pelo fato de que são semelhantes, ou quase, num certo

---

[56] Cf. o texto de Daniel Fabre. Famílias (1991). O privado contra o costume. Em: *História da vida privada, 3: da Renascença ao século das luzes*, p. 543-615.

número de doentes. Reencontrando de uma forma permanente e quase idêntica os mesmos sintomas, a mesma evolução de um doente a outro, pode-se constituir entidades que tomam valor científico por sua permanência. (...) O semblante que é a doença corre o risco, se nos deixarmos pegar, de constituir máscara a que será identificado o doente. A Medicina não deveria esquecer que seu discurso lhe permite conhecer admiravelmente a máscara, mas nada além disso. Ela não deveria sobretudo imaginar que é suficiente retirar a máscara para que o homem apareça. Pois atrás da máscara há outra máscara, a que nos permite ver um outro discurso (Clavreul, Ibid., p. 86).

Mas as práticas médicas não conseguiriam instaurar a soberania de seu discurso sem a ajuda de outras práticas sociais. Como diz Machado: "Todo ponto de exercício do poder é, ao mesmo tempo, um lugar de formação de saber. É assim que o hospital não é apenas local de cura, 'máquina de curar', mas também instrumento de produção, acúmulo e transmissão do saber. Do mesmo modo que a escola está na origem da Pedagogia, a prisão da Criminologia, o hospício da Psiquiatria. (...) a partir do século XIX, todo agente do poder vai ser um agente de constituição de saber, devendo enviar aos que lhe delegaram um poder, um determinado saber correlativo do poder que exerce" (1979, p. XXII). Assim, além do controle disciplinar exercido pelos discursos totalitários sobre o corpo extrófico, que o identificam como um corpo-doença, que dão-lhe vida e realidade, há outras práticas de estigmatização que afetam o corpo do sujeito nascido com extrofia, no sentido de torná-lo útil, pronto para a produção, desconectando-o, quase sempre, das suas necessidades singulares, exigindo dele submissão e docilidade, nas quais vale a pena nos determos um pouco mais. Ou seja, o discurso médico não produz a extrofia vesical sozinho. Para que seu poder se exerça sobre esse modo de ser do corpo ele necessita do apoio de outras forças encarnadas em outros dispositivos institucionais que não apenas o hospital. O poder do discurso médico precisou da escola e da família para se exercer sobre esse corpo-suporte. É sobre esses outros discursos que tratarei a seguir nos próximos capítulos. No momento, para encerrar essa perspectiva do poder-saber engendrada pelas práticas médicas e a ordem discursiva decorrentes delas, quero apresentar a narrativa de uma das participantes desta pesquisa (aqui chamada de Violeta), e a sua respectiva análise.

"VIOLETA E O CONFRONTO COM A INSTITUCIONALIZAÇÃO DA MEDICINA"

É preciso, portanto, perguntar: a que veio este rótulo? É preciso percorrer o caminho inverso de sua atualização no discurso médico para se chegar ao seu campo problemático? A "extrofia" é a solução para qual problema e em qual campo problemático?

Essa soberania de um discurso em relação a outro ocorre com freqüência na vida das pessoas que se relacionam com esse modo de ser do corpo extrófico. Violeta, mãe de Armando, passou pela experiência de confronto com as instituições hospitalares, sede do discurso médico, várias vezes. Sua conduta sempre foi a de lutar contra o poder desse discurso. Quando veio de um hospital para este onde a pesquisa foi realizada, ela já havia enfrentado um processo violento de despotencialização. No antigo hospital foi ameaçada, desmoralizada, e tudo era justificado como tendo a sua *razão de ser* assim, o nascimento de seu "filho com problemas". Usavam uma dada interpretação soberana, "essa mãe está perturbada psicologicamente porque não se conforma com o filho ter nascido 'deformado'" para poder discipliná-la e torná-la dócil. Essa palavra de ordem era usada inúmeras vezes para desqualificar qualquer tentativa sua de singularização. Mas, na verdade, o que escondiam era justamente a sua impotência diante de um corpo do qual nada sabiam, um corpo que era, para a ciência, um verdadeiro disparate.

Mas, infelizmente, Violeta se deixava capturar em processos de subjetivação estigmatizantes, sendo o mais evidente de todos o modo reducionista, na medida em que Violeta visa alcançar para seu filho um corpo-suporte-perfeito.

Ela nos conta[57] :

Questão 30: Como é que você lidava com a frustração?

Violeta: Nossa!…

Questão 31: O que você fazia quando você tinha o real de um fato, e aquele fato não se realizava?

Violeta: Ah, eu…

Questão 32: Você brigava, reclamava, você batia, você chorava, o que você fazia?

Violeta: Eu só choro!

Questão 33: Só chora?

Violeta: Só!

Questão 34: E pensa o quê, junto com este choro?

Violeta: [Choro] Ah… [longo silêncio] Ah, às vezes eu fico pensando assim… [choro, silêncio] … se eu vou ter sucesso nesta caminhada.

Questão 35: Do que você tem… que fracassos você tem?

Violeta: Bem, um dos fracassos já é o não-acontecimento dessa cirurgia, né?

Questão 36: Que não depende de você o sucesso dela? Então, eu tô perguntando se você tem medo de fracassar no quê?

Violeta: Não, de mim fracassar, não. É… a ansiedade que eu tenho é muito grande, entende? Porque tudo que depende de mim eu tenho feito [chorando]. Só que eu não tenho conseguido êxito, entendeu?

Questão 37: O que você faz?

Violeta: É. Eu… Ah… [choro]. Às vezes eu me sinto um tanto inútil, né? [Choro] Nesse vaivém aí… Desse hospital lá, teve muito problema, né?[58] Depois acabei brigando com o médico… Foi… o médico entregou o prontuário dele… disse que não ia mais

atender ele; disse que eu tava pressionando… que ele não era obrigado a atender meu filho, que ele atendia se ele quisesse. Eu falei que tudo bem, "eu sei que você não é obrigado [eu falei pra ele], mas tem… eu sei que o Sr. fez um juramento do qual o Sr. não ia negar paciente nenhum… O Sr. não pode negar atendimento ao meu filho!". Aí ele falou assim: "— Você tá me pressionando pra atender o seu filho". Eu falei que não tou pressionando. "O Sr. tem que ver que a gente tá vindo de uma caminhada longa, que até agora… [choro] não conseguiu nada. A cirurgia que nós conseguimos — que foi feita, foi na equipe do Dr. Gilles; quando entrou o PAS, a equipe saiu praticamente, entendeu? Os médicos que entrou lá… eu não sei se era que a expectativa nossa, mas deixou muito a desejar. Esse que se dizia chefe da equipe, ele tava tão perdido em relação ao problema do Armando que ele passou a anular as cirurgias. Marcava, entendeu? Eu achei um absurdo, marcar a cirurgia, o menino passar a noite internado… no dia seguinte eu esperando que o médico passasse para examinar, para levar para o Centro Cirúrgico — a rotina que deve ser feita. Me vem uma enfermeira e me fala que o Dr. Donzelot não estava sabendo dessa cirurgia. Eu falei: "Como que o médico-chefe não sabia da cirurgia? Não é brincadeira! O menino já está com problemas psicológicos de tanta internação, de tanta pressão que vem assim em cima da gente — a gente acaba passando pra ele —, e nada, né?" Aí eu falo, falei: "Não, eu quero falar com o médico, eu não vou sair daqui sem falar com o médico, afinal…" Aí, isso por telefone, ela ligou pro médico lá e ele falou que o Dr. Donzelot não tava sabendo,

---

[57] Cf. Entrevista 1 do dia 1º/12/1997. Escolhi para esta participante o nome Violeta inspirando-me em *La Traviata*, de Verdi. Isto porque identifiquei nela alguns devires que encontro na personagem da ópera, especialmente o da coragem que é abatida pela moral, pela culpa e pelo medo de vir a perder a pessoa amada. Resignada, a mãe desta criança chora, e por vezes se submete ao poder médico, pois teme que estes lhe roubem, para sempre, a felicidade de seu filho (aqui descrito como Armando). Mas, como na Violeta da ópera, este choro assume um papel importante: ele traz não apenas a dor, o sofrimento, mas também a expansão da esperança, matéria-prima da ilusão, que mantém viva a vontade de Violeta lutar por seu Armando.

[58] Refere-se ao hospital anterior à chegada neste hospital onde a pesquisa foi realizada. Antes de ter chegado àquele hospital, ela já havia passado por dois outros. Esse "vaivém", essa circulação da criança extrófica e seus familiares dentro do discurso médico, é comum nos casos de extrofia, por causa da falta de saber do discurso médico em relação a este corpo díspar e, também, de uma organização que divulgue a existência de um hospital como "referência" nestes casos. Mas a que se deve tal "desorganização?". Certamente seria simples acusar o descaso e a falta de vontade como causas deste fenômeno. Não seria antes o fato da própria extrofia ser uma "desorganização" do foco de estudo (um corpo-máquina funcional), que contribuiria para que estes casos fossem excluídos? Não seria essa desorganização intempestiva uma forma a ser segregada via o "desamparo", desinformação e recusa à diferença?

que ele tinha ido pra uma Convenção, que era pra dar alta pro menino. E nisso olha, pra você ver: o Armando tava ótimo, ele tava internada[59], de repente ele tava com 39,5° de febre. Sabe, foi assim uma coisa que veio... tudo rápido.

Questão 38: Quando estava indo pro hospital?

Violeta: Dentro do hospital, no momento que eu tava nessa discussão, entendeu? E eu comecei a chorar, e ele falava que... perguntando se ele ia morrer; eu falei que não, que que isso? "Por que você tá chorando?" "Ah! A mãe tá chorando porque a mãe tá nervosa, né?" E saí, fui lá, a médica... a enfermeira[60] falando com o médico eu pedi o telefone e falei: "Não, eu quero falar com ele! Não vou sair daqui sem explicação!" Aí foi onde ele começou a falar, falar, né? Deu uma explicação besta, entendeu? E eu discuti, tava muito nervosa, eu virei assim: "Eu acho um absurdo o que vocês estão falando comigo. Com essa já é a décima vez que eu interno. E meu filho tá aqui num descaso total, não tenho conseguido nada. Está com problema já, com trauma psicológico que vem aqui e só vai embora, nada consegue, e com isso ele também fica doente — das vezes que ele esteve ótimo não saiu nada, né? Que é assim, que ele também é uma criança muito frágil: no mesmo tempo que tá bom, sabe?; tá doente. Aí nós discutimos, tudo... e aí ele falou assim: "Olha, você vai embora e volta no outro dia". Eu falei assim: "Não! Porque eu hoje eu quero uma resposta (...incompreensível...) !" Foi aonde... aí a enfermeira-chefe veio, conversou comigo, eu fui embora... era pra mim ir embora. Só que na hora de fazer a alta, precisava da assinatura desse médico e não tinha ninguém pra assinar. Aí eu sei que rodou naquele hospital e precisou da assinatura da Diretora. Que tinha que ter algum responsável por aquela internação. Naquilo que era pra ela assinar, eu fui... Ah, eu tive que subir lá com ele, né? De mala e tudo... Aí ela falou assim: "— Mas como? Essa mãe está aqui desde ontem e agora vai sair?" Aí a enfermeira explicou pra ela, eles começou a anunciar lá [o nome do médico], e este médico teve

que aparecer lá. Aí nós discutimos lá... nós não, ela, né? Eu escutei ela discutindo com ele. Aí me chamou lá e falou assim: "— Ela quer que eu opero ele doente!" Eu falei assim: "Ele não tá doente. Ele internou aqui e tava ótimo! Essa febre apareceu agora. Tanto que vocês pode olhar no folheto dele que tudo é perguntado e examinado pelo interno, né?" Aí, passou... eu sei que daí o médico falou com ela que não ia mais atender ele. Ela falou assim: "— Não! Isso não pode! Saindo de lá, ela pode ir pro CRM." Daí ele falou que não, que ele tinha que atender. Voltamos pra lá.

Questão 39: Nós quem?

Violeta: Eu e o pai da criança. Aí nós voltamos lá no dia seguinte. Aí ela falou assim que era pra mim falar com ele. Com o Dr. Donzelot que era o chefe e tal... quando eu desci pra falar com ele, que ela falou assim: "— Que ele vai te atender!" Só que eu não esperava. Quando eu desci pra falar com ele, assim, no ambulatório, as mães — como é aqui, né? —, ele não me deixou entrar. Na própria porta, ele começou a gritar comigo, entendeu? Falando que eu tava pressionando ele, que ele não ia operar o meu filho, que ele não precisava daquilo; que ele era professor lá "de não sei da onde"... eu sei que ele falou um monte lá, e que eu tava ali pra pressionar... quem era eu? Que ele não precisa daquilo. Eu sei que ele falou muito mesmo, sabe? Eu fiquei na porta e uma outra médica que tava dentro do consultório, acho que ela compadeceu do meu estado e me deixou sentar, pelo menos, né? Me mandou sentar. Aí ele falou assim: "— Se você quiser, agora você procure outro médico que eu não vou mais pôr a mão no seu filho!" Aí eu falei assim: "— Mas o senhor sabe que outro não vai pegar ele. Ele já foi mexido. Está aqui desde que nasceu e os médico nenhum pega!" — Que eu já tinha tentado aqui [Ela se refere ao Hospital onde a pesquisa se realizou]. Falei assim: "— Então o senhor vai dar encaminhamento" [Ele respondeu] "Não vou dar, você se vira! Eu não preciso disso aqui!" Então, ele me humilhou muito. Muito mesmo... Aí nesse dia eu deixei ele

---

[59] Assim no original. Ou seja, usou o feminino para falar de seu filho (masculino).

[60] Assim no original.

falar tudo e depois... Eu falei assim: "Olha doutor..." Eu fui assim... Comecei a implorar pra ele, sabe? Mas implorei mesmo pra que ele não abandonasse o Armando. Que ele desse atendimento a ele. Falei assim: "— O senhor...."

Questão 40: Mas você ainda confiava nele depois de tudo?

Violeta: Não! Não! É que ele não poderia ficar sem o prontuário, entende? Ele não podia ficar sem atendimento, né? Porque se ele entregasse, pra onde eu ia? Aqui [refere-se ao hospital onde a pesquisa vem sendo feita] não pega sem um encaminhamento[61] . .,

Questão 41: Então, mas o encaminhamento... você estava querendo o encaminhamento dele, ou que ele operasse o seu filho?

Violeta: Aí ele falou assim: "— Olha..." Que eu pedi pelo amor de Deus, atenda o Armando, esqueça o meu lado ignorante, porque é a minha ansiedade... que já tava até estragando, né? Fui falando, falando, pedi desculpas pra ele. Aí ele ficou assim, escrevendo lá, nem... Aí ele falou assim: "— Você volta no outro dia." [Choro] Aí tudo bem, fui embora. Aí cheguei em casa assim, arrasada mesmo. Não sabia, sabe, o que fazer. E quando eu contei, né, pro German (seu marido e pai do Armando) o que tinha acontecido, ele ficou possesso. Porque o médico foi muito violento comigo, entendeu? Ele gritou comigo, ele apontou o dedo pra mim. Ele... [choro]... e quando foi... aí ele falou assim [o pai]: "— Não, agora eu que vou!" Aí ele fez um contato com uma amiga deles... Ah, sei lá... lá no hospital e repórteres também, né? Aí nós fomos pra lá na terça-feira, né? Aí eu marquei a consulta e fui pra lá no dia de consulta. Aí ele falou assim [o pai]: "— Agora desta vez eu também vou". Aí quando nós fomos da outra vez ele atendeu bem. Eu acho que ele já tava desconfiado, sabe?

Questão 42: Desconfiado de quê?

Violeta: Sei lá do que! De alguma coisa, porque ele me tratou mal. Não como profissional, como pessoa, entendeu? Até que ele tivesse a razão dele profissional. Só que como ser humano ele foi muito estúpido comigo. Como... Muito... Sei lá... Fora de qualquer...

Questão 43: E alguma vez ele chegou a operar o Armando?

Violeta: Não!

Questão 44: Nunca tinha operado o...

Violeta: Não, nunca tinha operado.

Questão 45: Só ...(incompreensível)...

Violeta: É. Aí ele falou pra mim assim: se eu julgava esses médicos tão bom, porque que eu não procurasse eles, que eu ficava pressionando eles[62] . Eu falei assim: "— Não. Eu não procuro eles porque eles não estão mais aqui. E pra ele... eles atenderem o Armando o Sr. precisa dar o encaminhamento. Ele falou assim: "— Eu não vou dar o encaminhamento porque aqui tem o atendimento". Então pra todos os efeitos, nos papéis, lá tem realmente o atendimento, entendeu? Só que, na prática mesmo, não funciona. E essas internação, eu descobri depois, que todinhas, essas internação entrou como cirurgia; nos papel. Então, eles tavam recebendo aquilo, entende?

Questão 46: Entendo...

Violeta: Só que...

Questão 47: Eles estavam recebendo o dinheiro?

Violeta: Recebendo como cirurgia. Que era do Governo, sei lá de onde. Lá do Pita. Só que na realidade meu filho está sem atendimento até hoje, né? ... Como... Estava lá. Aí foi aonde que acho que eles viu que tava mexendo nisso, o negócio engrossou mais pro meu lado. Daí a própria diretora...

Questão 48: Pro seu lado? Como assim?

Violeta: Começou assim a me pressionar pra que eu não mexesse com ele, que ele era um médico muito conceituado, que eu não ia conseguir nada se eu fosse no C.R.M. (Conselho Regional de Medicina). Aí eu falei assim: "— ***Não, eu não quero realmente estragar ninguém***" (grifo meu). Falei assim: "— Quem sou eu? Eu sei que ele é um profissional de

---

[61] Não é bem assim que este hospital funciona. Mas o que importa é que Violeta passou a desacreditar no discurso dos médicos e generalizou a sua desqualificação. Pelo exposto, isso seria o mínimo a ser feito para que ela pudesse continuar seus movimentos de expansão.

[62] O médico, Dr. Donzelot, refere-se aos médicos do hospital onde esta pesquisa foi realizada.

alto gabarito e quem sou pra estragar ele?". Falei assim: "— Simplesmente doutora Cristina, o que eu quero é atendimento pro meu filho. E é o que não tá tendo aqui!… O Armando não tá sendo atendimento, já passou do tempo da cirurgia, o doutor Gilles tinha deixado tudo pronto… — que ele ia ser operado em fevereiro.

Questão 49: O doutor Gilles era amigo desta pessoa [o médico]?

Violeta: Não. Tava tudo pronto…

Questão 50: Quer dizer, ele entrou no lugar do Gilles por causa do PAS?

Violeta: Tava pronto pra ele operar. Aí começou esse negócio, essa conversa de que ia entrar o PAS, entendeu? Com essa entrada do PAS, ficou assim de que os médico que operassem — o caso do Dr. Gilles — ele não ia poder acompanhar os pacientes dele depois do operatório. Então, ele [Dr. Gilles] não quis operar. Ele falou assim: "— Eu não posso acompanhar o meu paciente, também não vou operar que eu não sei o que vai acontecer depois!". Deixou tudo pronto pra cirurgia. Só que daí, como eles entrou [inseriram-se no PAS], eles pediu tudo novamente. Então, por isso que eu falo pra você, já é uma rotina muito tensa que a gente vem sofrendo. Aí teve que fazer tudo novamente os exames. E foi aonde ele fez e só discutiam o assunto, e discutiam, e não chegou a lugar nenhum, entendeu? E aí foi que, daí, no fim… de tanto… nós tivemos uma reunião com a diretora do Hospital, com o professor da USP lá, que entende deste assunto (de Urologia) e mais um diretor do PAS — aqui na [nome do bairro]; eu esqueci o nome dele agora. Só que foi uma reunião assim, sabe? Mais ou menos… Foi eu, e o meu marido e essa pessoa que acompanhou nós na consulta. Foi uma reunião assim, né?… que eles explicaram que *o Armando não tem conserto*. (Grifo meu). Deixou mais ou menos assim: que ele não tem conserto e que eles estavam estudando o caso dele e que eu pressionando não ia chegar a lugar nenhum. Que ele é um caso que tinha que esperar, sabe?… pra ele desenvolver naturalmente. Aí foi onde nós falamos que eu… eu falei pra eles assim: "— Olha, não desfazendo

de vocês, eu confio muito no Dr. Gilles. Só que lá no [Nome do Hospital], onde o Dr. Gilles também trabalha, eu não consigo uma internação …(incompreensível)… sem uma carta. Aí eles falou assim: "— Mas nós não podemos dar a carta pra você. Nós não estamos negando atendimento. Você está sendo atendida". Falei assim: "— Realmente, você está falando isso, só que eu acho que como ele… o Dr. Donzelot não quer operar meu filho, nem eu confio meu filho a ele".

Questão 51: Isso foi no hospital [Nome do Hospital]?

Violeta: É. Eu disse: "— Nem eu confio meu filho a ele, entendeu?" Só que eu acho que é um direito meu, direito dele. Eu, como mãe e responsável por ele, que eu tenha um médico que eu possa confiar, que eu sei — sempre deixaram claro — que é uma cirurgia complicada. Vou entregar meu filho na mão de um médico que deixou claro que ele não quer operar? Aí eles mandaram eu vir aqui no [Nome do Hospital] sem carta. Então viemos e, claro que foi inútil, né? A moça lá embaixo, na recepção, disse assim: "— Não adianta que aqui eles só querem coisas que interessam a eles!". Eu como tava muito nervosa, só chorei! [risos tensos]. Falei assim: "— Como você fala que o caso do meu filho não é interessante, se você não conhece?". Aí ela falou assim: "— Olha, desculpa tá? É que…" Aí ela falou assim: "— Não adianta você vim sem encaminhamento!" Voltamos lá [no outro hospital]. Aí o German falou assim: "— Olha, deixa que eu vou resolver. Você tá nervosa, você só chora e só estraga!" Aí ele ligou pra esse diretor do PAS falando que a Dra. Cristina, né? — que é a diretora do Hospital — tinha autorizado… não, ele falou com a Dra. Cristina que esse diretor do PAS tinha autorizado a carta de encaminhamento. "Ah, autorizou? Então pode vim aqui que nós vamos fazer." Você já pensou se nesse caminho, nesse trajeto ela liga pro homem lá e fosse confirmar? Liga pro homem — Dr. Fortunato — e [ele] fala que não, que é mentira? Aí conseguiu! Graças a Deus deu a carta! Porque falou que tava vindo lá a autorização lá do homem. Ele deu a carta e nós viemos marcar e conseguiu aqui dá o andamento. E aqui também tá pedindo esses exames novamente [risos tensos].

Esse trecho da primeira entrevista evidencia várias forças agindo umas sobre as outras na composição do modo de subjetivação reducionista.

De um lado temos a impotência do discurso médico diante de uma forma humana produzida pela vida que foge ao controle do saber daquele médico, impotencializando-o. Para escapar dessa impotência, o médico se alia às forças institucionais que produzem todo um regime de hierarquias e burocracias. Assim, ele se alia ao tempo cronológico, inventado pelas práticas médicas (a vigilância), que disciplina e dociliza os corpos, e constrói um discurso homogeneizador com uma semiologia supostamente desconhecida por aqueles que ele considera hierarquicamente submissos a ele. Assim, ele se opõe à mãe e à equipe de enfermagem. O problema do discurso médico em relação ao corpo-suporte de Armando é: o que faço com isso? O médico alia-se à doença para poder agir. Mas esse médico sabe o que fazer em relação à extrofia? Não. Por isso ele diz à Violeta (resposta à questão 37) que ele também tem desejos e que se ele quiser (seria melhor dizer, quando ele souber), ele irá atender o "caso". Afirmação que Violeta tenta combater apoiada na utopia do discurso dos Direitos Humanos, de uma cidadania que de nada vale perante o discurso médico. Uma cidadania que cobra uma dívida da Medicina: se ela é capaz de curar, que então efetivamente o faça para que as práticas familiares que sempre ajudaram a Medicina a se fortalecer não se sintam despotencializadas.

De outro lado, temos uma mãe que não é tão submissa ao discurso médico e que sabe dele o básico para a ele se opor; isto é, ela sabe interpretar os sinais de febre de seu filho como ora indicando uma infecção, ora indicando que ele está se estressando para escapar da operação. Uma mãe que luta para despotencializarem, mas que não conseguem totalmente. Mas quando conseguem, ela se deixa capturar pela sensação de que não está conseguindo nada, de que seu filho tem saúde fraca, de que realmente ele é doente, e de que ela não o quer "estragar" mais, de que ela "estraga tudo" (respostas às questões 38 e 48).

Para manter sua oposição ela se alia ao amor a seu filho e à crença de que a cirurgia vai mantê-lo vivo. Nesse jogo de forças, a mãe alia-se também a um discurso que descobre ser potente o suficiente para desmontar seu opositor: a notícia-denúncia corporificada em seu discurso pelos significantes: CRM e imprensa. Ela se alia à ética humanista para (des)hieraquizar o médico despotencializando a transcendência de seu discurso com outra hierarquia, esta moderna: o escândalo.

Um outro aliado de Violeta em sua luta é o choro e dele falarei adiante quando as suas linhas de fuga serão cartografadas. Mas desde já indico que é chorando que Violeta desmancha os territórios dela e dos outros.

Há ainda a insistência de uma questão no campo problemático da relação de Violeta com seu filho que ainda não está muito evidente neste trecho, mas que aponta sua ex(in)sistência no fato de Violeta querer deixar evidente que tudo aquilo que depende dela, ela vem fazendo e, se alguma coisa dá errado, é porque os outros não acertam (resposta à questão 36). O que a frustra é depender dos outros para ter que corrigir alguma coisa. Ela diz estar sobrecarregada. Para ela os outros não estão ajudando, eles estão "estragando" tudo. Ela tenta controlar a si e aos outros para resolver o seu problema (qual é?), mas não consegue. Aqui neste trecho, sabemos que o seu problema está sendo solucionado com a insistente afirmação de que "ela não tem culpa de as coisas darem errado!". A que coisas, além da cirurgia de seu filho, ela poderia estar se referindo?

Uma outra força que está em jogo naquele excerto é a força da instituição hospitalar. O poder usa a instituição para que ela domestique o corpo, para que ela conserve dele sua força e potência necessárias à sua manutenção dentro dos processos de subjetivação estigmatizantes. Nesses trechos de entrevista vemos o quanto (e o como), na nossa sociedade, o discurso médico está encarnando e passando por meio de nossos corpos: Armando é uma criança *dependente* do hospital. Na resposta à questão 39, Violeta deixa isso bem claro ao dizer que o filho depende do hospital para viver, pois ele não pode ficar sem atendimento. O discurso médico é absolutamente homogeneizador e soberano em relação às forças do discurso amoroso da mãe pelo filho. O filho depende mais deste discurso do que da própria mãe para sobreviver. Mas o hospital, representado pelo médico e/ou enfermeira-chefe (que são ambos os mesmos personagens em seu ato falho, como mostra a nota de rodapé 59), diz-lhe que não se interessa pelo filho (resposta à questão 51). Na relação de cuidados entre Violeta e Armando, houve o deslocamento das funções de Violeta para as funções do hospital. Quais são os problemas da maternagem? Ora, são suprir as necessidades da criança, protegê-la, fazer com que ela cresça "saudável". Violeta não pode fazer isso sozinha. Depende do hospital e do médico para tal tarefa. Mas ninguém se interessa. E aí estão outros dois problemas para Violeta resolver: 1) fazer com que o hospital se interesse pelo filho; e, ao mesmo tempo, 2) reduzir ao máximo a dependência do filho ao hospital para que ela se veja novamente potencializada em suas funções maternas na sua relação com Armando. Mas ela se sente sozinha, desamparada e incapaz de resolver estes novos problemas. Sente-se então inútil, pois está se deixando destituir de seu desejo e função, e reage a isso chorando.

Com a entrada do marido na tentativa de ajudá-la a solucionar estes problemas (resposta à questão 41), ela se sente mais despotencializada porque ele conseguiu "comunicar-se" com o discurso médico. É isso que ela reluta em aprender. Por quê? Talvez porque dispute sua maternagem com o hospital e talvez porque se sinta "culpada" por ter gerado "um filho com problemas". Podemos inferir isso na resposta à questão 48 quando ela diz ao médico que não tem a intenção de "estragar" ninguém, como se alguém dissesse que é isto que ela faz ou quer fazer. Ela tem essa sensação confirmada pelo discurso do marido (respostas às questões 36, 38, 48): "Você estraga as coisas!".

Esse pequeno trecho de Violeta levanta algumas reflexões sobre suas sensações:

a) O que é ter um filho que não depende de você para viver, mas, sim, de outros que lhe são estranhos?

b) Quem é Armando para a mãe, para o pai e para o hospital?

c) Como Violeta se sente em relação a Armando? Ora, ele é o filho que ela ama, mas ao mesmo tempo aquele que não consegue aceitar como tal, pois se o aceitasse assim, sentiria que ela o teria "estragado" e não poderia viver com essa culpa. É preciso, então, mudá-lo, torná-lo "perfeito".

d) Diante do hospital ela se sente ameaçada. Ela o odeia, pois ele a impotencializa na sua relação com o filho, isto é, faz com que ela se sinta inútil para ajudá-lo e, ao mesmo tempo, precisa do hospital tanto para fazer o seu filho sobreviver quanto para ajudá-la na realização de seu desejo de torná-lo perfeito. Um desejo que, se alcançado, iria fazê-la se sentir menos em dívida com Armando, menos culpada em relação a ele.

Lutando para solucionar esses problemas, Violeta se sente cansada, sua memória é fraca e ela se esquece de coisas fundamentais como, por exemplo, avisar ao filho que ele vai ser operado. Ela teme que ele se torne também rebelde à instituição, mas não é isso que ela visa em sua transversalidade. Ela deseja que o filho seja operado e não manipulado.

Por onde e como foge essa mãe? No meu entender, ela foge pelo "choro". Faz deste choro a sua linha de fuga. É chorando que ela escapa e mantém a vida se expandindo em sua forma de mãe, mulher e pessoa. Vejamos isso mais claramente em sua narrativa sobre a perda dos exames clínicos de seu filho:

Questão 52: Quanto tempo faz que você está aqui? [que o Armando deu entrada no hospital?][63].
Violeta: Nós viemos pra cá em março. Aí, eu consegui, né? Passou pela triagem, passou pela consulta e a primeira foi com o Dr. Ômega no dia 6 de maio. Aí foi indo, né? Até agora ele fez seis exames. Foi bem. Agora, novamente consulta, não deu. Novamente exame, não tá aqui [ocorre que perderam o exame que, segundo o professor Ômega, seria *sine qua non* para realizar a cirurgia ainda este ano].

---

[63] Primeira entrevista com Violeta, mãe de Armando. Dia 1º/12/1997.

Olha… [choro] Menino, eu tenho uma angústia tão grande dentro de mim [choro].

Questão 53: Você não conseguiu trazer os prontuários do Armando do outro hospital?

Violeta: Trouxe, trouxe, trouxe. Mas ele quer esse exame pra fazer a cirurgia. Que ele falou que sem exame não adianta, que a gente precisa ver como está no momento a bexiga dele.

Questão 54: E isso você compreende?

Violeta: Isso eu compreendo, entendeu? Eu achei ele assim uma pessoa muito educada. …(incompreensível)… de muitos que eu peguei eu achei assim: atencioso…

Questão 55: Você tem certeza que o exame sumiu? Sabe, porque você não traz outra pessoa junto com você quando você vier fazer o exame? Porque, só assim, se você for reclamar disso no hospital, eles vão pedir testemunha, e daí você terá alguma chance pra reclamar.

Violeta: Mas esses exame eles não entrega pra mim.

Questão 56: Não entregam pra você?

Violeta: Não entregam. Aí pra você vê como é …(incompreensível)… eles tem que entregar pra você, porque é de direito seu, é do seu filho. Aí eu falei isso lá. Aí eles falou assim que não; que eles me dá uma segunda via do raio X — mas só que raio x sem laudo também não tem valor nenhum, né?

Questão 57: Sim. Porque o que o Dr. Ômega quer é o laudo do especialista do raio X.

Violeta: Ele quer o laudo. Aí que eu falo pra você que eu me sinto inútil neste aspecto, entende? Por mais que eu vou assim… fazendo o que pede… não sei, parece que as coisas não se encaixa, não dá certo!

Questão 58: Você acha que é culpa sua?

Violeta: Não, não sei se é um… um lado psicológico todo que tá afetado… eu não sei, sinceramente, sabe? Eles também… do lado dele… das vezes…

Questão 59: Do lado de quem?

Violeta: Do Armando. Às vezes ele se internou… eu já internei ele sem fala nada o que ia acontecer. Chega lá fica apavorado! Aí tudo bem. Falam que eu tenho que preparar ele, que é de direito dele que saiba o que vai acontecer com ele. Tudo bem. Preparei uma outra vez, né? "Olha, amanhã cê vai acor-

dar cedo, que cê vai internar, cê vai operar, que assim…" Ah… O desespero dele é de que vai enfiar a agulha nele, sabe? Que ele internou uma vez com suspeita de meningite, que precisaram tirar o líquido da espinha dele, né? Daí que ele sofreu um trauma muito grande e… ficou assim muito, muito nervoso e foi aonde que começou a fazer um tratamento psicológico. Então, aí eu passei a preparar ele; de que ele ia ser internado. Olha, é da noite pro dia o Armando adoece.

Vemos nesse excerto que, por meio do choro, Violeta vai compondo seu território existencial e uma nova idéia lhe surge, uma nova crítica, ou então a retomada de princípios dilacerados pela soberania do discurso médico que os quebram em muitas partes. Violeta vai como que colecionando "cacos" de si mesma, colando-os com lágrimas e montando seu mosaico de dor. Infelizmente, muitas vezes ela se esquece da positividade engendrada nesse percurso e reproduz a soberania das práticas médicas: "esquece" que seu filho pode vir a saber sobre seu próprio corpo e o "força" a realizar uma cirurgia. Veremos mais adiante até onde vai essa submissão do discurso médico na sua relação com o filho. No momento, é interessante observar que um outro dispositivo foi incorporado nas práticas médicas para des-subjetivar o seu objeto de investigação: a produção dos "especialistas" e os exames. O urologista não pode operar sem o laudo de outros especialistas, sem a apreciação de outros profissionais sobre o caso em questão.

Da questão 55 até a 57, ocorre o seguinte: a criança, logo que chega ao hospital, é recortada pelo discurso médico que pode devolver-lhe uma integridade física com uma medida de normatização, isto é, o diagnóstico. Desse modo, ela precisará adquirir novos hábitos (previamente estipulados e estabelecidos a partir de pesquisas científicas) visando recuperar a sua saúde. Ela será examinada e uma classificação lhe será dada. Nos exames, "vê-se reunir a cerimônia do poder e a forma da experiência, a demonstração da força e o estabelecimento da verdade" (Foucault, 1979, p. 164). Tudo fica "nas mãos do médico" e sujeito à sua leitura dos exames. Assim, o discurso médico transforma a pessoa em um caso a partir do poder que lhe é conferido, um "poder de escrita" que ajuda na submissão do sujeito ao discurso e prática médica (Foucault, *op.cit.*, p. 168).

Na Questão 55 vemos que, por não ter os exames, Violeta confirma a hipótese de que seu filho depende de algo mais que ela mesma. Ela até "aceita" isso desde que esse "algo mais" que liga a criança ao hospital esteja em suas mãos na hora que ela quiser. É preciso que ela se sinta controlando a situação para não se sentir totalmente inútil. Mas, como o hospital a derrota (Questão 57), ela se sente sempre impotente. A partir desse momento o corpo de seu filho não mais a pertence; o exame instaurou uma visibilidade pela qual as pessoas são diferenciadas e sancionadas "cientificamente" e seu filho não é mais chamado pelo nome, pelos direitos, senão pela doença, pela sua caracterização como "caso". O menino, complacente com a mãe, adoece quando é hora de operar. Ele se amedronta em relação ao hospital, pois ali ele não é Armando, mas apenas o suporte-de-uma-doença, a confirmação de um "estrago", que ele não pode suportar. Caso pudesse estaria confirmando a sensação de "culpa" da mãe por tê-lo feito "estragado". Mas, na verdade, quem sabe de tudo é o especialista e a fragmentação do saber dessa mãe inutiliza a sua relação com seu filho.

Essa fragmentação é considerada por alguns como negativa. Coimbra (1990, p. 10), por exemplo, afirma que elas existem, originalmente, para atender a uma demanda do capitalismo de divisão social do trabalho e expropriação da subjetividade na relação com a produção, e que, para melhor atender ao poder-saber, essa demanda haveria sido assimilada pelas instituições hospitalares e asilares. Desse modo, as equipes multidisciplinares e sua ligação, por exemplo, por meio das práticas de interconsulta, poderiam estar refletindo essa especialização e hierarquização do capital na sua gerência do saber-poder. Evidentemente que esses procedimentos são uma realidade em um hospital, mas será que são todas as pessoas que, como afirma Coimbra (Ibid.) alienam-se com eles?

Não nego que, de fato, esses dispositivos de controle do saber-poder fragmentam as pessoas, pois que as lança na transcendência fazendo-as esquecer que o que produzem é fruto de seu próprio investimento, mas a fragmentação ela mesma pode servir como linha de fuga à soberania desse discurso. Ela pode, por exemplo, invalidar qualquer tentativa de subjetivação de um médico via onipotência. Ela pode também vir a impedir os binarismos na ciência, lançando-a em uma composição rizomática, isto é, maquínica de produção de saber via a fórmula do "e... e... e...", em detrimento da fórmula mecânica e excludente do "ou... ou... ou...". Essa primeira fórmula produziria uma experiência que vai além da consulta e dialetização do saber soberano por outros saberes, ela produziria efetivamente uma experiência de *outramento*. Tal *outramento* comporta propriamente a produção de um outro saber totalmente novo e diferente daqueles agrupados.

Não que as interconsultas e as reuniões multidisciplinares sejam intrinsecamente rizomáticas. Nada é naturalmente alguma coisa. Mas ocorre que essas equipes, por agruparem uma grande heterogeneidade, podem vir a instalar uma produção rizomática de relação com o saber-poder. Isso vai depender daquilo que as agrupa. Esses díspares podem vir unidos por uma "causa" homogeneizante, como ocorre por exemplo nas propostas de *Qualidade Total*. Benevides de Barros (1996), em seu artigo que trata da utilização do dispositivo-grupo como força de transversalidade recortando um plano transcendente, quebrando-o, rachando-o para liberar seus devires e suas linhas de fuga, escora-se na tese de Lourau (1990) acerca da sobreimplicação para nos alertar que o grupo pode se unir pela ilusão da sobreimplicação, isto é, da visão participacionista, "um ativismo que quando analisado parte-se em passividades obturadas em seu potencial criador" (p. 105). Para ela, "a sobreimplicação é o regime no qual a Qualidade Total conforma o dispositivo-grupo como aliado em seu projeto de instalar um "nós" que vem carregado de uma pasteurização que homologa o modo-indivíduo." (Idem). Mas se uma equipe multidisciplinar se fundar na imanência com os regimes que a configuram, e que são ao mesmo tempo por ela constituídos, teremos aí toda uma dinâmica de alianças entre heterogêneos para produzir mais heterogeneidade. Isso tudo irá depender do tipo de compromisso ético que as pessoas envolvidas tiverem para com a vida: ou vão permitir que ela continue se expandindo, ou vão passar a interpretá-la, valorá-la e explicá-la. O "conflito" é apenas esse, mas são inúmeras as suas problematizações.

O que será então que faz Violeta se "esquecer" de avisar seu filho das cirurgias que este irá realizar? O que será que a impede de extrair alegria da dor?

Esse trabalho de "extração", próprio ao "arqueólogo da alegria", implica no contato com o que ficou de "fora" do saber. O que está de fora também é saber, porém um saber desqualificado. Trata-se, portanto, de dar visibilidade às linhas que se tornaram opacas, sombrias, sob a luz da Verdade. Violeta está cega pela busca da Verdade. É esta cegueira que a faz enunciar o significante "estragar" no plano de sua dor. Oprimida pelos discursos transcendentes (religioso e médico), ela, às vezes, se rende à Verdade. Mas veremos que essa rendição é estratégica, uma forma de tomar fôlego.

Sobre a *rendição* de Violeta, vale a pena examinar estes excertos de nossa segunda entrevista. Eles falam por si:

Violeta:[64] É. *Porque o sofrimento dele é o nosso, né?* Então *acaba se misturando tudo…* É… A gente sofre muito assim… teme muito pelo futuro dele. Então, eu tenho observado muito que eu tô sofrendo demais, temendo demais o futuro, entendeu? Não consigo nem viver o hoje. Eu já penso no amanhã.

Questão 8: Quais são os temores que você tem em relação ao futuro dele?

Violeta: Ah, em relação ao futuro dele é de ele não aceitar *de ele não ficar assim, tipo um homem perfeito, com sexo perfeito*, entendeu? E, mais futuramente, *de ele vir a cobrar da gente*, né… uma coisa do tipo: "Você não correu atrás", entendeu? Jogar, né, culpa na gente. Coisa que… a gente não sabe como vai ser. Então, por isso eu fico assim criando uma série de coisas na minha cabeça, sabe? Eu… é

muito vago, né, isso dele ficar bom mesmo. Eu acho que de todos os médicos que a gente passou, só um médico aqui (que acho que foi o Dr. Paulo — foi a primeira consulta, né?), que falou que essa cirurgia não é tão difícil, que umas duas cirurgias que *fizer ele vai ficar perfeito*. Ele disse: "Mãe, teu filho vai ficar perfeito! Vai ser um homem perfeito, vai poder casar, ter filhos". Eu fiquei super feliz, mas também com todo aquele lado negativo de tudo que a gente já ouviu… que *raramente* isso… como é que fala? É, assim *corrigido 100%*, né… caso como o dele. Então a gente …(incompreensível…) isso daí.

Questão 9: Quando você diz de ele ser um homem perfeito, você tá dizendo no sentido de ele sentir que gosta de uma mulher e além disso ter o *genital não comprometido*?

Violeta: Isso, isso.

Questão 10: O que você está querendo dizer com isso? Que ele possa ter ereção, ejaculação…

Violeta: Exato. Tudo isso aí, né? É um conjunto, né? Ter ereção, a ejaculação e também a parte estética, né? Que vai ter que… *Praticamente vai ter que fazer um pipi nele*. Como vai ser isso, entendeu? Já ouvi até caso assim de pôr prótese. Mas também, não sei como é. É muita, muita expectativa que a gente tem em relação ao futuro e como vai ficar. E com isso a gente acaba também sofrendo e passa pra ele até. Sem querer a gente põe preocupação pra ele que… como ele vai ser? *Aí a gente acaba pondo um monte de coisas que nem deveria, né?* Fala [pra ele]: "Ah, você vai operar, você vai ficar bom!" Claro que é o que a gente quer. Mas de repente você tá criando, né… nós… sem perceber a gente tá criando também uma expectativa nele de que ele não é perfeito e de que ele, através da cirurgia, ele vai ficar bom.

Questão 11: E você julga que você age assim porque lhe faltam informações mais precisas? É isso? Ou é porque a sua esperança se mistura com …

Violeta: *Ah, eu acho que é mais a minha esperança que mistura com muita incerteza, entendeu?* Acho que eu… conhecimento é pouco, né? Diante de tudo que a gente tem pra passar ainda, acho que o

---

[64] Segunda entrevista com Violeta, mãe de Armando. Dia 8/12/1997.

conhecimento nosso é muito pouco, entendeu? *A gente nem sabe o que diz* [silêncio].

Questão 12: E como é que você... quer dizer, você estava falando de informações médicas, por exemplo?

Violeta: Também. Porque olha, quando ele estava com um mês, dois meses... logo que ele saiu do hospital, eu comecei assim a correr atrás de médicos buscando mais informações e vim aqui... Olha, gastei uma nota assim com médico particular pra conseguir uma consulta aqui. Aí eu consegui uma consulta com o Dr. Danilo — que eu nem sei o nome dele; eu sei quem ... eu sei que era Dr. Danilo; na época me marcou muito o nome dele. Ele me atendeu e ele falou: "O que que você quer de mim?". Ah, eu falei: "Eu quero que o senhor me dê assim uma explicação, né? E eu quero até que [o médico] fique com o Armando, opere ele, faça alguma coisa por ele, né?" Aí ele falou assim: "Essa criança já foi mexida." Eu falei assim: "Já. Ele já foi operado, né?" — com o tratamento não tinha como mentir. Ele falou assim: "O que você espera de mim?" Eu falei assim: *"Eu espero que vocês corrijam, né? Que façam alguma coisa por ele"*. Aí ele falou assim: "Olha, mãe. Isso daqui não tem conserto! Será que você não tá vendo que o Armando — não falou Armando —, será que você não tá vendo que essa criança não tem... eh... ainda falou uma vez assim, cura. Não tem correção. É, não tem correção o caso como o dele." Aí o ...[incompreensível...] [nome de pessoa] falou assim: "Como não tem? Os médicos sempre deixou claro que é complicado, mas que ele vai ficar bom". Aí ele falou assim: "Estão te enganando! Será que você não vê?" Aí eu comecei a chorar, fiquei muito nervosa e a minha irmã, que é a mãe dessa minha sobrinha, tava comigo, ela acabou, me tirou da sala, nem terminamos a consulta e fomos embora, né? Aí ele falou assim: "Mas eu não terminei a consulta!" A minha irmã falou assim: "Mas já basta o que o senhor disse!" Nós fomos embora então... aí eu não saí mais atrás; fiquei lá onde estava, naquele hospital e sempre perguntava pros médicos: como que ele ia ficar?

Questão 13: Esse [o médico] é aquele lá do PAS?

Violeta: Não, esse que me falou isso, foi aqui nas [Nome do Hospital] mesmo, [Nome do Hospital]?

É. O doutor Danilo. Falou que por causa do que ele nasceu. Aí eu não fui mais atrás depois disso. Fiquei lá mesmo e lá eles sempre falaram que era difícil e tudo, mas que ele ia ficar bom. Até a doutora Manonni, a médica que acompanhava, ela disse que tinha um amigo com o mesmo problema que ele... que fazia Faculdade e até se formou em médico devido ao próprio problema dele. Que ele acha que foi interessante ele passa pras pessoas o conhecimento que ele teve, que ele viveu, né? E... as experiências, né?; que ele viveu. Ela me falou uma série de coisas assim: me falou que ele vai até passar na prática futuramente. E ela falou assim que com o tempo ele vai se adaptar da melhor forma pra ele. O jeito melhor assim, por exemplo, quando ele sair, a forma melhor de ele se acomodar, que ele, tipo assim: *segurar cem por cento a urina*, ele nunca vai, entendeu? Então, ele vai nesse... caminho que ele for percorrendo, ele vai se descobri uma forma ideal pra ele. Entendeu?

[Silêncio]

...

Violeta: É, tudo isso! Eu não sei te definir claramente assim o meu ponto de vista. Porque é muita confusão assim no pensamento, né? Mas...

Questão 18: Que a gente tá tentando organizar, né?

Violeta: É. É assim, acho que a principal...

Questão 19: São muitas sensações sem palavras, né?

Violeta: É. Sem palavras realmente. Eu imagino assim... eu procuro imaginar assim de ele se espelhar no pai, no irmão e vê alí, né? A perfeição em forma física, entendeu? E ele se complexa, não aceitar talvez uma deficiência dele. Não aceita! E ser uma pessoa super revoltada, entendeu? E eu temo muito isso daí. A minha parte, o que eu mais temo é isso daí: de ele próprio não se aceitar quando ele passar a entender realmente, né... de que ele não é perfeito fisicamente na parte masculina, entende? Não importa se ele vai ter [se ele tiver] ereção, ejaculação, não... fisicamente, esteticamente, ele se olhar e já não se sentir perfeito nessa parte.

Questão 20: Genital, não masculina?

Violeta: Genital. Isso!

Questão 21: Genital.

Violeta: Então eu já... eu tenho muito medo disso daí, né? Do que eu possa...

Questão 22: Você tira essa intuição, essa sensação, por um acaso você tira isso da maneira como ele reage aos exames?

Violeta: Também, também.

Questão 23: Também.

Violeta: Porque ele já faz muitas perguntas, né? Ele fica juntando aquelas pele assim, né? Já sabe do pipi, né? Então ele... eu vejo que ele tem muita ansiedade em ter pipi. Entendeu?

Questão 24: Certo.

Violeta: Ele tem muita vontade assim de querer ir no banheiro, fazer xixi que nem o irmão dele. Aí ele pergunta: "Quando o médico vai fazer o meu pipi?" Aí eu falo pra ele assim: "Vai fazer, ele tem que arrumar essa cirurgia (tem outra, né?). Talvez, né..." Foi o que a psicóloga falou pra mim: não afirmar exatamente que ele vá ficar bom, né? Então, "talvez você fique bom, talvez precise novamente", né? [Ele diz:] "Ah, eu tenho que fazer de novo?, né?" Então ele já volta atrás: "de novo?", sabe... já... fica assim querendo... sofrendo por antecipação assim como eu! [risos]

Questão 25: Você acha que você... você vê alguma relação entre a maneira como você lida com isso e como ele lida com isso? Você acha que são maneiras semelhantes?

Violeta: É, eu acho que ele também se espelha muito de mim, né? Os meus... as minhas atitudes, as minha forma de falar. Tem muito a ver sim. Que eu também nem sei o que falo com ele. Acabo até falando um monte de asneiras com ele, né? E...

Questão 26: Por exemplo? Me dá um exemplo destas asneiras.

Violeta: Ah, eu falo assim: "Você vai ser perfeito!". Então, lá no mundinho dele, acho que na cabecinha dele ele já pensa: "Então eu não sou!". Ah, eu sei lá... eu acabo mostrando a ele a imperfeição que ele tem, entende?

Questão 27: Posso te fazer uma pergunta?

Violeta: Pode.

Questão 28: Você acha que você dá valor demais à questão genital dele?

Violeta: Ah, eu não acho que eu dou valor demais não!

Questão 29: Não?

Violeta: Eu acho que é normal.

Questão 30: Por que eu ia te perguntar agora assim: você acha que o seu filho é imperfeito?

[Longo silêncio. Um riso nervoso]

Violeta: É. De certa forma ele é, né?

Questão 31: Você tá pensando no ponto de vista estético?

Violeta: Estético.

Questão 32: E do ponto de vista emocional...

Violeta: Não...

Questão 33: ...tudo aquilo que você imagina pra ele, que você imagina assim de profissão pra ele...

Violeta: Ah, não. Nessa parte não...

Questão 34: ...de temperamento, de...

Violeta: ...eu acho que ele é bem privilegiado, graças a Deus! Nessa parte ele tem uma cabeça boa assim, sabe? E acho que ele tem um bom desenvolvimento; entende bem as coisas. Eu acho que nessa parte eu não vou ter trabalho.

Questão 35: Hum, hum.

Violeta: Por isso que eu acho que ele... assim, pela esperteza dele... até posso me enganar, né? Dele talvez até aceitar bem, de acompanhar assim... a própria luta dele, né? Nestas caminhadas ele já ir se amadurecendo que... acho que a minha parte ele vê que eu tô fazendo e já ir aceitando também.

Questão 36: Você tem duvidas?

Violeta: Oi?

Questão 37: De que ele não veja o que você vem fazendo pra ele?

[Riso nervoso]

Violeta: Não sei se é bem assim dúvida... eu não sei, sabe? Eu próprio... acho que parece que eu fico buscando uma conversa pra mim.

[Risos]

Questão 38: Eu também acho.

[Risos]

...

Violeta: É, eu não sei se é nessa parte assim. Que nem ele, pelo menos ele não ajuda. Eu acho que ele não ajuda, né? Pra ele tá pensando desse jeito? Eu falo pra ele: "Mesmo que eles não vierem a reconhecer o que a gente faz, é obrigação nossa, é dever nosso fazer, encaminhar eles da melhor maneira que a gente possa, né? É nossa obrigação a gente passar pra eles o nosso entendimento, o nosso carinho, nossa preocupação". E ele fala que eu me preocupo demais e que eu sofro demais pelo futuro deles. "Deixa as coisas agir, acontecer naturalmente" [Ele diz] E eu não consigo deixar que as coisas aconteçam naturalmente. Aí eu, acho que seu puder ajudar, antecipar alguma coisa ruim, eu procuro antecipar, né? E se eu puder também amenizar alguma dor, é claro que eu vou amenizar. Não vou deixar que a natureza aja sozinha, entendeu?

Questão 52: Por quê? Você não confia mais na natureza?

[Risos]

Violeta: Não. Eu não confio muito não. Eu acho que a gente tá aqui pra isso, né? Nós tamos aqui pra sofrir[65] , sorrir, chorar...

Questão 53: Essa desconfiança em relação à natureza começou depois do nascimento do Armando?

Violeta: É, eu acho que isso agravou mais com o nascimento dele. Eu acho que, uma coisa assim, que nem o... uma vez eu vi uma pessoa falando: "Que eu não procurasse saber o porquê que ele veio assim, e sim aceitar, né? Porque ele veio pra mim porque eu sou capaz". Então, eu me apeguei um pouco nessa teoria... Eu falei assim: *Se eu sou capaz, eu tenho que fazer o melhor então. O melhor que eu puder pra ele e pra família, né?"* E... Ah, eu acho que a gente tem que fazer alguma sim.

Questão 54: E você já vem fazendo, mas você tem dificuldade de acreditar que aquilo que você faz é importante?

Violeta: Ah, eu tenho porque eu... tudo que eu faço parece que tem a sua lei; não dá resultado assim... esperado. Não sei se é a minha ansiedade que é muito grande... as coisas não tão se encaixando de acordo com o que eu quero, né? Não tá acontecendo como eu queria que acontecesse, né? Que, quando ele nasceu os médicos falou: "Nós vamos deixar o seu filho pronto na fase escolar. Até a fase escolar ele vai tá pronto, vai ser uma criança perfeita que não vai precisar usar fralda". E nada disso aconteceu, entendeu? Ficou parado no tempo. Tanto que ele chegou na fase escolar e taí com tudo pra passar ainda, né? Então, eu desacredito muito... em muitas coisas que me falam eu acabo não acreditando porque eu to vivendo, eu to vivendo promessas não cumpridas, né? E vejo que tá cada vez mais difícil de acontecer, de se realizar. Então, eu sou muito discrente de muita coisa, sabe?

Questão 55: Eu acho que você passou por experiências que lhe permitem pensar isso, né? Mas... Eh... tem uma questão da generalização aí que é bastante forte, né? Quer dizer, uma ou duas experiências ruins, não pouco importantes, em absoluto, mas daí, há uma descrença em tudo. Desde os médicos até em você própria...

Violeta: Até eu própria.

Questão 56: Então, eu acho que tá meio misturada essa coisa.

Violeta: Claro, eu acho também.

Questão 57: Eu acho que falta de novo você localizar aonde é que você desconfia de médico xis, ipsilom e ze, e os médicos que você acredita, né? E aí me chama a atenção Violeta, você ter se agarrado na desconfiança, mais do que na confiança.

[Silêncio]

Questão 58: Você entendeu?

Violeta: Hum, hum.

Questão 59: Assim, você teve... vamos supor, de dez experiências, você teve três ou quatro bastante negativas; duas mais ou menos (que não foram nem boas e nem ruins), e o restante boas. E aí você grudou nas ruins.

[Risos]

Violeta: Por mais que eu tento tirar de mim eu não consigo. Quando veio, que ele veio pra cá, nossa, eu fiquei muito, muito feliz mesmo de conseguir de ele estar fazendo tratamento aqui. Mas, talvez seja essa negatividade que me acompanha... você veja bem acontecendo alguns desvios, né? Esses exames que já me deixou bastante chateada. Então, aquela espe-

---

[65] Assim na gravação: sofrer talvez esteja misturado com sorrir.

rança que eu tava, tentando esquecer tudo ruim que me aconteceu, tá voltando pelo negativo. O negativismo… sabe?… parece que tem que me acompanhar.

…

Questão 66: Espero que sim, né? Vamos trabalhar um pouco com esse conceito que você tem de "perfeito" e "imperfeito"?

[**Violeta** acena em concordância com a cabeça]

Questão 67: Vamos lá. Eh… o que é um… você me colocou assim que a perfeição no caso do Armando, talvez estivesse ligada a um, a ele se assemelhar, a ele ter um genital que se assemelhasse ao do pai ou ao do irmão, né? Eh… já viu aquela frase de que gosto não se discute?

Violeta: É…

Questão 68: Por exemplo, se você pega um cantor — vamos pensar na música, tá? Você tem lá um cantor e diz: "Nossa, a voz dessa pessoa é perfeita". Fala de alguém que você acha que canta perfeito?

Violeta: José de Camargo.

Questão 69: Tá. Aí eu chego pra você e digo assim: "Olha, a do Luciano Pavarotti…", você o conhece?

Violeta: Hum, hum.

Questão 70: Então… ela [a voz] é muito mais perfeita do que a do José de Camargo. "Mas eu não gosto de ópera", você diz. "Eu gosto mais de música popular, não gosto de música erudita" [você diz]. "Não, mas tecnicamente a do Pavarotti é melhor" [Eu te digo]. Então, é por isso que eu estou dizendo: "Não me interessa a técnica. O que me interessa é que eu gosto do José de Camargo". Então, como é que fica isso em nível desse conceito de perfeição?

Violeta: Como é que fica?

Questão 71: O que é [pra você] um pênis perfeito? Vamos trabalhar em cima disso, então.

[Risos]

Violeta: Ah, um pênis perfeito. O que eu… O que ele tem pra ser aproveitado é muito pouco. Então, se for feito em cima daquilo que ele tem vai ser quase nada, entendeu? Então um pênis imperfeito vai ser isso: vai ser o quase nada que ele tem.

Questão 72: O que é o quase nada? Você tá pensando em volume…

Violeta: Tamanho, comprimento.

Questão 73: É muito pequeno?

Violeta: Muito pequeno. Ele chega quase a não ter. Então eu acho que aí é uma imperfeição.

Questão 74: Ele está com quantos anos?

Violeta: Seis anos. Embora deso… desenvolveu um pouquinho, mas muito pouco.

Questão 75: Já está fechadinho?

Violeta: Não.

Questão 76: Ainda não.

Violeta: Então, é o que eu falo. Aí é uma imperfeição dele. Ele próprio… ele olha… que o… apesar que o irmão dele é um pouco assim avantajado, exagerado, né?

Questão 77: Quantos anos tem o irmão?

Violeta: Onze. Então ele… ele nunca falou, mas se ele… sei lá, se ele pensar da forma que …[incompreensível…], ele vai ver que o dele não é normal, entendeu? O dele é muito pequeno!

Questão 78: Você está comparando o dele, que tem seis, com o irmão de onze anos…

[Risos]

Questão 79: … e ele com alguém da idade dele? Você já comparou?

Violeta: Ah… [risos]

Questão 80: Você entendeu?

Violeta: [rindo] …eu não consigo!

Questão 81: Aí o pai tem quantos anos?

Violeta: Trinta e quatro.

Questão 82: Claro que consegue, opa! Você não chegou até aqui? Então é assim: você tá comparando ele com…

Violeta: …com o de onze.

Questão 83: E com um de trinta e quatro, e ele [o Armando], tem seis anos.

[Risos]

Questão 84: Você entendeu a minha pergunta?

Violeta: É. Ué, ele pode vim a desenvolver, não é? Ou então…

Questão 85: Se você compara… Você alguma vez já o comparou com alguém da idade dele?

Violeta: Já, já comparei já.

Questão 86: Aí a diferença fica muito visível ou mais ou menos?

Violeta: Mais ou menos, né? É que o dele... é que é assim, vai: supor um lábio aberto, então a gente faz isso [com a mão junta os lábios]. A gente junta pra ter mais ou menos uma idéia do que é. E eu acho que na cirurgia vai se perder um pouco também, né? Que vai engolir um pouco. Então vai mo... menos ainda. Ah, eu não sei te explicar assim... a forma correta do que eu acho imperfeito. Eu, sei lá... eu tenho muito medo assim de que ele... vai supor: de que ele não consiga segurar a urina, que ele venha a ter trabalho com ele, de se adaptar. Essas formas, né? Que ele tenha as vias urinárias internas, que ele não tem. Porque tem que se... fazer, né? Então é uma série de expectativa aí que eu nem sei aonde eu jogo mais, preocupação, sabe? Com a situação...
[Silêncio]

Amparada nos braços cartesianos do discurso médico, ela descansa por algumas horas. E descansa do quê? Ela descansa da batalha que enfrenta no caminho de sua desterritorialização, na produção de uma cartografia própria, mais conectada com o campo de imanência que a constitui. Não se trata apenas de "adaptação" ou "acomodação" como sugerido pela Dra. Manonni. *É mais que isso, trata-se de um desenraizamento da transcendência, de uma desnaturalização.* Acomodar-se seria saltar da verticalidade para a horizontalidade. Por certo que esse salto já seria uma mudança significativa que aliviaria a dor e o sofrimento de Violeta. Mas mesmo assim, o futuro disso seria uma ilusão. Saltar para o infinito, para o absoluto, é disso que se trata. Para o absoluto da transversalidade imanente; não se fixar a nenhum território, ser nômade.

Violeta talvez restrinja seu filho para poder agir sobre ele, para não deixá-lo totalmente nas mãos do hospital em que ela não confia. Para garantir sua relação com o filho ela funde seus sentimentos ao dele. Antecipando o futuro, já estipula uma dívida para com o filho que considera impagável, pois contabiliza os juros nas mãos do discurso médico (resposta à questão 8). Os médicos reificam sua culpabilidade dizendo que está enganada, que seu filho "não tem conserto", que ele é frágil e "imperfeito". Ela cede a esse discurso, assustada por sentir que não cumpre suas funções e passa a crer que o corpo-suporte de seu filho é "imperfeito" para vir a sustentar o que havia planejado para ele. A angústia é maior porque ela acreditava que os médicos iriam ajudá-la a conseguir projetar os seus desejos no filho e eles não se mostram creditados a isso. Ela esperava dos médicos um saber sobre o modo de fazer seu "filho vir a ser perfeito". Ela foi ao hospital porque é nele que o discurso da "perfeição" impera (Questão 12). É quando uma médica não lhe dá perfeição, mas lhe aponta a esperança, a possibilidade de que seu filho possa desejar por si mesmo (Questão 13). É quando ela se vê em conflito: não sabe se deixa de acreditar na transcendência ou se passa a crer na vida como podendo ela mesma encaminhar as coisas.

Na verdade, a vida foi demais generosa com Violeta e ela sabe disso, mas às vezes se esquece. Dorme demais... é preciso que seu filho a acorde com berros de recusa: "Não quero operar! Eu sou perfeito desse jeito! Eu gosto de mim assim...! Prefiro ser assim a sentir dor...". E não é de agora que Armando se recusa a entregar o seu corpo a esse tipo de saber-poder produzido pelas práticas médicas. A criança se defende como pode...

Mas, na sua confusão, ela reinstaura o discurso da transcendência na sua relação com o filho e lhe sugere o pai e o irmão como "modelos" de perfeição (Questão 18), mesmo sabendo que o Imaginário que ela projeta para o filho não tem fundamentos Simbólicos ou mesmo Reais. Por que a necessidade de afirmar que o seu filho é "imperfeito", mesmo "sabendo que isso é errado?" (Questão 26). Seria porque ela talvez acredite que sua dívida para com o filho apenas será paga se ela afirmar o seu "erro"? Mas se fosse isso, por que então insiste na ajuda médica? Às vezes, quando Violeta diz que se Deus mandou o seu filho com essa condição física para que ela dele cuidasse, é porque talvez ela seja uma mulher forte. Será que Violeta está tentando dizer que forte significa "perfeita"? Mas seria possível acreditar-se como "a escolhida de Deus" para esse fim? (Questão 54). Ela parece ter acreditado neste "mito da Virgem" para ter por onde fugir do saber-poder. Se ela foi a escolhida, então ela tem forças para brigar pela sobrevivência do filho. Mas ao mesmo tempo ela duvida que é capaz de ser forte para lidar com uma situação dessas, pois lhe disseram que seu filho tem uma condição irreversível. Por se sentir culpada e imperfeita, ela acredita que não tem condições de cuidar de seu filho. E parece insistir na esperança de que um dia ele seja "adotado simbolicamente" por alguém. Alguém que se interessasse muito pelo caso dele...

Na Questão 37, ela volta a afirmar que seus sentimentos são os mesmos do filho, mas também percebe que ele pode ser diferente dela, que talvez ele seja até mais esperto que ela e, quem sabe, poderá "adaptar-se ao seu problema" como a médica havia dito (Questão 13)?

Parece que uma das forças mais fortes que a desconectam da fusão com o filho (ele é estragado, ela só faz estragos; o que ele sente, ela sente), é justamente uma "Lei" que independe dela. Uma Lei de promessas não-cumpridas (Questão 54), uma coisa maior que ela, que não permite deixá-los totalmente unidos. Talvez essa superunião seja o que ela acredita solucionar os problemas que têm de resolver para que seu filho sobreviva. Mas, ao impor a perfeição como meta, ela lhe causa outro problema. E da Questão76 à Questão86, o ridículo da Lei da homogeneização vai mostrando a sua face.

Violeta:[66] Ah, nem sei, viu? Porque ela não sabe nem descrever quanto tempo, mas futuramente ela mandou os irmãos carregarem [Risos] Então aí, e o Armando ...[incompreensível...] nesse tempo; quanto ao sono dele ele era... dormia muito pouco à noite, né? Acho que ele sentia muita dor, aquela bexiga externa ele... fica muito incomodado: chorava muito à noite. Era sonos curto, tá? Então, acabava ele que ele acordava, aí trocava, fazia a higiene nele, né? Foi um período muito difícil pra nós dois: pra mim pra cuidar e ele por ter que passar por isso, né? E assim foi até ele refazer essa cirurgia que foi com um ano e sete meses. Ele... nesse período também antes da cirurgia, ele sofreu vários tipos de alergia, sabe? Alergia respiratória, alergia de pele que... foi que a cada época saia um tipo de alergia nele: úlceras, aquelas manchas, sabe? Aí foi um tempo assim que ele ficou tratando lá no hospi-

tal; eu ia praticamente todos os dias porque era tanto tipo de tratamento que ele fazia lá... sempre tava lá, em hospital. Tanto que eu fiquei conhecidíssima lá. [Risos] Aí quando ele fez a cirurgia, com um ano e sete meses, ele melhorou bem. Tanto pra dormir, relaxou mais, sabe? Você via que ele tava mais aliviado e também as alergias dele diminui bastante. É alérgico, bem alérgico ainda hoje, mas nem se compara aquele tempo.

Questão 10: Alergia a quê? Tem alguma coisa em específico ou é geral?

Violeta: Geral. Tão alérgico que o moleque era e fez vários testes de alergia e não deu nada. Ainda a médica falou: "Incrível não acusar nada. Que ele é alérgico tá visível, né?" Porque ele vivia assim... é uma pele grossa, sabe? Quando não... está cheio de feridas, né? Tava sempre cheio de bolhas assim no corpo. Então, era visível a alergia dele. Sem contar assim aquela respiração sempre com catarro. Aí foi considerado "bebê chiador", né? Porque parece que não tinha mais argumento pra ele e ficou bebê chiador. Agora cresceu e continua chiando e eu não sei o que é.

Questão 11: E qual é a causa disso, bebê chiador?

Violeta: É porque fez assim testes com leite... Primeiro disse que era o leite, leite comum. Passou a dar o leite de soja e continuou aquele chiado. Fez "ED", fez outros exames e — a endoscopia também —, e não descobriu, né? Então ficou que... achava que ele tinha — como é que é? —, refluxo. Fez os exames e viu que não era isso. Aí foi aonde considerou bebê chiador...

Questão 12: E a causa disso, o que é?

Violeta: É assim ele chiar... ele respirava com chiado.

Questão 13: Isso é a característica, né? Mas e a...

Violeta: Mas não descobriu a causa. O que provocava isso. Aí eu fiquei assim preocupada quando a médica saiu e ficou por isso mesmo. Agora ele cresceu e continua chiando, né?

E o menino chia e chia e chia e chia, um chiado ritornelo contra a modulação do seu corpo pelo sa-

---

[66] Terceira entrevista com Violeta. Dia 20/01/1998.

ber-poder do discurso médico. Ele consegue achar uma linha de fuga, uma força de expressão que não é capturada pelo discurso médico ou desejo de perfeição da mãe. Ele se separa desses discursos para fazer expandir a sua singularidade.

Questão 30:[*] Que às vezes, do jeito que você fala, dá a impressão pra gente que está escutando de que o Armando não tem escolha nenhuma. [Risos] Tudo o que acontecer com ele na vida dele, a causa vem de fora. Ele mesmo, parece que não deseja... quer dizer, ele é a vítima da situação, entendeu? [Risos] Às vezes dá a impressão disso aí. Que é tipo assim, em outras palavras, parece que é difícil pra você conseguir separar o que de problemas ele pode vir a ter em função da extrofia vesical e o que, que outros problemas advêm em função de que ele for, por exemplo, chato em determinada situação, ou então porque ele é criança e arteiro mesmo, ou porque ele é birrento mesmo, entendeu? Ou seja, outras coisas além da extrofia vesical.

Violeta: É, eu acabo me culpando muito. Mas é uma coisa que eu não consigo mudar em mim.

Questão 31: A gente já tinha conversado isso, lembra? Você joga toda a responsabilidade em cima de você.

Violeta: Talvez por não conseguir mudar eu fico sempre me culpando, né?

Questão 32: O que você queria mudar nele, por exemplo?

Violeta: [Suspira] Talvez nele mesmo, assim... tirar... que ele fosse mais calmo, entendeu? Mas — como é que fala? —, uma criança mais dócil. Porque ele não é. Ele é muito ...[incompreensível...] assim. Ele é assim quando ele tem medo, né? Quando ele tá com medo ele é bem dócil, bem meiguinho, fora isso... Isso é mais à noite, né? Ele quer que eu fique lá com ele fazendo oração, o pai, fazendo ele dormir; passa pra ele segurança. Eu falo pra ele: "Quando for... eu não vou mais lá rezar com você". Quando amanhece fica aprontando tudo de novo. Ele jura que não vai fazer mais, mas claro, no dia seguinte ele faz tudo de novo, né? Mas ele é muito marrudo, sabe? É uma criança difícil de lidar. Tem uma personalidade muito

forte e eu vejo que isso é próprio dele mesmo, entendeu? Eu tenho medo assim, né? De que, pela frente... até eu já falei... dele não aceitá e não soubé lidar com a própria situação dele, entendeu? Então... ah, eu nem sei te descrever na verdade o que é. É uma insegurança muito grande.

Questão 33: Você acha que ele é inseguro ou é você quem é insegura?

Violeta: Eu. [Chorando] Eu.

Questão 34: Porque ele parece ser bem determinado.

Violeta: Ele é. Ele é determinado porque aquilo que ele quer ele...

Questão 35: Na questão dos exames, por exemplo, quando ele não quer fazê-los, pra fazer só anestesiado, né?

Violeta: É, ele é bem... e ele não esquece. Ele é uma pessoa muito firme naquilo que ele disse. Passa o tempo e ele volta a repetir aquilo que ele falou lá atrás. Mas... Ah, eu acho que é mais assim um problema meu, que talvez eu até passo pra ele sem perceber eu vou atingindo ele, né? Acho que na verdade é mais do que ele. Um todo, né? É no casamento...

Questão 36: Que medos você tem?

Violeta: [Chorando] Ah, medo assim de... Ah, eu não sei, sabe? Tenho vontade de pôr um ponto final na situação e tenho medo assim de não conseguir educar... sei lá.

[Longo silêncio]

Questão 37: O que você está sentindo?

[Longo silêncio]

Violeta: Eu tenho medo da separação... e fico adiando, adiando, achando que posso atingir muito ele. [Chorando]

Questão 38: "Achando que pode atingir muito ele..." Ele quem?

Violeta: Os dois, mas principalmente o Armando porque ele é muito apegado ao pai. Embora assim, o pai é muito distante assim que eu digo... nas preocupação geral na educação e tudo, mas ele gosta muito do pai. Se tivesse que escolher ele escolhe mais ao pai, entendeu? Você vê, o pai tem salão e eu também tenho. Ele fala pra minha mãe assim: "Coitado do meu pai. Se continuar trabalhando des-

---

[*] Terceira entrevista com Violeta. Dia 20/02/1998.

se jeito ele vai acabar morrendo". [Risos] Enquanto que eu tô lá me ralando também e ele nem lembra, entendeu? Então, ele é assim: muito ligado, né? Já o mais velho não. O mais velho já é mais assim... ele percebe, né? Já com onze anos ele já vê que eu não sou feliz. Da forma que o pai age, acho que ele entende mais. Embora um tanto rebelde também, talvez de... de ver do jeito que o pai dele age ele fica distante. Não tá com aquele respeito de pai e filho, entendeu? Que deveria ter. Eu falo pra ele: "Seja o que for, ele é teu pai e você tem que respeitar". E nunca tem isso. Então as crianças ficam perdidas também, né? Então, é uma confusão na minha mente. Eu tenho muito medo de enfrentar sozinha e não conseguir, né? [Chora]

Questão 39: Enfrentar o quê? Ficar sozinha e cuidar das crianças?

Violeta: Isso.

Questão 40: Por que você não iria conseguir?

Violeta: É, eu tenho tudo pra conseguir, mas eu não sei. Eu sou muito medrosa nesse ponto, sabe? Tenho medo... Sei lá, entendeu? De ter uma vida assim confortável, mas dentro do nosso padrão: pobre, mas confortável, entendeu? E se eu me separar já fica tudo mais difícil, né? E eles [os filhos] não aceitar, entendeu? Eu tenho muito medo.

...

Questão 43: Ele leva as crianças pra escola...

Violeta: Não, não. Ele não tem participação nenhuma, entendeu? O que digo nenhuma é assim, ele não... ele nunca tem tempo pra conversar, ele não tem tempo no domingo... sei lá, dar uma volta na praça, bater uma bola, empinar uma pipa... ele não tem tempo. Se nós vamos numa viagem é sempre eu com eles [os filhos], a minha irmã, qualquer outra pessoa menos ele, entendeu? [Ele] Está sempre ausente nesse ponto: no lazer. Quando tem, que ele faz, ele só inclui eu e ele. Ele não inclui as crianças. Então ele é muito individual nessa parte. Se ele vai fazer algum pograma ele tenta ou comigo ou com os amigos, mas muito pouco eu com ele, entendeu? Mais com os amigos. Então ele é muito ausente assim, como pai, né?

Questão 44: Como pai deles [das crianças]?

Violeta: Como pai deles, como amigo, assim... é completamente ausente. E essa situação me angustia muito, né? Que eu falo pra ele: "Que é tudo que eu não desejei, né? Pra minha família é o que acontece". Talvez pelo fato de eu ter sido criada sem pai, eu sempre sonhei com um pai pra eles [chorando].

Questão 45: P'ros seus filhos?

Violeta: É. *[Chorando]* Alguém amigo, entendeu? Que não desse nada, mas fosse amigo.

[Silêncio]

...

Questão 51: Tem uma coisa que me chama a atenção nisso que você está falando que, embora seja recorrente e está sempre vindo com uma cara nova, com conteúdo diferente, mas que acaba apontando para a mesma coisa. A questão que volta é que responsabilidade um (teve), e que responsabilidade que você teve para o Armando estar do jeito que está hoje? Ah... vocês entendem que isso daí, a extrofia vesical, não é genético?

Violeta: O que não é genético?

Questão 52: A extrofia vesical. Genético é assim, que tem...

Violeta: Eu sei. É que tem a ver com uma ligação lá com o passado. Sim, eu entendo que não. Sabe... *[Risos]*

Questão 53: Não é?

Violeta: *[Risos]* Aliás, foi como eu falei pra você. Não, eu não te falei, né? Na minha gravidez eu passei muito nervoso. Embora fosse uma gravidez desejada eu assim... tive uma briga com o irmão dele. Quer dizer, foi num churrasco. Ele bebeu, veio me ofender, acabou querendo me agredir, né? Então, eu fiquei muito nervosa e uma discussão com meu irmão também. Uma sociedade que ele queria que eu entrasse e eu vendo que não dava certo, falei que não ia entrar. E ele já havia se antecipado, comprado máquinas, porque queria que eu pagasse por uma coisa que eu não... já tinha falado que eu não ia participar, né? Então, ele acabou assim me ofendendo muito. Fiquei muito magoada e, fora isso, uns quatro meses eu sofri uma queda na rua. Uma queda violenta que os cachorro me derrubou. Então, eu fico assim achando, será, né? Pelo nervoso até não. Embora foi um nervoso assim que eu fiquei mal mesmo, entendeu? No meu íntimo eu fiquei muito mal. Mas mais pela queda que eu sofri, né? Será que foi pela queda? O médico falou que não. Mas foi uma queda brusca que eu tive, entendeu? Mas mesmo assim eu acho que é uma coisa que... Uma vez a pessoa explicando, ela falou que ele veio porque eu tenho que... que eu era uma pessoa capaz de ter ele e educar com amor e aceitar. Aceito e amo demais, mas é confuso *[Chora]*.

...

Questão 109: Você falou da ausência do seu pai.
Violeta: Hum... Ah, eu... a minha mãe... ele foi eu tinha quarenta e cinco dias. Então, minha mãe ficou com sete filhos.
Questão 110: O que aconteceu?
Violeta: Ele foi embora com a irmã da minha mãe, levando uma irmã; na época de quatro anos. Então, assim... eu cresci vendo a luta da minha mãe [Chorando] e, ah... isso tudo me marcou muito. Sempre quis ajudar ela, dentro do que eu podia eu ajudei. Ajudei bastante. Assim, comecei a trabalhar aos treze anos e fui favorecendo ela nas coisas que eu podia, né? Assim, trocando os móveis de casa, dava um dinheiro pra ela, né? Porque meus irmãos sempre foi muito responsável também, mas cada um tinha uma dívida, né?
Questão 111: Você é a mais velha?
Violeta: A caçula. E, então, sempre muito apegada com ela.
Questão 112: A caçula que segurava a barra...
Violeta: [Rindo] É... assim, né? Os meus irmão sempre ajudou muito: um pagava o aluguel, o outro fazia compra... isso, desde novo, né?
Questão 113: A sua mãe não trabalhou?
Violeta: Não a minha mãe não trabalhou... assim, trabalhou assim na roça, né? Depois ela veio pra cidade. Nós viemos pra São Paulo em 1979. Foi aí que eu comecei a trabalhar, né? Doze para treze anos e foi... trabalhando em casa de família.

Aos quatorze anos eu entrei na (fala o nome da empresa), né? Uma grande fábrica, e lá fiquei até os vinte e dois anos. Então sempre... ah, sei lá... eu acho que eu não tive assim, sabe, uma adolescência cheia de agitação que nem todos os jovens falam. Sempre fui muito responsável, muito apegada com a família, à casa e tudo isso. Nunca... se eu pedia pra minha mãe pra sair, não precisava ela falar, bastava ela olhar e eu já sabia que ela não queria e eu não saia. Eu ia pro quarto chorar, mas não saia, entendeu? Então, eu me anulei de muito, muita coisa que eu queria fazer pra agradar a minha mãe e depois pra agradar as pessoas, né? E assim eu fui indo e vejo que isso continua, né?
Questão 114: Por que essa preocupação tão grande em agradar os outros?
Violeta: Não sei. É de mim mesmo. Mesmo eu sofrendo, mesmo me contrariando eu procuro agradar.
Questão 115: Você falou que você tinha quarenta e cinco dias quando seu pai os deixou. Por que ele se foi?
Violeta: Então, porque essa minha tia que morava dentro da minha casa, a avó minha faleceu e ela veio morar com a minha mãe, que é a irmã mais velha. Acho que eles passaram a ter um caso, né? Falou que ia levar embora pra casa do meu avô. Pediu pra levar meu irmão, mas ele estava doente e minha mãe não deixou. Ai ele levou a Lourdes, que na época tinha quatro anos, minha irmã. Dizendo que ia levar a cunhada pra casa do avô... do sogro. E... era mentira, né? Nessa trajetória foi aonde eles fugiram. E só então a minha mãe veio a descobrir que os dois já era amante desde o tempo da casa que eles vivia junto, né? Que ela já estava grávida só que na época ela falava que era do empregado dele, né? Aí minha mãe falou que ia falar com esse rapaz, e ela começou a chorar, porque ela falava que se falasse ela ia se matar e, nesse tempo, tudo vai acontecendo muito rápido; meu pai ia embora e caiu de um cavalo bravo, se machucou muito, e foi o tempo em que eu nasci. O tempo dele recuperar eu fiz quarenta e cinco dias. Então, ele se recuperou daquele gesso, aquelas coisas e ele falou que ia levar ela embora pra casa do pai e vinte e 7 anos depois que a gente veio a ter notícia, né?

Na resposta à questão 30, vemos que Violeta reitera a sua culpa e, culpada, corrobora com o discurso médico na produção de um corpo dócil, conformado aos modos de estigmatização impostos pelas práticas assistencialistas (Questão 32). Ela divide o seu filho em dois: o seu corpo e os seus desejos. Então ela constata que não é apenas o corpo-suporte de Armando que não aceita as suas projeções de um corpo-perfeito, mas "ele" também não aceita; como se seu corpo fosse independente de sua subjetivação. Pela primeira vez ela vai mostrando as linhas de subjetivação do filho independentes de seu desejo. O filho é ingrato, reconhece o pai mais do que ela mesma. Isso a magoa, faz com que ela se distancie do filho e que seja mais insegura em relação a seu futuro. O que o filho quer dela? Isso é um enigma que a atormenta. O que é se ocupar desse corpo-suporte? Ela não consegue entender que o filho recorre mais ao pai porque ali ele não se sente ameaçado por ter o corpo que tem. (Questão 38). O pai relaciona-se com outras coisas do filho além da doença que inventaram para ele. Impedida de se relacionar com outra coisa que não seja a utopia de uma perfeição, ela se sente só. Tem medo de se separar do marido justamente porque ele consegue se comunicar com outras forças dos filhos. Também porque ela tem muito medo de repetir a história da mãe. Ao mesmo tempo em que tem medo, sente que *deve* seguir os passos da mãe. E aqui vamos nos aproximando da sensação de *culpa* e de obrigação em ter de fazer *perfeito*.

Essa "fidelidade" à sua própria mãe, essa idealização de uma mãe poderosa, que, apesar de ter sido abandonada, sempre "cuidou" dos filhos (cuidado esse mais associado com o controle, disciplina e rigidez), favoreceu a construção de um campo de culpabilização e cobranças, no qual o desejo, diferente daquele estabelecido pela mãe de Violeta como soberano no seio daquela família, foi visto como impertinente, um "desvio", uma "anormalidade". Poderíamos perguntar se sua mãe teve escolha. Claro que sim, mas há que se pensar se quando experienciamos o abandono, principalmente este se-

guido de "traição", as mudanças vêm rapidamente. Além disso, temos de nos perguntar: como era ser abandonada pelo marido naquela época? É possível abandonarmos nossas ilusões com tanta rapidez em uma situação como essa? É possível não querermos fugir da dominação das práticas opressoras por meio da produção de outras mais compatíveis com aquilo que podemos suportar?

Violeta tende a colocar seu marido na mesma posição de seu pai: ausente. "Queria para sua família o que não teve na sua infância, um pai" (Questão 43). Mas ter um pai para os filhos não vai trazer de volta o seu próprio pai. Ela terá de lidar com essa ausência de um pai para si para poder reconhecer positivamente o pai que German é para os seus filhos. Mas, ao mesmo tempo, "condenar" o marido é um pouco como compartilhar a "culpa" por ter feito um filho "imperfeito", ou então reiterar sua sensação de que tudo o que faz é imperfeição: o filho é imperfeito, o seu casamento é imperfeito, sua vida é "imperfeita".

Ela mesma se achava perfeita em relação à sua mãe. Sentia que *devia* ajudá-la, pois ela criou os filhos sozinha. Ela tinha de agradar a sua mãe, mas por quê? (Questão 109).

O problema de Violeta é que o "sonho de perfeição", o "sonho de ser a escolhida", ao mesmo tempo que lhe dá forças, cobra-lhe uma solução irreal, inatingível para o humano. Este "sonho" está lhe causando problemas em vez de ser problematizante. Ele está servindo para ela interpretar a vida reduzindo tudo a uma explicação geral, em vez de multiplicá-la e variar suas intensidades. Revivendo histórias que mais dizem respeito à sua mãe (idealizada, por sinal) do que a si própria, ela impede a construção de uma auteridade, de um *outramento*.

É a própria Violeta quem nos dá a medida da força que a faz se iludir com a "perfeição".

Violeta:[67] É. Eles são muito teimosos. Nossa Senhora, demais! Aí, às vezes fico muita perdida naquilo que eu... não sei se ele está copiando alguma coisa de mim ou do pai, né? Porque eu estou achando

---

[67] Quarta entrevista com Violeta. Dia 27/01/1998.

assim que eles tá se espelhando em alguma coisa. Alguma coisa tá errada que eles… não tá…

Questão 21: Você acha que a criança se espelha no adulto?

Violeta: Acho, muito, muito mesmo. Porque eles…

Questão 22: De onde você tira essa idéia? Você era uma criança que se espelhava nos adultos?

Violeta: *[Risos]* Não sei. *Se eu me espelhei foi na minha mãe, sem saber.* Mas acho que eles comparam muitas coisas, né? Pra mim a gente o… nós somos o herói deles, né, então…

Questão 23: Você acha que é possível que você tenha tomado a sua mãe como modelo de referência?

Violeta: Eu acredito que sim.

Questão 24: No que é que você assimilou… No que você se identifica com a sua mãe?

Violeta: Ah, tenho na… na luta que… minha mãe abraçou, né?, o mundo pra… uma por ela ter ficado só com sete filhos e outra porque ela é realmente uma pessoa de muita garra, né?, ela… sempre teve muita dificuldade. Então, eu admiro muito ela nessa parte, né?, e… nunca ela deixou assim — como é que fala? —, veio dar motivo pra que alguém falasse algo dela, que ela não é uma pessoa correta, que ela é uma pessoa vagabunda… essas coisas assim, essas qualidades, né? Muito boa como mãe, como amiga, é uma pessoa muito batalhadora. Acho que eu me espelhei nessa parte dela.

Questão 25: E isso você diz pra… construir a sua identidade de mãe, mulher, moça?

Violeta: Acho que de mãe.

Questão 26: De mãe. Você sente que você se viu forçada a se identificar ou naturalmente foi assim?

Violeta: Não, acho que foi naturalmente. Sempre pensei assim de fazer aquilo que eu tivesse determinado pra mim, fazer bem, entendeu? Se eu comecei uma coisa eu quero terminar, né? Não deixo nada pela metade. Tudo que eu procuro fazer, eu procuro fazer com perfeição. Eu cobro isso muito de mim, a perfeição. Então, eu acho que é uma personalidade minha essa. É uma qualidade, é um defeito? Não sei, né?

Questão 27: Que é querer fazer tudo perfeito?

Violeta: É, é. Não admito as coisas ficar inacabada. Tem que ser acabada. Tem que ter um fim, né? E isso é ruim pra gente, que às vezes é… Tem coisas que você tem que deixar, né? Na caminhada, assim, que, talvez deixar pra trás ou admitir que não dá pra terminar, que não é o momento, mas eu sou muito teimosa nessa parte.

Questão 28: Quando você diz que as coisas têm que ter um fim, você está se referindo… tem que ter uma resposta…

Violeta: Tem, tem.

Questão 29: … uma certeza?

Violeta: Exato.

[Silêncio]

Questão 30: Quanto tempo demorou pra você ter certeza da existência do seu pai ou da morte dele?

Violeta: Ah…

Questão 31: Quanto tempo vocês ficaram sem resposta?

Violeta: Que eu… até eu saber que ele era vivo?

Questão 32: É.

Violeta: Acho que assim que eu… passei a entender, minha mãe sempre falava. Ela nunca escondeu a verdade.

Questão 33: Sabia que ele estava vivo?

Violeta: Já. Ela era assim: ela falava pra todos que ela era viúva, né? Só que pra gente ela falava: "Viúva de marido vivo, né?" Porque ela não sabia se ele tinha morrido ou não. Então…

Questão 34: Tava indeciso ainda?

Violeta: Indeciso, é. Como o meu irmão mais velho que ficou na… assim, né?, se achando responsável por nós, ele achava vergonhoso dizer que meu pai tinha ido embora com a minha tia, então ele falava pra minha mãe que era pra falar que ela era viúva. E assim foi, falando que era viúva. *[Risos]* Aí até que o viúvo-morto apareceu. *[Risos]* É, terrível, mas é assim! *[Risos]*

Violeta tem um "modelo" a seguir e quer se fazer de "modelo" para os filhos ("nós somos os heróis deles", ela diz (Questão 22). Mas para que ela seja um modelo de perfeição como a sua mãe foi para ela, os médicos precisam ajudá-la. Ela precisa "anular" o corpo-suporte de seu filho antes que ele sinta esse corpo como um "erro" e venha a culpá-la dessa imperfeição que ela lhe fez. Ela ainda vivencia o corpo do filho como falta e ela não suporta as faltas, as incompletudes. Tudo tem de estar acabado, tem que ter um fim (Q26). Talvez porque tenha aprendido a ver a separação dos pais como uma "mancha" na família, uma situação que tem de que ser escondida (não se pode dizer que seu pai fugiu; é preferível dizer que sua mãe está viúva; "viúva de marido vivo").

Pelo menos para mim é nítido que Violeta tem alegria em identificar-se com essas antigas referências para moldar a sua existência, pelo menos neste momento. Ela está precisando se identificar com a narrativa de sua mãe para poder se defender da soberania de um discurso médico que lhe diz que o seu filho tem problemas, que o caso dele não tem jeito. Ela precisa resgatar a energia dessa mãe potente e poderosa que ela idealizou, uma mãe que, apesar de todos os abalos da vida, de todas as desterritorializações que sofreu, conseguiu fazer com que os sete filhos se expandissem e sobrevivessem. Violeta tem apenas dois filhos e um marido. Mas o filho visto como "doente" lhe toma todos os espaços e tempo — vale por mais cinco dos que sua mãe já teve. A quem ela vai recorrer se, embora seu marido ainda

esteja lá, o modo como ele lida com a situação é distanciando-se dele? Fazendo dela mesma uma "viúva de marido vivo?".

E se há verdade na sensação de ter sido "a escolhida", esta advém apenas da sua familiaridade com o estranho, da disparidade de ter sido filha de um pai vivo que se fez de morto, de uma mãe viúva de marido vivo, e agora se vê tendo de conviver com um filho que é homem, mas "não tem pipi". Imaginar-se a escolhida é sentir-se "predestinada" a conviver com esses estranhamentos.

Violeta, como Armando, está mesmo precisando dormir, viver em um corpo-de-sonho, pois não está podendo expressar simbolicamente a processualidade de seu corpo-sem-órgãos. Agora é tempo de recuar. Deixar os afectos se processarem para amolecerem as linhas duras de seu pensamento. Violeta irá dormir para acordar renascida, transmutada, mais forte, mais poderosa e guerreira. Há muita batalha ainda por vir, não só em relação àquelas trazidas pela condição física de seu filho, bem como todas as outras que a vida, à nossa revelia, nos prepara.

CAPÍTULO 4
O CORPO-EXTRÓFICO, A FAMÍLIA E A EDUCAÇÃO

No capítulo anterior, vimos como e quando as séries Medicina, Hospital e Estado se cruzaram resultando na rotulação do corpo-extrófico como extrofia vesical, isto é, como anomalia e/ou malformação física.

Algumas questões e evidências me movem neste capítulo na compreensão dos processos de estigmatização sofridos pelas crianças nascidas com este modo de ser do corpo. São elas:

1) À exceção dos casos em que são as meninas que nascem com este modo de ser do corpo, o pai não comparece às consultas com o médico e/ou o psicólogo. Entendo este distanciamento como uma rejeição simbólica e afetiva. Assim, me pergunto sobre o que condiciona esta rejeição deixando tudo ao encargo da mãe, como aconteceu, por exemplo, com Violeta e seu filho;

2) Do ponto de vista das consultas médicas, seriam apenas as preocupações com a sobrevivência das crianças que levariam as mães a se angustiarem com aquilo que ocorre a seus filhos e que lhes escapa ao controle? Por exemplo, a febre que sobe, as fezes que ficam "presas", ou a urina que não pára de vazar, provocando nas mães o incômodo de ter de escutar seus filhos dizerem: "Não vou voltar à escola para não ser caçoado pelos colegas".

3) De que modo às idas às escolas podem ser tão apavorantes para as crianças extróficas?

Ao investigar a resposta para estas questões, concluí que a família e a escola se agenciam à tríade Hospital-Medicina-Estado também com a necessidade de disciplinar o corpo, de docilizá-lo e de torná-lo útil ao exercício do poder, e que estes "medos" e "rejeições" nascem justamente

dos propósitos estabelecidos nesta tríade. Trata-se propriamente de uma aliança que intensifica o poder de submissão do corpo a um padrão daquilo que se crê "normal".

Quanto ao poder, é interessante explicitar aqui duas de suas ramificações feitas por Foucault em sua análise histórica (microfísica) dos pequenos poderes. Tais ramificações são, segundo ele, responsáveis pelos padrões dos comportamentos sociais. Trata-se especificamente da Lei e da norma.

Por Lei, Foucault compreende uma ordem que, por meio da punição e repressão, se impõe como poder sobre os corpos. A Lei exclui, inibe e restringe os corpos via mecanismos de repressão. Sua fundamentação encontra-se nas idéias jurídico-discursivas sobre poder criadas pelo Estado medieval e clássico (Séculos X a XVII).

Nos séculos XVII e XIX, à Lei teria sido agregado a norma via a noção de "dispositivo". Segundo Costa (1986, p. 50), "os dispositivos são formados pelos conjuntos de práticas discursivas e não-discursivas que agem, à margem da lei, contra ou a favor delas, mas de qualquer modo empregando uma tecnologia de sujeição própria".

De um modo ou de outro, os dispositivos servem para dominar o corpo. Para tal, embasam práticas discursivas compostas de teorias que dão consistência racional e epistemológica para justificar o poder. Sua criação se dá por meio da captura de saberes disponíveis, tais como as concepções filosóficas, literatura, religião e ciência. Tais saberes serão articulados visando à finalidade de constrangimento e modulação do corpo para uso do poder. Ao lado destas práticas discursivas, há as práticas não-discursivas que têm os mesmos efeitos da primeira. O discurso não-discursivo é a expressividade material do discurso. Assim, um discurso se materializa por meio do controle do tempo dos indivíduos e instituições, vigilância do corpo, expiação dos gestos, organização arquitetônica das habitações privadas e públicas, etc.

Por fim, combinando-se as regras de ação da práxis com os discursos teóricos sobre estas, "o dispositivo extrai seu poder normalizador" (Ibid.). Conclui-se que como a Lei reprime, a norma, mesmo se utilizando algumas vezes da repressão, tem por efeito a regulação, que visa adaptar os indivíduos à ordem do poder, ao cumprimento das Leis, ora abolindo comportamentos inadmissíveis, ora produzindo novos hábitos, sentimentos e valores sociais.

Para Foucault, o século XIX, por uma série de condições que lhe são próprias, irá inserir a norma em todos os espaços vazios da Lei. O Estado irá dispor de dispositivos diversos (a polícia, a filantropia, a família, etc.) para poder solucionar o seu problema de conservação dos corpos. Porém, o poder, ao investir na família, irá exercer-se no corpo via o controle de sua sexualidade, expressando-se discursivamente na invenção de normas de conduta sexual, e não discursivamente na regulação dos gestos, vestimentas e interiorização das habitações domiciliares e institucionais. Então, é controlando a sexualidade que a família irá potencializar a aliança Medicina-Hospital-Estado no exercício do poder.

Para chegar aos objetivos deste capítulo, é necessário que eu explicite primeiro o tipo de família que estarei tratando aqui. Quero lembrar que este tipo de família que definirei tem a ver com os tipos de famílias encontradas durante a pesquisa.

O QUE É FAMÍLIA?

Por meio dos estudos históricos e antropológicos sobre outros povos e culturas ao longo do planeta, sejam os estudos temporais (por meio de leituras e registros sobre civilizações antigas), ou os estudos *in loco* (contato direto com outras comunidades e culturas), é que fica possível respondermos a esta questão. Tais estudos deixam claro que a resposta à questão que proponho é bastante complexa, pois as concepções do que vem a ser uma família variam de

tempos em tempos e em conformidade com os espaços habitados pelo humano ao longo de sua história. Para se ter uma idéia da vastidão do problema, há definições históricas, sociológicas, antropológicas, psicológicas e empírico – teóricas do que vem a ser um agrupamento familiar.

Para o senso comum uma família é um agrupamento de pessoas "aparentadas que vivem em geral na mesma casa, particularmente o pai, a mãe e os filhos. Ou ainda, pessoas de mesmo sangue, ascendência, linhagem, estirpe ou admitidos por adoção" (Prado, 1984, p.7). É este tipo de família que é chamada de "família nuclear" ou até mesmo "normal". É a este tipo de família que a imensa maioria das pessoas, influenciada pelos modelos de famílias lançados na mídia, novelas, e, desde pequenos, nos livros escolares, refere-se ao falar sobre a família. Mas esta influência não é somente discursiva, simbólica e/ou imaginária. Não se influencia as pessoas apenas por fazê-las se identificar com isso ou aquilo. É preciso inseri-las em corpos-sem-órgãos com práticas específicas que produzam discursos dos quais derivam sentimentos, representações e novos afectos. Pensar o inverso seria reverter a ordem dos fatos. Assim, não seriam as relações de parentesco advindas de práticas específicas de como gerenciar os bens, cuidar da prole e cuidar de si?

A união civil ou religiosa entre um homem e uma mulher (casamento) nem sempre foi vista como uma aliança natural. Nem sempre as pessoas se casaram e constituíram famílias em favor do amor ou do desejo sexual. Paul Veyne (1989, p.45) esclarece que no Império Romano as pessoas se casavam e constituíam uma família para "esposar um dote, pois esse era um dos meios honrosos de se enriquecer, e para ter, em justas bodas, rebentos que, sendo legítimos, recolheriam a sucessão; e perpetuariam o corpo cívico, o núcleo dos cidadãos". Ou seja, nessa época, constituir uma família era uma obrigação cívica e, diferentemente da atualidade, a monogamia não estava associada a esta constituição. Segundo Foucault o papel dos homens em relação à sociedade sofreu alterações quando o Império sucedeu à República e instaurou o estoicismo como norma na nova moral do casal. A partir disso os homens sentir-se-ão obrigados a deixar de serem apenas "soldados do dever cívico" para se tornarem "criaturas morais responsáveis". Tal modificação comportava o seguinte conteúdo:

> A primeira moral dizia: "Casar-se é um dos deveres do cidadão". A segunda: "Quem quer ser um homem de bem só deve fazer amor para ter filhos; o estado do casamento não serve aos prazeres venéreos". A primeira moral não questiona a fundamentação das normas: como apenas as justas núpcias permitem gerar cidadãos de forma regulamentar, deve-se obedecer e casar. A segunda, menos militarista, quer descobrir um embasamento das instituições; como o casamento existe e sua duração ultrapassa em muito o dever de gerar filhos, deve ter outra razão de ser; fazendo com que dois seres racionais, o esposo e a esposa, vivam juntos durante toda a sua existência, ele é, portanto, uma amizade, uma afeição duradoura entre duas pessoas de bem, que só hão de fazer amor para perpetuar a espécie. Em suma, a nova moral queria dar prescrições justificadas a pessoas racionais; sendo incapaz de ousar criticar as instituições, cabia-lhes descobrir um fundamento não menos racional no casamento. Essa mistura de boa vontade e conformismo gerou o mito do casal (Veyne, 1989, p. 48-49).

Em ambos os casos, casar-se para cumprir obrigações cívicas, ou para tornar-se um homem de bem, o casamento não necessita ter sucesso conjugal. Isto é, se os cônjuges se dessem bem, seria por mera sorte.

Essa desvinculação do casamento ao amor perdurou do século XI até fins do século XIX. Não havia uma tradição de paixão nas relações maritais. Do esposo não era exigido que amasse a sua esposa com paixão carnal. Segundo Badinter (1985, p. 46), tal paixão era vista pelos teólogos como um "excesso" conjugal. Tampouco a potência sexual era vista como um "problema" na relação conjugal.

Se o homem era impotente, sua frieza só podia ser atribuída à sua má vontade, ao efeito de um malefício, ou a um castigo dos céus por se ter casado no intuito de saciar uma paixão carnal. Esta última explicação é particularmente edificante, pois diz aos pobres ignorantes da época: se têm desejos... não terão prazer. Em compensação, se não têm desejos, serão recompensados pela boa e pura amizade que têm pelo cônjuge (Ibid., p. 47).

Desse modo, se a impotência masculina ocorria em uma relação, esta não constituía propriamente o motivo pelo qual uma mulher poderia pedir sua anulação, senão o seu pretexto[68]. As condições do casamento implicavam não a satisfação da amizade e ainda menos do desejo. O amor pelo cônjuge não era prerrogativa e eventualmente poderia dele ser sabido quando um deles falecia. Foi preciso esperar o século XIX para que se modificasse a atitude para com a morte do cônjuge. Tornar-se-á então permitido chorar — as lágrimas, simbolizando o amor pelo morto. Nesse intervalo de tempo, ter-se-á passado do *casamento de conveniência* para o *casamento de amor*. Até aqui, o bom casamento é o da homogamia (mesmo nível social), vinculada ao dote oferecido pelo pai da moça. Uma mulher sem dote estava fadada ou a permanecer sob o teto paterno, ou ser criada em casa alheia ou envelhecer em um convento. A esses costumes acrescentava-se o direito e dever do primogênito (casar-se com uma moça rica para não amputar os bens do pai). Quanto mais se descia na escala social, mais a aptidão para o trabalho se tornava necessária. Os trabalhadores menos sujeitos aos imperativos do dote tinham maior oportunidade de fazer um casamento por amor. Não tendo quaisquer bens, não esperavam mais nada da futura mulher.

---

[68] Cf. Pierre Darmon. *O tribunal da impotência: virilidade e fracassos conjugais na antiga França*. Tradução Fátima Murad; revisão técnica Margareth Rago, Stella Bresciani. Rio de Janeiro: Paz e Terra, 1988.

Resumidamente, não é que até a metade do século XVIII não pudesse ter existido o amor-paixão (Araújo, 1999) entre os cônjuges, apenas que este não era esperado como valor social e familiar. Tinha mesmo uma conotação negativa. A paixão entre os cônjuges, na verdade, seria uma base frágil para se escorar deveres coletivos; sendo o amor um "desvairio", não se poderia deixá-lo interferir nos interesses coletivos, os quais mereciam uma racionalidade em seu tratamento.

Vê-se, portanto, que as condições de possibilidade de surgimento da família variam conforme as modificações vão ocorrendo no campo problemático no qual se insere. Seu estudo, portanto, irá depender do paradigma que nos referirmos para compreender estas modificações.

O psicanalista que trabalha com crianças quase sempre convoca os pais para o tratamento, sem o qual não poderá dar prosseguimento. Por trabalhar também com os pais, talvez ele se veja mais propenso a pensar as questões da família. Assim, ele se pergunta sobre qual paradigma de definição dos modos de agrupamento familiar ele deve se basear para decidir como trabalhar com a família de seu paciente, isto é, quem, na família (ou fora dela), exerce as funções maternas e paternas?

Berenstein (1988, p. 28) propõe nas definições do que vem a ser uma família dois planos: o do visível e o do invisível. "Podemos considerar, em princípio, dois tipos de relações familiares: as percebidas de forma clara e distinta como a família de origem, e as que temos em nossa consciência em um limite mais ou menos aberto e difuso compreendendo uma família, freqüentemente de características imaginárias do ponto de vista dos vínculos intrapsíquicos, mas sem ser por isso menos fortes". Em outras palavras, ele propõe dois tipos de organização na definição de família: uma consciente e outra inconsciente. Baseado em definições psicológicas sobre a família, e se utilizan-

do da Psicanálise para tal, ele propõe que a família seja considerada um sistema com uma estrutura inconsciente. Sua definição operacional tem o mérito de desestigmatizar o indivíduo visto como "doente" e entender a "doença" como um estado, um modo de funcionamento do sistema familiar. Não se fala mais, por exemplo, de um indivíduo esquizofrênico, mas, sim, de um discurso esquizofrenizante circulando na estrutura familiar[69].

Como a visão sistêmica propõe uma certa novidade nas estratégias de desestigmatização, ao mesmo tempo a sua compreensão de estrutura e de inconsciente comprometem a abrangência do próprio conceito de inconsciente. Berenstein apóia-se no conceito freudiano de identificação para justificar a trama estrutural que une os indivíduos a um sistema. Seguindo seu raciocínio, a pulsão é o que estaria por trás dos mecanismos de identificação, os quais seriam responsáveis pela delimitação do individual social e do social individual (Ibid., p. 66).

Apoiando-se na tese de Stein (1970) — que é propriamente uma tese fundamental de Lacan[70] — Berenstein propõe que é justamente com o recorte da linguagem sobre a pulsão que apareceria então o inconsciente. Deste modo, no inconsciente existiriam "modelos" de funcionamento e de agenciamento determinando os agrupamentos sociais e estes modelos seriam acessíveis à consciência por meio das normas. Tese que, segundo o autor, é proposta por Lèvi-Strauss, a saber:

> Lévi-Strauss define o inconsciente como uma atividade do espírito regrada por leis universais que produzem expressões no plano do pensamento e do comportamento individual. É assim que o inconsciente se refere não só àquilo que não é perceptível pela consciência e, portanto, sujeito à reconstrução, mas também às formalizações abstratas universais que se repetem em todos os comportamentos huma-

---

[69] "Ao considerarmos *a família do doente mental* como um *sistema* optamos por uma decisão estratégica: desenfocar o problema individual." (Berenstein, 1988, p. 47)

[70] Cf. Jacques Lacan. *A família*. Portugal: Assírio & Alvim, 1987.

nos sob a forma de leis de organização com as quais é ordenado o material das percepções (Ibid., p. 68).

Embora Berenstein afirme que o "inconsciente está historicamente determinado e se conserva em forma estrutural" (Ibid., p. 64), este recorte metodológico de separar a linguagem de sua manifestação puramente verbal restringe o que aqui entendo por inconsciente. De um lado, é inegável que o conjunto das estruturas significantes (discurso) une os membros de uma família (e mesmo de uma sociedade) entre si. Todavia, postular que estas estruturas são propriamente o inconsciente é fechar os olhos para a imanência maquínica que as produz. A tese sugerida tem a sua evidência clínica, mas não sustenta a conceituação de inconsciente, pois o inconsciente freudiano não é a estrutura senão a própria pulsão. Mas Berenstein, ele mesmo, reconhece que a estrutura inconsciente não poderia ser composta apenas por normas de funcionamento. Se assim o fosse, como explicar as suas mutações? Ele mesmo assume a evidência clínica de que o inconsciente é possível de ser partilhado com outros, mas ao justificar essa partilha, essa troca, ele a faz por intermédio das estruturas significantes em comum para os membros de uma família, esquecendo-se que a analogia não é o único modo de funcionamento do inconsciente. Uma analogia pode estar inconsciente, sem que ela seja propriedade do funcionamento do inconsciente. O inconsciente, substantivado, como disse o próprio Freud, funciona por deslocamento e condensação de elementos díspares, que não reservam entre si nenhuma relação analógica que provocaria sua suposta repetição. O inconsciente mesmo quando se repete, ele insiste em sua expansão. Tal expansão se dá rizomaticamente e não analogicamente. Nesse sentido, o "traço Unário" de identificação proposto por Freud, do qual Berenstein faz referência, não seria senão um traço potencializador, de congruência e confluência de fluxos pulsionais insistindo em expandirem, mesmo que para isso tenham que sustentar, por analogia, uma estrutura de significações.

Todavia, Berenstein tem o mérito de levar à clínica com famílias a teoria freudiana do inconsciente na definição do que é uma família. Disso não podemos nos esquecer. Mas seria preciso repensar o inconsciente não apenas como o "oculto", o que está por detrás de uma representação, o que está invisível à consciência. O inconsciente, como aquilo que une um grupo, parece-me uma excelente idéia para se definir uma família, desde que se pense este inconsciente como processualidade, movimento infinito de produção de práticas sociais visando à ligação de díspares. Desde que se pense o inconsciente não como aquilo que apenas se repete, mas isso que retorna em movimentos maquínicos de expansão, que retorna diferente, que retorna esquizoanaliticamente, constituindo, se necessário, uma forma estrutural. Como diria Guattari (1981, p. 167-168):

> Este inconsciente, eu o denominarei "esquizoanalítico", por oposição ao inconsciente psicanalítico, porque se inspira mais no "modelo" da psicose do que no das neuroses a partir das quais foi construída a Psicanálise. Eu o qualificaria igualmente de "maquínico", porque não está essencialmente centrado na subjetividade humana, mas participa dos mais diversos fluxos de signos, fluxos sociais e fluxos materiais. (…) Convém notar, entretanto, que o novo modelo de inconsciente aqui proposto não se opõe termo a termo ao antigo modelo psicanalítico. Retoma alguns de seus elementos, ou ao menos os reconstitui a título de variantes, de casos de figuras possíveis. Na verdade, existe uma fórmula de inconsciente circunscrito num espaço intrapsíquico fechado e no qual se acumulam materiais mentais recalcados por ocasião das primeiras fases da vida psíquica. Não se pode desconhecer que esse território imaginário, esse espaço maldito dos desejos proibidos, espécie de principado secreto, de Estado dentro do Estado, tende a impor sua lei ao conjunto do psiquismo e dos comportamen-

tos. Essa fórmula de inconsciente privado, personológico, familialista, edipiano, teve, aliás, uma grande importância em nossas sociedades, pois nela se apóia todo o sistema de culpabilização, de interiorização das normas que permite que elas funcionem. Mas, eu repito, trata-se apenas de um caso de figura do inconsciente, e não de todo o inconsciente. Existem outras possibilidades de funcionamento e cabe a um novo tipo de análise descobri-la e promovê-las.

Seria, portanto, importante dizer que uma família é propriamente um agrupamento unido por conexões inconscientes cujo propósito é tentar garantir a expansão destas conexões. Tais conexões são sempre de uma ordem pré-individual e, por isso, coletivas.

Do Império Romano até os dias atuais, a família já recebeu inúmeras justificativas para continuar existindo. Haveria algumas invariantes na sua existência? O que se verifica é que nenhuma sociedade existente no planeta conseguiu ainda organizar-se de forma a cumprir suas necessidades de expansão social sem que se utilize da família para tal fim. Assim, a família possui uma função social: sustentar a expansão dos agrupamentos sociais. Tal função, praticamente universal, não impede, entretanto, que de cultura para cultura haja variações no tipo de família criada para dar conta desta função. A função, em si, é de uma ordem coletiva, e a configuração do agrupamento assumirá características particulares, sem, entretanto, diminuir suas funções públicas. Essa função coletiva se expressa na sexualidade, economia, reprodução e educação. Desse modo, a família nuclear também se caracteriza por ter outras funções: a sexual, a econômica, a reprodutiva e a educativa (Spiro, 1980, p. 85). Logo, há normas universalmente estipuladas como condição para que esta função se exerça. São elas:

a) Proibição das relações sexuais e casamento entre parentes próximos, como por exemplo o incesto;

b) Divisão do trabalho baseada na distinção entre os gêneros sexuais. Mesmo que a atualização dos papéis previamente divididos atualmente não seja tão rígida, o que importa é que não há sociedade humana que não se escore neste valor;

c) O casamento é um evento socialmente reconhecido e pretensiosamente duradouro. Por meio dele, a paternidade social, o vínculo de um homem e os filhos(as) da esposa, mesmo quando se trata de adoção, passam a ser reconhecidos de fato, regulamentando a distribuição de heranças, direitos e deveres;

d) De modo geral, os homens adquirem um estatuto de poder e autoridade superiores aos das mulheres, à exceção das sociedades matriarcais e, em alguns casos de influência, das anciãs sobre os homens mais jovens.

Como é possível observar, estas normas, embora variantes em seus conteúdos, ainda persistem atualmente do ponto de vista lógico estrutural, isto é, sempre têm o corpo como objeto de seu exercício. É por isso que não podemos dizer que grupos profissionais, de identidade, ideológicos, religiosos, raciais, educacionais, etc., englobem os indivíduos em sua história de vida pessoal. "São grupos delimitados e temporários, no tempo e no espaço, com objetivos definidos" (Prado, 1984, p.9).

Embora se afirme que a família nuclear, apesar dos conflitos e mudanças sofridas ao longo da História, ainda seja "única em seu papel determinante no desenvolvimento da sociabilidade, da afetividade e do bem-estar físico dos indivíduos, sobretudo durante o período da infância e da adolescência" (Prado, Ibid., p.13-14), há muitas experiências substitutivas da família nuclear que estão se configurando e se afirmando, como possibilidade de não-reprodução das funções e normas historicamente estabelecidas na estrutura social mais ampla. O maior exemplo disso são as comunidades. Elas nascem da união de alguns indivíduos adultos decididos a manterem-se independentes dos esquemas homogêneos oferecidos no grande espectro social. Suas origens advém, basicamente, de dois propósitos:

1) Existência de uma crença em um certo tipo de relação idealizada em prol de uma educação coletiva das crianças e integração dos deficientes (de qualquer idade) na comunidade;

2) Origem mística, religiosa ou até mesmo política, como, por exemplo, uma sociedade anarquista existente no século passado no Brasil, chamada Colônia Cecília, composta por Afonso Schmidt. Além disso, temos as comunidades *hippies* espalhadas pelo mundo a partir da década de 60 ou, a mais conhecida de todas, os *kibbutz*, em Israel[71].

Além das comunidades, a tendência geral de propostas de modificação da família nuclear são aquelas que dizem respeito às normas e não tanto às funções. Como cita Prado (Ibid., p.19-25), os exemplos mais comuns são:

a) Casamento participativo — no qual o marido tenta assumir algumas posições até então impostas às esposas, como: cuidar das crianças, comprometimento com tarefas caseiras e externas e autorizando às esposas os mesmos direitos e oportunidades que eles têm;

b) Casamentos experimentais — trata-se da união heterossexual por tempo variável podendo legalizar-se apenas a partir do nascimento dos filhos. Porém, atualmente a Lei reserva à mulher, após cinco anos de união ilegal comprovada, o direito ao concubinato, o que lhe vale o desfrute dos bens. Ainda assim, o concubinato não se confunde com o casamento;

c) Uniões livres — é semelhante ao casamento experimental, mas tem a variante de, mesmo com a presença de filhos, o casal se recusar a formalizar religiosa e legalmente esta união. Algumas pessoas defendem que este será o modelo de família no futuro, como o único recurso para se preservar o casamento monogâmico. Geralmente, esta união livre ocorre entre um casal em que as partes são independentes economicamente umas das outras. A proposta desta união é a da duração de um afeto e interesse real e vivo entre o casal. Ambos estariam preparados para interromper a relação sem que isso implicasse em prejuízo financeiro, isto é, dificultando a sobrevivência de uma das partes;

d) A união homossexual — quando duas pessoas de mesmo sexo vivem juntas, com ou sem filhos. Os filhos podem ser adotados, ou serem decorrentes de uniões anteriores, ou ainda serem gerados por inseminação artificial (recurso geralmente utilizado pelas lésbicas).

Fica claro, portanto, que a família não é apenas uma estrutura de relações de parentescos como propunha Durkheim:

> (...) se, como muitas vezes acontece, quisermos ver na organização da família a expressão logicamente necessária dos sentimentos humanos inerentes a toda consciência, estaremos revertendo a verdadeira ordem dos fatos. Ao contrário, é a organização social das relações de parentesco que tem determinado os sentimentos respectivos dos pais e dos filhos. (Casey 1992, p. 138 *apud* Durkheim, 1964, p. 349).

Ao se propor o paradigma funcional (o das funções da família) para se pensar a família, a questão do parentesco torna-se não uma Lei, mas uma estratégia de organização que serve para se atingir um fim bastante específico: controlar os bens e gerenciar os afetos. As práticas familiares de produção da subjetividade reguladas por relações de parentesco produzem sentimentos e mitos que são as expressões profundas de alguns valores subjacentes da cultura derivados destas práticas e não das relações de parentesco.

---

[71] Sobre um estudo mais aprofundado dos *kibbutz* como forma de subgrupo dentro de uma comunidade maior, que não desenvolveu a família na sua estrutura social, cf. Melford Spiro, Será a família universal?. Em: Straus, C-L; Gouch, K.; Spiro, M. *A família: origem e evolução*. São Paulo: Editorial Villa Martha, 1980.

Os valores e as normas de criação da família — matéria de operação das funções — são variantes, pois dependentes das práticas sociais que vão atribuindo papéis aos sexos e aos membros da família ao longo da História. E o que promove a variação destes papéis no exercício das funções da família? Isso pode se explicar pela intersecção e conexão de séries independentes ao longo da História.

Conclui-se disso, portanto, que a família não é um fenômeno "instintual", mas antes o resultado de articulações desejantes que criaram este dispositivo com o propósito de operar a manutenção da expansão de determinados agrupamentos coletivos. Articulações que são propriamente rizomáticas, inconscientes, no sentido de invisíveis, moleculares.

Portanto, o modelo hegemônico de "família nuclear" não passa mesmo de uma solução do inconsciente inventada para dar consistência a demandas sociais específicas. No caso desta pesquisa, para todos os participantes entrevistados, este modelo de família nuclear é imperativo. Vejamos, então, como e quando foi a "origem" desta família nuclear? Qual foi o campo problemático que a criou e que tipo de problemas inconscientes ela vem tentar "solucionar?".

As origens da família

Recorro às origens não para constituir um mito que suporte uma ideologia. Não se trata de traçar aqui a "evolução" da família como um "dado natural", como uma evolução de um "instinto humano para viver em grupo ou copular". Longe de me inscrever em uma linha "naturalista" desta história da família, coloco-me em uma posição bem contrária a esta para mostrar que a família é uma instituição "anti-natura", pois se coloca mais do lado do indivíduo, do privado, do que da espécie e do coletivo. Se há "natureza" na origem da família, é justamente o seu caráter de efeito de agenciamento de desejo que a posiciona naturalmente contrária ao instinto tomado como Lei natural de sua produção. Portanto, natural aqui é entendido como produção maquínica e não produção mecânica de desejo.

Desde os trabalhos mais famosos nesta área até os estudos mais avançados, conclui-se que a família, bem como a sua origem, são verdadeiros labirintos. A cada novo achado arqueológico muda-se a teoria que fundamenta sua origem. À parte, porém, as especulações em torno da questão, uma conclusão é unânime: a grande dificuldade de se precisar uma história da família e de sua origem reside na ausência de evidências e registros detalhados sobre como viviam os seres humanos desde o seu início em pequenos agrupamentos. Seguindo a tese de Prado (1984),

> (...) seria preciso, para traçar as mudanças históricas da família, conhecer a história de cada modelo familiar. Assim, por exemplo, tomar uma sociedade no século X, verificar qual o modelo familiar preconizado pelo grupo social dominante naquela época e acompanhar através dos séculos seguintes quais as mudanças constatadas *naquele* modelo particular. Resumindo, diríamos que não se pode falar em história da família, mas, sim, em história de cada grupo familiar (p. 71).

As observações antropológicas e arqueológicas mostram-nos que cada agrupamento social produz o seu modo de composição específico e apenas alguns se unem em família. Além disso, também não será possível contar a história dos laços afetivos de todos os agrupamentos sociais já existentes, pois não há registros que evidenciem as particularidades de cada grupo. Por exemplo, a vida das camadas populares sempre foi ao longo da história humana muito pouco registrada; isto implica no fato de que a informação social comprovada diz respeito a apenas um grupo destacado de pessoas, famílias ou setores, que não chega a ser representativo em relação ao resto do agrupamento.

Os diversos estudos e métodos existentes para se abordar a questão oferecem-nos, portanto, uma visão multifacetada sobre a família. De modo que, "os economistas se preocupam, entre outros, com o consumo doméstico, os etnólogos descrevem as estruturas de parentesco, os juristas analisam as leis relativas à família à luz de uma nova realidade social, os sociólogos pesquisam o seu funcionamento contemporâneo, os psicólogos, os efeitos sobre os indivíduos nas relações inter e intrafamiliares, os demógrafos interpretam o crescimento ou a queda da natalidade, os antropólogos interessam-se pelos sistemas familiares em diversas culturas e assim por diante". (Prado, 1984, p. 52-3). Concluiremos, assim, que não existe tal coisa chamada "A família", e que sua origem e constituição dependerão do paradigma que usarmos para "dispor os elementos em uma certa ordem".

Os estudos de Lewis Henry Morgan[72] (1877) e Friedrich Engels[73] (1884) são um marco na tentativa de responder à questão sobre a origem da família, levando-se em conta uma amplitude na sua disposição dentro da história humana. Interessava-lhes, portanto, pensar a família e sua origem tomando-a como um todo, baseando-se em uma grande teoria, no caso, a econômica, no que tange à relação do ser humano com o trabalho, a propriedade e a vida em sociedade. Em função dos estudos de Engels (inspirados, é verdade, nos estudos de Morgan), muitos outros autores surgiram e hoje já é possível delinear algumas respostas precisas à questão: qual é a origem da família? Primeiramente, sendo a família uma instituição tipicamente humana, é indiscutível entre a maioria dos estudiosos, que ela deve o seu surgimento não às determinações instintuais, mas, sim, à concomitância com o desenvolvimento da linguagem, desejo de subsistência, cooperação, autocontrole, planificação e aprendizagem cultural. Como afirma Gough (1977, p. 81):

> A família impôs-se porque satisfazia as necessidades básicas de prolongado cuidado da prole e permitia que os homens caçassem com armas em grandes extensões de terreno. A divisão sexual do trabalho em que se baseou surgiu de uma divisão pré-humana rudimentar que punha a função da defesa a cargo do homem e o cuidado dos filhos(as) a cargo da mulher. Mas entre os humanos esta divisão sexual de funções tornou-se crucial para a produção de alimentos e desta forma assentaram-se as bases para uma futura especialização e cooperação econômicas.

Não podemos entender a história humana sem levar em conta os achados de antropólogos e arqueólogos que distingüem a espécie humana das espécies animais, vegetais e minerais, justamente porque a relação desta com o mundo de suas satisfações é mediada pela linguagem. Isto é, o ser humano é capaz de simbolização. Entre o Real de seu corpo-suporte e a Imagem do mundo projetada sobre este, há um recorte da linguagem, há um registro Simbólico fazendo a ponte de um a outro. O ser humano pensado desse modo tem a sua história como segue.

A transformação de grupos humanos em certas áreas, de caçadores e pescadores para agricultores, e de uma vida migratória para uma vida sedentária, é a decisão mais revolucionária de toda a história humana. A agricultura não apenas tornou possível o fenômeno do desenvolvimento das populações humanas (que se imagina deva ter aumentado umas sessenta vezes entre 8.000 e 4.000 a.C.), mas também fez crescer a paisagem familiar de comunidades e vilarejos, que ainda era característica da Europa até o fim do século XIX e ainda hoje prevalece em muitas partes do mundo. Atualmente, vivemos uma outra revolução propiciada pela tecnologia cibernética que permitirá, até mesmo, que a humanidade possa, em pouco menos de um século, habitar outros planetas e lá desenvolver novas formas de organização social.

Baseando-se nos achados arqueológicos, os antropólogos e sociólogos são unânimes em afirmar que os humanos viviam em grupos nômades guiados por um ou mais líderes que eram considerados os "pais" de todo o grupo. A paternidade, neste caso, não implica que os pais tinham alguma responsabilidade no cuidado ou educação das crianças, mesmo que ainda tivessem algum afeto por elas.

---

[72] *Ancient society, or researches in the lines of human progress from savagery through barbarism to civilisation.*

[73] *A origem da família, da propriedade privada e do Estado.*

Porém, eles se preocupavam em proteger o grupo de mulheres e de jovens. Tais grupos humanos são chamados pelos cientistas de primatas. "Dentro da teoria evolucionista, os humanos são os parentes mais próximos dos macacos antropóides (o chimpanzé e o gorila africanos, o orangotango e o gibão do sudoeste asiático), e destes últimos, do chimpanzé e do gorila. Parentes mais afastados são, primeiro, os macacos do Velho Mundo e, depois, os do Novo; finalmente os lemúrides e társidos são os parentes mais distanciados" (Gough, 1980, p. 53). Assim pensam os antropólogos e biólogos, em razão das inúmeras semelhanças fundamentais para a constituição de uma família existente entre o ser humano e estes outros primatas.

O quadro do desenvolvimento da humanidade sugerido por Morgan (*apud* Engels [1884] (1953), p. 32), em termos gerais, coincide com o da origem e evolução da espécie humana. Morgan divide cada um destes três estados em inferior, médio e superior. Cada um deles corresponde a uma nova aquisição de produção e/ou instrumento na evolução humana. Assim, ele divide tal evolução em:

a) *Estado selvagem* — período em que predomina a apropriação de produtos da natureza, prontos para serem utilizados. *Fase inferior*: aqui o primata é apenas um colhedor de frutos, nozes e raízes, habitante das matas tropicais e subtropicais, vive nas árvores para escapar das feras selvagens. Seguindo esta lógica, portanto, temos o aparecimento do primeiro primata mais próximo da linhagem humana que é o *Australopitecus robustus* e/ou *Australopitecus africanus*. Embora bípede, este primata não dispunha de conhecimento de instrumentos para a caça, por isso, alimentava-se, basicamente de plantas, vegetais e frutas, supondo-se, até mesmo, que vivesse em árvores como forma de proteger-se dos animais superiores a ele em tamanho. *Na fase média*, ou também conhecida como Paleolítico, o humano já inclui os peixes na sua dieta e aprende a usar o fogo. Tal período corresponde ao aparecimento do *Homo erectus*. Significativamente mais avançado do que seu parente *africanus*, o *homo erectus* possuía queixos menores e uma caixa craniana e ossatura maiores. Os mais numerosos e conhecidos foram encontrados na Ásia ("O Homem de Java" e o "Homem de Pequim"), mas casos isolados também foram encontrados na África e na Europa. O *homo erectus* habitou muitas regiões do planeta, possuía um bom conhecimento do uso de instrumentos feitos de pedra e também, pelo menos o "Homem de Pequim", conhecimento do fogo. O *homo erectus* sobreviveu por um imenso período; cerca de pelo menos um milhão e meio de anos. *A fase superior* é acompanhada com a invenção do arco e da flecha. Aqui, a caça será a prática dominante. Encontramos já indícios de residência fixa em aldeias e certa habilidade na produção de meios de subsistência: vasos e utensílios de madeira, tecidos feitos a mão (sem tear), cestos de cortiça ou junco trançados, instrumentos de pedra polida. Adentramos, portanto, no período Neolítico da evolução do homem. Estas duas últimas fases descritas por Morgan correspondem ao estabelecimento da supremacia do *Homo sapiens*, ou também chamado de *homem moderno*. Tal homem, uma vez definitivamente estabelecido, rapidamente se espalhou por todo o mundo, incluindo, pela primeira vez, as Américas. Por mais de 30.000 anos, contudo, sua tecnologia, embora altamente avançada, ainda era baseada em instrumentos de pedra não-polida, e sua economia era aquela da caça e acúmulo de produtos naturais prontos, como raízes. Como todos os hominídios construtores de ferramentas, sua cultura é ainda classificada de Paleolítica. Será no estágio Neolítico, com o advento das ferramentas de pedra polida e estabelecimento da agricultura, que o homem social, mais do que o homem solitário, começará o processo de rápida evolução.

b) *Barbárie* — período em que aparecem a criação de gado e a agricultura, e se aprende a incrementar a produção da natureza por meio do trabalho humano. A fase inferior da Barbárie inicia-se, segundo Morgan, com a introdução da cerâmica. O traço característico principal deste período é o cultivo de plantas, criação e domesticação de animais como recurso de sobrevivência às intempéries climáticas. A fase média caracteriza-se pela solidificação da convivência humana em tribos. Por fim, a fase superior que se inicia com a fundição do minério de ferro, e passa à fase da civilização com a invenção da escrita e seu emprego para registros. "A ela pertencem os gregos da época heróica, as tribos ítalas de pouco antes da fundação de Roma, os germanos de Tácito, os normandos do tempo dos vikings" (Engels, 1884, p. 31).

c) Por fim, entramos no terceiro período, a *Civilização* — período em que o homem continua aprendendo a elaborar os produtos naturais, período da indústria propriamente dita.

É importante destacar que estes períodos, embora descritos aqui separadamente, ocorreram em função de mudanças climáticas e do cruzamento da invenção de novas tecnologias na vida cotidiana dos agrupamentos sociais. De fato, é possível defender a tese que conforme o "ambiente", parte integrante do campo problemático de cada agrupamento, ia propondo problemas, os indivíduos iam criando tecnologias visando à solução destes problemas. Assim, a Antropologia e a Arqueologia corroboram a nossa tese de que a subjetividade é produzida a partir das práticas sociais e dos agenciamentos de desejo que as sustentam.

No que tange às mudanças climáticas, ora estas baniram espécies inteiras de animais da face da Terra e originaram outras formas de vida, ora tornaram algumas regiões impossíveis de se habitar. Por conta disso, algumas espécies de primatas ou desapareceram por completo, ou, conforme iam migrando de uma região a outra, iam se modificando por conta da necessidade de produzir novas práticas de relação com o campo problemático que se lhes apresentava. Não é impossível, portanto, encontrarmos indícios de ambas as fases da evolução humana coexistindo nos períodos de transmutações da espécie. Por exemplo, é sabido que os povos asiáticos, muito mais cedo que os africanos, já dominavam a escrita e outros conhecimentos e, ainda assim, existiam no mesmo período em que seus supostos descendentes africanos que ainda não dominavam esta tecnologia. O pivô para se entender tamanha complexidade e paradoxo é, sem dúvida, as condições territoriais, isto é, o campo problemático constituído em cada lugar por onde a espécie humana passou. Mais curioso ainda

é o nascimento do sentimento de propriedade que aparece na medida em que o hábitat se torna mais propício à sobrevivência da forma humana, instaurando nela uma tendência sedentária e, a partir disso, propiciando o nascimento da família.

É, portanto, por causa da necessidade de sobrevivência, ou antes, de expansão desta forma humana, e aos métodos desenvolvidos para se alcançá-la, que a família advém como possibilidade; isto é, o ser humano percebe que sozinho estará muito mais vulnerável e propenso a morrer. Mas, mesmo que ainda precisasse viver em grupo para evitar a morte, as condições climáticas adversas e a sua incapacidade de solucionar os problemas propostos pelo campo problemático, as soluções para estes problemas foram adquiridas com o tempo. Foram precisos milhares de anos para que se aprendesse a manejar um instrumento e a descobrir o fogo. Mas a "descoberta do fogo" não foi propriamente uma descoberta senão uma invenção, uma solução para problemas específicos daquele campo problemático. Quando tais coisas aconteceram, já não era mais preciso fugir sozinho da morte. Agora poderiam se reunir em bandos e juntos se protegerem. Tal convivência produziu uma dobra na subjetividade humana, inspirando esta forma a novas práticas das quais derivaram novas sensações e desejos. Dentre estas, a produção da família e as suas conseqüências: do surgimento do sentimento de propriedade, a agricultura, a divisão sexual do trabalho estipulando funções no grupo, até o desdobramento dos Estados e Nações. Evidentemente, cada sentimento deste precisou da inclusão de uma nova forma de conhecimento, advinda, na maioria das vezes, de outras novas modificações no campo problemático. De modo que a história humana não seria propriamente uma "evolução", senão uma "involução" própria do campo problemático. O ser humano não evolui por desenvolvimento, mas por "saltos" qualitativos, que nada tem a ver com melhor ou pior, simplesmente ou são mais ou menos intensos, mais ou menos velozes, mais ou menos duráveis.

A família, do ponto de vista "evolucionista", portanto, provavelmente apareceu na fase média do período selvagem descrito por Morgan. Embora Morgan e Engels talvez estivessem certos em pensarem que o precedente da família humana é uma etapa de promiscuidade sexual (1884, p. 35-40), bem como acertaram quando disseram que os ordenamentos econômicos e matrimoniais primitivos dentro do grupo eram igualitários, faltou-lhes, para que pudessem avançar em suas teorias, a idéia de que estas transações econômicas e matrimoniais baseavam-se em relações de grupo.

Neste ambiente, a unidade familiar entre os primatas humanos consistia apenas de uma mãe e uma ou duas crias, de modo que a criação de um bebê era trabalho exclusivo da mãe. Como na sua maioria, entre quase todos os mamíferos, a mãe primata fazia todo o trabalho. Para além do trabalho de alimentar, cuidar e proteger dos perigos, as mães primatas também tinham de ensinar suas crias a preparar seu ninho para dormir, a cavar para se alimentar de raízes e tubérculos, e a aprender a se comportar entre os membros do grupo. As mães primatas conseguiam realizar todas essas tarefas sozinhas, desde que a comida lhes estivesse disponível. Por isso, o homem, desde cedo assumiu o papel de prover o grupo com comida, tornando-se, portanto, um caçador. Assim, no período em que nasciam as crias, por serem elas desprotegidas e precisando mamar durante vários meses ou anos, as mulheres se tornavam dependentes da comida trazida pelos homens. Porém, tal situação assim estabeleceu-se na medida em que os grupos foram ficando maiores e a caça abundante. É possível imaginar que, *a depender das condições de oferta de caça*, as mulheres também tomavam parte nas caçadas e na busca por outra forma de alimentos (vegetais, raízes, etc.). Mas quando a carne se tornou o alimento principal da espécie — talvez porque os vegetais e raízes ficaram escassos —, os homens dominaram essa função. Às vezes, talvez, cada homem em um bando concentrava-se em alimentar apenas uma mulher (no máximo duas) e suas crias. Deste modo, começou a germinação da unidade familiar. Temos aqui, portanto, a divisão sexual do trabalho que ainda nos tempos atuais é o que sustenta a configuração da maioria das famílias humanas.

A novidade da experiência parental compartilhada proporcionou a ambos, homem e mulher, a aprender e cultivar o hábito de cuidar um do outro. Além desta convivência familiar, ela trouxe também a cooperação de grupo e a linguagem. Como sugere Gough (1980), em uma visão crítica desta divisão sexual do trabalho:

> Desde o início, as mulheres sempre estiveram subordinadas aos homens num certo número de setores chaves: estatuto, liberdade de movimentos e liderança política. Contudo, antes da revolução agrícola, e mesmo durante vários milhares de anos depois, a desigualdade baseava-se no fato inalterável do longo cuidado que a prole requer e na tecnologia primitiva. O alcance de tal desigualdade variava de acordo com a ecologia e com a divisão sexual do trabalho daí resultante. Mas, em qualquer dos casos, tratava-se fundamentalmente de uma questão de sobrevivência, mais do que de imposições culturais introduzidas pelo homem. Daí a sensação de dignidade, liberdade e respeito mútuo entre homens e mulheres que qualquer pessoa tem ao visitar sociedades caçadoras e horticultoras primitivas. Isto é válido tanto para as sociedades matrilocais como para as patrilocais... (p. 83).

Essas *invenções humanas* criadas para solucionar problemas produzidos no campo problemático no qual as famílias se encontravam foram, sem dúvida, um divisor de águas entre o que hoje somos e nossos antepassados primatas. As crianças, agora que passavam mais tempo sob os cuidados maternos e paternos, passaram, diferentemente de seus antecessores, a precisar de novos cuidados, pois que estavam amadurecendo muito mais vagarosamente. A longa dependência das crianças em relação aos adultos lhes propiciou uma expansão das sensações, sentimentos e idéias, pois que esta dependência instaurou um convívio propício para o aprendizado. Ela também uniu os adultos, trazendo um estreitamento dos laços e vínculos afetivos e de necessidades. Contudo, certamente a necessidade de expansão da espécie antecedeu a "necessidade" de afeto, já que os antepassados do *homo erectus* não viviam em bandos e, ainda assim, sobreviveram. Conclui-se disso que vínculos, afectos e sentimentos são também produtos de um certo encontro do humano com forças não-humanas[74].

Paulatinamente, os homens foram se unindo para caçar e se afastando do bando, de modo que as mulheres passavam a cuidar das "casas-cavernas" e a providenciar os complementos alimentares (vegetais e raízes). Confinadas às "casas-cavernas", elas devem ter desenvolvido uma enorme curiosidade por saber o que havia acontecido durante as caçadas. Esta curiosidade talvez tenha levado a espécie a caminhar em direção à invenção da linguagem, como se pode supor a partir dos desenhos realizados nas paredes das cavernas, que, para além de sua função mística (dominar o animal antes de caçá-lo), também tem a sua função social de compartilhar com o bando os eventos transcorridos durante aquele ato[75].

As crianças passaram a ficar com seus "pais" mais e mais, às vezes mesmo depois de haverem crescido. Eles(as) escolhiam e/ou "raptavam" parceiras(os) de outras tribos e as(os) traziam para morar junto consigo em seus bandos de origem. Os meninos e jovens ajudavam nas caçadas. As meninas ajudavam nos campos e nos cuidados com os bebês.

Com a expansão do grupo e a abertura de novos horizontes, regras mais rígidas tiveram de ser feitas. Regras que permitiram a convivência dentro daquele grupo. Os caçadores tiveram de aprender a designar qual homem iria atacar em determinada parte do animal. Nasceram, portanto, estratégias de convivência e cooperação. Eles tiveram de aprender que tipo de comportamento era esperado deles durante a caçada. E eles tinham de saber que as mulheres e crianças deixadas para trás em função da caçada estavam respeitando as regras de convivência estabelecidas pelo grupo, de modo que pudessem

caçar com tranqüilidade e ter a certeza de que, no regresso, encontrariam acomodações e alguém que lhes preparasse a caça. Do contrário, não fazia sentido regressar com a caça. Esta poderia ser comida no local de seu abate.

Forçados pela prática de divisão do trabalho, eles tiveram de estabelecer regras sobre como os jovens deveriam se casar. Porque nenhuma família queria ser privada da ajuda de um neto ou neta. Criaram-se então as regras de aliança, parentesco e troca. Como é sabido, durante muitos períodos, a mulher foi colocada neste lugar de objeto a ser trocado. Uma tribo diria a outra: "Você me dá uma filha para meu filho e eu lhe dou uma filha para o seu filho".

O casamento com membros de outras tribos e bandos trouxe mais e mais pessoas para dentro do círculo dos cuidados e preocupações da família. E, a partir destas regras de acasalamento, estas preocupações e cuidados eram cada vez mais maximizados. As pessoas agora não eram mais facilmente esquecidas, mesmo (e em alguns casos principalmente) depois da morte. Destes novos membros era esperado que garantissem a cooperação e ajuda em tempos difíceis, criando-se assim em seus membros o sentimento de pertença e segurança em uma imanência que se tornava cada vez mais complexa e assustadora, de modo que, na medida em que o ser humano ampliava a sua consciência sobre a complexidade dos eventos que o cercavam e dos quais ele fazia parte, mais e mais ele foi se tornando prisioneiro de seus próprios medos, representações e anseios. Quanto mais as regras iam se complexificando, mais a subjetividade ia se dobrando em torno de si mesma. Assim, nasceram regras para sociedades matriarcais e patriarcais, para identificar os jovens a partir de seu grupo de origem. Se a liderança de um grupo estava centrada na figura do pai, então este e seus irmãos exerceriam grande poder sobre a sua geração. Os rapazes iriam herdar de seus pais as armas de guerra, as suas canções e as suas magias. Se, por outro lado, eles fossem pri-

---

[74] Sobre o surgimento do Amor, ver o capítulo "A natureza da paixão", em James Casey. *A história da família*. São Paulo: Ática, 1992, pp. 107-38.

[75] Para um aprofundamento maior sobre a função da Arte Primitiva, Cf. Frans Boas. *Primitive art*. New York: Dover Public. Inc., 1955, bem como Ernst Fisher. *A necessidade da arte*. Rio de Janeiro: Jorge Zahar Ed., 1973.

meiramente considerados membros do grupo materno, então os irmãos da jovem exerceriam o poder sobre o cunhado e seria deles que ele iria receber a herança.

Embora este tipo de regra pudesse enfatizar um modo de arranjo familiar em detrimento de outros, ninguém era realmente desincumbido dos cuidados com as crianças. Todos os parentes (sejam por consangüinidade ou não) tinham uma participação na criação e educação das crianças. Se a família do pai concedia nomes e propriedades, então, os parentes da mãe geralmente ofereciam afeto e espaço para a convivência com a criança. Eles eram aqueles que cuidavam das crianças e as autorizavam a "quebrar" as regras impostas pelo outro grupo, e vice-versa se os irmãos da mãe eram os que davam os nomes e propriedades.

Com o passar do tempo e aumento das riquezas, diferentes tipos de regras e arranjos matrimoniais e de cuidados das crianças apareceram. Em alguns grupos os homens podiam ter várias mulheres, tantas quantas ele pudesse sustentar. E em outros, as mulheres poderiam ter quantos homens acreditassem necessários para sustentá-la. Alguns, entretanto, tornaram-se monogâmicos. Esta forma de agrupamento é a que prevalece em termos numéricos por razões puramente econômicas. Como sugere Engels ([1884], p.61): "Baseia-se no predomínio do homem; sua finalidade expressa é a de procriar filhos cuja paternidade seja indiscutível; e exige-se essa paternidade indiscutível porque os filhos, na qualidade de herdeiros diretos, entrarão, um dia, na posse dos bens de seu pai". Em função desta necessidade, cresceu o espírito moral e o sentido de valores; nasceu, assim, a linhagem.

Se as noções de moral e valor — no sentido de produção de um equivalente geral para controlar e dispor os desejos humanos no campo problemático — são uma solução para se manter as pessoas unidas, elas também causam separações, uma vez que o equivalente geral se aplica não somente aos grupos, mas também a cada membro do grupo individualmente. Com isso, nasceram os desejos de ser importante, de ser notado, de ser valorizado, bem como a inveja e o ciúme. Se, em um bando animal, na época do acasalamento, os machos lutam e se mostram superiores, não é senão para poderem copular e expandir a espécie. O mesmo não ocorre com os seres humanos que, no acasalamento, também satisfazem seus desejos de poder e narcisismo. Tais desejos, que também foram impulsionados pelo desenvolvimento da propriedade individual e familiar sobre o gado, grandes pastagens e terrenos para plantações, como ocorreu na época dos grandes feudos, produziram outras formas de riqueza herdáveis, geraram o acúmulo excessivo de capital, bem como produziram novas regras de herança destes bens. "Isto cristalizou na formação do Estado, uns 4.000 anos antes da nossa era. Com o desenvolvimento da sociedade classista e com a dominação masculina sobre a classe dirigente do estado, a subordinação das mulheres aumentou para alcançar o seu mais alto grau nas famílias patriarcais dos grandes estados agrários" (Gough, 1980, p. 83).

Por fim, estudar a origem da família, faz-nos refletir sobre a sua necessidade; isto é, a família é necessária? Tudo leva a crer que ela foi, inicialmente, fundamental para a procriação e sobrevivência da espécie humana. Mas e hoje, a Biologia, a Genética, com a criação dos bancos de esperma e óvulos, já não haveriam de ter solucionado o problema da perpetuação da espécie? Neste sentido, a família ainda é necessária? Esta não é uma questão que pretendo responder aqui. Apenas a levantei para indicar que se ela surgiu foi como solução para um problema e não porque fosse "instintual". Foram as problematizações do campo imanente de produção da forma humana, sua mistura com formas não-humanas (o clima, a vegetação, etc.), que impulsionaram os seres humanos a se agruparem e estes agrupamentos os forçaram a lidar e conviver com novos afectos produzidos neste encontro.

Se, inicialmente, a divisão sexual do trabalho justificou a subordinação da mulher ao homem e à "casa-caverna", não faz sentido, por exemplo, que ela tenha permanecido durante milênios nesta posição. Haveria de fato alguma determinação natural que fizesse a mulher se subordinar ao homem no seio da família? Evidentemente que não. O que irá definir o lugar da mulher, do homem, dos filhos, enfim, de todas as formas humanas e não-humanas na família, são as relações desejantes entre as mulheres e os homens dentro de cada campo problemático, que irão definir sua posição e função social no grupo.

Assim, a divisão sexual do trabalho explica apenas parcialmente a função social da família e a distribuição dos papéis e funções de seus membros. A origem da família pensada por aí diz respeito a um determinado modo de enunciação de conexões inconscientes.

A GENEALOGIA DA FAMÍLIA NUCLEAR E DA INFÂNCIA

ATÉ O SÉCULO XVII

Nesta época, como vimos, um homem e uma mulher não se uniam por amor-paixão, senão por conveniência, por interesses de perpetuação dos bens e propriedades da família e conservação das classes sociais. Assim, o amor entre o casal e pelos filhos não era uma prerrogativa.

Segundo Ariès (1981, p. 203), até o século XVI a família quase não era representada iconograficamente. O que se destacava nas pinturas era a vida exterior, a rua, as multidões. A vida era experimentada em público, de modo que a intimidade era rara. As crianças, adultos e criados viviam misturados uns aos outros, não permitindo que a família fosse vivenciada como um sentimento ou valor. O que unia uma família como tal não eram os laços afetivos, mas, sim, os laços de sangue. Ele conclui:

> No mundo dos sentimentos e dos valores a família não contava tanto como a linhagem. Poder-se-ia dizer que o sentimento da linhagem era o único sentimento de caráter familiar conhecido na Idade Média. Mas ele é muito diferente do sentimento da família, tal como o vimos na iconografia dos séculos XVI e XVII. Estende-se aos laços de sangue, sem levar em conta os valores nascidos da coabitação e da intimidade (Ibid., p. 213).

Tínhamos, portanto, um "sentimento de linhagem", em detrimento do sentimento moderno de família. A evolução de um a outro aconteceu lentamente e seu início é mais marcadamente expresso no século XIV. Essa evolução passa necessariamente pelo cruzamento das séries jurídicas, religiosas e médicas que reatircularam e criaram novas formas de subjetivações para a mulher, o homem e a criança. Assim é que o casamento, anteriormente visto como uma exaltação da linhagem e dos prazeres carnais, passa por um processo de beatificação, sendo indispensável à legalidade da união a cerimônia religiosa.

A criança, a princípio, não tinha um mundo próprio. A sociedade nos séculos XI e XII não via a infância como possuindo uma especificidade ou propriedade. A criança era um "pequeno adulto", diferindo deste apenas no tamanho e na força, sendo de resto igual. Do século XIII em diante passaram a surgir alguns tipos de crianças que se aproximam um pouco mais do sentimento atual que temos em relação a este período da vida humana. Assim, surgiu o modelo de "criança-anjo", o modelo de "criança-menino Jesus", o modelo de "criança-nua", o modelo da "infância dos Santos" e o modelo proposto por uma iconografia leiga que retratava a criança "misturada" à multidão e à família, mas "ressaltada" no colo da mãe, indicando já uma tendência de aproximação destes dois personagens que não irão mais se "desgrudar" a partir da metade do século XIX quando nasce o *sentimento de infância*.

Ariès conta-nos: "O primeiro sentimento de infância – caracterizado pela "paparicação" – surgiu no meio familiar, na companhia das criancinhas pequenas" (1981, p. 163). Se eram paparicadas, era porque se podia dedicar mais tempo aos seus cuidados e se isso ocorria é porque a criança ia assumindo uma nova função no interior da família: a de preservação da linhagem e do patrimônio.

Outra prática irá ajudar a potencializar o sentimento de infância. É a iconografia quem irá dar a primeira resposta a Ariès. Após a "Idade das Trevas", permitiu-se a representação do corpo nu do Menino Jesus, o que contribuiu para a produção de um imaginário de pureza e sensibilidade com relação às crianças. O caráter cristão conferia às pessoas valores éticos que impunham aos demais uma conduta caritativa, benevolente, tolerante e magnânima, ou ainda reparadora e de vigilância, em nome do "amor ao próximo" e da Teologia do pecado e da predestinação. Ariès dirá:

> O segundo [sentimento de infância], ao contrário, proveio de uma fonte exterior à família: dos eclesiásticos ou dos homens da lei, raros até o século XVI, e de um maior número de moralistas no século XVII, preocupados com a disciplina e a racionalidade dos costumes. Esses moralistas haviam-se tornado sensíveis ao fenômeno outrora neglicenciado da infância, mas recusavam-se a considerar as crianças como brinquedos encantadores, pois viam nelas frágeis criaturas de Deus que era preciso ao mesmo tempo preservar e disciplinar. Esse sentimento, por sua vez, passou para a vida familiar (Ibid., p. 164).

No século XVIII, portanto, esses dois sentimentos de infância se sedimentam em função do acréscimo de um novo dever da família em relação aos filhos: o de se preocupar e cuidar da higiene e saúde física das crianças, para que seus corpos, investimento do Estado, sobrevivessem. Mas essas funções vinham mascaradas pelo mito do amor materno e pelo sentimento de infância, que se tornaram modelos universais na constituição do sentimento de família.

Mas até lá, a existência frágil e suscetível às doenças das crianças não tinha um peso considerável que valesse o esforço de se registrar na memória. Até o século XVII, a morte dos filhos dos burgueses era sentida com pena, mas sem luto. Philippe Ariès justifica essa reação dos pais defendendo a tese de que isso seria muito natural nas condições demográficas da época.

> Esse sentimento de indiferença com relação a uma infância demasiado frágil, em que a possibilidade de perda é muito grande, no fundo não está muito longe da insensibili-

dade das sociedades romanas ou chinesas, que praticavam o abandono das crianças recém-nascidas. Compreendemos então o abismo que separa a nossa concepção da infância anterior à revolução demográfica ou a seus preâmbulos (Ibid., p. 57).

Para Badinter (1985), porém, as crianças não morriam apenas ou por doenças ou por acidentes, mas, também, ou por descaso das amas-de-leite (nutrizes), ou simplesmente por rejeição das mães e pais. O que é curioso aqui é pensar que independentemente do modo como elas morriam, em nenhum dos casos, a mãe ou o pai sentiam-se compromissados com a criança. Tal desimplicação parental se expressa até mesmo na indiferença de certos pais em comparecer no enterro de seus filhos. A aflição em torno da criança morta é permitida, mas depende da qualidade particular da criança morta. "Para todas as demais, teria parecido inconveniente chorar. Talvez porque o sofrimento era contrário ao espírito da religião? Ou simplesmente porque teria sido ridículo lamentar uma criatura tão inacabada e imperfeita como uma criança, como hoje reprovamos as pessoas que choram a morte de seu cão?" (Ibid., p. 91).

Ora, a indiferença para com as crianças propiciava às mães maior tempo para se dedicarem à satisfação de seu papel de mulher e esposa. Tal satisfação pode ter gerado nelas uma vontade de emancipação e de poder. Na época, a maternidade não tinha nenhum valor social. O que era importante e específico da função feminina era a procriação (gestação e concepção). Portanto, as mulheres não perdiam seu tempo exercendo uma função que em nada lhes acrescentava. Ao parirem uma criança (especialmente se esta fosse do sexo masculino), já teriam cumprido boa parte de sua função social, sobrando-lhe o resto da vida para vir a ser outras coisas e ter outras experiências.

Desde o início do século XVII, as mulheres que quiseram se destacar podiam, assim, ser livres e soberanas, bem ao contrário da condição da mulher esposa e mãe. Estas mulheres, segundo a avaliação de Badinter (1985) e Donzelot (1986), foram as primeiras feministas. E feminista aqui equivale dizer ser um pouco mais que mãe e uma esposa diferente. Sonhavam com a intelectualidade, mais pela forma que pelo conteúdo.

Para melhor avaliar o caminho percorrido por algumas dessas mulheres, é preciso lembrar que toda educação propriamente intelectual lhes era proibida. Na escola, em casa ou no convento, evitava-se desenvolver esses espíritos. E mesmo se houve, aqui e ali, pequenas modificações de programa, o conteúdo do ensino das meninas foi de uma mediocridade espantosa até a primeira metade do século XIX, pois a finalidade era sempre a mesma: fazer delas esposas crentes, donas de casa eficientes. Num internato ou num convento do século XVII, ensinava-se mais ou menos a ler e escrever, mas o essencial do ensino se dividia entre os trabalhos de agulha e os cursos de religião. Em numerosos estabelecimentos, as moças, abandonadas a si mesmas, saíam tão ignorantes quanto tinham entrado. E quando a sua educação se fazia em casa, sob a suposta direção da mãe, os resultados não eram muito mais brilhantes, salvo exceção (Badinter, 1985, p.111).

Mas para alguns filósofos e moralistas da época, o saber estraga a mulher, distraindo-a de seus deveres mais sagrados.

Mas quer sejam filósofas, mulheres do mundo ou gozadoras, todas essas mulheres tinham em comum o mesmo egoísmo sólido. Todas sacrificaram suas obrigações maternas a seus desejos pessoais, fossem eles insignificantes ou legítimos. Às menos favorecidas, que só pensavam em imitá-las, ofereceram o exemplo da indiferença, que foi elevada à categoria de valor dominante (Ibid., p.119).

Essa escolha teve o preço da morte dos filhos. Em análise de obituários dos séculos XVII e XVIII, Badinter constata que a vida dos pais, e principalmente a das mães, foi paga com a morte das crianças que geraram. Até fins do século XVIII, a taxa de mortalidade infantil era altíssima. Tal fato produzirá a segunda razão que explica o "desapego" das mães (e também do pai) em relação a seus recém-nascidos, pois valia mais a pena não se "apegar" àquela criança frágil do que vir a sofrer depois com sua morte. Todavia, segundo a autora, esta tese está eticamente embasada na idéia de que a maternagem é natural nas mulheres. "A partir daí, alguns concluíram que podia haver maior ou menor amor materno, segundo as dificuldades externas que se abatem sobre as pessoas, mas que esse amor existe sempre. O amor materno seria uma constante transistórica" (Ibid., p. 86). Porém, a autora propõe inverter a tese: "Não é porque as crianças morriam como moscas que as mães se interessavam pouco por elas. Mas é em grande parte porque elas não se interessavam que as crianças morriam em tão grande número" (Ibid., p.87), e é isso que explica que, até o século XVIII, a morte dos filhos de pequenos burgueses era sentida com pena, mas sem aborrecimento, sem luto.

A maioria das mulheres, e especialmente as aristocratas, negavam-se a amamentar seus filhos justificando que a amamentação é fisicamente má para a mãe e pouco conveniente. É fisicamente má, pois a criança lhe retira o leite que é imprescindível para a saúde de seu corpo, especialmente para a sua recuperação pós-parto. Além disso, o choro das crianças era visto como irritante e perturbador, porém o grito de um condenado à decapitação não o era. Também argumentam que a amamentação lhes produz certa fraqueza, além de amolecerem o seu seio. Mas se estes argumentos não fossem convincentes, caberia utilizar os de ordem social e moral. Amamentar o filho equivalia a confessar que não se pertencia à melhor sociedade. O argumento moral residia no fato da vulgaridade de oferecer o seio à criança para amamentá-la onde quer que fosse, o que aproximaria a mulher dos animais (vaca leiteira). O pudor é um sentimento real que, em conflito com o desejo de amamentar, retiraria a mãe de circulação social.

Para os maridos, o aleitamento é sinônimo de sujeira, além do que retira a sensualidade da mulher e restringe-lhe o prazer. Além disso, há aconselhamentos médicos que pregam que o esperma faz o leite azedar e o estraga, de modo que isto impediria a mulher de ter relações sexuais durante a gravidez para poder amamentar, fato que irritaria os maridos. Tal aconselhamento ameaçava a coesão familiar, já que, como alternativa para sua satisfação sexual, os maridos recorriam a amantes.

Assim, o bebê é, de fato, um estorvo que deve ser entregue a amas mercenárias. Então, alguns outros prazeres mais valorizados na época justificam as atitudes das mães para não se interessarem pelos cuidados de seus filhos (sejam as mães abastadas ou as nobres ou as de classe média que se apressavam em copiar as suas irmãs e conhecidas de vida social mais elevada). Os prazeres da mulher elegante residem essencialmente na vida mundana, que são: receber e fazer visitas, mostrar um vestido novo, freqüentar a ópera e o teatro, dormir até o meio-dia. O prazer de parecer elegante e sofisticada implicaria no distanciamento afetivo para com os filhos já que é deselegante e insignificante parecer amá-los em demasia. Por fim, um valor moral-religioso que censura as mães por serem tenras em demasia com as suas crianças; tal valor realiza o prazer de dominação dos pais sobre os filhos, ampliando ainda mais o distanciamento afetivo da criança para com seus genitores.

No século XVII e sobretudo no século XVIII, a educação da criança das classes burguesas ou aristocráticas segue aproximadamente o mesmo ritual, pontuado por três fases diferentes: a colocação na casa de uma ama, o retorno ao lar e depois a partida para o convento ou o internato. A criança viverá no máximo, em média, cinco ou seis anos sob o teto paterno, o que não significa absolutamente que viverá com os pais. Podemos dizer, desde já, que o filho do comerciante ou do artesão, como o do magistrado ou do aristocrata da corte, conhecerá uma solidão prolongada, por vezes a falta de cuidados e com freqüência um verdadeiro abandono moral e afetivo (Badinter, 1985, p.119).

A ama, então, poderia ser escolhida seguindo-se os seguintes métodos (Ibid., p. 120):

1) Se se tratar de uma família nobre, os pais, com a ajuda de um médico, escolhem com cuidado a ama, como aconteceu com o jovem duque de Borgonha em 1682, ou com os filhos de Maria Antonieta. Para isso, seleciona-se a que parece "a mais sadia e de bom temperamento, de boa cor e carne branca. Não deve ser gorda nem magra. É preciso que seja alegre, bem-disposta, viva, bonita, sóbria, mansa e sem nenhuma paixão violenta".

2) Se se tratar de classe popular, a escolha da ama ocorre depois que a criança nasce sem nenhum planejamento ou classificação da ama. A que primeiro aceitar a tarefa será a escolhida.

3) O terceiro método é o de recorrer às "recomendadoras" que são verdadeiras intermediárias que fazem ponto nos mercados ou nas grandes praças e são elas quem providenciam as amas-de-leite para as famílias.

A pobreza e a miséria colocam estas amas em estado deplorável de existência, ocasionando, portanto, o alto índice de morte dos bebês. Além disso, há o fato de que essas crianças são ou mal, ou inadequadamente alimentadas, além, claro, de intoxicadas com narcóticos que são utilizados para as fazerem parar de chorar. Se ela ainda sobreviver a tudo isso, deve também tentar sobreviver à sujeira e à falta de higiene. Por fim, temos a entrega das crianças às governantas e preceptores, bem como a ida aos internatos. A literatura é prodigiosa nestes temas evidenciando o tipo de subjetividade criada a partir destas práticas sociais[76].

Badinter ainda cita inúmeros dados e exemplos em que se a criança tivesse sido conservada por no mínimo três meses com a mãe biológica e por esta amamentada, talvez pudesse ter sobrevivido. O seu argumento é que nem a miséria e nem a condição social justificam a atitude de certas mães "esclarecidas" de melhor avaliar as amas para as quais

---

[76] Cf. Raul Pompéia. *O Ateneu*, século XIX. São Paulo: Melhoramentos, 1997

seus filhos serão entregues e, mesmo nos casos onde fica provada a incompetência de uma ama para garantir os cuidados com os bebês, ainda assim ela e essa prática não fazem com que as mães se prestem à amamentação e cuidados. De qualquer modo não conclui que se trata de um egoísmo ingênuo, mas, sim, de uma busca da mulher para mudar sua função social.

A partir do século XVIII

No Renascimento, vemos nascer o indivíduo e o individualismo como série que irá se desenvolver paralelamente às séries do hospital e médica. Aqui, não são mais as relações de divisão sexual do trabalho que determinarão as formações familiares, senão as relações com o corpo, agora visto como produtor de força de trabalho. Tais mudanças, escoradas em práticas específicas de controle do Estado sobre os corpos, vão dobrando a família para o interior de si mesma, produzindo nela uma intimidade até então nova que tem seu ápice nos séculos XVIII e XIX. A família vai se tornando um valor social, a base do Estado na conservação das crianças e sua existência tornando-se tão "natural" como era o sentimento de linhagem na Idade Média. O homem público, com deveres cívicos e morais, dobra-se à intimidade burguesa.

> O século XIX, assim, esboçaria uma idade de ouro do privado, onde as palavras e as coisas se precisam e as noções se refinam. Entre a sociedade civil, o privado, o íntimo e o individual traçam-se círculos idealmente concêntricos e efetivamente entrecruzados (Perrot, 1991a, p. 10).

Assim, o nascimento do *sentimento de família* dá-se no início do século XIV e irá se transmutando, até consolidar-se no século XVIII, coexistindo com a emergência do *sentimento de infância* como fase particular do desenvolvimento humano, com suas características e necessidades próprias, bem como com a consolidação do *sentimento de identidade*.

É justamente Foucault quem analisou as forças micropolíticas que sustentam a família nuclear como modelo universal estabelecido a partir da metade do século XVIII, bem como a produção do sentimento de identidade. Diferentemente de Lacan (1938) que pensa a família burguesa como tornando-se modelar por exercício de uma Lei significante, Foucault pretende explicar essa hegemonia da família nuclear como uma estratégia biopolítica do poder, dominando os valores anteriormente atribuídos à linhagem e tornando-se célula social e base dos Estados.

Nos séculos X, XI e XII iniciou-se a divisão dos bens, de modo que marido e esposa controlavam cada qual seus bens herdados e podiam dispor comercialmente deles conforme lhes interessasse. Essa mesma divisão era extensiva aos filhos, que não podiam obter adiantamento da herança sob qualquer pretexto, de modo que a divisão lhes assegurava o patrimônio.

A partir do século XVIII, o Estado precisou dispor dos corpos de forma a retirar destes sua potência de produção. Então convoca a Medicina para garantir a sua sobrevivência, ou antes, a sua conservação. Mas a Medicina não poderia depender apenas de sua erudição e tecnologia de vigilância para tal conservação. Seria preciso investir sobre o corpo de uma forma muito individual e foi justamente no espaço da família que esse controle teve êxito. Se a família burguesa já vinha desde o Antigo Regime caminhando para uma individualidade universal, esta irá se potencializar quando se intersecciona com o poder das práticas médicas, resultando disto o discurso higienizador. Cria-se, portanto, uma economia do corpo. Do lado do indivíduo, a vida passa a ser-lhe um direito e seu dever é o de preservá-la. Do lado do Estado, a vida dos cidadãos lhe é de direito e seu dever para com estes é o de investir na sua conservação. Nessa época se fortalecem os laços entre o médico e a família (na figura da mãe). É a mãe quem será incumbida da tarefa de zelar pelo bem-estar físico e moral dos filhos. Nasce o médico de família e com este as práticas de uma aliança entre o médico e a mãe que executará os preceitos e normas de higiene estabelecidas pelo médico, o que repercutirá na organização da vida familiar. É neste sentido que Donzelot (1986, p. 23) pode dizer:

Essa ligação orgânica entre o médico e a família irá repercutir profundamente na vida familiar e induzir sua reorganização em pelo menos três direções: 1) o fechamento da família contra as influências negativas do antigo meio educativo, contra os métodos e os preconceitos dos serviçais, contra todos os efeitos das promiscuidades sociais; 2) a constituição de uma aliança privilegiada com a mãe, portadora de uma promoção da mulher por causa deste reconhecimento de sua utilidade educativa; 3) a utilização da família pelo médico contra as antigas estruturas de ensino, a disciplina religiosa, o hábito do internato.

O que justificava a criação desta aliança é que na perspectiva do Estado e do discurso econômico vigente na época, o corpo é uma mercadoria, um investimento caro demais para ser perdido com doenças, maus-tratos e indulgência, de modo que a "conservação das crianças" se torna um dever da família e grandes investimentos públicos são feitos neste sentido. Deste modo, a disciplina e o controle que sustentavam o discurso médico recebem mais um aliado na conservação dos corpos: o mito da maternidade e a invenção da infância fragilizada, carente de amor e cuidados.

> Exigindo que retomassem as tarefas esquecidas havia dois séculos, esperava-se nada menos que elas [as mulheres] fizessem calar seu egoísmo em proveito dos filhos. O imperativo econômico e social não teria tido nenhuma possibilidade de ser compreendido pelas mulheres, se não fosse corroborado, ao mesmo tempo, por um outro discurso, mais gratificante e exaltante, que tocava ao mesmo tempo os homens e suas mulheres. Não falava a linguagem do dever, das obrigações e do sacrifício, mas a da igualdade, do amor e da felicidade (Badinter, 1985, p.161).

Tal aliança significava a derrota na hegemonia da Medicina popular e concedia à mulher burguesa por meio da ênfase nas funções maternas um poder na esfera doméstica, com funções de educadora e auxiliar do médico.

Já com as famílias pobres, outro tipo de intervenção foi necessária. Existia também a necessidade da difusão dos preceitos higiênicos e preocupação com a economia social. Sem se embasar em observações diretas, tal conservação das crianças não se pautava apenas em discretas ordens de higiene e também de moral, apoiadas em vigilância constante.

A família, agora disciplinada e higienizada pelo discurso médico, transformou-se em uma célula individualizada dentro do organismo social. Organizando-se em torno da criança, a família burguesa dá corpo ao poder. A família vai se retraindo socialmente e se estendendo como possibilidade de agrupamento social. Nasce a necessidade de intimidade e identidade, bastante necessária a um regime econômico calcado nas trocas monetárias, na venda de produtos personificados e feitos em padrões de escalas industriais, massificando, portanto, os estilos de vida. Na medida em que as famílias burguesas iam erguendo seus muros de privacidade, a multidão ia se mantendo como força política.

A família burguesa vai adquirindo funções sociais condizentes com o interesse do Estado para que os corpos possam ser preservados. Tais funções demandavam uma redistribuição dos papéis do homem, da mulher e das crianças para que o projeto do Estado pudesse vingar.

As funções da família nuclear

E a infância?

No primeiro caso, a solicitude de que é objeto toma a forma de uma *liberação protegida*, de um resgate dos medos e pressões comuns. Em torno da criança, a família burguesa traça um cordão sanitário que delimita seu campo de desenvolvimento: no interior desse perímetro o desenvolvimento de seu corpo e de seu espírito será encorajado por todas as contribuições da psicopedagogia postas a seu serviço e controlado por uma vigilância discreta. No outro caso, seria mais justo definir o modelo pedagógico como o de liberdade vigiada.

O que constitui problema, no que lhe diz respeito, não é tanto o peso das pressões caducas, mas, sim, o excesso de liberdade, o abandono nas ruas, e as técnicas instauradas consistem em limitar essa liberdade, em dirigir a criança para espaços de maior vigilância, a escola ou a habitação familiar (Donzelot, 1986, p. 48).

Se a função da família medieval era a de assegurar a transmissão da vida, dos bens e dos nomes, segundo Ariès, já a preocupação com a educação e a saúde que surge no início dos tempos modernos fez a família nuclear assumir uma função moral e espiritual, passando a formar os corpos e as almas. Mas será que antes da Idade Média não havia uma preocupação com a educação das crianças e dos adultos? Como a série educacional se desenvolveu independentemente da série saúde e família? Quando e como estas três séries se cruzaram para dar consistência aos interesses do Estado, tornando-se dispositivos de expressão de seu poder?

A SÉRIE EDUCACIONAL

Historicamente, tem-se notícia do processo educacional já desde a China, coincidindo com as idéias de Confúcio (551-478 a.C.), tendo este sistema permanecido estacionário por séculos. O método utilizado neste sistema educacional é o da imitação e todo o saber é voltado para o passado. Para o indivíduo, não há meios de sair das formas estabelecidas. Portanto, a criança é vista como um ser sem crítica e criação, disposto a obedecer às Leis impostas pelo mestre. Inicialmente a obediência seria dirigida aos pais que atuam aqui como representantes de uma Lei maior: a Lei divina sob a qual todos os seres humanos estão submetidos. Tal Lei tem como efeito domesticar a natureza humana submetendo-a à idéia de predestinação. De modo que pouco se pode fazer para interferir nos rumos da existência. Para se "educar" as crianças no hábito de obedecer as Leis, elas deveriam decorar a seguinte oração: "Os filhos devem servir seus pais desde o cantar do galo; devem lavar as mãos, a boca, pentear o cabelo até as raízes, e escovar a parte que é deixada livre. Depois devem vestir a capa, deixando pender as extremidades dos cordões. Devem, então, vestir o quimono preto; pôr a cinta, fixando nela a taboinha para escrever". (Peeters & Cooman, 1936, p. 20-1).

Temos aqui a idéia preponderante de disciplina e controle dos desejos individuais. O coletivo precede o indivíduo, já que se tem em mente a idéia de respeito às tradições e culto ao passado como fonte de inspiração para os atos presentes. O uso do quimono preto molda o corpo para a convivência coletiva, uniformizando as singularidades e apertando os laços sociais.

Compensa determo-nos naquela que ainda hoje exerce grande influência sobre nós, a saber: a educação judaica. Com os Hebreus, a educação é totalmente baseada na religião. O ser humano pecou, foi castigado com o dilúvio e prepara a sua alma para a vinda do Messias. Isto implica no caráter teocêntrico da educação judaica. Deus é o soberano do Estado sem castas ou escravidão. Ele é o Senhor absoluto e o Pai é o chefe inconteste, o representante de Deus; obedecer-lhe é o estrito dever de todos os membros da família. Porém a devoção a Deus e seus dizeres é uma questão de livre-arbítrio, já que só a ele compete julgar as nossas escolhas. Tais escolhas, portanto, são entendidas como atos da vontade individual e podem vir a compatibilizar-se ou não com os anseios coletivos. Cabe ao nosso discernimento avaliar qual é o bom e o mau caminho. Assim, a educação judaica tem como propósito fornecer instrumentos e conhecimentos consistentes que auxiliem o discernimento humano para vir a efetivar suas escolhas. Portanto, aqui a criança é um ser que já nasce capacitada a discernir, mas ignorante ainda do que vem a ser o bom e o mau caminho. A educação é, portanto, moralista, preocupada com o bem e o mal. Do ponto de vista ético, a criança é vista aqui como uma criatura de Deus vítima de um pecado original, por isso, tende ao vício. Ela precisaria conhecer o Bem Supremo, para exorcizar de si os pecados originais cometidos por seus ancestrais. Trata-se da ética do ressentimento e da culpabilização como embasamento de uma prática pedagógica.

A mulher é respeitada e a maternidade é tida como honrosa e dignificante. Daí também o papel primordial da educação familiar. A mãe incumbia-se dos primeiros ensinamentos a ministrar tanto aos filhos quanto às filhas. Na adolescência, entretanto, o pai toma para si o cuidado de iniciar o menino nos misteres da sua profissão, na leitura e conhecimentos úteis. Embora todos sejam letrados, o saber, o questionamento e a reflexão são deveres e direitos reservados aos homens. Às mulheres competiam sempre os cuidados com o lar, o bem-estar do esposo e dos filhos; a elas era vedado o acesso a alguns livros sagrados, pois que eram portadoras do "pecado original". Tudo que deveriam saber estava relacionado à sua condição de possível gestante. Elas já carregavam em ato um "dom" maior que não necessitava ser explicado por elas, a saber: o dom de produzir e gerar uma vida. Esse mistério, tanto quanto outros ligados a eles, "precisavam ser explicados pelos homens, já que eles não possuíam este 'dom'"[77] (Yentl, 1983). Derivam daí as escolas de profetas (instituídas no cativeiro da Babilônia), as escolas de rabinos (após o cativeiro) e as escolas públicas (após a invasão romana da Palestina). (Peeters & Cooman, 1936, p. 22-3).

No Ocidente, tudo começa com a cultura grega. Nela a tendência é, como com os judeus, o desabrochar da personalidade e da liberdade individual. Contudo, a mulher também, como no Oriente, tinha direitos e deveres limitados, bem como os escravos. Podemos dividir a educação grega em dois momentos: antes e depois das guerras médicas. Em um primeiro momento, temos a idade homérica, a qual consiste no culto ao heroísmo e à bravura individuais a serviço da pátria, bem como mostra Homero na *Ilíada* e na *Odisséia*, que contêm a idéia de um homem de ação, personificado em Aquiles e do homem sábio personificado em Ulisses. No contraponto, temos a educação espartana voltada para o Estado, visando a uma educação para a guerra com fins de perfeição física, coragem e obediência tal que se realizasse em todo o tipo do perfeito soldado. Em Esparta,

> ...mal tinha o menino completado os 7 anos, era arrebatado à família e levado ao paidonomos (escola de crianças) onde era educado à custa do Estado em grandes quartéis desprovidos de todo o conforto. Ali os meninos eram exercitados diariamente à ginástica, e jogo de desteridade; dormiam no chão, comiam em mesas comuns, caçavam feras sob a direção dos Irenes (mestres); aos 18 anos, o jovem iniciava o seu treino para a guerra com a bárbara caça aos ilotas. Aos 30 anos, o espartano juntava os serviços políticos aos militares (Peeters & Cooman, 1936, p. 25).

As mulheres espartanas recebiam educação similar a que se dava aos homens. Elas eram vistas como mães de guerreiros e não cultivavam os dotes femininos. Em função desta educação e do predomínio do Estado sobre o indivíduo, a família foi praticamente destruída e o despotismo do Estado apagou no indivíduo tudo quanto não fosse o cidadão.

Já Atenas tinha uma concepção diametralmente oposta à de Esparta, sua cidade vizinha. Na primeira, estimulava-se, como meio indispensável para o desabrochar da personalidade, a família e tornavam-se os pais responsáveis pelo bom êxito desse desabrochar. Todas as escolas eram privadas e apenas por volta dos 16 e 20 anos é que o jovem deveria preparar-se, pelo serviço militar, para os seus deveres de soldado. Aos 7 anos ia para a escola acompanhado por um escravo (pedagogo). Antes, sua vida consistia em jogar e brincar. Aos 16 anos, abandonava o escravo e se tornava "efebo".

---

[77] Acerca do acesso da mulher ao conhecimento e ao saber, conferir o filme "Yentl" produzido, dirigido e atuado por Barbra Streisand em 1983. Neste filme, sua personagem, Yentl, era uma mulher criada por um pai viúvo e órfão de um filho mais velho. Inicialmente, poder-se-ia pensar que o filme não passa de uma história de um homem que, infeliz com a morte do filho mais velho, projeta em sua filha todos os desejos dirigidos ao rapaz morto e que, Yentl, para ser amada, aceita tais projeções. Entretanto, o filme é de forte conteúdo feminista e retrata a condição estigmatizada da mulher em relação ao saber e desejos na sociedade judaica. Yentl aceita tais projeções unicamente porque não se conforma com o paradigma que dita a sua existência. Isto é, se nasceu mulher e potencialmente capaz de gerar um filho, ver-se-á obrigada a ter um e cuidar dele. Para Yentl, a existência de seu desejo não se reduz à procriação e à maternidade. Ela quer voar cada vez mais alto apenas pelo prazer de poder voar como um pássaro submisso apenas às forças dos ventos e condições locais de alimentação. A metáfora do pássaro é não apenas bela como também condizente com a idéia do que vem a ser o feminino para a personagem: uma existência movida pelo poder de afetar e ser afetado, ou seja, uma existência infinitamente apaixonada.

Do Estigma à Exclusão

O povo helênico utilizou a pederastia como método para aprimorar o processo educacional. Aqui, o que importa não é a homossexualidade em si, já que esta era apenas tolerada pelos gregos sem jamais constituir um padrão de comportamento sexual (Vrissimtzis, 2002, p. 114). Ocorre que o amor viril era tratado como um método pedagógico. O saber só seria bem "assimilado" se envolto em paixão. Mas não se trata de uma paixão dirigida à pessoa. Portanto, a criança aqui não era posta no lugar de amante. Antes, trata-se de dirigir a sua paixão ao saber. "A constituição de um grupo masculino fechado, interditado ao outro sexo, tem alcance e inspiração pedagógica: traduz, exagerando-a até o absurdo e a loucura, uma necessidade profunda, sentida pelos homens, que os leva a realizar, em sua plenitude, as tendências próprias de seu sexo, para tornarem-se mais plenamente homens" (Marrou, 1975, p. 56). De modo que fica claro que a *raison d'être* da pederastia não são as relações sexuais entre pessoas do mesmo sexo biológico, ela é, inicialmente, "certa forma de sensibilidade, de sentimentalismo, um ideal misógino de virilidade total" (Ibidem). O saber, portanto, só poderia ser transmitido em uma relação de paixão, de amor ao saber e, no caso, tratava-se de um saber encarnado no mestre. Porém, não se ama o mestre, mas, sim, aquilo que se acredita que ele possua: o saber. Tal tese é brilhantemente explicitada por Platão, em seu *O banquete*. "A relação entre mestre e discípulo permanecerá sempre, entre os antigos, algo semelhante à relação entre amante e amado; a educação era, em princípio, menos um ensino, uma doutrinação técnica, do que o conjunto dos cuidados dispensados por um homem mais idoso, cheio de terna solicitude, no sentido de favorecer o crescimento de um mais jovem, inflamado pelo desejo de corresponder a tal amor, dele mostrando-se digno" (*Op. cit.*, 59).

A educação das mulheres na cidade grega, ou como é apelidada, no "clube de homens", ainda assim ocorria. Embora poucos documentos existam que a atestem, a obra de Safo de Lesbos (por volta de 600 a.C.) deixa-nos entrever que em Lesbos "as jovens podiam receber um complemento de educação, entre o tempo da infância passado em casa sob a autoridade da mãe, e o do casamento". (*Op. cit.*, p. 62). Esta educação ocorria de forma reclusa no seio de uma escola denominada "morada das discípulas"; e o fim último era o culto ao Belo aspirando à Sabedoria. E, "também essa educação não deixa de ter sua chama passional, pois entre mestra e discípula aperta-se o elo ardente de Eros" (*Op. cit.*, p. 63). Estas relações, no entanto, eram reforçadas graças à idéia de que a família não podia constituir o plano da educação. "A mulher, apagada, só é julgada competente para a criação do bebê; a partir dos 7 anos a criança lhe é retirada. Quanto ao pai (não devemos esquecê-lo: estamos na origem de um meio aristocrático), é monopolizado pela vida pública: ele é cidadão, homem político, antes de ser chefe de família" (*Op. cit.*, p. 58).

Enfim, seria precipitado pensarmos na homossexualidade do desejo sexual já que há evidências de que a pedagogia antiga tinha como base a paixão pelo saber, o amor que se dirige ao saber, e o amor que se dirige à honra (como é próprio, por exemplo, no amor cavalheiresco). Ocorre, entretanto, que este saber era encarnado na figura do mestre, representante da sabedoria e ideal supremo do belo e da honra; onde o belo, o saber e a coragem honrosa se complementam. Esta ligação, entretanto, deslizou, não raro, para o amor carnal atingindo o *status* de malefício e de pecado na Idade Média. Sua prática reduziu-se a manifestações e justificativas individuais e, em alguns casos, românticas, deixando de ser uma prática coletiva com fins puramente pedagógicos para se tornar uma prática individual visando ao prazer carnal e à satisfação do desejo amoroso por outra pessoa.

Voltando à pedagogia grega, uma das condições de possibilidades para pensarmos a ressignificação desta em prática coletiva para prática individual e, na maioria das vezes, estigmatizada e repudiada ainda nos tempos modernos é o advento dos ideais cristãos. Algumas das concepções romanas permaneceram e foram reforçadas pelos cristãos. Após terem absorvido a cultura grega, os romanos modificaram muitos de seus hábitos educacionais. Vale ressaltar que a formação do cidadão passa, a partir deste período, a ser tarefa de incumbência da família. A mãe é a principal educadora dos primeiros anos. "A matrona romana estimava seus filhos como as suas mais preciosas jóias. Dava às crianças cuidados físicos, morais e intelectuais. O pai, *pater familias*, era onipotente no lar. Devia praticar pessoalmente e exigir dos seus súditos o culto para com os antepassados e a reverência para todas as virtudes dos heróis que haviam criado a grandeza de Roma. Esse culto devia gerar a bravura" (Peeters & Cooman, 1936, p. 35). Tudo deveria ser aprendido na família, razão porque a escola passa a ter papel secundário. A família como bem maior é ainda um ideal que se mantém na era cristã e se perpetua como valor católico-burguês na modernidade, como veremos adiante.

Faz parte do novo ideário cristão: 1) o amor ao próximo, baseado no amor de Deus; 2) a idéia de que todos, sendo filhos do mesmo Pai, são também iguais perante Ele; 3) a castidade e o respeito ao corpo tornam-se traços morais fundamentais, justificados pela idéia de que o corpo é o "templo da divindade", o hábitat de Deus. É, portanto, uma cultura da alma, do indivíduo, em detrimento da cultura dos sentidos e do coletivo, como na Antiguidade Clássica. O espelho do educador é o próprio Jesus Cristo (pedagogo por excelência) e, portanto, ele deixa de ser aquele que possui um saber transmissível e passa a ser "o Saber", aquele que detém "a Verdade". A base do ensino não era mais a crítica e a reflexão sobre os fenômenos naturais e a Filosofia, mas, sim, a ordem moral escorada pela disciplinarização dos corpos e da razão. Tal prática se justifica também como estratégia de guerra: "ameaçados pelas invasões bárbaras e habituados a não freqüentar as escolas de Filosofia, era mais necessário ensinar ao povo a ordem moral — importando-lhe, antes de tudo, civilizar as nações do porvir pelos ensinamentos da pura doutrina evangélica" (Peeters & Cooman, 1936, p. 41).

Tanto a Filosofia quanto a Teologia manifestam medo da infância. "Durante longos séculos, a Teologia cristã, na pessoa de Santo Agostinho, elaborou uma imagem dramática da infância. Para ele, logo que nasce, a criança é símbolo da força do mal, um ser imperfeito esmagado pelo peso do pecado original. Em *A*

cidade de Deus (Livro XII, cap. 22), Santo Agostinho explicita longamente o que entende por "pecado da infância". Descreve o filho do homem, ignorante, apaixonado e caprichoso: "Se o deixássemos fazer o que lhe agrada, não há crime em que não se precipitaria". (Badinter, 1980, p. 55). Este pensamento está baseado, obviamente, na teoria do pecado original, de que somos concebidos no e pelo pecado.

"A natureza é tão corrompida na criança que o trabalho de recuperação será penoso. Santo Agostinho justifica de antemão todas as ameaças, as varas e palmatórias. (…) a correção e a bondade humana são apenas o resultado de uma oposição de forças, isto é, de uma violência" (Badinter, 1980, p. 57). Esta lógica agostiniana reinou por longos anos na história da pedagogia e contribuiu para a criação de uma atmosfera de dureza na família e nas novas escolas.

Neste período, a educação é sinônimo de disciplina. A criança é retirada da família, porém não mais por requisição do Estado, mas, sim, para suprir um ideal familiar de atingir ao bem supremo. Eram as próprias famílias quem decidiam por enviar seus filhos às escolas e aos mosteiros os quais pregavam o ideal monástico e a educação humana. O estudo era um meio de ocupar as horas de repouso dos trabalhos braçais e jamais foi um fim em si mesmo. "A leitura dos clássicos gregos e latinos representava para o monge um perigo moral" (Peeters & Cooman, 1936, p. 44). Sendo o conhecimento um perigo para a alma, um processo que pode vir a corrompê-la, a educação é propriamente reservada à disciplina moral e não à produção de um saber[78].

> Essa preocupação não era conhecida da civilização medieval, pois para essa sociedade não havia problemas: assim que era desmamada, ou pouco depois, a criança tornava-se companheira natural do adulto. As classes de idade do neolítico, a *paideia* helenística, pressupunham uma diferença e uma passagem que era realizada por meio da iniciação ou de uma educação. A civilização medieval não percebeu essa diferença, e, portanto, não possui essa noção de passagem (Ariès, 1981, p. 276).

---

[78] Cf. Humberto Eco. *O nome da rosa*. São Paulo, Editora Nova Fronteira, 1991.

Dá-se o nome de Escolástica à forma de vida intelectual que se desenvolveu entre os séculos XI e XV; representa antes um método de estudar do que uma doutrina. Tal método caracteriza-se pelo uso da Lógica e da Dialética. Os objetivos dessa doutrina eram, basicamente, impor a razão ao serviço da fé, fortalecer a prática religiosa pelo desenvolvimento do poder intelectual e combater as dúvidas e os sofismas pela argumentação. Dos nomes mais expoentes, encontramos os de Alexandre de Hales, São Boaventura, Santo Alberto Magno e Santo Tomás de Aquino o qual é tido como o príncipe da Filosofia.

Para Santo Tomás de Aquino, o professor não é a causa principal do conhecimento: essa causa é a atividade do aluno. O conhecimento é um processo de aperfeiçoamento interior. Ele compara a ação do mestre à do médico. Há dois modos de obter o restabelecimento da saúde: pela ação da natureza que, sem remédios, devolve a saúde, e pela ação de remédios ministrados pelo médico. Pois assim também se pode adquirir a ciência, de dois modos: pela ação da própria reflexão do interessado, e a isso se chama de invenção; e pelo auxílio externo, que presta o professor, e isto é então a disciplina. Em ambos os casos, quem descobre é o aluno, quer por si, quer ajudado pelo mestre. O mestre deve limitar-se a auxiliar e não a infundir a ciência (Peeters & Cooman, 1936, p. 46).

Quase no fim da Idade Média surgiram as universidades e uma linhagem independente de difusão de saber conhecida como cavalaria. A primeira Universidade supõe-se ter sido a do Mosteiro de Salerno (Itália Meridional) datada de 1224 quando lhe foram outorgados os foros jurídicos. Mas em 1180 a Universidade de Paris já havia sido reconhecida pelo Papa, e pelo Rei de França, Luís VII. A principal razão para sua fundação é o desenvolvimento do espírito comercial e das comunas que estimularam os interesses seculares e o desejo de saber. Os Árabes forneceram traduções e no século XIII, dezenove instituições receberam cartas de fundação ou de aprovação por papas e reis. Dentre elas, Nápoles, Bolonha, Oxford, Cambridge e Lovaina.

Já nas cavalarias as exigências intelectuais eram poucas, mas havia muita disciplina tanto dos indivíduos aspirantes quanto da sociedade. Os fatores de causa de seu surgimento são: a ação da Igreja; o caráter e os costumes teutônicos e a sociedade romana dos últimos séculos. Seu ideal era a coragem indomável, o respeito de si, o cumprimento escrupuloso da palavra dada, o desprendimento do interesse egoísta em detrimento do interesse pela glória militar. Todas as obrigações do cavaleiro resumiam-se nestas palavras: "Deus, meu Rei, minha Dama" (Peeters & Cooman, 1936, p. 50). Esta educação consistia em incutir nos jovens a reverência para com os superiores, a proteção dos fracos e desamparados, a cortesia para com as mulheres, a elegância no falar e na compostura e, sobretudo, o senso da nobreza, inerente ao serviço nobremente desempenhado. Dos 7 aos 14 anos, o menino era *pajem* duma castelã, à qual prestava todos os serviços, recebendo em troca a formação de boas maneiras. Aos 14 anos, o pajem tornava-se *escudeiro*; continuava a atender a castelã, mas começava a exercitar-se no manejo das armas e em todos os exercícios marciais. Encerrada a educação do escudeiro, mais ou menos aos 21 anos, o aspirante a cavaleiro devia confessar-se, passar uma noite inteira de pé, sem se encostar, diante do Santíssimo e Sagrado Sacramento, e receber depois a Sagrada Comunhão. Cingia então a espada previamente benzida pelo sacerdote, depois de haver, em cerimônia solene, jurado defender a Igreja, combater os maus, respeitar o clero, proteger as viúvas e os pobres, zelar pela paz do país, e derramar, se preciso fosse, o seu sangue, para o bem de seus irmãos (Peeters & Cooman, 1936, p.50).

O Século XIV viu o declínio do espírito medieval. A possante unidade de fé e disciplina ia sendo solapada cada vez mais pelo individualismo; e os acontecimentos que foram diminuindo o prestígio temporal do Papado contribuíram não pouco para fomentar as revoltas, dividir os interesses e libertar a atividade humana de toda disciplina dogmática. Foi esse movimento que, no seu conjunto, recebeu o nome de *Renascença*. Três tendências principais caracterizam as atividades da Renascença: a) avidez no estudo da vida, literatura e arte dos antigos; b) interesse nos fenômenos do "eu", não com fins ascéticos, como nos séculos anteriores, mas de um ponto de vista estético, egocentrista, para a satisfação da autocultura e do progresso; c) interesse no estudo do mundo físico, estudo esse bastante descurado durante a Idade Média.

Do século XV em diante inicia-se uma lenta transformação nos costumes de convivência familiar e nos cuidados com a criança. Tal transformação vai ficando mais evidente com o nascimento de um maior interesse moral por parte dos educadores visando isolar a criança e a juventude do mundo dos adultos, para poder se preservar "sua inocência natural". Assim, se a função da família medieval era a de assegurar a transmissão (e transmissibilidade) dos bens, dos nomes e da vida, essa nova família emergente das classes abastadas precisaria preocupar-se com a educação e com a saúde. Para tal, ela precisou lançar mão de funções morais e espirituais passando agora a moldar os corpos e as almas.

> Essa nova preocupação com a educação pouco a pouco iria instalar-se no seio da sociedade, e transformá-la de fio a pavio. A família deixou de ser apenas uma instituição do direito privado para a transmissão dos bens e do nome, e assumiu uma função moral e espiritual, passando a formar os corpos e as almas. *Entre a geração física e a instituição jurídica existia um hiato, que a educação iria preencher*. O cuidado dispensado às crianças passou a inspirar sentimentos novos, uma afetividade nova que a iconografia do século XVII exprimiu com insistência e gosto: o sentimento moderno de família. Os pais não se contentavam mais em pôr seus filhos no mundo, em estabelecer apenas alguns deles, desinteressando-se dos outros. A moral da época lhes impunha proporcionar a todos os filhos, e não apenas ao mais velho – e, no fim do século XVII, até mesmo às meninas

uma preparação para a vida. Ficou evidenciado que essa preparação fosse assegurada pela escola. A aprendizagem tradicional foi substituída pela escola, uma escola transformadora, instrumento de disciplina severa, protegida pela justiça e pela política (Ariès, 1981, p. 277)[79]

A família organiza-se em volta da criança e praticamente toda a sociedade hoje sabe da importância da educação na formação do adulto e do cidadão. A vida familiar irá, deste ponto em diante, substituir as relações coletivas, os agregados das massas para dobrar-se em sua interioridade. Nasce assim a intimidade como um "sentimento natural", pois que é natural o "sentimento de identidade", de união pelo amor romântico na constituição das famílias e geração dos filhos.

> O grande acontecimento foi, portanto, o reaparecimento no início dos tempos modernos da preocupação com a educação. Esse interesse animou um certo número de eclesiásticos e juristas ainda raros no século XV, mas cada vez mais numerosos e influentes nos séculos XVI e XVII, quando se confundiram com os partidários da reforma religiosa. Pois eles eram antes de tudo moralistas, mais do que humanistas: os humanistas continuavam ligados a uma cultura do homem, espalhada por toda a vida, e pouco se preocupavam com uma formação reservada às crianças. (...) Iniciou-se então uma verdadeira moralização da sociedade: o aspecto moral da religião pouco a pouco começou a prevalecer na prática sobre o aspecto sacro ou escatológico. Foi assim que esses campeões de uma ordem moral foram levados a reconhecer a importância da educação (Ariès, 1981, p. 276).

E temos aqui um elemento comum a todas as diferentes práticas educacionais que se seguiram

---

[79] Grifo meu.

depois deste período: elas, sem exceção, vão se preocupar em moldar o corpo e a memória da criança aos interesses de um Outro, a saber, a nova classe burguesa em ascensão. A burguesia então passa a ser o divisor de águas neste pensamento: nem todas as crianças são iguais perante ela, já que o projeto educacional irá repercutir no estabelecimento dessa educação como conseqüência desta clivagem do social em classes. Às classes populares será legado o que se chama de uma educação prática (ainda chamada, em nossos dias, de aprendizagem), e às crianças da classe burguesa será designada uma educação nova implicada na vigilância dos pensamentos, disciplina dos atos e costumes e segregação. Para a execução desta proposta, instituições e colégios serão criados.

É por força destas tendências que a criança deficiente ou com "malformações" irá perder o *status* de vítima do fanatismo teológico e supersticioso ocupado na Idade Média, para adquirir o valor de criaturas afetadas por forças cósmicas. Nesta época, desenvolveu-se muito os estudos da física, da astrologia e da alquimia. Dentre os estudiosos da época, no que nos importa aqui, vale destacar o trabalho de Philipus Aureolus Paracelsus (1493-1541) e Jerônimo Cardano (1501-1576). Ambos tiveram suas idéias rejeitadas pela Inquisição e, mesmo que suas obras ainda tivessem um cunho supersticioso, nelas não será possível encontrar razões teológicas para o destino humano. Em ambos os casos, o que é possível encontrar é o retorno da deficiência às suas raízes humanas. Escorados pelo humanismo (o que afeta o homem, também é humano), esses estudiosos, reservadas as proporções, acreditavam que os deficientes tinham o seu destino traçado não por culpa de seus ancestrais ou por possessões, mas, sim, por acidentes ou doenças. Ainda que, para Paracelsus e Cardano, essas doenças tivessem sido produzidas em conseqüência de articulações de forças cósmicas ocultas, o que resulta deste pensamento é a ressignificação da deficiência para a categoria de patologia. Mais tarde, esse *pathos* irá adquirir sua causa naquilo que até hoje conhecemos como organismo. É com a postura organicista, inaugurada por Thomas Willis (1621-1675) com seu livro *Cerebri*

anatome, que as afecções humanas ganharão uma causa puramente humana, podendo, até mesmo, ser representadas em mapas anatômicos e morfológicos.

É na Itália que o Renascimento ganha seu maior vigor, e Florença passa a ser o centro do humanismo em todo o rigor da palavra. Paulatinamente, o culto do homem vinha substituindo o culto de Deus, e o antropocentrismo opondo-se ao teocentrismo. A educação acompanha sempre o movimento filosófico e a concepção de vida, e na Renascença isso não foi diferente. A personalidade humana encontrava nas obras latinas e gregas a sua consagração, retirando a Igreja do seu lugar de intérprete das ordens divinas. A conseqüência dessa nova mentalidade foi o ressurgir da Educação Liberal. "A Renascença foi prolífica em tratados sobre a educação. Os do primeiro período reeditam as idéias de Platão, Aristóteles e Quintiliano: "o fim da educação é produzir o homem perfeito, capaz de compartilhar plenamente das atividades sociais". O ideal do homem educado era procurado entre os vultos célebres da Antiguidade: Demóstenes, Aristóteles, César, Plínio e, sobretudo, Cícero" (Peeters & Cooman, 1936, p. 57).

O objetivo da educação liberal é, como o indica o termo, adquirir os predicados de um homem livre, desenvolver as prendas corporais e espirituais que enobreçam e dignifiquem o homem. Os elementos eram, para o físico, a cultura da elegância; para o intelecto, a cultura estética e literária. A essa educação é que se deu o nome de humanidades. Aos poucos esse termo restringiu-se ao estudo da língua e da literatura dos antigos, e essa restrição correspondia a uma limitação da mentalidade. A forma tomou a dianteira sobre o conteúdo criando assim o formalismo. A educação reduziu-se ao estudo do grego e do latim, perdendo-se os elementos da cultura física e mesmo social. À criança se impunha a obrigação de estudar a língua morta antes de saber falar corretamente a sua.

Erasmo (1467-1536), expoente educador da época, acreditava em um novo papel para as mães, no qual estas deveriam ser mais participativas na educação dos filhos tanto quanto a escola. Já João Luís Vives (1492-1540) — nascido em Valença, na

Espanha, dedicou suas obras também à educação da mulher — *Da educação da donzela cristã e Educação da Mulher*. Nessa obra, Vives considera a mulher sob três aspectos: a donzela, a esposa e a viúva. Vives requer para a mulher uma educação adequada à sua missão, que desenvolva, sobretudo, o senso prático, a alegria, e a energia, que devem ser os mais belos ornamentos femininos (Peeters & Cooman, 1936, p. 59). Sua obra educacional de destaque é *De Disciplinis* (Das disciplinas), na qual estabelece que: a) A religião é primeira entre todas as disciplinas; b) Condena o ensino puramente formal das línguas clássicas; c) Prioriza o aprendizado da língua materna antecedendo o estudo do Latim; d) Censura o que julga imoral e libidinoso nos autores pagãos; e) Com as crianças convém se limitar aos fatos mais célebres e com os maiores devem-se concatenar logicamente os fatos; f) As guerras não devem ser aprofundadas já que não devem servir de modelo para o desmoronar da paz e da ordem; g) Prefere a escola à educação particular; h) A emulação e o convívio social possuem grande influência educadora; i) o uso moderado de castigos é absolutamente necessário à alma infantil. Vemos expressos nos princípios destes educadores, o lugar dedicado à criança em relação ao saber: ela deverá aprender a conhecer a si mesma para poder, então, vir a conhecer o mundo.

Dentre os movimentos de enfraquecimento da Igreja católica, temos a Reforma liderada por Martinho Lutero. A Reforma dos protestantes pretendia: 1) conduzir ao contínuo desenvolvimento da importância dada à Razão pela Renascença na interpretação da vida secular e da natureza; 2) restringir a autoridade das Escrituras a matérias puramente religiosas; 3) apelar para a razão individual na interpretação das Escrituras Sagradas. A influência direta da Reforma na Educação foi o desenvolvimento da ação do Estado na criação e na manutenção das escolas públicas. Baseando-se na doutrina protestante sobre a interpretação individual das Escrituras, julgou-se necessário que cada cidadão soubesse ler, a fim de poder ter em mãos a Bíblia. Deve-se à Reforma a idéia moderna da educação popular e a secularização do controle exercido sobre as escolas. Como conseqüência indireta aguçou-se a atividade católica na luta contra as idéias novas, e a renovação do ensino por toda parte entre os católicos foi estabelecida, surgindo a partir destas a "Contra-Reforma" e a obra da "Companhia de Jesus".

O Concílio de Trento (1545-1563) impulsionou energicamente o ensino religioso, introduzindo nos pontos controvertidos pelo protestantismo uma clareza e uma ordem notáveis. Com ele, foi possível decretar a fundação de Seminários para a preparação sólida dos clérigos e ele também encorajou todos os esforços para a difusão do catecismo. Daí nasceram Congregações dedicadas ao ensino tais como: os Teatinos, os Barnabitas e as Ursulinas. Esta última viria a ser a primeira Congregação de mulheres exclusivamente consagradas à educação de donzelas. Mas a Ordem fundada por Santo Inácio (1549) sobrepujou a todas estas. Sua *Ratio Studiorum* redigida somente em 1599 foi seguida à risca até 1832.

E assim passou-se um longo período de disputa religiosa e poder sobre a Pedagogia, até chegarmos na reintrodução da Filosofia à educação, a saber: pela escola inglesa e pela francesa, respectivamente representadas por John Locke e Jean-Jacques Rousseau.

John Locke, protagonista da educação disciplinar (1632-1704), é contrário ao racionalismo de Descartes e é totalmente empírico e critica veementemente o inatismo. Isto é, não há nada na mente que não resulte da experiência sensorial.

> A crítica ao inatismo, realizada por Locke, levou-o a conceber a alma humana, no momento do nascimento, como uma *"tabula rasa in quo nihil est scriptum"*, uma espécie de papel em branco, no qual inicialmente nada se encontra escrito. Chega, então, à conclusão de que, se o homem adulto possui conhecimento, se sua alma é um "papel impresso", outros deverão ser os seus conteúdos: as idéias provenientes — todas — da experiência (Martins & Monteiro, 1991, p. XI).

Daí, a importância suprema que dá à educação, único meio, segundo ele, de desenvolver e mesmo de criar hábitos, dado que, só pela ação do ambiente, se podem adquiri-los. Seus princípios foram resumidos no *Alguns Pensamentos Referentes à Educação*, de 1693. Ali, revela a importância do aspecto físico na educação, prioritário à moral e ao intelectual. Quanto à moral, sustentava que "a formação do caráter é de muito superior à aquisição do saber. É este o bem sólido e substancial que todos os educadores devem não somente incutir com discursos e palavras, mas que deveria constituir todo o trabalho e a arte da educação, e nunca cessar até que os jovens o estimem e ponham nele a sua glória e o seu prazer". Mas a virtude só se adquire exercitando-se "em abster-se de seus próprios desejos, em contrariar as suas inclinações e em seguir puramente a razão, embora o apetite nos solicite em sentido contrário" (Peeters & Cooman, 1936, p. 81-2).

A educação intelectual é vista por Locke da perspectiva da disciplina formal em que o saber deve ser adquirido, mas em segundo lugar, como meio de formar o hábito de pensar pelo exercício e disciplina. Para ele, tudo se resume em treino metódico, logo, as deficiências são produtos de carências físicas ou intelectuais, cabendo ao ensino supri-las. Como diz Pessotti:

> A definição do recém-nascido e do idiota como *tabula rasa* tem implicações decisivas para a vida e o ensino dos deficientes mentais: a visão naturalista do educando, liberta de preconceitos morais ou religiosos, a ênfase na ordenação da experiência sensorial como fundamento da didática, a afirmação da individualidade do processo de aprender, a insistência sobre a experiência sensorial como condição preliminar dos processos complexos de pensamento, a importância dos objetos concretos na aquisição de noções (1984, p. 22).

A criança aqui é uma criatura acometida por uma *carência*. Trata-se da criança (seja a deficiente ou não) ser carente de experiências sensoriais e/ou de reflexões sobre as idéias geradas pela sensação desde o nascimento. Cabendo, portanto, ao adulto estimulá-la para que ela venha a desenvolver sua mente ao ponto do pensamento criativo, por exemplo. O destino humano, na visão de Locke, já não é mais dado *a priori*, mas, sim, construído a partir da interação do indivíduo com os estímulos que o rodeiam e pela sua capacidade de experimentar suas afecções. Nasce, portanto, a idéia da criança *carente* e se solidifica a sensação de uma falta-a-ser, na qual seria própria do humano a dependência ao Outro para que possamos aprender novos conhecimentos. E, mais importante, nasce a idéia de que o ser humano é manipulador e manipulável, já que sustenta que "pode-se levar, facilmente, a alma das crianças em uma ou noutra direção, como a própria água" (Martins & Monteiro, 1991, p. X).

Segue-se ao empirismo lockeano uma tendência naturalista da educação. Trata-se de um forte combate à religião. Os costumes acompanharam a evolução das idéias: irreligião, corrupção sem freio, ceticismo, até que o povo foi levado à Revolução. A todo esse movimento deu-se o nome de "filosofismo". Tem seu maior expoente na figura de Voltaire, um dos fundadores da *Enciclopédia*, que, segundo seus fundadores, seria a mais poderosa máquina de guerra contra a religião. Nela estão elencados repertórios que tratam de ciências, literatura, política, belas-artes, religião e moral. Na segunda metade do século XVIII, um gênio romântico e "errante" imprimiu, graças ao seu enorme poder de emotividade e à sua sentimental simpatia para com o povo, um movimento de revolta contra as desigualdades sociais. Trata-se do filósofo francês Jean Jacques-Rousseau. Ele é o avesso de Voltaire, porém também é contrário à educação da Igreja Católica, embora acredite que a religião seja parte essencial da natureza humana: reverência para um Ser Supremo, não necessariamente o Deus católico. Sua mais importante obra é *Emílio*, inspirada na teoria do "bom selvagem"[80] : uma criança é afastada dos pais e do meio escolar, e entregue

---

[80] Rousseau primeiramente cita a sua teoria do "bom selvagem" no *Discours* de 1754. Ali ele fala de cinco exemplos de selvagens naturalmente inteligentes e generosos, entre eles o menino-lobo de Hesse (descoberto em 1344), o menino-urso da Lituânia (descoberto em 1694), os dois rapazes dos Pireneus (descobertos em 1719) e o selvagem Peter de Hanover (achado em 1724).

a um preceptor que a educará segundo a natureza, pondo-a em contato direto com ela. E por natureza ele compreende dois sentidos diferentes: 1) ela é primeiramente um estado social em que os homens seriam governados por leis exigidas por seus próprios interesses e direitos; 2) a verdadeira base das ações não deve ser a reflexão nem a experiência, e sim as emoções instintivas, os primeiros juízos. Suas idéias foram inspiradoras para a preparação da Revolução Francesa, mas não chegaram a influenciar a educação na França dada a sua extrema utopia. Porém, suas teses foram frutíferas na Alemanha e na Inglaterra, nesta última, especialmente a figura de John Bernard Basedow (1723-1790). Em ambas as escolas, o que fica evidente é a certeza de que a criança é responsabilidade dos pais e, mais especificamente, do Estado. Ela é um ser que sofre as ações dos adultos e a influência direta do meio ao qual pertence. Nela, estão depositadas as esperanças e anseios de um povo, e pode ser preparada para defender (até a morte) estes ideais.

A criança é, portanto, o suporte na construção de um futuro (melhor ou pior), conforme o desejo do Outro (Estado, família) em relação a ela. Além disso, e na escola inglesa isso é mais evidente, há a idéia de uma individualidade pertinente a cada criança. Nela já podem ser encontrados elementos psicológicos como caráter, dons especiais, virtudes, instintos e tendências que devem ser construídas. Isto é, ela traz potenciais para alcançar determinadas metas, mas, como é *tábula rasa*, é preciso que alguém se responsabilize por ensiná-la e educá-la. De um modo geral, o que prevalece aqui é a idéia preconizada por Jean Marc Gaspard Itard (1774-1838), quando se contrapôs ao diagnóstico elaborado por Pinel sobre o "selvagem de Aveyron", a quem Itard daria o nome de Victór. Pinel, ao examinar Victór, dá-lhe um diagnóstico fatalista, baseado no organicismo: o que lhe acomete não tem causa no ambiente, mas, sim, no corpo, como se passa também com tantos idiotas internados no asilo de Bicêtre. A oposição de Itard ao diagnóstico profetizado por Pinel deve-se à convicção de Itard de que "o homem não *nasce* como homem, mas é *construído* como homem. Ou seja, ele não deixava de perceber a deficiência de Victór, po-

rém a compreendia como causada por uma insuficiência cultural, ele entendia Victór a partir de suas marcas de sensação e de sua história (contextual e pessoal)" (Pessoti, 1984).

Essa concepção da criança, juntamente com a idéia de um individualismo, servirá como preparação para a produção do estadismo e do nacionalismo na educação francesa, em que a figura mais expoente é Napoleão, que proibiu o ensino particular e instituiu os Liceus com seu rigor disciplinar e totalmente sob o controle do Estado. Neles, "os alunos eram fardados a militar, e todos os movimentos de conjunto deviam fazer-se com acompanhamento do tambor. [...] O fim da educação, segundo Napoleão, era prover o Estado de bons soldados, de bons funcionários, de servidores dóceis e inteiramente ao seu dispor. A escola deveria ser o vestíbulo do quartel" (Peeters & Cooman, 1936, p. 89).

Seguindo o espírito individualista, temos o nascer do nacionalismo alemão, de modo que a técnica da pedagogia alemã, sem dúvida, deve ser buscada nas obras de Froebel, Herbart e Pestalozzi. O espírito, porém, é filho de Kant, Fichte e Hegel. Esses dois últimos criaram o nacionalismo alemão, encarado do ponto de vista cultural. Após a Segunda Guerra, este nacionalismo se baseia nas idéias preconceituosas de Hitler de que existiriam raças inferiores e superiores e que a raça alemã (ariana) supera todas as demais. No nacionalismo cultural, o fim da escola será o de convencer os educandos de que o Estado é Todo-Poderoso, que só ele tem direitos, e que os cidadãos só têm deveres para com ele. Para Hegel, o estado é a instituição social por excelência, existindo antes do indivíduo, antes da família, antes do povo, antes da Igreja. O Estado é Absoluto. Dele emana tudo quanto é humano; nele, se encarna todo o ideal moral.

Dando seqüência a este pensamento, temos uma outra ferramenta importante que passa a integrar o universo pedagógico e, claro, a influenciar a imagem da criança. Trata-se da tendência psicológica no ensino-aprendizagem. Veja que falamos do século XVIII, mas as raízes fundadoras destas teorias já se encontram no solo pedagógico desde Luís Vives, no século XVI, que propunha estudos de evolução da criança, discriminação de diferenças individuais, etc. Em destaque, temos Pestalozzi (1746-1826) que, imbuído pelas idéias românticas de Rousseau, publicou *Leonardo e Gertrudes*, romance de costumes campestres no qual uma mulher simples transforma, pelo tino, paciência e dedicação com que educa seus filhos, o próprio marido entregue ao vício de beber, e exerce uma influência extraordinária sobre todos os vizinhos, renovando e regenerando uma aldeia inteira. Pestalozzi é tido como o precursor da corrente social na educação, conquanto outros façam dele o pedagogo da corrente psicológica. Em relação ao método, sendo o fim de Pestalozzi elevar as classes humildes acima da sua ignorância e da sua miséria, o esforço fundamental foi analisar o saber nos seus elementos mais simples, tais como se apresentam à mente infantil.

Além de Pestalozzi, temos Herbart (1776-1841) que, de fato, conseguiu fazer a ponte mais sólida entre a Psicologia e a Pedagogia. Publicou o livro *Pedagogia derivada da finalidade da educação*, em 1806. Segundo Herbart, o meio de "construir a mente" não é a educação das faculdades internas — as quais "não existem" —, mas a experiência. Disto resulta: a) a propriedade característica da mente é a assimilação; b) a força preponderante para a construção mental é a educação. A essa função assimiladora do espírito, Herbart deu o nome de *apercepção*. O fim da educação é desenvolver por uma série de experiências, idéias que conduzam à "liberdade interior". São cinco pontos que resumem este fim: a) harmonia entre desejo e concepção; b) euforia moral; c) benevolência; d) justiça; e e) eqüidade. Ao educador cabe: a) fornecer experiências ao educando; b) construir sobre estas experiências raciocínio e atos; c) tornar a instrução educativa. A função do professor é combinar todos os interesses múltiplos na individualidade do aluno, fazendo com que esta individualidade cresça em extensão. Para isso, o professor deve selecionar bem os materiais da instrução, e apresentá-los em harmonia com o desenvolvimento psicológico da criança. Quanto ao método, a Pedagogia conhece os passos formais de Herbart: 1) a *preparação* relembrando as idéias anteriores que se relacionam com o que vai ser ensinado; 2) a *apresentação do objeto do ensino*; 3) a *associação* do novo tema com o anterior; 4) a *siste-*

matização, que liga o que se aprende com o conjunto do aprendido; é a tarefa da revisão; 5) a *aplicação*, que fará realizar na conduta e nas atividades o que se aprendeu. Ele é, muitas vezes, chamado de materialista, já que o lado religioso e naturalista é veementemente refutado.

Por fim, dentro da tendência psicológica, temos Froebel (1782-1852). Em suas idéias vemos contemplada a importância do educando, preparando assim o ensino ativo. Ele assenta toda a educação sobre as atividades da criança, estimuladas e guiadas, prevalecendo, pois, a questão da vontade (motivação) na educação. As teorias de Froebel foram expostas e aplicadas unicamente na fundação do "Kindergarten" (Jardim da Infância). Só depois dele se cogitou de aplicar o seu sistema a outros graus de ensino. A maior parte das transformações atuais origina-se no movimento froebliano. Os seus dois princípios eram: "1) para que os materiais da instrução produzam desenvolvimento real da mente e da natureza infantis, devem ser eles escolhidos na vida real e concreta; 2) se a educação quiser produzir os desejados resultados, os seus efeitos devem atingir a vida real e concreta, através das atividades da própria criança" (Peeters & Cooman, 1936, p. 98). Para ele, a escola era o lugar em que a criança devia "aprender brincando" os elementos das coisas importantes da vida.

Creio que esse relato sobre a aliança entre a série da educação e a criança pode se encerrar aqui. Dentro do que me propus pesquisar, já é possível chegarmos a algumas conclusões. Ademais, o que se segue na História da Educação já é tema bem conhecido. Trata-se do naturalismo científico que traz consigo o abandono radical da religião na educação pública a partir das influências de Kant e de Comte. Passando, também, pela educação individualista no século XX com as influências de Tolstoi (1828-1910), Ellen Key (1849-1916), Luis Gurlitt (1855-1931) e Maria Montessori (1870-1952), que, por acreditar que o espírito se forma de fora para dentro, contrariamente ao que pensam outros reformadores modernos, aplicava em seus métodos o uso de estímulos externos rigorosamente determinados. O material das lições é preestabelecido para a educação sensorial, a educação da memória, da imaginação, etc., e à criança é dada total liberdade para errar e o erro não deve ser corrigido pelo mestre senão pela própria criança. Além destas correntes, vale destacar também outras derivadas do pragmatismo e trabalhadas por William James (1840-1910) e John Dewey (1859-1952) nos EUA. E, finalmente, temos a reação espiritualista a todas essas correntes conhecida como educação social moderada. Em destaque, temos o trabalho de São João Bosco (1815-1888). Nascido em Becchi, aldeia vizinha de Turim, de pais pobres, D. Bosco desde cedo desdobrou-se na caridade aos mais necessitados e esta é a marca fundamental de sua obra. D. Bosco encara a vigilância como preventivo do mal, de modo que seus métodos de ensino consistiam em colocar a criança na impossibilidade material de pecar. O Salesiano vive com seus alunos, com eles estuda, brinca e "vela" pelo seu sono, passando a noite no dormitório deles. Trata-se de um sistema de prevenção ao "erro" marcado pela vigilância.

A SÉRIE DA SAÚDE

Segundo Costa (1986), Donzelot mostra como as famílias foram capturadas pelo poder e transformadas em dispositivos de normatização da vida da criança. A família é politicamente usada pelo Estado.

O Estado moderno, voltado para o desenvolvimento industrial, tinha necessidade de um controle demográfico e político da população adequado àquela finalidade. Esse controle, exercido junto às famílias, buscava disciplinar a prática anárquica da concepção e dos cuidados físicos dos filhos, além de, no caso dos pobres, prevenir as perigosas conseqüências políticas da miséria e do pauperismo. No entanto, não podia lesar as liberdades individuais, sustentáculo da ideologia liberal. Criam-se, assim, dois tipos de intervenção normativa que, defendendo a saúde física e moral das famílias, executavam a política do Estado em nome dos direitos do homem (Ibid., p. 51).

A primeira destas intervenções normativas se dá pelo crescimento da polícia que tem a finalidade de oferecer proteção e tranqüilidade às famílias, encarregando-se dos rebeldes e das escórias da família. O que perturba a ordem familiar são os filhos adulterinos, os menores rebeldes, as moças de má reputação, ou seja, tudo aquilo que possa denegrir a reputação e a posição social da família. O que incomoda ao Estado é o desperdício de forças vivas, são os indivíduos inutilizados ou inúteis.

Conhecer o povo, interferir na rede de suas relações habituais e familiares, explorar-se esse universo para dominá-lo e incitá-lo a comportamentos ordenados. A organização policial calcada nas formas pessoais do poder real torna-se tanto um meio de ver como um meio de ordenar. A intromissão nas famílias e o consentimento destas fazem parte da mesma utopia: a fusão do povo com seu rei (Farge, 1991, p. 605).

Tanto o Estado quanto a família convergiam no interesse em se desfazer dos indesejáveis; como para a família a concentração das escórias, dos rebeldes, significa um alívio, para o Estado, o que importava era suspender as custosas práticas familiares cuja finalidade residia na conservação e na utilização dos indivíduos. Surge então uma nova utilização dos hospitais e dos hospícios servindo como base para a ação de filantropia.

Esses lugares de reunião dos infortúnios, das misérias e dos fracassos facilitam a mobilização das energias filantrópicas, fornecendo-lhes um ponto de apoio, servindo-lhes de laboratório de observação das condutas populares, de base de lançamento de táticas próprias para contrariar seus efeitos socialmente negativos e reorganizar a família popular em função de imperativos econômicos-sociais (Donzelot, 1986, p. 30).

Evidentemente estas prerrogativas são válidas para as famílias abastadas, porque nas famílias pobres, o Estado precisou se unir a outras práticas para garantir a conservação dos corpos.

Aparentemente trata-se igualmente da preocupação de garantir a conservação das crianças e de estender os mesmos preceitos higiênicos, porém, com a *economia social*, a natureza das operações em jogo é totalmente diferente daquelas conduzidas sob a égide da Medicina doméstica e produz efeitos praticamente opostos. Na se trata mais de arrancar as crianças às coerções inábeis, mas, sim, de entravar liberdades assumidas (abandono de crianças em hospícios para menores, abandono disfarçado em nutrizes), de controlar as uniões livres (desenvolvimento do concubinato com a urbanização na primeira metade do século XIX), de impedir linhas de fuga (vagabundagem dos indivíduos, particularmente das crianças). Em tudo isso não se trata mais de assegurar proteções discretas, mas, sim, de estabelecer vigilâncias diretas (Donzelot, 1986, p. 27).

A partir de meados do século XVIII aparece uma ampla série de manuais sobre a conservação das crianças escritos por médicos inicialmente, e depois por administradores e militares questionando os costumes educativos do século. Do lado mais pobre do corpo social havia o costume freqüente de abandonar as crianças em hospícios[81] mantidos pelo Estado, onde a mortalidade infantil era alta. Os textos denunciavam a irracionalidade da administração destes hospícios e o pouco benefício que o Estado obtinha de manter estas crianças, já que poucas chegavam a uma idade em que poderiam reembolsar os gastos que provocaram.

Donzelot avança na tese foucaultiana e faz um estudo paralelo da história dos conventos de preser-

vação e de correção para moças, das casas de tolerância para prostitutas e dos hospícios para menores abandonados. Deste estudo ele conclui que estas práticas de recolhimento existiram não apenas em função do axioma do Estado (que era o da conservação dos corpos). Haveria um outro axioma, mais privado e íntimo, que diz respeito à própria ascensão da burguesia que trata justamente das relações de perpetuação do patrimônio; isto é, a convergência do axioma do Estado ao axioma familiar estava justamente aí: encarar o corpo como uma propriedade, um patrimônio, um bem público (do Estado) e, ao mesmo tempo, privado (da família).

De fato, o filho não pertence apenas aos pais: ele é o futuro da nação e da raça, produtor, reprodutor, cidadão e soldado do amanhã. Entre ele e a família, principalmente quando esta é pobre e tida como incapaz, insinuam-se terceiros: filantropos, médicos, estadistas que pretendem protegê-lo, educá-lo, discipliná022222-lo. As primeiras leis sociais (a de 1841 sobre a limitação do tempo de trabalho nas fábricas) foram promulgadas tendo como objeto as crianças. Pouco importa que, a princípio, não tenham sido muito eficazes. O alcance simbólico e jurídico dessas leis nem por isso se faz menos considerável, visto que marcam a primeira guinada de um direito liberal rumo a um direito social (Perrot, 1991c, p. 148).

Destas práticas de controle de tudo que pudesse atrapalhar a família burguesa de preservar seu patrimônio, surgiram as morais sexuais como forma de controle e disciplina do corpo. Nasce então a segunda forma de intervenção normativa. Como demonstram os inúmeros manuais sexuais e literatura de aconselhamento conjugal escritos nesta época[82] — que vêm confirmar a tese de Foucault[83]

---

[81] Do latim *hospitiu*, os hospícios eram casas onde se hospedavam e/ou tratavam pessoas pobres ou doentes, sem retribuição, tendo a conotação de asilo. Apenas com a potencialização do Industrialismo, no fim do século XVIII que ouviremos falar de orfanatos e creches; cf. Antonio Merisse. Origens das instituições de atendimento à criança pequena: o caso das creches. Em: *Lugares da infância: reflexões sobre a história da criança na fábrica, creche e orfanato*. São Paulo: Arte & Ciência, 1997.

[82] Cf. Roy Porter (1998). A literatura de aconselhamento sexual antes de 1800.

[83] Cf. Michel Foucault (1985). *A história da sexualidade*, v. 1. Introdução.

de que o sexo não era reprimido, como pensava Freud —, o sexo passa a ser normatizado e no século XIX ele passará a ser estudado pela ciência com os estudos sobre o comportamento sexual humano (Sexologia). "Os médicos, novos sacerdotes, sacralizam o casamento ao mesmo tempo como regulador das energias e forma de evitar as perigosas relações dos bordéis, destruidores da raça" (Perrot, 1991a, p. 115). Essa foi a melhor maneira de se atingir tanto aos interesses do Estado quanto aos interesses das famílias burguesas.

Assim, o regime das alianças familiares e conjugais não procurava sua coincidência com as práticas sexuais, mas, ao contrário, estabelecia-se por meio de uma distância calculada em relação a elas. Era preciso preservar as pessoas destinadas às alianças úteis de toda e qualquer união não conforme; era preciso, também, desviar de qualquer esperança familiar aquelas que não possuíam os meios para tanto.

Do lado da família, portanto, "o filho, no século XIX, ocupa mais do que nunca o centro da família. É objeto de todos os tipos de investimento: afetivo, claro, mas também econômico, educativo, existencial. Como herdeiro, o filho é o futuro da família, sua imagem sonhada e projetada, sua forma de lutar contra o tempo e a morte" (Perrot, 1991b, p. 146). Tudo isso implicava uma separação entre o sexual e o familiar, um desnível produtor de ilegalismos mais ou menos tolerados, gerador também de incessantes conflitos e de desperdício de forças "úteis" (Donzelot, 1986, p. 28).

Isso porque, principalmente na segunda metade do século XIX, as "mitologias da hereditariedade"(Jean Borie), desenvolvidas

tanto pelos médicos quanto pelos romancistas (ver o Zola de *Fécondité* [Fecundidade] e *Docteur Pascal* [Doutor Pascal]), o temor aos grandes "flagelos sociais" — a tuberculose, o alcoolismo, a sífilis —, o terror às "taras" transmitidas e ao sangue "estragado" erigem a família num elo cuja fragilidade requer uma vigilância constante. Recomenda-se a castidade até aos rapazes, embora suas extravagâncias sejam toleradas, desde que se respeite a virgindade das moças (Perrot, 1991a, p. 115).

É nesse sentido que a polícia no século XVIII se sustenta no poder familiar, visando à manutenção da "ordem social". Mas não se trata de uma polícia privada, mas de uma polícia pública visando preservar a paz e a tranqüilidade privadas. Ao Estado interessava manter esta paz, pois que se interessava em manter os corpos úteis para seu dispor. E às famílias interessava esta mesma paz, para poder conservar seu patrimônio. Entre esses dois extremos encontramos a Medicina e propriamente o nascimento da psicologia do homem moderno, como bem disse Lacan[84].

Esta nova preocupação com o corpo, não mais uma preocupação apenas moral, mas agora política e econômica, tem como conseqüência a cristalização do conjunto familiar, fazendo com que os responsáveis pela criança sejam seus pais biológicos, mas isso só foi possível pela aliança entre Medicina e família. O objetivo do pensamento médico e educador tinha, de um lado, a finalidade de impedir o efeito maléfico da criadagem sobre as crianças, e de outro, estimular as famílias que entregavam seus filhos aos cuidados do Estado a assumir a educação deles.

---

[84] Cf. Jacques Lacan (1987). *A família*. O homem moderno e a família conjugal, p. 59-60. "Duas funções neste processo refletem-se sobre a estrutura da família: a tradição, nos ideais patrícios, de formas privilegiadas do casamento; a exaltação apoteótica que o cristianismo traz às exigências da pessoa. A Igreja integrou esta tradição na moral do Cristianismo, pondo em primeiro plano no laço do casamento a livre escolha da pessoa, fazendo assim passar à instituição familiar o passo decisivo para a sua estrutura moderna, a saber: a secreta inversão da sua preponderância social em proveito do casamento. Inversão que se realiza no século XV com a revolução econômica donde saíram a sociedade burguesa e a psicologia do homem moderno. São, com efeito, as relações da psicologia do homem moderno com a família conjugal que se propõem ao estudo do psicanalista; este homem é o único objeto que ele submeteu verdadeiramente à sua experiência, e se o psicanalista reencontra nele o reflexo psíquico das condições mais originárias do homem, poderá ele pretender curá-lo das suas deficiências psíquicas sem o compreender na cultura que lhe impõe as mais altas exigências, sem compreender mesmo a sua própria posição em face deste homem no ponto extremo da atitude científica?".

Será exigido destes uma nova postura para com seus filhos, projetando-os para um outro plano de produção de afetos, sentimentos e sensibilidades. Seus papéis e funções também serão redefinidos. Os pais agora farão girar suas vidas em torno deste pequeno ser que guarda o "germe" de um adulto-cidadão, a esperança de um destino mais feliz para a nação e para a família, desde que seja educada para isso. Esses ideários levaram à constituição da República pós-Revolução Francesa e, seguindo as análises de Costa (1986), del Priore (1991) e Freitas (1997), do Brasil colônia ao republicano, as práticas discursivas européias foram assimiladas instantaneamente com poucas variações[85].

Surge, então, sua "majestade o bebê". Esse deslocamento em nome do ideal do "adulto aprimorado" vai dizer respeito à sociedade em sua totalidade. Inicia-se com a burguesia e se estende a todo o proletariado, tornando-se, portanto, um modelo universal de constituição da família. É assim que, com o "aburguesamento" da sociedade, coloca o sexo submetido ao casamento e procriação acolhidos nos braços do amor (individualismo). É por isso que Costa (1986), poderá dizer que a masturbação das crianças e dos adultos foi veementemente controlada e vitimizada pelos discursos médicos e religiosos, e tornou-se um dispositivo de controle nas escolas republicanas – espaços de confinamento idealizados para que o Estado preenchesse as lacunas normativas da família[86].

Quando analisamos o problema higiênico da masturbação infantil, vemos que ele está explicitamente referido à proteção do corpo, da saúde e da vida da criança e do adulto. A higiene da sexualidade tentava preservar os indivíduos do desgaste físico que ele e sua prole poderiam vir a sofrer em conseqüên-cia da masturbação. A criança masturbadora gerava o adulto débil, sujeito a abortos e esterilidade. O masturbador era, antes de tudo, um irresponsável, incapaz de avaliar a incidência social de sua mesquinha prática de prazer (Costa, 1986, p. 192-93).

Finalizando, foi, portanto, no século XVIII que a família, instrumentalizada pela série da saúde, tornou-se um dos instrumentos de poder do Estado sobre a subjetividade para poder torná-la útil e dócil. E que, por adição, à família interessava este controle para poder ver preservada seus patrimônios. Tal interesse resultou no controle da sexualidade de seus integrantes, na releitura das disposições sociais das mulheres e dos homens na sociedade, na criação do sentimento de infância e em novas funções familiares mais associadas às questões de gênero sexual[87].

OS NOVOS PAPÉIS DA MÃE E DO PAI

Como condição necessária para vencer a mortalidade infantil, que gerava perdas irreparáveis para o Estado, ele mesmo, baseado nos discursos filosóficos e "científicos" (Medicina) da época, investiu poderosamente na *invenção do sentimento de infância* e de uma suposta naturalidade do amor materno, que propiciasse à criança um tempo maior de contato com sua mãe natural, pois acreditava-se que assim sua sobrevida pudesse ser mais garantida. Nesse período, portanto, o ideário da família burguesa foi construído com pungência em função da sobreposição de três discursos distintos sobre a subjetividade da mulher, do homem e da criança. A saber: o discurso econômico, dirigido apenas aos homens esclarecidos e sustentado pelas práticas de conservação dos corpos já instaurada pela aliança Medicina-Hospital-Estado; o discurso filosófico co-

---

[85] Cf. a análise de Carlos Monarcha (1997) sobre a construção da Escola Normal na Praça da República em São Paulo. Momento único de utilização da Arte e Pedagogia para se alcançar os fins do Estado: convocar a subjetividade das crianças à devoção ao "espírito" republicano. "A Escola Normal de São Paulo transforma-se em edifício de culto a um poder que exprime força e vitalidade: a República. (...) Em outras palavras, uma escola deve ser reconhecida como uma escola, produzindo a auto-imagem de uma época e despertando sentimento de afeição e identificação com o novo regime"(p. 112).

[86] Essa preocupação normativa em relação à sexualidade objetiva a produção de adultos convenientes para os ideais da sociedade que constituem, e para adequá-los, segundo os moralistas, os educadores, todos religiosos e jesuítas — aqueles que se encarregam desta tarefa — pensam que é necessário educar a criança: instruí-la, criá-la. "O projeto é claro: trata-se de harmonizar a criança para preparar o adulto a fim de moldá-lo aos ideais da burguesia em ascensão" (Clastres, 1991, p. 137).

[87] Segundo Araújo (1999), o gênero remete a uma construção histórico-social sobre o biológico, reservando ao último as questões próprias ao sexo.

mum aos dois sexos que impunha maior autoridade ao pai sobre a prole e sobre a mulher; e, por fim, o discurso dirigido exclusivamente às mulheres cunhado por moralistas e religiosos.

O PAPEL DA MÃE

Por meio da revalorização das tarefas educativas se estabelece, para a mulher burguesa, uma nova continuidade entre suas atividades familiares e suas atividades sociais.

Ela descobre um domínio de missão, abre para si um novo campo profissional na propagação das novas normas assistenciais e educacionais.

Pode, ao mesmo tempo, ser suporte de uma transmissão do patrimônio no interior da família e *instrumento de irradiação cultural no exterior.*

A mulher do povo possui, por natureza, um trabalho antagônico com o seu *status* materno.

Algumas vezes ele representa uma necessidade, mas é sempre obstáculo à realização de sua função de guardiã do lar.

Para ela, não se trata de irradiação: sua missão é, ao contrário, velar por uma *retração social de seu marido e de seus filhos.*

É dela, da regularização que impõe, que depende a transmissão de um patrimônio que permanece, quase sempre, exterior à família, o "patrimônio social" como dizem os juristas, cuja gestão escapa à família e do qual o operário não pode dispor como viver, já que só o obtém com sua própria deterioração e morte (Donzelot, 1986, p. 47).

A Filosofia e a Ciência da época exerceram influências decisivas para a produção dos papéis do pai, da mãe e da criança nesta nova família nuclear. A Filosofia das Luzes propagou duas grandes idéias complementares, que favoreceram, em maior ou menor grau, a invenção do "amor materno" e de sua expressão: as idéias de igualdade entre os homens e de felicidade individual.

No que concerne à igualdade, a imagem do pai e de seu poder se transforma: o poder paterno passa a ser simplesmente a ajuda momentânea pela qual ele compensa a fragilidade da criança. Dois textos dão a medida da modificação das mentalidades. O primeiro é o artigo da *Encyclopédie* consagrado

ao poder paterno; o outro, um trecho do *Contrato social* de Rousseau.

No artigo da *Encyclopédie*, é dito que o pai e a mãe têm o "direito de superioridade e de correção sobre seus filhos", visando ao seu bem, já que este bem é importante para o Estado. É o bem da criança que justifica a autoridade dos pais, e não um direito tão abstrato quanto absoluto. Este texto diz também que

> a subsistência das crianças é mais importante do que a formação de súditos dóceis. Mais do que Deus ou o monarca, é a natureza da criança que exige o poder dos pais e lhe impõe, ao mesmo tempo, justos limites. Como a essência infantil é mutável por definição, a *Encyclopédie* distingue diferentes graus da autoridade dos pais e mães, que deve evoluir junto com a criança (*Apud* Badinter, 1985, p.163).

Assim, na primeira idade, a criança, por não ser capaz de discernimento tem, portanto, necessidade de toda a autoridade do pai e da mãe para assegurar sua proteção e defesa. Na puberdade, ela já começa a refletir, mas é ainda tão inconstante que precisa ser dirigida. E, por fim, na idade adulta, seus pais vêem sua autoridade extremamente limitada já que o princípio agora é o da liberdade individual. Na fase adulta, entretanto, os filhos (agora adultos) devem recordar-se de que devem ao pai e à mãe o nascimento e a educação: devem conseqüentemente considerá-los durante toda a sua vida como seus benfeitores e manifestar-lhes seu reconhecimento por todos os deveres de respeito, de amizade e de consideração de que forem capazes. "É sobre esse respeito e sobre a afeição que os filhos devem ter pelo pai e pela mãe, que se fundamenta o poder que os pais e mães conservam ainda sobre os filhos na terceira idade." (Badinter, 1985, p.163).

Rousseau (1712-1778), afirmando em seu trabalho, *Do Contrato Social* (1757), que "o homem nasceu livre", estabelece a liberdade como um dado indestrutível da natureza humana. E assim ele tornava homogênea a natureza do pai e a do filho. "A criança é, portanto, uma criatura potencialmente livre, e a verdadeira função do pai é tornar possível a atualização dessa liberdade ainda adormecida. Criar um filho é fazer de um ser momentaneamente frágil e alienado uma pessoa autônoma assim como os pais: o filho o igual do pai, a filha a igual da mãe" (Ibid., p. 169). Além disso, Rousseau, ao lançar a idéia de que a família só se mantém unida por conveniência, também instaura a crença de que os laços sociais são regados de apego recíproco e de liberdade. Todavia, para Rousseau, embora fale de igualdade e liberdade, a "mulher continua, para ele, a ser um indivíduo relativo, definido em relação ao homem" (Ibid., p.170). Montesquieu, por sua vez, não concorda com essa idéia e afirma que "se as mulheres são efetivamente inferiores aos homens deste século, a causa não reside na sua natureza, mas na educação que lhes é dada, ou melhor, na educação que lhes é recusada" (Ibid., p. 170).

No fim do século há uma mudança teórica e prática nas relações entre os homens e as mulheres tanto nas classes abastadas quanto entre os burgueses. Tal mudança se deve, por um lado, à nova tendência do casamento por amor que produziu uma transformação nos papéis da esposa: agora ela é vista como uma companheira e amiga para a vida do homem e construção da família. Por outro lado, os homens responsáveis querem que as mulheres desempenhem um papel mais importante na família, e notadamente junto dos filhos.

Ainda que não validasse juridicamente a igualdade real entre o homem e a mulher, o século XVIII aproximou consideravelmente a esposa do marido. Isso não se deveu apenas à importância crescente que a criança adquire na sociedade, mas também, em grande parte, a uma verdadeira obsessão da filosofia das Luzes: a busca da felicidade, logo seguida pela valorização do amor. Esses dois novos valores virão reforçar oportunamente a homogeneização dos esposos entre si, e mesmo a dos pais e filhos. Nesse sentido a procura da felicidade familiar é um passo importante na evolução rumo à igualdade (Badinter, 1985, p. 173).

E a felicidade familiar só poderia ser alcançada com a dedicação das mulheres às crianças. Há então um forte apelo à natureza e índole da mulher para justificar a sua importância na amamentação. Para todos os partidários do aleitamento materno, de Plutarco ao Doutor Brochard (fim do século XIX), passando por Favorinus, Erasmo e muitos outros, encontra-se indefectivelmente uma profissão de fé naturalista: "É a natureza, dizem eles, que manda que a mãe amamente o seu bebê." Logo, é mal, moral e fisicamente ruim, desobedecer à natureza. Onde, na verdade, para todos esses moralistas, quem diz "lei da natureza" está pensando na "lei divina" e não é bom desobedecer a Deus.

Todos os austeros conselheiros repetiram, exaustivamente, que a natureza não deu seios à mulher para que ela obtenha glória de sua beleza, ou para que façam o prazer de um marido sensual. A mulher não deve se envaidecer ou extrair prazer de seus órgãos, pois sua função essencial é nutrícia. A natureza criou-a fêmea antes de mais nada, permitindo-lhe alimentar o filho com o próprio leite. Ai daquelas que o esquecessem! (Badinter, 1985, p.183).

Além de argumentos científicos, que tentavam provar a facticidade da questão orgânica demonstrando cientificamente o quão eficiente era o leite materno para a saúde da criança, tentou-se também o retorno ao primitivismo, justificando que naqueles tempos as mulheres amamentavam sua cria e, apenas por isso, a sobrevivência das crianças foi garantida. "Mas todos esses exemplos tomados aos tempos antigos eram facas de dois gumes, pois se mostravam bem que quanto mais se está próximo do estado primitivo, mais as mulheres amamentam, provavam também que, sempre que possível, as mães abandonavam os filhos a outros seios" (Ibid., p. 186). Todavia, o que se pode afirmar é que, quanto mais rica e culta é uma nação, mais as mães renunciam a este tipo de condição materna que aprisiona a criança à sua imagem retirando da mãe toda a sua individualidade e aspirações como pessoa, para que tudo nela seja projetado na criança.

Assim, foram feitos às mulheres diversos argumentos no sentido de convencê-las a amamentar e cuidar de seus filhos (Badinter, Ibid., p. 186). Disseram-lhes que:

1. A amamentação produz um certo frescor na pele, ou seja, há atrativos recompensadores para aquelas que amamentam, mesmo que isso implique no sacrifício físico (dores no seio, etc.); junto com isso há um reforço da vaidade feminina redescobrindo-a na função materna.

2. "Ser mãe é padecer no Paraíso". Isto é, evocando uma suposta qualidade masoquista das mulheres (ou antes criando-a), esperavam que elas se convencessem de que o prazer de ser mãe só poderia ser totalmente encontrado na dedicação absoluta e sacrifício aos filhos. Para isso, foi preciso convencê-las de que os homens são incapazes de fazer ou sentir o mesmo que elas por seus filhos. Nesta época, portanto, a idéia do inatismo do amor parental só é designado à figura da mulher. G. Droz escreve: "O amor materno é um sentimento inato na mulher. O amor paterno, no homem, é o resultado das circunstâncias". (*Apud* Michelle Perrot, 1991c, p. 122). Uma outra razão para os moralistas imputarem essa idéia machista às mulheres é que apenas elas poderiam legitimar a filiação de uma criança ao marido, e tal linhagem era fundamental para a preservação dos bens. Tal argumento serviu também para separar os homens das mulheres e produzir um mundo secreto de um a outro.

3. Assegura-se às mulheres que à boa mãe o marido será mais fiel e que eles viverão uma união mais doce.

Desse modo, determinadas práticas de lidar e cuidar do infante contribuíram para a produção desta nova subjetividade materna. Com a produção dessa nova mãe, produziu-se também uma nova criança. O aleitamento materno, servindo à sobrevivência da criança — que passou a ser um imperativo moral e a expressão de uma nova afeição materna —, terminou por contribuir para a produção de uma nova subjetividade, tão veementemente explorada pela Psicologia e seus sistemas, a saber: a díade mãe-bebê e o "apego" entre esses dois personagens da história da civilização ocidental.

Por exemplo, com a idéia de liberdade da alma e higiene do corpo, o bebê se viu livre das faixas que antes o vestiam nem tanto por questões de necessidade e saúde, mas, sim, para que a mãe se visse menos ocupada dele. Esse bebê, então, livre dessa prisão, pôde brincar com sua nova mãe, agarrá-la, tocá-la e conhecê-la. A mãe pôde acariciá-lo e abraçá-lo mais facilmente, ao passo que a criança, envolta em faixas, era incapaz de reagir às carícias maternas. Uma vez retirada essa armadura, carinhos e relações físicas tornam-se finalmente possíveis entre mãe e filho (Badinter, Ibid., p. 205).

Assim, na medida em que a criança foi se aproximando mais da mãe biológica, e a mulher a ela ia dedicando mais atenção, essa criança foi sendo "paparicada", "mimada" como forma de expressão da soberania da esposa sobre o marido no lar. Isto é, embora o pai fosse o soberano do lar, a mãe detinha a gerência dos afetos com a criança nesta casa.

Assim é que o sentimento da infância irá se constituindo aproximado da célula mãe-bêbe em que o pai irá entrar bem mais tarde nesta relação.

Para dar conta desta nova prova de amor pelos seus filhos agora mais livres e apegados a ela, a "boa mãe" deve "dedicar a vida ao filho". A mulher apaga-se em favor da boa mãe que, doravante, terá suas responsabilidades cada vez mais ampliadas e nesse fim do século XVIII, é em primeiro lugar a higiene e a saúde do bebê que exigem a atenção da mãe. Os deveres da mulher que quer ser mãe começam desde que ela engravida de modo que ela terá o cuidado e a obrigação de observar um bom regime alimentar e libertar-se de seus vícios no momento em que lhe for comunicada a gravidez. Isso implica em dizer que seus direitos sobre a criança lhe serão preservados desde que seus deveres para com ela sejam cumpridos.

Todo esse investimento nas relações mãe-criança acabou por transformar o bebê "em sua majestade", em um substituto fálico, um "bem" simbólico. Tal facilização da criança ocorreu porque ela se transformou no mais precioso dos bens: um ser que não pode ser substituído no Real, mas que pode ser substituído simbolicamente; quantas mulheres não engravidaram para "assegurarem" um casamento?; quanto a posição social da mulher se modificou quando ela foi capaz de gerar e cuidar de seu filho? Além disso, as Leis favoreciam os casais que efetivamente mantinham o "bem-estar" de sua prole, incentivando-os, por exemplo, com valores morais e até financeiros. Tudo para que se evitasse que a criança viesse a morrer. Assim, o imaginário do enlutamento, sua expressão pública, também mudou. A morte da criança agora é vivida como um drama que atinge não apenas a mãe, mas também o pai (Badinter, 1985, p.208). Daí, a grande preocupação dos pais com a saúde dos filhos e a luta da Medicina contra as enfermidades, favorecendo o surgimento do processo de higienização escorado na idéia da criança como bem da família e do Estado. "A nova mãe, que se sente responsável pela saúde do filho, não oculta sua ansiedade e pede mais conselhos e ajuda ao médico. A presença desse novo personagem no seio da família se faz sentir cada vez mais no século XIX" (Ibid., p. 210)

Nasce, por assim dizer, o típico lar burguês:

A nova mãe passa portanto muito mais tempo com o filho do que a sua própria mãe passara com ela. E é bem o fator "tempo" que melhor marca a distância entre duas gerações de mulheres. As antigas mal "tomavam conhecimento" da prole, e consagravam o essencial de seu tempo a si mesmas. As novas vivem constantemente junto dos filhos. Amamentam, vigiam, dão banho; vestem, levam a passear e cuidam. A criança já não é relegada à distância, ou a um outro andar. Ela brinca ao pé da mãe, faz as refeições a seu lado e conquista seu lugar no salão dos pais, como o testemunham numerosas gravuras. Estabelecem-se laços que tornam mais difíceis, senão impossíveis, as separações de antigamente. Os pais, e a mãe em particular, não têm mais o desejo de exilar os filhos nos conventos ou nos colégios. Aliás, o internato é cada vez mais combatido pelas autoridades morais, filósofos e médicos. Criticam-se os pais que se livram de

seus filhos. Bernardin de Saint-Pierre, entre outros, não mede palavras: "Se os entregam a amas desde que vêm ao mundo, é porque não os amam; se os mandam, quando crescem, a internatos e colégios, é porque não os amam." (Bernardin de Saint-Pierre, 14° *Étude sur la Nature*, 1784. *Apud* Badinter, 1985, p. 211).

Assim, quando as mulheres não eram sensíveis nem ao argumento da saúde, nem aos da beleza e da felicidade, acrescentava-se o da glória. E caso esse também falhasse, lançava-se mão dos argumentos econômicos, realizando-se então cálculos dos lucros e perdas que tem a mãe que entrega o filho a uma ama. Se nenhum desses argumentos fosse ainda convincente, restava a arma das ameaças fisiológicas e punições morais ou ainda o apelo ao nacionalismo. "Se as mães amamentarem, os pais farão naturalmente o seu dever. A família será unida e a sociedade virtuosa. O que chefes de polícia e economistas traduzem em termos mais políticos: "O Estado será rico e poderoso" (Ibid., p. 181).

Em conseqüência, é a mãe que se incumbe pessoalmente dessa nova tarefa. Esse trabalho de tempo integral a monopoliza totalmente. Cuidar dos filhos, vigiá-los e educá-los exige sua presença efetiva no lar. Totalmente entregue às suas novas obrigações, a "nova mãe" não tem mais tempo nem desejo de freqüentar os salões e fazer parte da vida galante da aristocracia. Seus filhos são suas únicas ambições e ela sonha para eles um futuro mais brilhante e ainda mais seguro do que o seu. A nova mãe é essa mulher que conhecemos bem, que investe todos os seus desejos de poder na pessoa de seus filhos. Preocupada com o futuro deles, limitará voluntariamente a sua fecundidade: "Mais vale ter poucos filhos", pensa ela, "bem postos na vida, do que uma prole numerosa, mas de destino incerto".

É portanto um novo modo de vida que aparece no final do século XVIII e que se desenvolverá no curso do século XIX. Voltada para "o interior", a "intimidade" que conserva bem cálidos os laços afetivos familiares, a família moderna se requentar em torno da mãe, que adquire uma importância que jamais tivera (Perrot, 1992, p. 213).

Porém, a filosofia da felicidade e da igualdade atingia apenas a um público limitado e o Estado precisava de uma arma mais poderosa para assegurar a sobrevivência das crianças, isto é, para "implicar" as mães na necessidade de amamentar seus filhos. Era preciso expandir o modelo da família nuclear a todas as classes sociais.

Todas as mães têm a mesma "missão" independentemente de seu credo. Contrariamente à vocação religiosa, a vocação materna é obrigatória, pois todas devem "consagrar-se totalmente a esse sacerdócio", que implica no sacrifício de sua vontade ou de seu prazer para o bem da família. Todas as mulheres, enfim, só podem encontrar sua salvação "devotando-se ao seu dever materno". Esse devotamento sem limites é "a dor expiadora" por excelência, aquela que permite a Eva transfigurar-se em Maria (Badinter, 1985, p. 271). Passa-se, portanto, do discurso da responsabilidade à culpa em um piscar de olhos:

> Mas como poderá uma mulher saber que expiou suficientemente e que se sacrificou o necessário para cumprir seus deveres maternos? A resposta lhe é dada pelo filho. Como o destino físico e moral deste depende totalmente dela, o filho será o sinal e o critério da sua virtude ou de seu vício, de sua vitória ou de seu fracasso. A boa mãe será recompensada e a má será punida na pessoa do filho. Uma vez que "o filho vale tanto quanto a mãe" e que a influência desta é absolutamente determinante, só depende dela que seu filho seja um grande homem ou um criminoso (Ibid., 272).

Surge então o retrato da mãe má. "Ausente, incapaz ou indigna", tal é a mulher que nasce como avesso da "boa mãe". O século XIX não pode conceber mães que sejam boas ou más pela metade. Assim, nasce a mãe indigna (que não ama seus filhos), a egoísta, descuidada, devassa ou negligente (a que não faz sacrifícios por seus filhos e nem age conforme as necessidades destes), a trabalhadora (quaisquer que sejam seus motivos, o trabalho feminino é condenado pelos moralistas, que mal admitem que ele possa ser uma necessidade vital, e, neste caso, mais difícil será justificar esse desejo, tratando-se de uma mãe que não precisa trabalhar por dinheiro, mas por razões pessoais), e, claro, a altruísta que vive sua vida para os filhos, que se deixa enrendar pelo discurso da boa mãe.

A nova mãe pertence essencialmente às classes média e à burguesia abastada (mas não à que sonha imitar a aristocracia).

Levará tempo para que a mulher intelectual, já identificada às mães rousseaunianas como Madame d'Epinay ou Madame Roland, faça uma legião e sua moda se torne um comportamento "natural" que "desce" à rua e "sobe" às esferas superiores.

De fato, as mulheres que se conformaram em massa ao modelo rousseauniano não foram as mais sofisticadas ou intelectualizadas, mas as da burguesia abastada, que não tinham ambições mundanas, nem pretensões intelectuais, nem necessidade de trabalhar ao lado do marido. Aquelas que, um século antes, tinham abandonado os filhos por conformismo, preguiça ou falta de motivação, mais do que por necessidade. Tendo mais tempo do que outras e procurando inconscientemente um ideal e uma razão de viver, foram as primeiras a se sensibilizarem com os argumentos das autoridades locais e médicas. As primeiras a considerar a criança como seu encargo pessoal, aquele que dava um sentido à sua vida de mulher. É desse tipo de mãe que derivam as mães modernas que hoje pertencem à média burguesia, mais apegada às virtudes austeras do que aos sucessos pessoais, mais à vontade no Ser e no Ter do que no Parecer, fundamento da existência da mulher aristocrata [é isso que bem retrata Gustave Flaubert (1821-1880) em *Madame Bovary*] (Badinter, 1985, p. 217).

Além disso, estas pequenas burguesas conseguiram sucesso em sua empreitada também porque se organizaram e criaram uma rede de apoio, isto é, tiveram o apoio de familiares (avós principalmente) e criaram uma nova personagem na família: a governanta e a babá. "A babá, essa "segunda mãe" é o personagem central da família burguesa, que logo adquire autoridade sobre a mãe ignorante. Sabe-se que não se deve contrariá-la, sob pena de ver seu leite azedar, e prefere-se calar a arriscar a saúde do querido bebê" (Ibid., p. 230). Além disso, a babá, podendo ser vigiada pela mãe, dá a esta uma condição de liberdade anteriormente só permitida às mulheres da aristocracia, ao mesmo tempo que a ajuda na dissimulação de cumprimento de seu papel de mãe.

As aristocratas, tal qual suas antepassadas do século XVIII, procuram, ainda hoje, demonstrar a distância que as separa das atitudes das mães da média burguesia. Não só na Paris daquela época, mas também nas grandes cidades da província, as mulheres que se consideram acima do vulgar recusam claramente o papel de "boa mãe" de família. E hoje, embora a vida de aparência não seja mais a razão que as fazem ficar distantes dos valores idealizados da personagem da "boa mãe", a busca por uma realização pessoal no trabalho e no amor, as mantém distantes deste Imaginário. Porém, ainda se trata de uma postura individualizada, pois, entregues a seu próprio risco, muitas delas não têm sorte nesta empresa e passam por longos períodos de sofrimento e angústia tendo de construir para si um caminho que não é valorizado e/ou reconhecido socialmente, além, é claro, de terem de lidar com uma culpa criada para favorecer os interesses do Estado.

> Mas, ainda que a propaganda intensiva de Rousseau e de seus sucessores não tenha conseguido convencer todas as mulheres a serem mães extremosas, seus discursos tiveram sobre elas um forte efeito. As que se recusaram a obedecer aos novos imperativos sentiram-se mais ou menos obrigadas a trapacear e a simular de todas as maneiras. Alguma coisa, portanto, mudara profundamente: as mulheres se sentiam cada vez mais responsáveis pelos filhos. Assim, quando não podiam assumir seu dever, consideravam-se culpadas. Nesse sentido, Rousseau obteve um sucesso muito significativo. A culpa dominou o coração das mulheres (Badinter, 1985, p. 235).

Para as mulheres mais pobres, o caminho também é sofrido, já que, ao contrário das aristocratas, estas mulheres trabalham por necessidade e sobrevivência e não encontram respaldo social para atingir o Ideal de "boa mãe", tendo, por isso, de conviver com a culpa e escárnio social. Pressionadas por fatores econômicos, entretanto, (camponesas e esposas de artesãos), não têm tempo para aderir à nova imagem da "boa mãe". Além disso, essas mulheres não conseguiam desenvolver um controle de natalidade eficiente, e quaisquer que fossem essas razões, este fato gerou três conseqüências: a entrega da criança a uma ama-de-leite, o abandono e as taxas inalteradas de mortalidade das crianças de família pobre. De modo que as famílias pobres, segundo Donzelot (1986), sofreram outro tipo de intervenção. O Estado encorajou cada vez mais, por meio de auxílios como salário-família no início do século XIX, as mães de famílias populares a manterem seus próprios filhos. É desta forma, como nutriz mandatada pelo Estado, que se constitui a mãe menos abastada. Elas recebiam tanto uma remuneração coletiva quanto uma vigilância médico-social. Assim, a conservação dos infantes "pobres" apoiou-se em uma vigilância direta e no discurso dos "deveres" da mãe para com a nação. Foi assim que o Estado precisou investir na mulher um papel político, homogeneizando efetivamente a sua função.

> Como é das mulheres que depende todo o êxito da operação, elas se tornam, pela primeira vez, as interlocutoras privilegiadas dos homens. São, portanto, elevadas ao nível de "responsáveis pela nação", porque, de um lado, a sociedade precisa delas e lhes diz isso e, de outro, quer-se reconduzi-las às suas responsabilidades maternas. Tornam-se, ao mesmo tempo, objeto de uma súplica e de uma acusação (Idem, p. 181).

Concluindo, apelou-se para o senso do dever e ao "instinto" materno, culpou-se, ameaçou-se e patologizou-se a mulher a fim de reconduzi-la à sua função nutritícia e maternante (Badinter, 1985, p.144), e para fazê-la abandonar a sua busca de emancipação; uma vez que o homem, seja política, econômica e religiosamente já havia demonstrado altos graus de interesse em não abandonar a sua condição social soberana. Foi com a solidificação deste argumento inatista e político, em detrimento de quaisquer outros, que historicamente a mulher ficará presa ao paradigma da maternidade, o qual a obriga a cuidar, criar e educar a criança que ela gerou baseando-se na idéia imaginária de que isso seria apropriado para a criança, justificando, até mesmo, que o "amor materno", nasceria como efeito mesmo da condição fisiológica da gravidez que despertaria o "instinto" materno que todas as mulheres carregam em potencial (Kitzinger, 1978, p. 61-65). Esta idéia prejudicou ainda mais a condição das mulheres já que sobre aquelas que não se interessam pelo projeto da maternidade recai o véu do preconceito e discriminação com muito mais terror, pois, se antes a mãe que não se interessava por sua cria assim procedia em virtude de uma doença do instinto, agora, se assim procede, é por degenerescência do caráter, por má índole, por perturbações psíquicas que a impedem de fazer tal escolha sublime. E, mesmo nos casos de esterilidade, resta ainda uma culpa, uma condenação e dúvida sobre a capacidade ou não da mulher conseguir "adotar" uma criança, já que, parcialmente se acredita que as mães estéreis talvez nunca elaborem "adequadamente" o luto de sua esterilidade ou, então, porque ainda se acredita que a condição física da gestante realmente contribua para a produção do dito amor materno. Assim, as mães não encontram outras saídas quando influenciadas pelo paradigma organicista, senão confinarem-se em casa para cuidarem de seus filhos.

Esta transição do egoísmo e desafeto materno para o altruísmo e amor materno tiveram como elementos determinantes "os recursos econômicos, mas também as ambições das mulheres, que condicionaram amplamente seu comportamento de mãe. "Problema e necessidade para umas, imposição ou opção para outras, a chegada do filho à família é diferentemente vivida pelas mulheres" (Badinter, 1985, p. 227).

Segundo esta autora:

> (...) não foi certamente por acaso que as primeiras mulheres ao escutarem os discursos masculinos sobre a maternidade foram as burguesas. Nem pobre, nem particularmente rica ou brilhante, a mulher das classes médias viu nessa nova função a oportunidade de uma promoção e de uma emancipação que a aristocrata não buscava. Ao aceitar incumbir-se da educação dos filhos, a burguesa melhorava sua posição pessoal, e isso de duas maneiras. Ao poder das chaves, que detinha há muito tempo (poder sobre os bens materiais da família), acrescentava o poder sobre os seres humanos que são os filhos. Tornava-se, em conseqüência, o eixo da família. Responsável pela casa, por seus bens e suas almas, a mãe é consagrada a "rainha do lar" (p. 215).

Assim, a condição da mãe distingue-se de fato, senão de direito, da condição de seu filho. Ela não é mais para o marido, como outrora, "uma criança" entre as crianças que é preciso proteger e governar. A mãe burguesa "mantém a casa" com a mesma autoridade e o mesmo orgulho com que a mulher aristocrática "mantém sua classe ou posição". Graças à responsabilidade crescente da mãe, a esposa pôde impor-se mais ao marido e ter, muitas vezes, como mãe, a última palavra. A maternidade torna-se um papel gratificante, pois está agora impregnada de ideal. O modo como se fala dessa "nobre função", com um vocabulário tomado à religião (evoca-se freqüentemente a "vocação" ou o "sacrifício" materno) indica que um novo aspecto místico é associado ao papel materno. A mãe é agora usualmente comparada a uma santa e se criará o hábito de pensar que toda boa mãe é uma "santa mulher". A padroeira natural dessa nova mãe é a Virgem Maria, cuja vida inteira testemunha seu devotamento ao filho.

Com a burguesia, também os territórios do público e do privado tornaram-se menos delimitados, já que a criança é tanto propriedade do Estado (pública) quanto dever da família (privada).

Assim, a mulher assume para si a maternidade, pois, diante da opressão causada por estes três discursos, ela percebe que por meio da maternidade ela podia atingir a igualdade e a felicidade com os homens.

Mesmo num espaço inteiramente dominado, as mulheres encontram compensações que favorecem o consentimento: uma relativa proteção, uma menor inculpabilidade, o luxo ostensivo das burguesas incumbidas das aparências — o que não deixa de ter seus encantos —, e no final das contas uma maior longevidade. Elas também dispõem de possibilidades de ação não desprezíveis, tanto mais que a esfera privada e os papéis femininos conhecem uma constante revalorização no século XIX, aos olhos de uma sociedade interessada no utilitarismo, preocupada com os filhos e atormentada por suas próprias contradições (Perrot, 1991, p. 138).

Fosse rica, abastada ou pobre, a mulher do fim do século XVIII e sobretudo a do século XIX aceitou, com maior ou menor rapidez, o papel da boa mãe já que sua condição social lhe permitia assumir um lugar de poder dentro de sua casa.

O PAPEL DO PAI

O papel do pai nesta nova família burguesa é o de manter a ordem do lar. E, para isso, investiu-se muito em sua autoridade.

A autoridade do pai remonta, segundo os historiadores, à Índia tal como postulada nos textos sagrados dos Vedas. É apenas com o Cristianismo que a autoridade parental é freada, especialmente por duas máximas: 1) Jesus proclamou que a autoridade paterna não se estabeleceria apenas no interesse do pai, mas também do filho, e que a esposa, embora escrava destes interesses, era também companheira; 2) a idéia de "amor ao próximo" reprimia todo o autoritarismo, pondo fim ao poder do marido de repudiar a mulher e seus filhos, e ser poligâmico. Marido e mulher, perante Deus, são iguais e desfrutam

dos mesmos poderes perante o filho. Mas ainda assim, do século XVI até o século XVIII, a autoridade paterna irá se transformar em autoritarismo novamente, reforçada por três discursos entremeados: "O de Aristóteles, que demonstrou ser a autoridade natural, o da Teologia, que afirmou ser ela divina, e finalmente o dos políticos, que a pretendiam divina e natural, ao mesmo tempo" (Badinter, 1985, p. 31). Para Aristóteles o pai, por ser homem, corresponde, portanto, à forma. A mãe, por ser mulher, corresponde à matéria. Do ponto de vista metafísico o homem é valorizado, pois a forma está ligada à inteligência que é um princípio divino de pensamento. Já a mulher está ligada ao desconhecido, ao sensível e, por isso, não reconhecível devendo, portanto, ser abandonado do interesse do conhecimento. A única virtude moral que a mulher possui é a de "vencer a dificuldade de obedecer"; sua honra residia em um "modesto silêncio", tanto quanto a criança cuja virtude é ser submissa e dócil.

A condição do Pai-Marido-Senhor-Todo-Poderoso não pode ser explicada senão pela sua essência. Criatura que mais ativamente participa do divino, seus privilégios devem-se apenas à sua qualidade ontológica. É "natural" que a mais acabada das criaturas comande os demais membros da *família*, e isso de duas maneiras: em virtude de sua semelhança com a divina, como "Deus comanda suas criaturas", em virtude de suas responsabilidades políticas, econômicas e jurídicas, como um "Rei comanda seus súditos" (Badinter, 1985, p. 33).

Dois textos marcam o destino simbólico das mulheres e dos homens na história ocidental judaico-cristã. O primeiro deles é, sem dúvida, o *Gênesis* no qual a mulher é, como última conseqüência, associada ao mal encarnado em seu corpo. O segundo texto que influenciou a condição feminina foi o de São Paulo, precisamente a sua *Epístola aos Efésios*. É dito ali que embora aos olhos de Deus, homem e mulher sejam idênticos e por isso devem ter os mesmos direitos e os mesmos deveres, esta igualdade entre pessoas não idênticas (anatomicamente) não exclui a hierarquia.

Essa tão contraditória teoria da igualdade na hierarquia tinha, forçosamente, de levar à eliminação de um dos termos. A imagem do pai e do marido ocupando o lugar de Cristo suplantou a igualdade proclamada por esse mesmo Cristo. São Paulo foi que a criou, ao recomendar: "Vós, mulheres, sujeita-vos a vossos maridos como ao Senhor... Vós, filhos, sede obedientes a vossos pais no Senhor... obedecei a vossos senhores segundo a carne, com temor e tremor, na sinceridade de vosso coração, como a Cristo (Epístola aos Efésios, 5, 23-24 *apud* Badinter, 1985, p. 36).

Badinter (*op.cit.*) ainda nos conta que, no século XIII, em uma aldeia como Montaillou, a mulher era tratada como diaba. Depois, homens que se consideravam mais sofisticados abandonaram a acusação de malignidade e desenvolveram, em contrapartida, a idéia de fraqueza e de invalidez das mulheres. A idéia de invalidez tem duas conotações: a doença e a monstruosidade.

Por fim, Napoleão, que, ao basear o poderio marital no duplo fundamento da invalidez feminina e da necessidade de uma direção única da família, dá início à submissão da mulher também ao discurso político. Esse discurso foi explicitamente professado por Bossuet que buscava "fortalecer a autoridade paterna para melhor fundar no direito a monarquia absoluta e permitir aos reis dispor de uma autoridade legítima sobre seus súditos, sem estarem ligados a eles por nenhum compromisso" (Badinter, *op.cit.*, p. 39). Assim, baseia seus argumentos em três pontos:

1) Seguindo Aristóteles, há uma desigualdade natural, remontando a superioridade que vem da ordem da geração, de modo que os filhos são dependentes e submissos ao pai;

2) A natureza da autoridade real conserva a marca da sua origem e permanece sempre paterna. Logo, como existe uma bondade natural do pai para com seus filhos e como a autoridade real é paternal, seu caráter essencial é também a bondade. "O rei não busca senão o bem de seus súditos, como o pai só quer o bem de seus filhos, mesmo quando os corrige" (Idem, p. 40). Em contrapartida, o caminho inverso não é verdadeiro: a bondade do pai é natural e produto do instinto, e a do filho é moral.

3) Há uma analogia entre o rei e Deus Pai. "O rei é a imagem de Deus na terra, pai de seus súditos. E o simples pai de família é o sucedâneo da imagem divina e real junto aos filhos" (Idem, p. 41). Até o século XVII, "o pai é para seus filhos o que o rei é para seus súditos, o que Deus é para os homens, ou seja, o que o pastor é para o seu rebanho. A última relação (pastor/rebanho) põe a nu a diferença de natureza que separa todos os termos segundo sua posição: do humano em relação ao divino há a mesma distância que entre o animal e o homem" (Idem, p. 41).

Baseado nestas informações, Badinter irá traçar duas séries de fundação do pátrio poder:

Série 1 (Legislativa)

Deus	Rei	Pai	Pastor	Justiça
Igreja	Polícia	Mãe	Cão de guarda	Milícia

Série 2 (Executiva)

QUADRO 2 - SÉRIES DE FUNDAÇÃO DO PÁTRIO PODER

De onde infere-se que a mãe deve obedecer ao pai, como a Igreja a Deus, o cão ao pastor e a milícia à Justiça. Há, portanto, diferença de grau entre os termos da mesma série, e diferenças de natureza, entre os termos de uma e outra série. Tal diferença irá implicar também em um certo diferencial de intensidade das relações de um termo ao outro da série, bem como de um termo para com o seu equivalente. Todavia, a série 2, por sua natureza, é dita inferior em relação à série 1, que é superior.

DOS DIREITOS DO PAI E DA MÃE

Os direitos do pai sobre os filhos foram limitados, do ponto de vista jurídico, do fim da Idade Média até a Revolução Francesa, tanto pelo discurso religioso quanto pelo discurso político. A Igreja já não permite mais ao pai dispor à vontade de seus filhos. Os filhos são "repositórios divinos", portanto devem ser conservados. Logo, os pais não têm mais o direito de morte sobre seus filhos, pois ninguém pode destruir o que foi criado por Deus. E já no século XII e XIII a Igreja condena o abandono dos filhos, o aborto e o infanticídio. E o Estado alia-se a ela condenando as mães que omitem sua gravidez. Mas como esta omissão era intensa, a misericórdia superou este fato e começou-se a tolerar o abandono e, no século XVII, criaram-se as primeiras casas para o acolhimento de crianças abandonadas, conhecidas como casas da roda.

O pai tem direitos ambíguos em relação ao casamento de seus filhos. Desde o século XII, o casamento foi considerado um sacramento. O simples fato de expressar por palavras o consentimento ao matrimônio ligava os esposos de maneira definitiva. O direito canônico reconhecia, portanto, como válido um casamento contratado por filhos sem o consentimento dos pais, com a única condição de que o rapaz tivesse pelo menos 13 anos e meio, e a moça, 11 anos e meio. Essa concepção dava espaço a desordens sociais do tipo: raptos de moças para serem esposadas secretamente, crimes de bigamia e casamentos socialmente discrepantes.

No século XVI, o Concílio de Trento (1545-1563) impôs restrições às condições do casamento condenando os matrimônios clandestinos e estabelecendo que os cônjuges tinham de declarar o seu consentimento na presença de um padre e após a publicação dos proclamas, até proclamar solenemente que casar sem o consentimento dos pais era um pecado, muito embora o casamento assim consumado continuasse sendo considerado válido.

Várias disposições foram feitas visando dar autoridade ao pai, pois acreditava-se que a menor célula social, a família, dependia do seu rigor e autoridade vitais para a manutenção de uma sociedade hierarquizada, em que a obediência era a primeira virtude, o poder paterno devia ser mantido a qualquer preço. Exercia-se nesse sentido uma pressão social tão forte que quase não sobrava lugar para qualquer outro sentimento. Tal necessidade de

hierarquização suplantou o amor que, se surgir, provoca vergonha (Badinter, 1985, p. 45-46).

Nesta época, havia uma incrível desigualdade de tratamento entre os filhos, segundo o sexo e o lugar que ocupavam na família. Esta desigualdade vem atestar a idéia de que amamos a criança em primeiro lugar pelo que nos proporciona socialmente e porque ela lisonjeia nosso narcisismo (Ibid., p. 91). As filhas custarão um dote a seu pai, sem nada lhe repor, a não ser alianças de amizade e *status*, o que é pouco, pois estas coisas se perdem mais facilmente que os bens. Àquela que não se consegue casar, os pais terão de pagar um convento, conservá-la como criada ou empregá-la como tal em uma casa estranha. Na família burguesa, apenas o primogênito cultivará dos pais o orgulho e o carinho, pois é dele que depende a herança do nome e dos bens da família. "Assim, a mãe conserva junto de si o mais velho durante a primeira infância. Amamenta-o e cuida dele pessoalmente. Mas não hesita em enviar os outros para viver na casa de uma ama, e com ela os deixa por longos anos" (Ibid., p. 92). Tal atitude separatista justificava-se por um senso de previsão da mãe: se ela enviuvasse ou ficasse inválida, era o(a) mais velho(a) quem dela deveria cuidar. Assim, seria prudente estabelecer boas relações com este(a) logo de início.

> Em relação ao mais novo, nenhuma necessidade de tantas precauções. Ele se alistará no exército, ou servirá como criado ao irmão ou ao vizinho. Se tem menos saúde e um pouco mais de instrução, pode esperar vestir a batina. Compreendem-se assim os ódios insuperáveis entre irmãos. Embora fosse bem observado em todos os níveis da hierarquia social, e todos a ele se sujeitassem quase unanimemente, nem por isso esse costume deixava de provocar intensos rancores, do mais humilde dos camponeses ao mais titulado dos nobres (Ibid., p. 93).

O aumento considerável das responsabilidades maternas, desde o fim do século XVIII, eclipsou progressivamente a imagem do pai em relação a seus filhos. Sua importância e sua autoridade, tão grandes no século XVII, entram em declínio, pois, assumindo a liderança no seio do lar, a mãe se apoderou de muitas de suas funções (Badinter, 1984, p. 282). E toda essa manobra foi muito bem justificada "cientificamente". Tais manobras falam que o pai, por causa de suas atribuições fora de casa, de caráter competitivo e meditativo, não poderia ter tempo de cuidar da educação moral dos filhos e a altura de suas meditações o impediriam de "descer" ao nível deles. Tudo é justificado como se não houvesse pais operários, artesãos ou funcionários. Estas justificativas são feitas para os comerciantes, banqueiros e eruditos (o homem que conta e o homem que pensa) (Badinter, 1985, p. 283). Porém, elas nunca convenceram totalmente as pessoas, "sempre *a posteriori*, contentavam-se em justificar o direito pelos fatos e é ao filósofo Alain que se deve a iniciativa de uma demonstração *a priori*" (Ibid., p. 283).

Esta mesma autora ainda nos conta que, baseando-se em uma etologia e história rudimentares, Alain, em 1927, em seu artigo *"Les sentiments familiaux"* (Cahiers de la Quinzaine, 1927, n. 18, série 8), procurou "evidenciar" a natureza do macho, baseando-se em sua estrutura e funções biológicas, para justificar o seu papel de dar continuidade ao trabalho ativo de destruição, conquista e organização sem o qual a existência se tornaria impossível: caçar, pescar, empreender, construir, transportar, é o trabalho do homem.

Já a mulher, por sua natureza complacente, doce e passiva é a pessoa ideal para cuidar de um ser tão delicado como o bebê. Além disso, o fato de eles serem um só, desde o início, demonstra que seu amor pelo bebê é o único genuíno.

Conseqüentemente, a mãe é colocada como a intermediária entre o pai e o bebê. Segundo Alain, nada na "natureza do homem" o predispõe a relações afetivas com o filho. Este é um estranho para ele que vive em um universo de que a infância e as regras da afeição que a governam estão excluídas. Daí sua incompreensão, sua severidade e sua impaciência. "Habituado a lutar com a dura necessidade exterior, não pode aceitar os caprichos, os sonhos e a fraqueza infantil que são, em contrapartida,

familiares à mãe" (Alain, 1927, citado em Badinter, Idem, p. 284).

Assim, abre-se a chance para o debate e discussão das atribuições do pai. A primeira das funções do pai, segundo os ditames do século XIX, é a função de educador. Porém, há também uma tendência, mais explicitada por Gustave Droz, especificamente em seu texto de 1866: *Monsieur, madame et bébé* que insiste na importância da afeição e dos contatos paternos com seus rebentos, dizendo que se privar disso é perder muito da vida. Todavia, em nenhum destes textos e nessa época em geral, tentou-se impor ao pai tarefas educativas. Tentava-se, outrossim, desperta-lhe um amor ainda que menos natural do que o amor da mãe pelo bebê. Nunca o homem foi obrigado a dividir com a mãe as tarefas educativas. Sempre que isso ocorria, ele era visto como bom colaborador e um homem de boa vontade, ele nunca é visto como um associado da mãe, ele não passa de um acessório. O que fica evidente, na função paterna de criação dos filhos, é que, além de acessória à função materna, ele deve servir de modelo de retidão, hombridade e honestidade.

Assumindo, com a bênção dos homens, esse encargo, mas também esse poder no seio da família, participaram portanto da retirada do pai e da diminuição de suas funções e de seu prestígio. Mas não foram as únicas responsáveis por esse estado de coisas. O Estado, que outrora se colocara deliberadamente ao lado do pai e reforçara seus direitos para ser melhor obedecido, adota no século XIX uma outra atitude, e mesmo uma política inversa (Badinter, 1985, p. 288).

Assim, a família burguesa dividia a infância em três momentos: o adolescente, o menino de 8 anos e o bebê. Até a idade de 8 anos (primeira infância), a criança é assunto feminino e assexuado, isto é, as roupas, os espaços, os brinquedos, enfim, o cotidiano da criança não é dividido por gênero, a não ser a sua própria educação que fica exclusivamente ao encargo da mãe. "Pouquíssimo institucionalizada, a educação em seus primeiros passos cabe às mães, até mesmo a alfabetização pelo método *Jacotot*. Elas se dedicam a essa tarefa com um empenho proporcional à valorização do lugar da criança, daí derivando para elas mesmas uma grande vontade de se instruir" (Perrot, 1991, p. 154). Assim, não é espantoso, que as mulheres não tenham reclamado dessa redução das funções paternas na família.

O pai irá ocupar espaço na educação do filho quando as diferenças sexuais se fizerem sentir. Para os adolescentes, o pai será um preceptor na sociedade, mestre da aprendizagem ou chefe de família. Irá se dar mais atenção aos filhos do que às filhas, ficando estas ao encargo das mães, preparando-as para esposarem-se. Entre a mãe e seu filho, poderia nascer uma tenra amizade, mesmo porque são eles quem constumam cuidar delas em caso de viuvez (Ibid., p. 155).

Há uma outra razão para a entrada tardia do pai na educação dos filhos. O século XVIII mostrou a incorporalidade dos atributos paternos associados à tenente de Deus no século XVII (cf. as séries citadas). Agora, o pai também poderia fazer mal a seus filhos tanto quanto as madrastas.

A criança, cujo pai não fosse capaz de usufruir suas funções de educador moral, receberia a ajuda do Estado. Geralmente, estes pais são os homens pobres, os operários ou os pequenos artesãos, os bêbados; são também os homens não-letrados ou incultos.

No século XIX, o Estado, que se interessa cada vez mais pela criança, vítima, delinqüente ou simplesmente carente, adquire o hábito de vigiar o pai. A cada carência paterna devidamente constatada, o Estado se propõe a substituir o faltoso, criando novas instituições. Surgem no universo infantil novos personagens que, em diferentes graus, têm por função desempenhar o papel deixado vago pelo pai natural. São eles o professor, o juiz de menores, a assistente social, o educador e, mais tarde, o psiquiatra, detentores cada um de uma parte dos antigos atributos paternos (Idem, p. 289).

A proposta desta nova República, pós-revolução, é a de que agora seja a criança quem transmitirá saber e dever ao lar trazidos da escola. E é por meio da criança, educada pela escola, que o Estado pretende controlar a família. Os pais carentes tanto econômica quanto culturalmente aceitarão mais ou menos rapidamente os valores do professor, porta-voz da Terceira República, de quem a criança se faz eco ao voltar à noite para casa. Assim, a situação de outrora é completamente invertida. A criança veicula os valores do mundo exterior e os transmite aos pais. Sem dúvida, esse processo não é aplicável às classes abastadas, que continuam a transmitir seus próprios valores e a manter os filhos em cursos particulares. É também nessas famílias que as mães melhor desempenham seu papel de educadora e orientadora. Mas, em um caso como no outro, o prestígio paterno diminuiu. O saber da criança lhe escapa, pois a mãe ou o professor, ou os dois juntos, têm o monopólio da educação e da instrução. Quer esteja na fábrica ou cuidando de seus negócios, o pai não tem mais tempo para ensinar algo que seja compatível com a relação da mãe com a criança, ou seja, ele se torna o terceiro excluído dessa relação, na qual sua palavra, parece não fazer sentido no seio da família; isto é, muitas vezes sua palavra é apagada ou negligenciada. Ou então, ao pai, só é reservada a hora do prazer e a mãe fica no papel da disciplinadora, daquela que castra, que contém os desejos da criança. Só o camponês terá ainda a possibilidade de transmitir ao filho um saber e uma experiência que lhe faça algum sentido. Não é por acaso que sua autoridade persiste quase intacta durante um longo tempo.

A escola para todos no século XIX pôs fim ao mito da onisciência paterna, tornando evidente a incapacidade de certos pais para acompanhar os estudos dos filhos, ou mesmo de lhes explicar um dever em casa. O pai teve de se decidir a confessar "que não sabia". No século XIX descobriu-se também a inadimissibilidade do antigo postulado da bondade natural do pai. "O homem que espancava sem razão o filho ou o que o mandava prender sem motivo não era, entretanto, uma novidade" (Ibid., p.290). Mas a sociedade passa a se inquietar e a vigiar a autoridade paterna. Assim, "os juízes passarão, doravante, a controlar sistematicamente os motivos de descontentamento dos pais. É o início da 'investigação social', feita pela polícia e pelas "enfermeiras visitadoras". (Porrot, 1991, p. 291). A investigação social generalizou-se em 1912, ao mesmo tempo em que a justiça para as crianças. Toda uma rede de investigações foi criada para vigiar as famílias "irregulares" e informar à justiça, à qual fora devolvido o direito de correção. E é justamente o âmbito do tribunal de menores que a perda das prerrogativas paternas é mais gritante. Donzelot a descreve assim:

> Quando ele lá comparece (no tribunal), nove vezes em dez é para se calar e deixar a palavra à sua mulher. Sente-se que, se está presente, é por insistência desta, ou pelo hábito de obedecer às convocações, mas certamente não na esperança de desempenhar um papel. Porque já não lhe é possível nenhum papel. Sua função simbólica de autoridade foi usurpada pelo juiz; sua função prática foi tomada pelo educador. Resta a mãe, cujo papel não foi reduzido, mas, ao contrário, preservado, solicitado. Sob a condição de que se situe em algum ponto entre a súplica e a dignidade deferente. É o papel do "advogado natural" junto ao poder de tutela encarnado pelos juízes" (Donzelot, p. 97-98).

Durante décadas, portanto, foi solicitado ao pai que fosse um bom trabalhador a fim de sustentar a sua casa. "Fisicamente ausente durante todo o dia, cansado à noite, o pai não tinha mais grandes oportunidades de se relacionar com o filho" (Badinter, 1985, p. 294). De modo que, o Estado, ao intervir nas políticas coletivas das associações familiares, produz uma mãe que vai adquirindo paulatinamente um poder soberano sobre os filhos e os distancia cada vez mais do pai. Será necessária a espera da autonomia econômica das mulheres para que os papéis do pai sejam novamente revistos e novas atribuições a ele sejam delegadas.

Para finalizar, o modelo burguês de família nuclear deixou-nos uma herança simbólica que até o momento não conseguimos nos desvencilhar. Segundo Prado (1984, p. 37-71), à família cabe as seguintes funções sociais que assim podemos resumir:

Reprodução — Apesar da reprodução da espécie ser uma tendência universal, apenas os seres humanos têm a possibilidade de controlar a sua própria perpetuação no planeta. Isso porque a questão da reprodução está diretamente atrelada a regras de distribuição de propriedades e de funções sociais esperadas da família.

Identificação social — Essa questão se torna fundamental para a sobrevivência de uma criança, mesmo nos tempos atuais, já que é a partir desta que o grupo familiar se une para ampará-la. Tal identificação poderá tanto ser patriarcal quanto matriarcal, a depender da sociedade na qual a criança nasceu.

Socialização — A função de socialização engloba o espectro de todas as estratégias disponíveis e a serem inventadas, para garantir a inserção da criança no mundo adulto e contato extrafamiliar. Uma vez que a preocupação aqui é com a reprodução dos valores da família no seio social e da ocupação das crianças de um determinado lugar na sociedade, as questões sobre o gênero sexual tornam-se suportes fundamentais para que esta função tenha sucesso. É aqui que as funções e papéis do homem e da mulher serão divididos com o propósito de se "complementarem" visando à socialização das crianças.

Econômica — Tais funções se aplicam tanto à subsistência quanto à garantia e manutenção das instituições criadas para auxiliarem a família no cumprimento de suas funções. Assim, a família deve ser capaz tanto de garantir as suas funções particulares quanto, por meio do pagamento de impostos e taxas, garantir a manutenção de instituições sociais criadas para auxiliá-la na perpetuação de seus propósitos.

Para se executar estas funções, papéis específicos para o pai, para a mãe e para os filhos foram criados. Logo, a família passou a ser um grande-pequeno teatro no qual os valores sociais serão exercidos, ao mesmo tempo que dramaticamente se tentará preservar sua privacidade. Esse modelo europeu de Medicina higiênica, segundo Costa (1983), foi também implantado no Brasil, onde a família funcionou como dispositivo de normatização e disciplinarização dos corpos, levando as pessoas a se comprometerem com a "ordem" social.

É dentro do conceito de família nuclear que faz sentido pensar o conceito de criança a fim de melhor compreender aquilo que estou estudando aqui (a criança com "malformação congênita"). Ampliando a tese de Durkheim, que via na organização social das relações de parentesco a determinação dos sentimentos respectivos dos pais e dos filhos (*Apud* Casey, 1992, p. 138; Durkheim, 1964, p. 349), a "arqueologia do saber" de Foucault nos leva ao encontro do regime de forças de produção histórica destas relações de parentesco, mostrando que elas em nada são naturais. Outrossim, são dependentes dos devires que circulam em um plano "caósmico", que fazem daí um campo problemático que incansavelmente nos apresenta novos problemas. A família, portanto, vai se transmutando, conforme os problemas novos vão demandando novas soluções.

E é justamente na perspectiva destas novas soluções que gostaria de mostrar os movimentos de Carmem e sua família para poder lidar com as problematizações que a extrofia vesical impuseram à sua família constituída nos moldes de uma família nuclear.

O CASO DE CARMEM, SUA FILHA MARIA E SEU MARIDO JOSÉ

Pretendo, com esta narrativa, mostrar como uma família nuclear, ao se encontrar com a prática da Medicina hospitalar e da educação foi sendo moldada para fazer dobrar o corpo-extrófico no sentido de torná-lo mais eficiente e condizente com o plano de produção capitalístico. A questão aqui é mostrar que, diante do aparecimento deste corpo díspar, problematizante e problemático, a higienização e disciplinarização aparecem como "doenças oportunistas" que invadem o corpo familiar, para ocupar o espaço vazio, infralinguístico, sem significações padronizadas, trazido pelo surgimento do corpo-extrófico

de uma criança nascida com esta condição física. Para atingir tal fim, os pais e a própria criança vão sendo modulados e novos papéis e lugares lhes são atribuídos. Essa nova arregimentação destas pessoas produz nelas afetos e sentimentos inesperados, que muitas vezes não encontram elaboração no discurso médico, pedagógico e mesmo familiar.

Carmem e José casaram-se cedo. José foi o primeiro homem de Carmem, e ambos tiveram quatro filhos. Eles se consideram economicamente humildes. Conseguiram, por força do trabalho de ambos, comprar um apartamento em um bairro afastado da metrópole, um telefone e um carro. Todos os filhos foram educados em escola pública e iniciaram a vida profissional cedo. Apenas os dois primeiros filhos foram planejados. Há um espaço de quase 7 anos entre o primeiro casal de filhos e o segundo. Neste intervalo, Carmem tomou anticoncepcional para evitar filhos. A criança extrófica é a quarta e última da prole. Esta criança não foi planejada e a mãe relata ter tentado abortá-la. Hoje ela é uma adolescente de 15 anos. Depois dela, o casal teve outro filho e Carmem provocou o aborto sem o consentimento do marido.

O primeiro problema enfrentado pelo casal foi saber *como lidar com aquele corpo-extrófico*. Carmem nos conta[88] :

Questão 1: Boa tarde! Vamos começar falando de sua relação com a Maria. Como é que você vem lidando, e aí você começa falando desde onde você quiser, com a extrofia vesical da Maria?

Carmem: Desde o comecinho o senhor quer? Ou... Bom, que nem agora, no momento, graças a Deus ela tá bem, já tá segurando bem a urina, né? Então, da parte da gente assim que ficava naquela tensão que tinha vez que o médico falava que era uma coisa muito difícil de ser tratada; tudo, né? E a gente ficava apreensiva porque eu pensava assim: "Meu Deus, já pensou uma moça desse jeito, com essa doença toda assim". Então, agora no... partindo agora de hoje, Graças a Deus, ela tá bem melhor. Bem melhor, 100% mesmo! Ela segura a urina. Na escola ela não tá

---
[88] Primeira entrevista com Carmem, mãe de Maria. Dia 18/11/1997.

tendo mais problema. Mas no começo foi muito difícil. Desde o dia em que eu sai da... *No dia que ela nasceu*, né? Que começou esse meu tormento. Porque ela... logo que ela nasceu, graças a Deus no parto eu não sofri nada. Foi até, até, Deus que tava pedindo assim que tinha que ter alguma coisa porque no... veio a primeira e a segunda dor, na terceira ela já nasceu. E quando ela nasceu, só vi assim o jeito das enfermeiras na hora que pegou. Que a parteira, né? Ataram ela, tudo. Mas eu também, na hora, com aquela coisa toda a gente não tem noção do que está acontecendo. Aí, quando foi *no segundo dia*, na [o nome da maternidade] — que ela nasceu lá, né? E no segundo dia que ela veio pra mamar, a parteira veio e falou pra mim se eu tinha algum problema de hérnia na minha casa, nos meus filhos, né? Como eu tive a minha primeira... Ela teve problema de hérnia, né? A mais velha que está com 22 anos agora. E os outros dois... eu tenho quatro com ela, né? E os outros dois não têm problema nenhum. Aí eu falei: "Bom, se for problema de hérnia, logo a gente vai e opera, né? E fica tudo bem." Mas elas não quiseram esticar o assunto, né? Aí quando foi *no terceiro dia*; o médico me deu alta tudo. Aí ele me chamou numa sala. E veio já com uma carta que era pra mim imediatamente passa ela aqui na triagem do [hospital onde a pesquisa foi feita].

Já neste primeiro momento da entrevista, Maria nos apresenta o "tom" da conversa. Vemos aí o indício do que será sua vida com sua filha ao longo de muitos anos: um vazio, uma vida de incertezas, de busca contínua de respostas e de espera. Não apenas a mãe, mas também toda a família, entra naquilo que Goffman (1974), ao se referir a certos espaços de confinamento como os manicômios, os conventos e as prisões, irá chamar de "carreira" do estigmatizado. Com este termo ele pretende descrever a trajetória percorrida por uma pessoa, ao longo de sua existência, quando esta é marcada por um estigma. Aqui é possível falarmos de "carreira da família do paciente extrófico", no sentido de descrever as mudanças que a família sofre em decorrência do nascimento de uma pessoa rotulada como "malformada" e reconhecida socialmente como tal. Estas mudanças se referem não apenas aos aspectos intra-subjetivos, isto é, em cada indivíduo, mas também em relação à dinâmica de relações internas e externas da família.

O primeiro problema que ela teve de solucionar foi justamente o da espera de significação. Três dias se passaram para que efetivamente alguém lhe contasse o que estava acontecendo. Na medida em que sua filha nasceu em um hospital, ela não pôde se apropriar da criança. Esta havia se tornado um "caso da Medicina" e o corpo médico decidia o que fazer, sem que uma resposta efetiva lhe fosse dada.

Evidentemente este processo também causa angústia aos médicos. Não é tranqüilo para os médicos informarem aos familiares sobre o nascimento de uma criança que é vista por eles como "desviante da norma". É certo que este "desvio" é considerado pelo pediatra como tal a partir da morfologia, sinais vitais da criança e potenciais disfunções neurofisiológicas (retardo mental, por exemplo). Para cada uma destas categorias de diagnóstico, um prognóstico e tratamento específico é criado e recomendado aos pais. Os médicos também têm de "esperar" um tempo para examinar e diagnosticar o recém-nascido. Após solucionarem este problema é que irão informar o diagnóstico e pensar no modo como a notícia será transmitida aos familiares. O tempo em que a notícia será transmitida, bem como o modo de sua transmissão para a família irão contribuir para marcar o lugar desta criança no contexto familiar. Omote (1980) aponta para a produção de sentimentos e afetos na relação mãe-bebê, que variam conforme o momento da revelação diagnóstica. Este momento engloba não só o conteúdo da informação em si mesma, mas também o modo como ela é transmitida, bem como a sua procedência, isto é, quem da equipe hospitalar faz a revelação diagnóstica. O momento da revelação diagnóstica é de fundamental importância para traçar as expectativas da família em relação à criança. A depender de cada caso, uma informação dada de forma abrupta e antecipada irá provocar uma reação muito negativa ao diagnóstico por parte dos familiares. Estes podem, por exemplo, reagir com muita rejeição em relação à criança, prejudicando a condução dos tratamentos necessários para a sua sobrevivência.

Mas o interessante é perceber que esta situação de impasse, de vazio, é criada justamente por conta da apropriação deste corpo pelas práticas médicas. A necessidade do discurso médico em se ater aos padrões de normal ou anormal suscitam estes problemas, que geram nas famílias toda uma dobradura, uma subjugação a estes novos valores e significações. Um corpo-extrófico é, primeiramente, um problema para a Medicina e, posteriormente, para família. É ao médico e ao hospital que os pais recorrem para entender o que produziu este corpo, para saber como este corpo deve ser cuidado. Na medida em que escutam da equipe hospitalar (geralmente o médico) que seus filhos nasceram "malformados", com "problemas", eles se apegam a este discurso e passam a interpretar as suas relações com a criança mediados por este estigma. Desse modo, é difícil para os pais estabelecerem novas conexões com seus filhos sem deixarem de lado esta perspectiva da "doença", da "anomalia". Na verdade, a intenção da Medicina com este diagnóstico é diretamente associada ao prognóstico, à busca de um tratamento compatível com as necessidades da criança para que ela possa se ver potencializada e mais disponível às inúmeras conexões na vida, para que ela possa ampliar as suas possibilidades de ser e de estar no mundo. Mas o "tiro sai pela culatra", e o que se vê é a produção de angústia nos pais. Um vazio que, em vez de ser mantido como tal (que facilitaria a passagem e agenciamento de novos fluxos de vida, de novas formas de existência), acaba por sedimentar, por territorializar o corpo daquela criança na instituição hospitalar. E com sua sedimentação carrega junto a família que se vê dependente do hospital, da figura do médico e em estado de alerta.

Questão 2: Certo...
Carmem: Aí eu perguntei o que tava acontecendo. *Aí foi que ele falou que ela tinha nascido com uma malformação*, mas como devido ao estado da gente... a gente já sai assim do hospital, né, naquela coisa!... naquela tensão; então, ele pegou e só falou que ia me ensinar como tratar no comecinho que aqui no [hospital onde a pesquisa foi feita] eu ia ter mais assim... um tipo de uma aula para saber como tratá-la, né? Mas quando cheguei em casa que eu fui olhar mesmo, eu falei: Meu Deus do Céu! Mas isso daqui não é tipo de hérnia! A menina nasceu com problema mesmo!

Questão 3: Hum Hum.
Carmem: Aí foi que no dia seguinte a gente veio. Eu marquei a consulta. O médico me deu... o de lá da maternidade me deu uma carta, que era pra mim... que ele era tipo assim conhecido do Dr. Ômega, alguma coisa assim... e que era pro Dr. Ômega me recebe. *Mas daí a gente teve que passar na triagem primeiro. Daí todo aquele processo que tem, né?*[89] Aí, cheguei aqui, o Dr. Ômega olhou, examinou ela tudo, e me explicou o que tava acontecendo. Mas na hora eu fiquei meio atordoada! Que eu pensei: "Meu Deus do Céu! Como que eu vou cuidar dessa menina desse jeito?". Aí foi que ele foi me dando orientação como tratava... porque eu pensava assim: *Eu punha fralda e falava: "Mas meu Deus do Céu, por onde sai essa água? Porque o xixi subia pra cima do estômago. O umbigo nasceu estourado, né?"*

Questão 4: Certo.
Carmem: Aí, eu ficava pensando: "Meu Deus, como que eu vou fazer com essa menina?. E Deus me deu tanta sorte que aqui mesmo no Hospital tinha uma senhora que trabalhava — eu morava na [nome do local] , naquele tempo, em [nome da cidade], né?, e tinha uma senhora que morava pegado do meu apartamento. *Aí quando eu fui pra lá, ela me ensinou como tratar porque ela já tinha visto este caso aqui.* Que ela parece que trabalhava na parte da faxina aqui. Então, ela falava que já tinha visto este caso. Aí ela falou: como fralda descartável, a menina não aceitava. Aí eu falei: "Meu Deus do Céu, mais

---

[89] Os procedimentos aos quais esta mãe se refere já foram discutidos no capítulo anterior com a narrativa de Violeta, em que as rotinas, as triagens, as consultas com o clínico geral, etc., estão em conformidade com a organização da estrutura hospitalar que servem para ir normatizando e controlando o corpo.

um problema". Aí eu peguei e falei: *Então tem que ser aquele lençolzinho bem fininho pra que... do tipo da fralda assava. Aí foi que eu peguei e fui lavando os paninhos, secava, aquele cuidado todo para não ter micróbio, tudo, né?*

Neste excerto vemos que a reação de Carmem não deixa dúvidas quanto à percepção do problema de assimilação daquele corpo em seu plano de existência: "Como que eu vou fazer com essa menina?". A pergunta autodirigida na verdade é endereçada ao Outro do discurso médico. Rejeita-se a criança, assusta-se com ela, não tanto pela sua condição física em si. Mesmo que ainda ela tenha dito: "Mas quando cheguei em casa que eu fui olhar mesmo, eu falei: Meu Deus do Céu! Mas isso daqui não é tipo de hérnia! A menina nasceu com problema mesmo!", ela o fez já influenciada pela captura da criança no discurso médico. Este discurso já lhe aponta uma direção de interpretação: é um "problema mesmo". Além de ser capturado por este discurso, o corpo-extrófico, ele mesmo, aponta para esta mãe um problema que lhe é intrínseco: o fluxo contínuo de urina. Como ela vai lidar com isso? Com este corpo "aberto" ao mundo, em perigo de se contaminar com micróbios, de germinar novas doenças e novos problemas; um corpo suscetível e disponível ao poder do Outro, ao "ataque" do mundo? É preciso higienizá-lo, defendê-lo dos fluxos do mundo ("Então tem que ser aquele lençolzinho bem fininho pra que... do tipo da fralda assava. Aí foi que eu peguei e fui lavando os paninhos, secava, aquele cuidado todo para não ter micróbio, tudo, né?").

Vemos que a "novidade", o "inesperado" do problema que este corpo-extrófico apresenta para a família produziu uma verdadeira "crise" nela. Porém, o fluxo contínuo de urina não só frustrou as expectativas da mãe em relação à filha, mas também ela tendo sido situada no lugar de desacreditada ("Meu Deus do Céu, mais um problema"), ampliam ainda mais o plano de angústia da mãe. A sua condição física em si mesma injeta uma crise, mas que é potencializada pelo estigma que a acompanha. Farber (1972) coloca que "se os membros familiares consideram o evento como não diferindo em absoluto da situação que

esperavam encontrar e não acreditam que a rotina familiar desenvolvida deva sofrer alterações, então não se desenvolve qualquer crise". Mas não foi isso que aconteceu nesta família:

Questão 5: Hum hum.
Carmem: Aí fui tratando dela. Só que ela também foi uma menina que graças a Deus não era chatinha, não. Ela teve esse problema, não sei... acho que ela... *acho que a criança não sente dor, porque ela dormia bem, eu alimentava ela direitinho, então, não deixava ela molhada, não...* só que quando começou... ela... assim, ter um pouquinho de febre, né?, a urina já saia mais fedida, né? Então, aquilo aonde descia a urina do lado da vagina, aquilo começava a assar muito. *Aí foi que ela falou para mim: "A minha colega é enfermeira e falou para você colocar mercúrio." Aí foi que, graças a Deus, eu deixava ela bem sequinha e colocava mercúrio assim, nas virilhas, assim, dela pra poder não assar, não ficar com aquela coisa cheirando, né? E fui cuidando dela assim.* Foi que, graças a Deus, achei muita gente boa, sabe? Que me orientava. O Dr. Ômega sempre sincero, nunca iludiu a gente: nem eu nem meu marido. Porque tinha dias que eu saia daqui chorando porque eu falava: "Meu Deus do Céu! Minha filha não vai ficar curada". Ainda mais quando tiver moça, tudo, desse jeito, né? Aí foi um dia que eu tive consulta com ela e ele marcou a primeira operação. Ele falou: "A gente vai fechar esta parte que está aberta, mas os canal vai ter de fazer de etapa; porque agora não vai poder mexer nela". Mas eu queria ver logo minha filha curada. Porque eu achava que... eu já logo já pensava nos cinco, seis, sete ano. Ela só tinha um ano e meio. Aí eu falei: "Meu Deus! Como que essa menina vai pra escola? Essa menina, então, vai ficar... não vai poder ir na escola, não vai poder brincar".

Farber (1972) aponta para dois tipos de crise: uma trágica e uma de papéis. A crise trágica é aquela na qual o evento é visto pelos pais como incontrolável e que impossibilita os pais de alcançarem os sonhos e desejos que foram projetados em relação aos filhos. A crise de desorganização dos papéis refere-se à dificuldade dos pais em encontrar soluções para os problemas trazidos pela condição física de seus filhos, que são sentidos pelos pais como intermináveis. Este segundo tipo de crise é mais freqüente nas famílias em que a ênfase do controle é posta na vida dos filhos, mais do que nos objetivos da vida familiar.

Vemos no fragmento acima como esses dois tipos de crise surgem na família de Carmem. Uma crise que em parte é produzida pela condição física da criança ela mesma ao se chocar com as expectativas parentais ("Porque tinha dias que eu saia daqui chorando porque eu falava: Meu Deus do Céu! Minha filha não vai ficar curada. Ainda mais quando tiver moça, tudo, desse jeito, né?"), e em parte pela inserção deste corpo no discurso e práticas médicas que constroem para esta família a "carreira de família de criança malformada" ("Aí foi que ela falou para mim: A minha colega é enfermeira e falou para você colocar mercúrio. Aí foi que, graças a Deus, eu deixava ela bem sequinha e colocava mercúrio assim, nas virilhas, assim, dela pra poder não assar, não ficar com aquela coisa cheirando, né? E fui cuidando dela assim"). Esta proteção do corpo em relação às forças do mundo, a sua higienização, inclui também uma assepsia na relação da criança com a própria mãe. Neste caso em específico, veremos a ambigüidade de Carmem em relação à sua filha, a quem ora protege dos outros e ora protege de si mesma, pois manter seu próprio corpo disciplinado na higienização de sua filha (recomendação do discurso médico) traz o cansaço físico acompanhado de estafa mental: Carmem, tem horas, que não agüenta mais pensar, não agüenta mais inventar soluções novas para novos problemas. Tudo isso, ela faz sozinha, com pouca ajuda da equipe hospitalar, e da própria família. Isolando sua filha do contato com os familiares e de uma rede social mais ampla, elas vão se isolando e se deixando confinar no pequeno espaço do apartamento e da sala de espera do ambulatório do hospital.

Segundo Wolfensberger (1968; 1971; *apud* Omote (1980, p. 22)), haveria ainda três tipos de crise: a da "chocante novidade" (*novelty shock crisis*), a dos valores pessoais (*personal values*) e a crise da realidade (*reality crisis*). "A crise da chocante novidade emerge quando a informação diagnóstica sobre o recém-nascido é fornecida aos pais que de nada estavam suspeitando. Os elementos precipitadores desta crise são a condição geralmente evidente do quadro de deficiência da criança e a carência absoluta de informação dos pais sobre os "defeitos de nascença". Nesta crise ocorre uma frustração das expectativas que os pais alimentavam acerca do futuro bebê. A crise de valores pessoais se caracteriza pelas reações que os pais apresentam face à deficiência da criança e às manifestações dessa deficiência, que são inaceitáveis na escala de valores dos pais. A crise da realidade é uma condição criada pelas circunstâncias que estão além da habilidade dos pais, tais como cuidados físicos extensivos exigidos pela criança afetada, hiperatividade ou algum comportamento perigoso dela, que tornam difícil a convivência diária com essa criança". Vejamos como estas crises se apresentam na narrativa de Carmem.

(Continuação do trecho acima) ...E eu, coitadinha, eu sacrifiquei um pouquinho ela. Porque eu ficava também pensando no que os outro ia fala! Eu não só... Não era só meu problema e o dela! Eu pensava também nos outros. Então, eu e ela tava ficando louca. Tanto é que eu deixei ela também, tipo assim, traumatizada, porque ela, coitadinha... até eu acho que foi no, na... prézinho, a professora me chamou e falou: "Mesmo que ela tem esse probrema, mas você precisa ver se procura um psicólogo, alguma coisa pra dar uma orientação pra ela, porque ela tá ficando meia transtornada. A gente chama ela pra ir na lousa e ela não quer ir". Porque, coitadinha, ela sentava, quando daqui a pouco a calcinha dela, mesmo que eu forrava: duas calça plástica, tudo — e naquele tempo, ela nasceu em 1982, não tinha muito assim... fralda descartável era cara, e a gente não podia toda vez está comprando, então eu comprava um pacote só pra sair e pra vim no médico. Aí ela tava já desesperada, porque eu punha paninho: três, quatro fraldas tinha vez que eu punha nela, tadinha. E aquilo molhava, porque aquilo era direto. E quando ela bebia suco, refrigerante, aquilo parecia que era enxorrada mesmo, né? Aí foi que ela já tava ficando traumatizada. Ela não queria mais sair de casa. Ou tinha vez também que ela queria sair e eu não deixava, porque eu morava num prédio com sessenta família, e as criancinhas tudo que tinha lá, ficava caçoando dela, né? Ah, porque… nossa, desse tamanho… naquela época ela já tava com três aninhos… nossa, a menina usa fralda até agora! E tinha muita gente que criticava ali no apartamento, sabe? Não entendia, não. Criticava, falava: "Ai, credo, que coisa feia. A menina deste tamanho com este monte de forro aí. Que coisa feia!" E tinha vez também que passava sem trocar fralda, aquele cheiro de urina forte. *Então, sempre tinha que tá com um perfuminho nela pros também não senti, mas sentia. Porque era muito forte mesmo, né? Aí foi que eu não deixava ela sai, eu não deixava ela brincar, tadinha. Então ela foi de um ano e meio que ela começou engatinhar e de até uma idade duns cinco anos ela foi uma menina presa. Não teve muita liberdade porque eu mesmo também não deixava.* Que eu tinha medo também das crianças machucar ela. Ou então algum bicho, alguma coisa pica, né? E foi assim. Daí, sempre a gente vindo. Quando ele [o médico] mandava eu vim. Eu vinha, trazia ela. Ele falava pra mim: "Olha, falta ainda a gente fazer os exame, tudo". Tinha dia que achava o canalzinho da… acho que é tipo da uretra que fala, né?… Tinha dia que achava, tinha dia que não achava e aquela menina ficava desde manhã sofrendo, sabe? *Mas eu nunca perdi a fé em Deus, porque a fé em Deus pra mim foi sempre importante, sabe? Porque eu falei: "Ah, a minha filha um dia vai melhorar e eu tenho fé em Deus que ela não vai ficar assim." E graças a Deus, Deus foi dando força, foi dando força e ela conseguiu passar pelo prézinho.* Aí, quando ela entrou no primeiro ano também, eu ia na escola, que a psicóloga… eu até esqueci o nome dela agora…

Carmem passou por estas três crises, e foi por meio da superação da crise da realidade que ela pôde enfrentar as outras duas crises. Seria possível também dizer que tendo sido dobrada pelo discurso médico e religioso ("Mas eu nunca perdi a fé em Deus,

porque a fé em Deus pra mim foi sempre importante, sabe? Porque eu falei: Ah, a minha filha um dia vai melhorar e eu tenho fé em Deus que ela não vai ficar assim. E graças a Deus, Deus foi dando força, foi dando força e ela conseguiu passar pelo prézinho".), ela se viu "obrigada" a superar as outras crises? Isto é, ela se viu no *dever* de assimilar esta criança, a sua condição física e os eventos decorrentes desta na sua escala de valores pessoais como uma "responsabilidade sua?". Vejamos o que segue:

Questão 73: Você acha que filhos são responsabilidade do pai ou, em função da sua experiência, filho é culpa do pai e da mãe?

Carmem: Não, eu acho que é responsabilidade dos pais, mais prim….eu acho que mais é da mãe. Eu acho.

Questão 74: Porque você tem uma postura de, da Maria ser sua responsabilidade como todos seus outros filhos, mas parece que a Maria foi uma culpa sua, um erro seu…

Carmem: É, eu acho.

Questão 75: … fruto de um erro seu?

Carmem: Eu penso assim.

Questão 76: Você acha que isso contribuiu pra que você segurasse ela com você. Assim, com cuidado, você não deixava ela nem com a sua mãe, nem com seu…

Carmem: Isso.

Questão 77: Bem, aí então o seu esposo e outras coisas: você já não confiou nele como esposo, como pai também não vai confiar né?, mas, as pessoas no geral que até te ofereçam ajuda de cuidar da Maria, você acha que pelo fato de você acreditar que ela teria nascido extrófica por culpa sua, você acha que isso contribui pra que você sempre segurasse ela do seu lado?

Carmem: Eu acho que foi tipo assim, culpa minha e que contribuiu também pra segurar ela, do meu lado. Porque até eu pensar o contrário…mas não tem assim… aquele, aquela coisa que me fala que eu não sou culpada, que eu penso que foi de eu tomar o remédio [anticoncepcional] e sabendo que eu tava grávida, o senhor entendeu? Por isso daí eu sei.

Questão 78: Você queria não ter ficado grávida?

Carmem: É, porque eu não queria ter ficado grávida, mais...

Questão 79: E tentou evitar essa gravidez do jeito que você pôde?

Carmem: Porque devido ao sofrimento, né? Daí eu falei: "Eu com três criança e o meu marido danado daquele jeito". E quando eu fiquei sabendo que eu tava grávida dela, daí eu pensei: " Tomando o anticoncepcional um mês ou então dois meses o nenê, né?, não tem como..."

Questão 80: Como você imaginou isso?

Carmem: Eu acho que na minha cabeça porque... Mas foi uma coisa esquisita porque eu, a Maria nasceu...

Questão 81: Você não dividiu isso com ninguém...?

Carmem: Não, eu não falo com ninguém, sozinha.

Questão 82: Não contou pra nenhuma amiga, mãe?

Carmem: Não.

Questão 83: Aí você formulou aí na sua cabeça que...

Carmem: É. Na minha cabeça.

Questão 84: ...se você tomasse durante a gravidez, aí ia abortar?

Carmem: Ia abortar. Até mesmo depois da Maria eu peguei outra gravidez.

Questão 85: E aí o que você fez?

Carmem: Eu tomei o Anfertil com canela.

Questão 86: E aí abortou? [Risos]

Carmem: Abortei. O anticoncepcional... o senhor vê que coisa? Tomei o Anfertil com ca...

Questão 87: Mas de onde você tirou esta idéia?

Carmem: Eu falei: Bom, o Anfertil...

Questão 88: Você já tinha tido algum aborto antes?

Carmem: Não, nenhum. Só esse depois da Maria. Sabe porque? Porque o médico do convênio falou pra mim, que era pra mim então não ter mais filho,que depois que eu tive que ver a Maria deste jeito que os próximos filhos que eu ia ter, da Maria teve na, na... bexiga, podia ser um nos olhos, na cabeça. Aquela má formação ia...

O discurso da "culpa" associa-se ao da religião, marcando o lugar da criança na relação com a mãe: *Maria é a penitência de Carmem.* Por vê-la deste modo, é possível até imaginar que a solidão de Carmem seria "autoprovocada", dificultando-a a escutar as orientações e conselhos do médico no modo como tratar sua filha. Talvez influenciada pela "culpa" ela também tenha se deixado capturar pela estigmatização, fazendo ver sua filha como desviante a partir do olhar do outro, tal como sugere Becker (1977, p. 64), ser a natureza do desvio[90].

O estigma que ela mesma inflige na filha é algo para ser vivenciado em solidão, na "calada" de seu sofrimento pessoal, escondida, confinada e destinada a sofrer por ter desejado sua independência e autonomia pessoal, mesmo que isso lhe custasse a vida de um filho. O discurso religioso e higienista que instaura a culpa, ajudou a sedimentar os novos papéis da mãe nesta família confirmando a tese de Badinter (1985) apresentada neste capítulo. Este discurso culpabilizador chega mesmo a ser a justificativa de Carmem para afirmar que é por isso que Maria hoje tenha uma rotina diária como de qualquer outra criança.

Carmem: Não, mas eu acho que a culpa é minha aí, foi então. Foi isso da... devido também aos outros. Tá entendendo? **Que devido eu achar que a culpa foi minha que foi que eu cheguei até onde ela tá agora, boa, o senhor entendeu?** Porque eu acho assim, eu penso assim, se caso não fosse aquela coisa que ia e me atormentava, eu acho que eu ia acomodar, pode ser que não, né?

Questão 51: Você vê assim? Por quê? Como é este seu jeito...

Carmem: Eu pensava assim, se não me incomodasse...

Questão 52: Se uma coisa, se uma coisa deixa de incomodar você larga mão?

Carmem: Não, devido ao sofrimento. Aí eu procuro um jeito mais fácil pra gente poder resolver. Que nem eu já queria me refugir assim: tomar veneno, dar pra ela e acabava, acabava,

---

[90] "O desvio não é uma qualidade que exista no próprio comportamento, mas na interação entre a pessoa que comete um ato e aqueles que respondem a ela".

podia até ser que não ia ser, podia ser nem eu morrer, nada porque se não chegou a hora a gente não ía morrer mesmo.

Questão 53: É, dependendo do veneno que você tomasse, não ia mesmo, ia dar mais problema ainda.

Carmem: Ia complicar mais. Daí foi então que eu optei, eu falei assim: De vez de viver a minha vida… foi até nisto, eu parei até de trabalhar assim fora porque eu também não confiava nas pessoas pra deixar ela e também não achava ninguém certo pra deixar. E eu morava longe, minha mãe também não podia ir lá ficar. Então o que eu fiz? Eu comecei a costurar, comecei vender produto de Avon, da Stanley, sabe?, coisinha que pelo menos ajudava no orçamento de casa pra mim poder ter sempre ela ali do meu lado, entendeu?, pra que ninguém judiasse dela, pra que ninguém falasse dela, porque **até nas escolas os outros falava dela** e eu já ficava doida, já saía de casa, ia pegar a professora, queria discutir, sabe? Mas graças a Deus, nunca achei ninguém que assim, menosprezasse ela sabe? Sempre as professoras, quando sabia... porque aí quando foi a psicóloga me orientou falou: "Quando já começar as aulas a senhora vai lá conversar com a professora e já explica o problema dela, porque ninguém pode adivinhar né?, então você, a senhora ... já explica o problema dela, a sra já tem autorização pra ela sair da sala de aula, se trocar, ou se ela estiver passando mal", qualquer coisinha, sempre deixava o telefone. Aí não tinha dinheiro pra nem alugar telefone, mas trabalhava, me matava com... alugava o telefone, a linha de telefone, mas sempre ter o telefone em casa. Quando saía ficava, ou tinha, naquela época eu tava com o meu carro, passava na escola, aí via se tava tudo bem. Mas sempre com a fraldinha, calcinha, toalhinha, sabonete, tudo ali pra ela, que era pra ninguém saber, pra ninguém falar nada. Mas meu tormento pior foi quando eu falei assim: "Pronto agora já pensou quando ela ficar..." já começou ela ficou, quando completou dez anos, falei: **"Agora vai ficar mocinha; e a menstruação?".** Eu falei: **"Agora me mistura menstruação àquele xixi correndo, pronto! Que a menina não vai mais sair de**

casa". E não sabia que jeito fazer pra poder contornar esta situação.

Vemos que Carmem consegue superar a crise da "realidade" ao custo da "traumatização" dela e da própria filha. Sua saída foi a busca pelo confinamento, já que, de um lado, sentia vergonha do que as pessoas iriam dizer sobre sua filha e sobre ela mesma, em relação ao modo como ela cuidava de sua filha, em relação ao julgamento de seus desejos e medo, também, de que sua filha sofresse física e psicologicamente, o que iria intensificar mais ainda sua responsabilidade, sua culpa.

Vejamos como lidou o pai com esta situação.

Para José, a experiência de ser pai de uma criança com esta condição física representou a preocupação com a vida social da filha na escola, o isolamento da família em relação aos outros e um distanciamento de sua figura nas relações familiares. O modo como ele também lidou com esta nova situação veio reforçar o novo papel de Carmem no seio da família, bem como o seu próprio. Ele nos conta na primeira entrevista[91]:

Questão 5: Então a primeira pergunta que eu te faria José é: já são 15 anos né?, que você tem a Maria, como é que tem sido ser pai de uma criança com extrofia vesical?

José: Olha, no início foi difícil. **Foi difícil porque eles teve que acompanhar ela na escola, e pior foi quando ela começou a entender bem, ela começou a se entender bem, que ela toda hora tinha que fazer xixi e as criança na escola, aquele mau cheiro né?, isso foi terrível pra ela.** Quando ela tinha que ir em alguma festa, eu tinha meu carro, levava ela, tinha que trocar ela; levava ela, tirava ela de lá. Tinha que trocar dentro do carro [incompreensível]. Muito difícil isso. Cheguei até a discutir na escola. Pega um aluno lá… Sabe? A gente perde o controle e…

Questão 6: Você discutiu com um aluno?

José: Com um aluno. Porque a professora já sabia do problema dela né? E um aluno sempre vivia… e ela sempre chegava em casa… até que ela… foi

---

[91] Primeira entrevista com José, pai de Maria. Dia 18/11/1997.

difícil. Ela não queria mais estudar, foi muito difícil. A gente ter que…

Questão 7: Como é que você reagiu com esse aluno?

José: Olha, eu, na hora. Eu tenho um temperamento… que nem, eu já sabia desses problema, a gente trabalhando, com problema e ela com esse problema. E eu cheguei num ponto que a gente… eu cheguei, conversei com a professora, expliquei… a minha esposa explicou a situação pra ela; colocou a posição que a minha filha tinha, que ela tinha esse problema e tudo. Não sei se a professora não passou isso… é, tinha que preservar a imagem dela, né? E esse aluno, toda hora, toda hora, foi até que um dia eu não agüentei. Fui na fila e fui pra cima dele. Falei assim: se ele não tem autoridade pra fazer, se a gente, se vocês não têm capacidade pra tomar conta de uma aluna desse jeito então… mas eu me conti sabe? Por que sabe com é que é, né? É criança… na hora pegou aquele negócio em mim. Eu me conti. Falei o que eu tinha pra falar. Disse tudo o que tinha pra dizer. Aí eu tive uma reunião. A minha esposa tornou a conversar com ela. Aí ficou… minha esposa toda… na parte da tarde levava roupinha pra ela, trocava ela e … aí foram… aí teve uma psicóloga daqui, que passou aqui também.

Questão 8: A [nome da psicóloga]?

José: Eu não sei o nome.

Questão 9: Uma loira?

José: É. Ela conversou com a Maria. Foi daí que a Maria começou a estudar; a querer estudar. Mas foi muito difícil. Tem que ter muita calma. Você fica naquela indecisão porque você não sabe o que vai ser dela, porque na época falaram pra nós que ela tinha que fazer parece que 18 operações.

Questão 10: 18?

José: É, foi isso que o médico falou. Nós vamos fazer essas cirurgias nela mas…

Questão 11: Qual? O Dr. Ômega ?

José: Não me lembro bem. Acho que foi ele.

Questão 12: Ou o boliviano?

José: Não me lembro. Não me lembro qual dos médicos só sei que foi falado isso pra gente. Ele não falou que ia ser feito 18. Falou assim que, dependendo da cirurgia ela teria que fazer muito mais que 18. E aquilo me ficou na minha cabeça, sabe? Aquilo

foi… Puxa, minha filha… a gente vai ter que viver com esse drama até o fim da vida da gente. Graças a Deus ela veio aqui! Tem nos tratado muito bem sabe? Mas olha, se a pessoa não tiver um pouco de equilíbrio. Porque primeiro, que a gente não… é que nem um cego no meio do tiroteio: ela nasceu com esse problema e a gente não sabia como tratar. O que tinha que ser feito aqui foi feito. Aí foi nesta época que nós tivemos que aguardar esses 11 anos pra ela poder vim novamente.

Questão 13: Depois da primeira cirurgia?

José: Nós tivemos que aguardar tudo esse tempo pra ela poder operar. Quando ela vinha aqui, que ela vinha enfiar no canal, aquela… sonda, eu vinha acompanhar. Não agüentava ver. A gente é homem, nesta hora, é forte, mas minha esposa tinha que entrar com ela e isso me deixava… isso me deixava eu arrasado. E te falar: foi difícil, foi muito difícil você saber que tudo os três filhos seus nasceu com saúde e tudo sem problema né? E a gente não ter como recorrer. Só foi… sempre foi só eu e a minha esposa. Nunca ninguém de fora podia fazer nada. Nunca também se interessavam em saber o que estava acontecendo, nem nada. Sempre eu e ela.

…

Questão 68: E como é que você elaborou isso? O que você imaginou que aconteceu?

José: Como assim?

Questão 69: Nasceu malformada…

José: Então…

Questão 70: Que te passou pela cabeça?

José: Não me passou nada não. Não, não teve como… como passar. Só não entendi né? Falei: "Como que pode a minha filha…". Até no início… que a minha filha teve no Hospital da [nome do hospital], e eu pensei alguma coisa sobre o hospital.

Questão 71: Achou que tinha trocado a menina?

José: É. Não, não. Achei que na hora do parto, alguma coisa assim, entendeu? Tanto é que quando a minha filha nasceu, até hoje não me esqueço, foi em 82 que ela nasceu, eu táva até assistindo um jogo na minha sogra que é muito perto assim da minha casa, no momento que ela já táva nascendo.

Tanto é que eu liguei pro hospital e falou assim: "Sua filha acabou de nascer".

Questão 72: Você não foi para o Hospital?

José: Não, tava na... na... tava na...

Questão 73: No hospital mesmo?

José: Não, tava na minha sogra e a minha esposa tava internada no Hospital.

Questão 74: E por que você não tava lá no hospital junto?

José: Os meus filhos... eu nunca tive no hospital. Eles tiveram nenê e no outro dia foi que eu fui visitar eles. Sempre foi assim. E nesse dia, foi num domingo que ela nasceu, o Corinthians táva sendo campeão até e eu tava assistindo o jogo. Aí eu liguei pra lá e falou: "Não, tá tudo bem". Aí eu falei: "Então tá bom". Aí eu falei: "A criança tá passando bem?". A enfermeira falou: "Tá". Aí quando acabou o jogo que eu fui ver a nenê né? Mas no mesmo dia eu não vi ela. Eu vi ela no mesmo dia, mas não deu pra ver o problema dela. Só depois na segunda...

Questão 75: Quer dizer que não te comunicou logo no nascimento?

José: Não, não me falou nada. Na segunda-feira foi que um médico me chamou, me mostrou ela, falou: "Olha, ela nasceu com esse problema". Aí eu... aquilo lá pra mim... uma ducha de água fria, né? [O médico falou] "Olha, você vai ter que procurar no seu convênio um médico". Aí foi que eu procurei o médico e perguntei pra ele o que poderia prover aquilo, né? E ele também não me explicou. Aí eu levei no médico e esse médico falou: "Olha, infelizmente isso aí eu não posso tratar". Esse médico falou pra mim. "E eu vou te dar uma carta e você vai no [hospital onde a pesquisa foi realizada] e procura o Dr. Ômega" [Ele completou]. Mas até hoje eu fiquei... perguntei pra ele... procurei saber...

Questão 76: Até hoje você não sabe?

José: Até hoje não...

Questão 80: Nunca foi um problema pra você esta questão então? "Por que ela nasceu assim?" Isso nunca...

José: Não. Pra mim foi.

Questão 81: Foi?

José: Foi, pra mim foi porque você...queria saber o que; o que que fez e o que que trouxe, o que que acon-teceu? Da onde foi que isso aconteceu? O quê que é? Se é problema meu ou é problema da minha esposa? Tanto que... que nem... eu ficava preocupado mais comigo. *Porque homem é homem. Você sabe que homem sai... o homem que não tem cabeça né?... porque o homem que tem uma família jamais ele vai sair. Que não digo que o homem não vai sair porque o homem sai, entendeu? Aparece aí... mas o homem tem que ter a consciência que ele tem uma família. Nisso eu nunca me descuidei. Nunca me descuidei. Então eu falei...*

Questão 82: Em que sentido que você tá falando?

José: Que nem...

Questão 83: De relação fora do casamento?

José: Isso. Todo homem que tem consciência que sai... que nem agora: eu... era casado e era mais novo. Então, você tá naquela época que é mais novo, então você não tá... você não se ambientou ainda com a família. Mas depois que você vai tendo os filhos é que você vai sentindo a família sua. Eu fui assim: eu quando... no início quando eu casei, eu casei novo, casei, falei pro meu pai: "Eu vou casar". Tinha meus móveis, tinha tudo. "Vou casar". Gostava dela. "Vou casar". Conversei com a família dela. "Vou casar". E casei. Eu sempre fui uma... eu sou uma pessoa... eu sempre fui uma pessoa assim: o que eu quero fazer, mesmo que eu for dar cabeçada, eu tento. Eu tento fazer. Se não der certo não deu. Mas por falta de tentativa pra mim não é não. Então, de mim não pode ser...

Questão 84: Quer dizer, durante o casamento, você tá tentando me dizer, que você saiu. É isso que você tá dizendo?

José: Não. **Eu já fui. No começo eu fui um cara meio danado, sim. Não escondo isso, não.**

Questão 85: Mas você se preservava, quer dizer, previnia?

José: Sim, preservava. Até minha esposa... hoje ela fala: "Eu não confio em você". Eu brinco e tal: "Nós somos casados há 23 anos". Você vê, nós tem 4 filhos. Já tem uma casada. Você nunca teve problema. Você, nunca vinheram ninguém na tua porta. Você nunca... não tive filho fora... você nunca me viu nada. Você nunca me viu doente por causa de mulher. Nada disso você me viu. Então não tem como você querer falar essas coisas pra mim. E Graças a Deus nunca teve mesmo. Hoje eu saio, vou pra tudo quanto é lugar, nunca tive problema. Briga sempre teve, né? Em família, sempre tem no casal. Mas graças a Deus com nós... tinha aquela discussãozinha tudo, mas... Então eu nunca... eu ... então eu não pude saber da onde...

Questão 86: Quer dizer, então se você se preserva... então não pode vir de você?

José: É justamente.

Questão 87: É. Porque se uma mulher tivesse passado pra você... mas não foi porque você se preservou. Então você acha que isso tem alguma coisa a ver com a Carmem?

José: Ah, não me passou também na cabeça. No início, sim. No início eu ficava pensando né? Eu...

Questão 88: O que você chegou a pensar?

José: Eu falei: "Pô, se não é de mim, de quem que é?" Até que eu... eu me propus até fazer um exame. Eu falei pra ela... às vezes ela brinca comigo. Eu falei: "Eu faço qualquer tipo de exame que você quiser". Às vezes brinco com ela sabe? Ela brinca comigo. Ela fala: "Você gosta de ir pra sua amante, você gosta de andar, você gosta..." Eu gosto mesmo de sair. Até nós brinca. Eu falei: "Não. Com você eu faço qualquer tipo de exame que você quiser. Pra você saber que você tem um marido que é marido seu".

Questão 89: Então, pela lógica se não tem nada a ver com você, então tem a ver com ela; e se... ou tem a ver com ela... você chegou a pensar que talvez a Maria podia não ser sua filha legítima? Isso lhe ocorreu alguma vez?

José: Não, não me ocorreu também não.

Questão 90: O que lhe ocorreu?

José: Não me ocorreu não.

Questão 91: Entende que... mas é porque... veja bem: vocês tiveram 3 filhos antes sem problemas.

José: *É, é... espera aí. Agora você chegou num ponto. É. Porque você vê. Veja bem: não é que não me ocorreu. Me ocorreu também porque veja bem, se fosse parte minha...*

Questão 92: Era pra pelo menos os 3 terem nascido com a mesma coisa...

José: Com o mesmo problema.

Questão 93: ...e a Maria então não seria surpresa nenhuma.

José: Justamente. Então, isso aí também... depois com o tempo foi tanto problema que começou a acarretar que aí já não teve nem mais tempo. Aí meu tempo tudo foi minha preocupação com ela. A preocupação... Mas eu sempre fiquei com aquilo. Eu falei: "Bom, de mim..."

Questão 94: Não. Tem alguma coisa aqui. Pela lógica... Porque que você iria se preocupar com uma criança que você efetivamente talvez suspeitasse que não fosse sua?

José: Não. **Porque passou...eu...**

Questão 95: Principalmente porque tem tantos problemas.

José: *É, no início eu até pensei. No início eu pensei porque... foi uma coisa passageira, entendeu? Depois eu pensei comigo. Eu falei: "Puxa se de repente aconteceu com os 3. Aconteceu com os 3 e não teve problema e aconteceu com ela..." Eu pensava assim; eu falei assim: "É que Deus quis que aconteceu alguma coisa, que viesse uma pessoa com alguma coisa". Aí até tirei da cabeça aquilo que eu também já vinha pensando. Aí eu tirei aquilo... porque meio assim... porque eu tive problema. Nossa. Eu tive problema e tenho até hoje que eu tive internado, tenho a carta até hoje.*

Em seu discurso, vemos que José praticamente delega "radicalmente" a obrigação para com os filhos à esposa. Era dia de jogo de seu time predileto e ele não compareceu ao hospital para acompanhar o nascimento do filho. Esse distanciamento da família já era sentido mesmo antes do nascimento da criança com esta condição física. Ele leva ao extremo a sua condição de homem e de pai, chegando mesmo a justificar este distanciamento por esta via. Para ele, trair a mulher, era uma condição de afirmação de sua condição de homem. Por ser homem ele trai e não se sente responsável por isso. É como se a traição estive na condição masculina, de modo que a traição é um ponto de vista do feminino; do ponto de vista de sua condição masculina, ter relações sexuais fora do casamento é uma condição de homem praticamente inevitável. Tal lógica era, por exemplo, muito comum na Grécia antiga (Vrissimtzis, 2002, p. 57). Mas ocorre o nascimento de uma criança fora da expectativa do casal e uma de suas reações para tentar explicar a razão deste acontecimento foi imaginar que a mulher pudesse tê-lo traído. Mesmo tendo sido mais provável ter pensado que ele poderia ter adquirido alguma doença fora do casamento que justificasse a "malformação", ele opta por raciocinar que talvez a filha não fosse dele. Em outras palavras, estaria ele se utilizando deste "clichê" da condição masculina que, como vimos, foi criado historicamente com o nascimento da família burguesa, para se defender psiquicamente, por meio da negação, do estranhamento causado pelo nascimento de sua filha?

Questão 96: Eu lembro que você falou assim: "Não, eu acho que eu fiquei menos envolvido, quem realmente teve mais contato e cuidou foi a Carmem?[92]
José: Ah, cuidou!
Questão 97: E cuidou?
José: Ah, sim.
Questão 98: Foi a Carmem?
José: Foi a …
Questão 99: Então eu tô te perguntando: você não acha que você talvez tá dizendo pra mim que você não permitiria tirar… porque você não ia ter tanto contato com a criança? Você já parou pra pensar isso?
José: Não, não.
Questão 100: Não?
José: Como pai, né? Como pai acho que a gente é… a gente participa junto… certo? Ou na… na doença… a gente, o pai… sempre… porque eu sempre vinha com ela, sempre eu tava junto com ela, mas não assim de cuidar porque não tinha condições mesmo porque eu trabalhava e a Carmem ficava em casa. Então quem cuidou, quem olhou… foi ela direto. Então não tinha como então… quer dizer: se ela viesse com esse problema, certamente eu teria que sair, o homem, o ho… eu teria que sair mesmo pra trabalhar. Eu teria que cuidar. Agora se ela não quisesse. Aí a gente também não podia fazer nada. Eu também não ia discutir.

Questão 101: Então, por que essa sensação de que você não participou?
José: Como assim: "que eu não participei?".
Questão 102: Você disse…
José: Não assim, a … a …. eu não participei com ela. Não, eu digo assim, quer dizer: eu sempre falo pra todo mundo que trabalho… porque a Carmem, olha, eu… às vezes eu vinha aqui, eu vinha com ela aqui cedo e tal, ficava na… na sala tal, mas ti… chegava uma hora assim, que às vezes ela não era atendida ainda, então eu já saía daqui e corria pra trabalhar. Quantas vezes dava crise na… na Maria e eu não tava em casa. Então a Carmem… a Carmem sempre foi uma mulher que eu nunca me pre… se tivesse… se todas mulher fosse que nem ela, eu vou te falar, eu acho que não tinha muita confusão. Porque ela resolve coisa que, às vezes eu… Ah, meu filho… de 16 anos se queimou… e eu nem fiquei sabendo. Ela nunca deixava eu me preocupar no trabalho. Quando chegava em casa já tava tudo resolvido.
Questão 103: Hum, hum.
José: Então ela… eu saía pra… eu saía pra… pra trabalhar ela ficava firme.
Questão 104: Então de que maneira que você participou? Se de alguma maneira…
José: Assim, a maneira que eu participei…
Questão 105: …você acabava não sendo avisado.
José: É… acabava não sendo avisado e…
Questão 106: E aí você não tinha como participar.
José: Eu não. Então, eu não tinha como participar. Então eu acho que nesses pontos aí ela… ela tem muito mais de… sei lá, como… como pai… eu sou o pai!
Questão 107: Direito né?
José: Não, não é a causo de direito entendeu? É o causo assim… que ela… Eu sempre falo: "Você com ela. Você sempre… você… teve mais junto com ela, você sempre teve os poblema, você teve… enfrentou mais do que eu…". Porque ela não deixava eu me envolver.
Questão 108: Ah, tá.
José: O certo era isso. Ela não deixava eu me envolver porque não tinha como. Eu não ia perder meu

---

[92] Segunda entrevista com José, pai de Maria. Dia 18/3/1998.

empre… não ia perder o serviço… sendo que ela podia fazer… Então ela, ela poupava esse meu lado e falava: "Não, pode trabalhar, pode ficar sossegado que eu…".

Questão 109: E por que que você aceitava isso?

José: Mas como não… não tinha como eu não aceitar. Ou era meu emprego… entendeu?

Questão 110: Hum, hum.

José: Eu ponhava, eu colocava na firma os poblema meu, mas a firma não quer saber. A firma é o seguinte: "Os poblema seu você deixa na porta, entendeu?". Quando era coisa muito assim, que não tinha mais jeito, aí ela ligava. Foi tanto que… foi tanto que quando a Maria tinha… acho que 3… num sei se ou 4 meses… até hoje eu não esqueço aquele pronto socorro lá da ponte… falou que tinha que fazer uma cirurgia nela e… falou na nossa frente… Aquele dia ela me ligou e eu vim correndo… "que ela não ia escapa…". Falou pra nós. Aquele dia que eu vim correndo, que nós pegamos ela e trouxemos aí, aí eu fiquei com ela tudo… tudo isso, mas depois dali pra frente ela continuou fazendo… eu vinha, vinha com ela… nós vinha tudo, precisava eu tava junto mais ela sempre foi…

Questão 111: Quer dizer, mas… foi uma opção sua? Fazer, deixar que isso acontecesse assim que, que…

José: Que a Carmem?

Questão 112: Que a Carmem cuidasse das crianças?

José: É foi… é tanto é você vê… até meu filho se queimou, isso aí que eu tô te falando…

…

Questão 264: Você era muito amigo da sua mãe?

José: Eu era memo sabe? Mas eu tinha esse poblema. Eu, até hoje… isso tenho, isso eu tirei do meu pai. Eu… eu sempre pensei que o meu pai era errado. Que às vezes a minha mãe falava, falava, eu sempre… às vezes ia do lado dela. Depois eu… eu trabalhando… ela ficava…

Questão 265: Sua mãe tinha essa queixa em relação ao seu pai?

José: Tinha. E eu sempre ficava com esse negócio: "Pô, meu pai é errado". Depois eu fui vendo, o meu pai não era errado. Que a minha mãe… é o tipo de negócio: a mãe protege muito os filho.

Questão 266: Hum, hum.

José: Meus irmão hoje, se o meu irmão foi o que foi, foi devido a minha mãe… Eu falo isso mesmo… foi devido a minha mãe. Que se a minha mãe fosse mais enérgica e… tudo o que acontecesse… o meu pai também trabalhava direto. Meu pai num vivia dentro de casa. Ele tava sempre trabalhando. Pô, o meu pai trabalhava no… na [fala o nome da firma], trabalhava de entregar jornal… meu pai fazia um monte de serviço; sempre trabalhou…

Questão 267: Sei… muito parecido com você!

José: É… meu pai foi. O meu pai sempre falava assim…

Questão 268: Você se parecia muito?

José: Meu pai sempre fala isso prôs outros. Meu pai sempre falava prôs outro: "O único que vai se aposentar mais cedo vai ser esse aqui ó, que sempre trabalhou. Nunca deu problema lá pra mim". E então eu fui vendo. Eu falei: "Meu pai tinha razão. Que ela… acoitava muito… acobertava muito eles".

Questão 269: Quer dizer, de uma certa maneira a sua mãe… distancia o seu pai de casa também? Ela contribuiu pra isso?

José: Contribuiu prôs meus fi… irmão ficar da maneira que ficou[93].

Questão 270: E pro seu pai também sair de casa?

José: É. É porque o meu pai num tinha mais voz ativa com eles lá né? Que ela… tudo que o meu pai fazia ela era favorável aos meus irmão. E meus irmão era errado, pô! Todo mundo… os vizinho mesmo falavam. Então eu fiquei com aquilo na cabeça. Eu falei: "Não, o meu pai tá certo. Meu pai não tá errado… meu pai não tá errado". Tanto é que o meu irmão num foi ver…um que tem 30 anos aí, 38 anos agora parece, veio virá gente a… sabe com quanto ele foi trabalhar? Com 28 anos, pô! O cara veio trabalhar! Os meus irmão tinha um… esse que foi preso num tra… não chegou nem a trabalha. O outro também não trabalhou. Minha irmã… pô! Meu pai … deve ter… é duro você fica…

---

[93] Nesse ponto, o participante quase disse "filhos".

De um lado, podemos compreender esta reação de suspeita, que o leva a pensar que a filha não fosse sua, como baseado nos devires históricos apontados na discussão teórica deste capítulo que marcam o papel do pai na família nuclear, bem como na história peculiar deste casal. Ele afirma que, mesmo embora tenha traído a mulher, ele "nunca se descuidou", nunca "levou poblema" para casa, pois para ele *ser homem é trair sem se deixar pegar.* O homem que é pai, que tem família, terá seus prazeres fora de casa, pois no lar ele tem "obrigações". Logo, ele não poderia implicar-se como "responsável" por Maria. Ele não poderia tê-la gerado. O sexo na relação conjugal da família nuclear não é para se ter prazer, senão para a procriação. Com a esposa, ele quase não tinha sexo. Por diversas vezes Carmem deixa claro nas narrativas que, por não confiar nele, e por não amá-lo o suficiente, ela não se disponibilizava para o sexo. Assim, por ser raro o intercurso sexual entre eles, ela só poderia tê-lo traído. Para reforçar sua tese, há o fato de ele ter ficado afastado da família por razões de saúde (foi acometido de tuberculose) na época em que Carmem engravidou da menina. Mas há também o conteúdo de sua história pessoal, que revela ser prática comum dos pais terem outras mulheres fora do casamento. Assim foi com o seu próprio pai, a quem ele admirava, mantinha uma relação de confiança e confidência, para quem era distante e afastava os filhos de seu convívio.

De outro lado, é possível pensar que o "susto" tenha sido tão grande que ele tentou negar a realidade que o afetava, o que nos faz crer que para algumas pessoas, um acontecimento inesperado, por sua própria característica de ser "inimaginável", "impensável", não seja simbolicamente elaborado de imediato.

Deste modo, é possível pensar que a dificuldade de elaboração desta condição física seja mais visível no pai do que na mãe pelos seguintes motivos:

1) O pai, independentemente do nascimento de uma criança com esta condição física, é mais distante da família por influências e tradições históricas de construção de gênero e papel sexual;

2) A história de vida dos cônjuges, isto é, sua família de origem, também contribui para influenciar seus comportamentos e reações, já que se busca, por meio da identificação com as figuras parentais, a construção dos papéis de gênero e formas de satisfação da sexualidade;

3) Estes motivos, que distanciam o pai do convívio familiar, fazem com que para ele fique mais difícil a assimilação deste evento de forma quase que instantânea, como geralmente as mães se vêem obrigadas a fazer.

Quando a cirurgia para a promoção da continência urinária não é realizada até o período que antecede a entrada da criança na escola, a família se sente muito angustiada. A escola não está preparada para lidar com este tipo de diferença física e sua assimilação nas práticas pedagógicas parecem seguir um caminho único: pela via da estigmatização. Isto é, as professoras, a diretoria da escola e, propriamente os amigos da criança, "aprendem" a conviver com esta diferença desde que ela seja vista como uma doença. Isto porque o caráter de doença elimina toda a subjetividade do sujeito, retira dele toda a responsabilidade, intencionalidade e desejo em relação ao que ocorre com o seu corpo. Seu corpo passa a ser um suporte involuntário à sua subjetivação. É deste modo que se pode conseguir fazer com que os "outros" entendam o que é visto como problema para a família, bem como tentem entender as soluções que a família propõe para ele. Não é fácil para a família, e para o próprio sujeito, contar aos outros sobre o seu "problema". Há uma série de critérios que devem ser levados em conta antes de se contar o seu "segredo". Uma vez contado, o sujeito e a família se vêem presos ao outro para quem o segredo foi contado. Este aprisionamento ao outro cria uma série de compromissos, deveres em relação aos outros que não são comumente encontrados em uma relação na qual o "segredo" não é o que "une as pessoas". A condição de "doentes" os carrega para uma subjetivação confinada não apenas em relação aos espaços físicos, mas também em relação aos espaços afetivos. É toda uma geografia de confinamento que irá se traçar, com relevos de "mistérios", de "medos" e sentimentos de abandono e despotencialização quando a linha do "segredo" da doença vai costurando e bordando este corpo-extrófico. O sujeito sente-se um Frankenstein, um ser não totalmente humano, que não pode compartilhar de relações sociais ditas "naturais", como por exemplo ir para a escola, brincar com os amigos, dormir na casa de um coleguinha, etc. Maria nos conta[94] :

Questão 4: Tá ok. Então tá bom Maria. Maria é... como primeira pergunta... eu gostaria de saber... pra você é... que você pudesse tá me contando a sua história. Você começa da onde você quiser né? Mas, é ... é assim uma questão que eu tenho é... justamente isso, como é que você lida e convive... e que coisas você teria pra contar da sua vida que, que você acha assim que estão intimamente ligadas com o fato de você ter nascido com extrofia vesical. Como é que é viver com extrofia vesical? Como é que uma pessoa com extrofia vesical vive? É muito diferente dos outros?

Maria: Ah, eu acho que é muito diferente né? Por causa que você tem que usar fralda.

Questão 5: Hum, hum.

Maria: Tem que ir pra escola de fralda, sendo que... às vezes você já completa cinco anos e todos os seus coleguinhas sem fralda, e só você de fralda. E tem que usar por causa... pra não fazer xixi na calça. Eu acho que é muito difícil conviver com isso né?... com extrofia vesical mas, ... é da vida né?

Questão 6: Hum, hum.

Maria: E contar história assim... da escola? Pode falar da escola?

Questão 7: Pode. Pode contar a história que você quiser. [Risos]. É... história de vida...

Maria: Era ruim quando eu ia pra escola. Era... o mais ruim era ir pra escola porque aí você tinha que ir de fralda. Aí você... minha mãe punha bastante pano assim né? pra mim não fazer xixi.

Questão 8: Hum, hum.

Maria: Aí as coleguinhas... tinha que usar shorts vermelhinho né?... Aí as coleguinhas já falava: "Nossa! Parece que você tá usando fralda, parece que você tá de fralda". Então a gente fica meio assim né?... com aquele negócio na cabeça. Aí não dava pra você sentar assim como elas sentavam assim... não dava pra você sentar porque senão a fralda ia aparecer. Aí você tinha que se trocar. Aí eu tinha que me trocar pra depois não ficar mijando na fralda, e ficava um cheiro de xixi né? No prézinho... no prézinho... no primeiro e segundo ano foi mais difícil pra mim, porque eu era criança e eu não entendia direito né? Não eu. As pessoas. As outras coleguinhas não entendia direito, né?

Questão 9: Hum, hum.

Maria: Então era mais difícil... Aí... deixa eu ver também... aí tinha... é.... era mais difícil.

Questão 10: Com quantos anos você foi pra escola?

Maria: Com quantos anos? Eu entrei no prézinho acho que eu tinha cinco anos.

Questão 11: Com cinco aninhos?

Maria: Cinco aninhos.

Questão 12: E você já entendia o quê que tava acontecendo com você nessa idade ou não?

Maria: Não. Não entendia muito bem não. Eu fui começar a entender depois de 7 anos assim sabe? Depois dos 7 anos aí eu comecei a entender melhor. Mas quando eu tinha ainda 5 anos eu não entendia direito sabe? Eu pensava que eu ia melhorar de uma hora pra outra; sem operar, sem nada. Então...num entendia. Mas aí depois dos 7 anos eu comecei a entender bem!

Questão 13: Você conseguiu entender por que você... por que você tinha que usar fraldas? Com 5 anos?

Maria: Consegui. Consegui. Aí com o tempo a minha mãe foi me explicando porque eu tinha né? O porquê eu tinha, né?, que usar fralda. Porque eu nasci com máformação[95] na bexiga, que era pra mim ter paciência né?... que um dia eu ia conseguir operar e eu ia conseguir melhorar. Então eu coloquei isso na cabeça e pra mim aí depois eu fui levando né?

---

[94] Primeira entrevista com Maria, filha de Carmem e José. Dia 8/4/1998.

[95] Assim é descrito por Maria.

Questão 14: Hum, hum.

Maria: Sem medo, sem vergonha, sem nada. Aí pra mim foi bem melhor também... depois que eu entendi né?

Questão 15: Foi aos 7 anos?

Maria: Foi aos 7 anos que eu comecei a entender.

Questão 16: Antes disso você achava que você fazia xixi por quê?

Maria: Ah, antes disso eu achava que... eu fazia xixi por sem vergonhice.

Questão 17: Hum, hum.

Maria: Que eu devia de segurar. Mas aí eu não conseguia segurar. Então aí, sei lá o que eu pensava. Eu acho que eu pensava que era por sem vergonhice né? Porque toda hora eu mijava, toda hora, aí eu pensava: "Nossa! Mas eu sou... eu já tenho 5 anos, minhas colegas largaram da fralda aos 2, 3 anos e só eu de 5 mijando na calça!"

Questão 18: Você achava que você tava fazendo uma coisa errada?

Maria: É. Aí eu tentava segurar, mas como que eu... vou conseguir segurar?

Questão 19: Nunca.

Maria: Aí eu tentei uma vez ainda né?... quando eu era pequena... a segurar; só que aí eu não consegui.

Questão 20: Como é que você conse.... tentou?

Maria: Oh, foi assim né? Eu tava... como é que... É, foi assim, eu tava no apartamento. Aí eu falei assim: minhas colegas, elas segura. Porque aí, no prézinho, as meninas falavam: "Ah, professora, deixa eu ir no banheiro?" Aí a professora: "Não, espera dar a hora... do recreio, a hora de você almo... almoçar".

Questão 21: Quer dizer segura, né?

Maria: Então as meninas segurava. Aí eu falava assim: "Ah, do jeito que elas seguram né? Eu vou tentar em casa segurá". Aí quando chegou em casa né?, eu esperei um pouco, aí já me deu vontade de ir no banheiro... Não. Aí eu comecei a sair... ficar sem fralda um pouco pra ver se eu conseguia. Aí eu peguei, fiquei um pouco sem ir no banheiro, esperei dar vontade de mijar... aí eu não consegui. Aí eu vi que táva descendo assim sabe?, sem eu conseguir segurar.

Questão 22: Você sentia vontade de fazer xixi?

Maria: Sentia. Mas aí eu não... eu sentia vontade de fazer xixi, mas aí eu não segura.

Questão 23: Não segurava?

Maria: Aí era que eu tinha que usar fralda.

Questão 24: Como é que você tentou segurar no apartamento? Você falou que táva dentro do apartamento.

Maria: Aí eu...

Questão 25: Você cruzava a perninha?

Maria: Eu cruzava a perna né?, e ficava toda esprimidinha tentando segurar. Mas aí não dava. Aí ia soltando, ia descendo, mas eu.... me espremia, sabe? pra segurar mesmo! Mas aí foi soltando, soltando, aí eu não conseguia segurar. Aí eu peguei e falei assim... aí eu pensei né?... que era sem vergonhice. Sei lá o que eu pensava. Aí, depois com o tempo eu fui perguntando pra minha mãe. Aí depois só aos 7 anos mesmo que eu consegui.... é... entende né?, o que tava acontecendo comigo... só depois [Risos].

Questão 26: Coisa interessante isso daí, né? Quer dizer, é... é... você via as suas colegas que elas conseguiam segurar, então devia ter alguma razão pra você não segurar. E a razão, no seu caso, você achava que era porque você era sem vergonha?

Maria: É. É porque eu era sem-vergonha, porque eu não conseguia segurar.

Questão 27: E o que era ser sem-vergonha?

Maria: Ah! Sei lá. De você querer mijar e não se segurar. Só que eu não podia segurar. E então aí minhas colegas mija... é... segurava porque elas podia, elas não tinham problema. Eu tinha só que eu não entendia isso.

Questão 28: Que você tinha problema?

Maria: Que eu tinha o problema. Então eu achava que era... Tipo sem-vergonhice.

Questão 29: Então na verdade você quase não conseguia é... Admitir que você tinha problema, não é isso?

Maria: É.

Questão 30: Era mais fácil admitir uma mentira.

Maria: Do que..

Questão 31: Do que admitir uma verdade.

Maria: Como verdade. É.

Questão 32: Você foi admitir essa verdade com quantos anos?

Maria: Ah, com 7 anos também que eu fui entendo né? Aí eu fui entendendo. Aí eu fui levando. Aí eu já me abria com as minhas colega. No terceiro ano eu já comecei a falar do meu poblema... que... aí uma vez eu tava na escola, aí uma colega... eu levantei, então eu tava de fralda né?... aí eu levantei e minha colega falou assim: "Nossa Maria! Mas você tá com a... com a bunda tão grande né?" Aí eu peguei e falei assim: é.... aí ela falou assim: "O quê que é isso? Você tá de fralda?" E como ela era minha amiga eu achava que eu podia confiar nela, aí eu peguei e falei pra ela: "Não, é porque eu tenho um poblema...". Igual... expliquei do mesmo jeito que a minha mãe tava me explicando eu expliquei pra ela. "Eu nasci com malformação na bexiga, eu não consigo segurar então eu uso fralda". Aí ela foi me entendendo e foi me ajudando. Aí os meninos também zoava assim comigo né? Mas aí ela foi me ajudando porque ela me entendia né? Aí depois, na terceira, na quarta série, eu fui entendendo. Aí eu levei assim, sem medo, sem vergonha, sem nada. Aí quando chegou... acho que na sexta série eu operei, né? Aí...

...

Questão 62: Como é que você se vê hoje?
Maria: *Ah, eu acho que agora eu sou mais normal.*
Questão 63: Mas, antigamente não era? Porque olha, o objetivo das fraldas não era esconder dos outros que você tinha a, a... o xixi?
Maria: *Ah, mas é que aí eu ...não gosta... não queria esconder das pessoas. Quando eu era pequena... tipo assim... eu queria contar pra todo mundo... pra todos os alunos. Assim, meus colega. Só que eu não entendia, né? Então a minha mãe falou: "Não Maria, não pode contar. Espera um pouco. Eles não entende. Você ainda também não tá entendendo". E eu não podia contar porque têm uns que entende, têm uns que não, né? Aí os meninos ia começar a zoar co... na minha cara, assim né?*
Questão 64: Hum, hum.
Maria: Então aí minha mãe falou: "Não Maria,

não pode contar nem... espera um pouco. Eles não entende e você também ainda não tá entendendo. Espera um pouco, não conta pra ninguém, se você tiver... a mãe vai te troca, falo com a professora; não precisa contar, não precisa ir lá na sua coleguinha e falar: "Vamo no banheiro comigo, que eu vou trocar de fralda" Aí ela vai perguntar...
Questão 65: Você queria fazer isso?
Maria: É. Eu queria contar né?... pra todo mundo. Aí minha mãe falou assim: "Não, eu conto pra professora e a professora vai te leva, ou você vai e troca sozinha né?" Tudo bem. Mas eu não... **eu queria contar prás minha colega** né? Mas aí...
Questão 66: Por que que você acha que você queria contar?
Maria: Ah, porque aí eu não queria ficar com esse problema sabe?... na cabeça assim... eu não queria esconder dos outros; eu queria falar a verdade porque aí depois eu... por exemplo, eu levantava, tava de fralda... às vezes dava pra perceber... tinha vezes que dava pra perceber e tinha vezes que não. Aí eu levantava e minhas colegas falava: "Ah, olha a Maria usa fralda! Que não sei o quê..." É o maior ruim, né?
Questão 67: Hum, hum.
Maria: Então aí eu queria contar.
Questão 68: Você fica diferente com isso, né?
Maria: É. **Fico diferente.** Aí no primeiro ano, né?... Eu... tinha aquela brincadeira do silêncio, né?
Questão 69: Como é que é?
Maria: Sabe aque.... uma que batia na carteira e você tinha que levantar e bater na carteira do outro que tava mais quietinho. Aí você batia na carteira, levantava né? Aí teve uma vez que tá... tinha essa brincadeira, né?, no primeiro ano... e nem... ninguém sabia assim das minhas colegas sabia... só uma que sabia que eu cheirava xixi.
Questão 70: Sei.
Maria: Aí, tudo bem. Aí era ... acho que eu entrava 13h30 às 18h00. Então, nesse tempo, não dava pra mim se trocar né?; porque a minha mãe ia ainda falar com a professora... que tinha trocado de professora, então não dava pra ela falar... então, a minha mãe era também... era muito ocupada, né?

Questão 71: Hum, hum.

Maria: Aí tinha aquela brincadeira do silêncio. Aí eu já tava bem molhada, né?... que eu tava de fralda... então eu tava bem molhada, a carteira toda molhada. Aí tinha aquela brincadeira do ... do silêncio, então tinha que ficar quietinha.

Questão 72: E tinha que levantar?

Maria: Tinha que levantar, e eu molhada. Aí eu peguei, ficava assim, né? Eu não ficava silenciosa. Aí eu ficava assim se mexendo só pra não vierem me bater, e justamente essa menina que sabia que eu cheirava xixi assim, né?, foi e me bateu porque ela viu que eu tava cheirando xixi. Ela foi e me bateu pra ver se eu tava molhada. Aí ela pegou, bateu assim, aí eu tive que levantar com a maior vergonha. Aí eu levantei, abaixei, a carteira toda molhada. Aí ela... numa parte ela era boazinha, na outra não; porque se ela fosse ruim ela falava assim: "Olha, a Maria mijou na calça. A cadeira tá toda molhada". Aí não. Ela pegou, sentou do lado, né?, porque aqui no meio tava molhado, ela pegou, sentou do lado e eu comecei... Aí eu brinquei normal. Aí logo eu bati na outra pessoa pra levantar e pra mim sentá, né? Aí tudo bem. Aí depois desse dia... aí com isso eu quis contar pra menina... pra todo mundo assim também, né? Mas aí depois eu contei pra menina, só que a menina não entendeu. Aí a menina falou que ia fala pra todo mundo... coisa de criança né? A menina falou que ia falar pra todo mundo que eu usava fralda. Mas graças a Deus a menina mudou de escola. Mudou de apartamento.

Questão 73: Sei.

Maria: Então aí eu... dela eu me livrei. Mas aí depois minha mãe... com isso... aí depois a minha mãe foi me dando fralda. Aí eu fui trocando. Aí no recreio minha mãe às vezes ia lá. A profes... **a minha mãe falou com a professora, a professora já tava entendendo, já entendeu também. Aí com isso passou, levou né?** Aí depois mesmo com 7 anos completo mesmo, aí eu fui entendendo as coisas. Minha mãe foi me explicando e eu fui entendendo. Então com isso...

Questão 74: Então, eu acho que assim: a extrofia obrigou a você a fazer uma coisa que cê não quis, que é ter que mentir e se esconder.

Maria: É.

Questão 75: Ou será que é o modo como vocês lidaram com isso?

Maria: Ah, não sei.

Questão 76: Porque a gente sabe assim... que... nasceu com isso; então o que a gente vai fazer? Aí, uma das coisas é a mentira né?

Maria: É.

Questão 77: E você não quis mentir?

Maria: Não.

Questão 78: Não queria mentir?

Maria: Não.

Questão 79: Por que dá muito trabalho mentir?

Maria: É, dava muito trabalho por... e com isso o povo ia percebendo assim né? Mas aí minha mãe falou: "Não. Não. Mente porque depois aí... tem bas... muita gente que entende e muita gente não entende...

Questão 80: Como é que você foi... achando critério pra ver, então?

Maria: Como é...

Questão 81: ...que então eu vou contar pra aqueles que entendem, pra aqueles que não entendem eu não vou contar.

Maria: Ah, porque aí... eu conta... eu... por exemplo, a minha amiga, que era a minha amiga mesmo, que ia na minha casa, isso e aquilo, sabia de tudo da minha vida, só não sabia do meu poblema, então tudo que eu contava pra ela nada ela ia lá contar prôs outro.

Questão 82: Certo.

Maria: E tudo que ela contava pra mim, nada eu ia lá e contava pros outros, né?

Questão 83: Hum, hum.

Maria: Então, aí eu achei assim: **Ah, eu vou contar pra ela porque ela é minha amiga, eu confio nela. Assim, confiando nas pessoa.** Agora tem gente... tem menina que a gente não pode confiar porque são falsas. Você fala uma coisa aqui e elas vão falar outra lá, né?

Questão 84: Hum, hum.

Maria: Então tem menina que você ... você percebe né? Então tem menina que não se pode contar.

Questão 85: Como é que você percebe? A confiança é um dos critérios, né? Como é que você aprendeu a confiar em alguém?

Maria: Ah, igual eu falei... depois que eu comecei a brincar com as meninas, que também era muito difícil eu brincar. Tinha umas meninas... uma menina lá no prédio que ela ia sempre lá no meu apartamento brincar comigo. Aí ela já ficou saben... aí eu... não podia, dela, né? Eu não podia esconder que eu tava de fralda, que eu tava de roupa normal assim, né?, blusinha... que dava pra mostrar. Então ela sempre ia brincar lá comigo. Eu contava as... as coisas assim... segredo pra ela, né?, de criança mesmo besta... de criança... mas não do meu problema! De criança. E ela não contava pra ninguém. Ela me contava todas as coisas também. Aí com o tempo eu achei. Falei: **Ah, vou contar pra ela. Porque depois, ela é minha amiga, eu sei que ela não vai contar prás outras. Então aí ela tando na minha classe, ela no mesmo apartamento que eu, ela já me ajuda um pouco, né?, quando eu tiver que sair, quando tiver cheirando xixi assim, eu pergunto pra ela se tá cheirando xixi ela vai me fala né?**

Questão 86: Ham, ham.

Maria: Pergunto pra ela se tá parecendo que eu tô usando fralda. Ela vai me falar. Eu falei assim: Vou contar pra ela quem sabe ela não me ajuda. Aí eu contei. Aí ela falou assim: "Eu já ..." Ela falou assim pra mim: "Ah, eu já percebi um pouco, né? Que você tá... que você usava fralda. Só que eu não sabia o porquê". Porque minha mãe também não contava prás vizinha né? Porque depois contá prás vizinha, as vizinhas já qué confusão assim né? Sei lá.

Questão 87: Hum, hum.

Maria: Aí ela falou assim: "Só não sabia por que, né? Porque você usava fralda?" Aí eu contei pra ela. Aí eu falei pra ela: **Só que você não conta pra ninguém, nem pra sua mãe.** Aí ela: "Tudo bem". E ela não contou mesmo pra ninguém. Aí, só que lá no apartamento... tinha umas meninas que já sabia disso, né? Então essas meninas contavam pros meninos do apartamento que eu usava fralda. Os meninos queria ver se eu tava de fralda, sabe? Aí essas meninas mesmo eu não confiava. Agora na minha amiga que era a [nome da amiga], eu confiava loucamente.

Questão 88: Com essas amigas que você confiava e contava você se sentia em dívida?

Maria: Não.

Questão 89: Por elas guardarem um segredo seu?

Maria: Ah, me sentia... sei lá... porque eu peço... eu... sei lá... eu pedi segredo pra elas. Se um dia elas pede... se um dia elas pedisse segredo pra mim eu tinha que guardar, né?

Questão 90: Hum, hum.

Maria: ...o segredo. Porque o mesmo favor que elas prestaram pra mim, eu tinha que prestar pra elas.

Questão 91: E elas pediam... e elas pediam segredo de algumas coisas.

Maria: Não, nenhum. Porque elas não tinham segredos.

Questão 92: *Então você... você não podia nem brigar com elas? Você sentia medo, no sentido: "Se eu brigar com elas ela vai contá?"*

Maria: *Com ela, ela vai contar. Eu sentia. Eu sentia medo. Então eu nunca queria brigar... mas quando elas... quando elas vivia com as menininhas lá do outro portão, né?*

Questão 93: Hum, hum.

Maria: ...do prédio lá, com as fofoqueiras; aí eu falava: ah, que vê, a Juliana já tá contando pras meninas, já vai contar. Aí a Juliana ia na minha casa, aí eu perguntei: Juliana, você falou alguma coisa? Aí ela: "Não [apelido da Maria]. O quê?" Aí eu falei assim: Você não contou nada do meu poblema? Aí ela falou assim: "Não. Eu não contei nada. Eu não vou contar pra ninguém. Então sempre quando eu via ela com as meninas eu falava: Ah, a Juliana já vai contar. Se ela não... se ela fosse na casa de outra menina brincar e não na minha, eu falei: "Quer vê que a Juliana já vai contar?" E ela não contou.

Questão 94: *Então você não podia nem sentir ciúmes das suas amigas?*

Maria: Não. [Risos]. Aí ela nem... nem contou. Aí, eu falei: Ah, então né? Aí depois logo também eu mudei... vim pra cá, pra [nome do bairro] perto da casa minha avó, né? Minhas prima também já sabia do meu pobrema, então aí eu num... aí... aqui que eu fui entender mais né? Sei lá... eu já fui me acostumar mais, porque eu tinha minhas prima, que as minhas prima já sabia do meu problema... pra todo lugar eu ia com elas. Então aí eu não pedia segredo porque minhas prima né?… Elas não ia contar e nunca contaram. Elas até me ajudavam, né?, com esse poblema. Aí eu ia pros lugar, tinha que levar fralda; minha prima levava a sacolinha: "Oh, vou levar sua fralda". Aí a gente ia no lugar, né? Aí eu falava: Vamos no banheiro comigo que eu vou me trocar? Aí, elas iam comigo e eu me trocava. Então, já era mais fácil né? Porque eu não tinha que falar… aber… eu não tinha que contar o que elas já sabia. Então pra mim foi indo mais fácil. Aí…

Questão 95: Quer dizer, na verdade assim: algumas pessoas poderiam usar essa informação de que você usava fralda, e poderia usar pro bem ou pro mal, né?

Maria: É.

Questão 96: E, como é que você usava essa informação? Por você mesma?

Maria: Como assim?

Questão 97: Por exemplo: vamo supor que fosse uma coisa que você não desse valor. Alguém chegasse e falasse: "Ah, você faz xixi na calça". E você: "Ah, eu faço mesmo e daí?"

Maria: [Risos]

Questão 98: Mas não era assim que você reagia, né?

Maria: É.

Questão 99: Era… nossa! Seria a morte pra você…

Maria: É.

Questão 100: …se a escola viesse a saber, né?

Maria: É.

Questão 101: Por que você valorizou tanto isso?

Maria: Ah, porque eu achava que era problema meu, né? Acho que… eu acho que é… eu achava que era um poblema meu, então eu fui me valorizando. E ainda mais aquela diferença…

Questão 102: Você foi se desvalorizando ou se valorizando?

Maria: Se valorizando!

Questão 103: Porque na verdade você dava muita importância pra isso. Mas você se desvalorizou por você usar fralda?

Maria: Não!

Questão 104: Você achava que você valia menos?

Maria: Não, não. Acho que não porque eu fui… eu fui levando esse poblema assim né?… no cos-

tume que eu num… tava entendendo já né? Que eu nasci com isso que não era… não era… culpa da minha mãe, nem do meu pai assim. Então aí eu tá… eu fazia de tudo pra mim melhorar né? Que eu queria mais melhorar. Então eu ia com aquela esperan… esperança: Não, eu vou melhorar, eu vou pegar, eu vou ficar igual a todo mundo. Então eu nunca me desvalorizei por causa desse problema.

Questão 105: Por que que isso é um problema?

Maria: Ah, porque… é um problema? Ah, eu acho que é porque é um poblema… porque é um poblema mesmo [Risos]

Estes trechos da fala de Maria evidenciam como ela foi se dobrando em relação ao discurso familiar e educacional que só puderam aceitar o seu jeito de ser, no momento em que ela foi se moldando ao discurso da "doença". Ela queria dizer o que tinha, queria compartilhar isso com os outros. Era "trabalhoso" mentir e, como ela disse inicialmente: "a extrofia é da vida", não haveria problema nenhum em ser desse jeito. Mas ela não podia sentir seu corpo como uma forma de expansão da vida. Ela poderia compartilhar as atividades sociais com as amigas desde que estivesse no lugar de "doente", de "mentirosa". Era mais fácil ser doente do que enfrentar o preconceito de algumas pessoas (especialmente os meninos). Usar fralda e urinar constantemente não lhe parecia ser um "desvio". É aos olhos de seus pais que isso poderia ser "desviante", já que eles estavam direcionando seu modo de lidar com a filha a partir das reações dos outros e não da natureza em si daquele corpo. Rotulada socialmente como "desviante", Maria vai construindo seus laços de amizade baseando-se na confiança, a qual está associada com o "segredo". Nisso ela se vê em desvantagem, pois só ela possuía um "segredo". Suas amigas não tinham segredos, logo ela precisava manter a amizade com as amigas para que estas não revelassem o seu segredo. Caso a amizade fosse quebrada, ela estaria totalmente nas mãos das pessoas, em relação à preservação da sua imagem de "normal". Conviver com isto foi sofrido, talvez mais sofrido do que com sua própria dor física.

O controle está em todo lugar. Maria não pode se expor. Deve ser intocável aos sentidos e ao desejo dos outros. O corpo de Maria foi dobrado de tal forma pelo discurso médico-higienista, culpabilizador e cristão que, aos olhos de seus pais, ela não poderá ser vista, tocada, e sequer interpelada pelo outro. Ela deve manter-se enclausurada em seu mundo familiar, pois é ele quem poderá protegê-la de tudo o que foge ao controle dos pais. É Carmem quem nos diz[96]:

Questão 95: Você trabalha hoje em dia?

Carmem: Não, agora, ultimamente, agora não tô trabalhando mais, só vendo perfume, mas sempre alguma coisa eu faço que nem eu, me enfio em imobiliária, não tenho curso formado... [do marido]

Questão 96: Você precisa do dinheiro dele hoje ou não?

Carmem: Não, hoje, hoje assim agora, agora eu preciso.

Questão 97: Precisa?

Carmem: Preciso. Mas que nem eu tô falando pra o senhor, devido ao que aconteceu comigo e com a Maria eu me acomodei um pouco, porque eu deixei de estudar, tinha, eu tinha profissão de cortadeira, modelista também, não encarei mais porque ocupava parte de tempo e eu não tinha como me dedicar a Maria e a meu serviço. Então foi o que que eu fiz? Eu comecei achar profissão que me desse tempo de ficar do lado dela pra qualquer coisinha que acontecesse eu estando ali porque se eu me enfiasse numa firma, numa fábrica aí eu não ia ter oportunidade de ficar saindo toda hora. Então nos serviço também que eu arrumava, tipo de costureira também eu falava: "Olha, tal dia eu tenho que ir pra o [hospital onde a pesquisa foi feita] que eu tenho a consulta da minha filha, e eu preciso faltar meio, pelo menos meio período, mas né?". E tinha gente que virava a cara. Ah não, você sabe muito bem que tem muito serviço, e aí eu ficava pensando: "Com quem eu vou deixar minha filha, quem que vai levar minha filha?". Aí o marido falava: "Não, eu posso faltar do serviço e ir". Mas daí eu já ficava pensando, sabe: "Ah, não, eu vou; pode ser que tenha algum problema ou pode ser que ela vá fazer aquele tipo daqueles exames que ela

chora. Então eu estando ali, eu tô ali, eu tô vendo." Aí eu começava a pensar em casa: "O que que eu vou fazer pra poder ajudar no orçamento, né?". Aí eu comecei a vender perfume. Aí uma colega minha tinha imobiliária; aí eu ia, mas logo eu tava em casa. Então quer dizer que eu sempre arrumei assim, **profissão que dava pra mim ganhar meu dinheirinho e tá do lado dela.** O tempo que ela tava na escola eu saía pra trabalhar, ou então ía, limpava uma casa aqui, limpava outra casa ali, mas sempre de tardezinha, a hora que a Maria saía da escola, eu estando com o carro ali pra pegar ela. Que nem eu falava assim: "Ai meu Deus eu não tô lá na porta da escola, daqui a pouco algum xinga ela de mijona ou alguém faz alguma coisa e eu estando ali eu já evito, sabe?". Então foi que graças a Deus deu certo, porque os outros tudo respeitava ela, ou então tinha medo que os colega, os meninos principalmente, brincar no pátio, dá um pontapé, fazer qualquer coisa, machucar ela, sabe? **Então, a Maria pra mim ficou sendo intocável, não queria que ninguém tocasse, ninguém falava nada, sabe? Aí foi assim até graças a Deus, até agora, bom, tá sendo né, porque ainda não... eu sempre tô com cuidado agora eu tô com cuidado de arrumar namorado. Ai meu Deus, eu falo, ela tá me preocupando porque ela nunca vai casar, não?**

Questão 98: É...

Carmem: Aí, eu fico só pensando toda vez que ela sai: "Maria pelo amor de Deus!", porque agora esta história de ficar né?, pra mim esta história de ficar o menino já fica "fuçando" dali. Maria! Eu fico: "Maria pelo amor de Deus não vai..."

Questão 99: Do que é que você tem medo exatamente?

Carmem: Assim, eu tenho medo que algum, tipo assim, algum tarado, alguma coisa, que nem esses meninos assim, não tenha paciência que eu tenho assim, o fato de ela ser operada, na primeira relação, assim, machucar a menina por dentro, sabe? Ah, eu não sei, eu fico com medo.

Questão 100: E aí estragar tudo [incompreensível]

Carmem: Começar tudo de novo? Tanto é que o ...

---

[96] Primeira entrevista com Carmem. Dia 18/11/1997.

Por fim, seguindo a perspectiva de Becker (1971; 1977), Dexter (1958; 1962), Mercer (1965, 1973a, 1973b, 1975), Bartel & Guskin (1972), de que o estigma deve ser pesquisado na interação do corpo, do comportamento ou evento com o meio social, isto é, levando-se em conta os comportamentos dos outros, vemos que mesmo a idéia de que o cheiro de urina seja o grande elemento disparador da reação estigmatizante das pessoas em relação à criança extrófica, ainda assim é possível localizarmos no tempo o momento em que a higiene no cuidado com os fluidos do corpo passou a ser relevante e um dispositivo para a construção de uma interioridade subjetiva. Vigarello (1996) vai nos mostrar como a preocupação com a higiene corporal sofreu transformações ao longo da história. Na Idade Média, havia o privilégio do olhar no controle social da higiene corporal, por isso, a ênfase maior era dada à limpeza dos rostos e das mãos. "Existe uma limpeza corporal na Idade Média, mas ela se dirige antes aos terceiros, às testemunhas. Diz respeito ao imediato do visível. Esses atos arcaicos do asseio físico constituem-se, assim, em um tecido de sociabilidade. Porém sua história mostra como são, em primeiro lugar, as superfícies visíveis do corpo e o olhar dos outros que oferecem seu código" (Ibid., p. 249). A ênfase à limpeza é dada também muito mais aos lugares e aos objetos do que propriamente ao corpo e a seus excrementos. Pensar no corpo como um todo, em sua limpeza geral e na "higiene" em relação às suas produções internas, é estatutá-lo como um lugar propício à intimidade; coisa rara na Idade Média. Será apenas por efeito da criação de "um tal discurso científico, predominante no século XIX, [que] apesar de suas aplicações ao mesmo tempo limitadas e vacilantes", que irá se conferir uma utilidade "palpável" a uma limpeza que se vê cada vez menos, atribuindo um sentido funcional a exigências totalmente interiorizadas, ainda mais difíceis de serem formuladas dado que seu objeto se torna "ínfimo". Higiene, a partir do século XIX, com a introdução do discurso médico científico, já não vai mais descrever um estado de saúde, mas prescrever, por meio de uma série de dispositivos normatizantes e saberes homogeneizantes, os modos de sua manutenção. A higiene é "uma disciplina específica dentro da Medicina, um corpo de conhecimentos e não mais um qualificativo físico" (Vigarello, 1996, p. 186). O efeito da introdução deste dispositivo e saber sobre a subjetividade foi propriamente a da criação de uma dobra subjetiva íntima que deve ser afastada não apenas dos olhares dos outros, mas propriamente pelo conjunto de seus sentidos. Assim é que o "cheiro" de urina irá revelar a interioridade de Maria e por isso deve ser evitado com perfumes, obsessividade nos banhos e trocas de fraldas.

A história da limpeza está ligada, decididamente, a uma polaridade predominante: a constituição, na sociedade ocidental, de uma esfera física pertencente ao próprio indivíduo, a ampliação dessa esfera, o reforço de sua fronteira também, até o distanciamento do olhar dos outros. O percurso dessa história, no entanto, não poderia ser linear. Ele joga com o imaginário do corpo, o dos espaços habitados, o dos grupos sociais. Essa limpeza, tendendo progressivamente aos cuidados invisíveis, é por outro lado um objeto de racionalização. Quanto mais se faz secreta, mais parece sedutor o álibi que poderia mostrar sua utilidade concreta, até mesmo sua funcionalidade. Sua história é também a dessas racionalizações (Ibid., p. 255).

E aqui a tese freudiana da descrição do comportamento obsessivo com destaque especial à racionalização e comportamento compulsivo em relação à limpeza e ao asseio, parece se adequar bem aos pais de Maria e a ela própria. Seguindo Freud (1909b), todos estes atos estariam tentando encobrir pensamentos inadmissíveis à consciência, de modo que a compulsividade deles ajudaria o obsessivo a não pensar sobre seu desejo. No caso desta família, parecia haver um grande interesse da mãe em não deixar transparecer o seu desejo de ter abortado Maria; e do lado do pai, havia o interesse em manter em segredo seus relacionamentos extraconjugais nos quais poderia ter contraído alguma doença, o que, eventualmente, poderia vir a responsabilizá-lo pelo nascimento de sua filha com esta condição física. Não é sem razão, até mesmo, que esta preocupação parental se acentua propriamente na entrada de Maria na escola. A escola, onde a criança está exposta ao convívio social e às normatizações deste espaço institucional que, como apontam Robinson & Robinson (1976), tem o costume de rotular as crianças, pois delas são exigidas certas habilidades que se não conseguirem demonstrar eficiência ou adequação segundo algum critério preestabelecido de padrões de conduta, poderão receber até mesmo rótulos de deficientes mentais. Como aponta Omote (1980, p. 6), "parece conveniente dizer que, nesses casos, a deficiência não existia nas crianças, anteriormente ao ingresso na escola; essa deficiência foi criada (e posteriormente identificada) pela escola. Se outro conjunto de padrões de conduta fosse tomado como critério, outros deficientes teriam sido criados e identificados pela escola".

A tese foucaultiana sobre a utilização da higiene como dispositivo eficaz para a construção de um espaço de intimidade a partir do século XIX, e utilizada por Vigarello em seu trabalho *O limpo e o sujo* (1996), em meu ponto de vista, vem ampliar e dar uma outra envergadura à tese freudiana sobre a obsessividade. A partir deste olhar "genealógico" o que menos importaria na construção de uma subjetividade dita obsessiva é o conteúdo do que deve ou não ser mantido em segredo. O que está em jogo não é propriamente a representação de desejos "sujos", inadmissíveis aos olhares da consciência pessoal ou social, mas antes a necessidade de construção de uma intimidade. Foi, no meu entender, a necessidade de se construir uma intimidade para Maria que forçou seus pais a agirem deste modo. Sua condição física, que implica na presença de uma bexiga exposta e de um fluxo de urina perceptível aos sentidos pessoais e sociais, não se enquadra na geografia da intimidade da família nuclear. Para que Maria fosse aceita nesta família seria fundamental que ela também tivesse um "segredo", que a ela também uma intimidade fosse construída. Não é sem razão que a obsessividade é um fenômeno recente, também nascido no século XIX, reino da eclosão dos espaços e afectos íntimos. Assim, a obsessividade poderia ser compreendida não apenas pelos fenômenos comportamentais, ou pelo desejo de não desejar, mas antes como uma maneira de construção de um espaço privado, íntimo e ao mesmo tempo conforme às normas sociais dos cuidados de si.

Gostaria de passar agora para a perspectiva psicanalítica do corpo-extrófico. Interessa-me propriamente perceber como se dão os desdobramentos da sexualidade e o uso dos prazeres nesta condição física.

CAPÍTULO 5
O CORPO-EXTRÓFICO E A PSICANÁLISE

Nos capítulos anteriores tentei mostrar como o corpo-orgânico, e, mais propriamente, o corpo-extrófico, foi sendo moldado a partir de diversas práticas e discursos desde a Idade Média até os ditos tempos modernos. Aliás, tentei mostrar até mesmo que a idéia de um corpo-orgânico, ela mesma, é uma invenção já germinal, como sugere Winograd (1997), na própria palavra corpo que, advindo do latim *corpus, corporis*, designa o corpo morto, apontando, portanto, para um dualismo entre a alma (*anima*) e a carne, o cadáver, a matéria corpórea. O mesmo se dá com seu correlato grego expresso pelo termo *soma*.

O termo "corpo" nos orienta, assim, numa dupla direção: na direção da morte, pois pode designar o cadáver, e na direção da vida, como o princípio de organização e a resistência à dispersão, à agressão e à decomposição, permitindo a manutenção de sua forma. Neste último sentido, o corpo manifesta uma potência de integração que reúne os elementos numa mesma totalidade, impedindo-os de se dissociarem: nem pura matéria, nem unicamente forma a priori do espírito. O corpo é matéria delimitada que compõe uma unidade, sustentada pela coesão interna que lhe dá forma e identidade: a forma separa o corpo delimitado da matéria ilimitada. (...) Como se o corpo se condenasse as facetas contraditórias da humanidade: nem anjo, nem besta, nem matéria bruta, nem espírito etéreo — o corpo humano é este entre-dois, matéria e forma que a modela, a retoma e a organiza (Ibid., p. 419-20).

Para evitar o dualismo, sugeri chamar o corpo, matéria de carne, de corpo-suporte. Assim foi que percorri um longo caminho para mostrar como este corpo-suporte foi sendo construído como:

1) Corpo-monstro, isto é, visceral e aprioristicamente profanado pelo pecado, na Idade Média, reificando, espiritual e dogmaticamente a separação corpo-alma;

2) Corpo-máquina, na Idade Moderna iniciada pelo Iluminismo, regido por leis físicas transcendentais e imutáveis, no qual a todos os efeitos corresponde uma causa que reifica, agora racionalmente, a dicotomia corpo-mente;

3) Corpo-doença (ou corpo-orgânico), criado pelo cruzamento das séries médicas e hospitalares, escorado pelos mesmos princípios modernos de separação do sujeito e do objeto, mas com o ideal de um corpo-funcional, um corpo-organismo, associado aos princípios de rentabilidade e produção capitalísticos: "em nome do progresso e da civilização, médicos, moralistas, empresários e sanitaristas vão convocar homens e mulheres de todas as classes sociais para que reduzam suas perdas físicas e aumentem, sem cessar, seus níveis de produção de energia" (Sant'Anna, 1997, p. 275).

4) Corpo-individual, criado via utilização da família e da educação como dispositivo de controle e sancionamento do corpo-suporte, visando a auxiliar o Estado a extrair deste sua potência de produção e transformação.

Utilizando-me da genealogia foucaultiana, tentei mostrar as condições de possibilidade de criação de práticas sociais, datadas historicamente, que constituem nossos gestos, cuidados com o corpo, saúde, beleza, as quais influenciam a produção de sentimentos, escolhas, aparência e mesmo fisiologia do corpo-suporte. A partir da exploração dessa tese foucaultiana, indiquei um caminho para a desnaturalização do estigma de se ter nascido com um "corpo extrófico". Foucault, apontando para os devires micropolíticos na constituição da subjetividade, instrumentaliza o psicanalista para buscar nas narrativas de seus pacientes não apenas os conteúdos representacionais delas, mas fundamentalmente as condições de possibilidade de criação das narrativas conforme elas se apresentam no momento da análise, no encadear de seus conteúdos, de seus sentidos. A pergunta, portanto, não seria mais "O que está sendo dito?", mas, sim, "Como isso está sendo dito?".

> Foucault não persegue o objeto, mas, sim, as "condições de possibilidade" que provocam o seu surgimento em cada época, condições de possibilidade que fazem emergir as designações, divisões, formas de controle e de resistência. Ou seja, a pesquisa histórica não implicaria em buscar "o corpo", mas, sim, as práticas, as experiências, as relações sociais que visam fortalecê-lo ou enfraquecê-lo em cada circunstância: no lazer, no trabalho, na vida pública, nas instituições privadas, etc. (Sant'Anna, 1997, p. 280).

Porém, o método foucaultiano, por si mesmo, abarcaria apenas um extrato da clínica psicanalítica. Ele auxilia o psicanalista a compreender a produção do sujeito, entendido como inseparável de seu corpo, na medida em que por esse método vislumbramos as correlações entre as práticas sociais e a produção de sentimentos, afectos, desejos e do próprio corpo-suporte. Mas ainda assim precisaríamos compreender o que anima as correlações entre as práticas sociais constituídas e o *outramento* do sujeito. Como descrever a natureza do plano de produção das condições de possibilidade dessas práticas no decorrer dos fluxos históricos?

Ao que parece, o estudo das condições de possibilidade de emergência dos eventos (quaisquer que sejam) merece a consideração dos modos de agenciamentos das práticas, do como elas se cruzam e do que influencia e promove esses cruzamentos. Evidentemente que esse corpo "descoberto" por Foucault, diríamos, um corpo produto do social ou, antes, das descontinuidades históricas, con-

traria toda e qualquer explicação advinda dos paradigmas biologizantes que reduzem o olhar sobre o corpo-suporte. Não que a sociobiologia ou o inatismo sejam problemáticos em si mesmos. Mas é justamente por eles não serem problematizantes que eles se tornam um problema. Como diz Winograd (1997, p. 414):

> O problemático é a suposição de que é plenamente possível deduzir a cultura e suas "leis" a partir da natureza, como se outros fatores não participassem do modo como uma comunidade de humanos constrói suas regras. Ora, se a cultura for realmente o resultado de uma configuração genética inata, os papéis sociais e econômicos serão adequados à constituição natural das pessoas: a natureza se tornará fundamento e cúmplice da desigualdade política.

A própria Medicina, ainda que interfira (empiricamente) no corpo-suporte (transformado por ela em corpo-orgânico ou corpo-doença), por meio das terapias genéticas e neuroquímicas, não foi capaz de prever a relação entre corpo e pensamento, e talvez nunca será. Mesmo que ainda suponha o corpo-suporte como o território primevo de onde partiriam todas as produções humanas, sabe-se que qualquer modificação — no pensamento, no sentimento, no desejo — modifica também o corpo-suporte. Investe-se tempo e pensamento no rastreamento do genoma humano para demonstrar que são os genes que determinam alguns comportamentos e atitudes, que poderiam, então, justificar a existência de alguns universais simbólicos como o incesto por exemplo. Mas, mesmo aí, esquece-se de uma coisa: o gene pode até influenciar nossos comportamentos (o que eu, pessoalmente, acredito), mas seriam eles capazes de influenciar nossas escolhas? E seriam eles capazes de exercer essa influência isoladamente, sem se comporem com outras forças? Por exemplo, supondo-se a existência do gene responsável pela atração sexual seria ele determinante da escolha de uma parceria sexual dentro da vastidão de parcerias que se poderia assumir? Ou mesmo as práticas sociais, seriam elas capazes de influenciar a escolha por esta ou aquela parceria? Não seria mais razoável dizer que as práticas sociais produzem um leque infinito de formas pelas quais alguém possa vir a decidir pela via de sua satisfação sexual?

Em última instância, poderíamos nos perguntar: são as práticas que produzem os corpos ou são os corpos que as produzem? Qual é o limite? Na verdade essa pergunta só faz mesmo sentido como fonte de instigação, já que não corresponde à totalidade das preocupações, seja de Foucault seja dos geneticistas.

Porém, uma coisa é certa, em ambos os paradigmas há uma questão em relação ao papel do corpo-suporte na constituição da subjetividade, seja essa pensada como processualidade ou totalidade em si mesma.

Assim, por mais que certos discursos biologizantes ou históricos sobre o corpo-suporte tentem "(des)naturalizá-lo", ainda o submetem a uma ordem que desconsidera a sua característica básica, que é justamente a de não ser um organismo fechado, passivo em relação às trocas com o mundo, às relações com o animal, o vegetal, o mineral, o cósmico, etc. O corpo-extrófico, no meu entender, é a prova de que o corpo-suporte só está vivo porque está em relação com aquilo que está além e aquém dos seus limites formais. Um corpo que nasce com a propriedade de ter seus órgãos parcialmente expostos, para fora dos limites de sua estrutura material e formal, ainda assim vive porque estabelece relação com o que está fora, dentro e *entre* ele, deixando-nos confusos quanto à discernibilidade do que é o dentro e o fora. O corpo, segundo a leitura de Coelho Junior (1997) da obra de Merleau-Ponty, é anteriormente um corpo vivido, um corpo de carne, que se constitui no sensível e seus fluxos antes mesmo de uma formalização; um corpo que é, portanto, relação, que está *entre* as coisas, sem se confundir com ela, sendo simultaneamente mundo e corpo, sujeito e objeto.

Minha mão direita assistia ao surgimento do tato ativo em minha mão esquerda. Não é de maneira diversa que o corpo do outro se anima diante de mim quando aperto a mão de um outro homem, ou quando a olho somente. Aprendendo que meu corpo é "coisa sentiente" [*chose sentante*] que é excitável ("*Reizbar*") — ele e não somente minha "consciência" — preparei-me para compreender que há outros *animalia* e, possivelmente, outros homens. É preciso notar bem que nisto não há comparação, nem analogia, nem projeção ou "introjeção". Se, apertando a mão de outro homem, tenho a evidência de seu ser-aí, é porque sua mão substitui a minha mão esquerda, é porque meu corpo anexa o corpo de outrem numa "espécie de reflexão" cuja sede, paradoxalmente é ele próprio. Minhas duas mãos são "co-presentes" ou "co-existem" porque são as mãos de um só corpo; o outro aparece por extensão dessa co-presença. Ele e eu somos os órgãos de uma só intercorporeidade. (Merleau-Ponty, 1960, p. 212 *apud* Coelho Jr., 1997, p. 409).

Portanto, o corpo é também um corpo-relação, um corpo-entre.

No panorama contemporâneo, o corpo tem sido chamado a falar de seu papel na produção do conhecimento de si e do social com um vigor até então nunca visto. E esse chamado, como tentei demonstrar, tem suas raízes históricas. Aqui procurei mostrar que o papel do corpo-suporte na construção das narrativas de vida não se reduz nem ao problema dos genes nem ao das práticas sociais. Há uma dimensão mais silenciosa, mais micropolítica, que escapa ao biológico, ao simbólico, ou mesmo às práticas sociais discursivas e não-discursivas, que, de certo modo, são determinantes nas produções das escolhas que fazemos, na produção narrativa da subjetividade.

Esta questão do papel do corpo-suporte na construção da subjetividade é muito antiga, mas parece-me que Freud iniciou um esboço de resposta que alguns pensadores dentro e fora da Psicanálise fizeram questão de expandir. Comecemos, portanto, com Freud.

CONDIÇÕES DE POSSIBILIDADE DA PSICANÁLISE

Este tópico complexo sobre o que vem a ser o corpo na Psicanálise nos remete de volta à origem dela mesma. Dois ditados antigos dos gregos podem resumir a descoberta freudiana: "Tudo com moderação" e "Conhece-te a ti mesmo". Esses dois preceitos mostram bem o caráter racionalista que influenciou Freud em sua obra. Porém, pela primeira vez, esses ditados receberam uma consistência teórica mais precisa no terreno da psicologia humana.

Segundo Fine (1981, pp. 3-14), as perspectivas epistemológicas na época de Freud que, eventualmente, o influenciaram são:

1) Biologia, Medicina e Fisiologia — de 1860 a 1880, época da formação de Freud, a noção de natureza dos seres vivos sofreu mudanças radicais, dentre elas: a) a descoberta da identidade essencial no modo de reprodução dos animais e das plantas; b) surgimento do conceito de protoplasma (substâncias vivas dos animais e plantas); c) exame dos métodos de nutrição e respiração e a compreensão de que estes são os mesmos para todos os seres vivos; d) a noção de ecos, isto é, de equilíbrio da vida e da natureza orgânica como um imenso mecanismo; e) a busca da essência, ou seja, a redução de todos os processos da vida a termos de célula; f) uma visão evolucionária da vida que revolucionou o pensamento biológico, envolvendo o estudo das relações de uma forma de vida com outras formas de vida; g) a convicção de que, até onde a experiência científica permite ir, os seres vivos derivam de seres vivos, e não de seres não-vivos. Mais profundamente, a descoberta da genética que cai como uma luva para a psiquiatria, devendo esta última suas considerações psicofísicas à hereditariedade. A Genética, descoberta por Mendel, em 1866, não teve grande influência em Freud que, até o fim da sua vida, não rejeitou as idéias lamarckistas. Mas certamente a grande influência da Biologia na obra freudiana vem de Charles Darwin, de onde desdobra-se a idéia freudiana de desenvolvimento, processo de mudança e conceitos de fixação e regressão;

2) Psicologia — A psicologia associacionista predominante nos séculos XVIII e XIX, tendo a expressão em pensadores como George Berkeley, David Hume, David Hartley e Thomas Reid, na Inglaterra, e Johann Friedrich Herbart e a escola antropológica de sua época, na Alemanha, que deram subsídios para compreender o funcionamento mental. Por fim, temos, de um lado, Wilhelm Wundt (1832-1920), defendendo a tese de que a Psicologia é resultado da fisiologia e, de outro, William James, que se preocupava com o hábito, os sentimentos, o *self*, a consciência, a vontade e a religião.

3) Neurologia — O crescimento da neurologia expoente no século XIX, que teve sua expressão com o trabalho de Jean Charcot, na França, apreciado por Freud e de quem ele foi um discípulo.

4) Psiquiatria — a maior revolução — e fundação — da psiquiatria moderna vem com Emil Kraepelin (1856-1926), enfatizando rígidas categorias de diagnóstico, especialmente a *dementia praecox*, depois rebatizada de esquizofrenia por Eugen Bleuler, supondo causação orgânica (sem comprovação). Temos, ainda, do lado psicológico, o Barão Ernst von Feuchtersleben (1806-1849), responsável pela introdução dos termos "psicose" e "psiquiátrico", em seu sentido moderno, e pela afirmação da importância das atividades mentais e sua deterioração, até mesmo os sonhos. Por fim, do lado da psicossomática, temos Wilhelm Griesinger (1817-1868) — Patologia e Terapêutica Mental (1845) —, responsável pela idéia de que as doenças mentais são doenças do cérebro. A psiquiatria do século XIX utilizava-se da técnica da hipnose nas curas de casos críticos e de conteúdo puramente emocional; ela introduziu uma nova visão da subjetividade baseada na idéia de múltiplas personalidades subjacentes à personalidade consciente (pois havia uma primazia da consciência em todos os níveis); a patogênese das doenças nervosas, antes atribuída a fluidos desconhecidos, passa a ser atribuída ao conceito de energia mental; e, finalmente, a recorrência da psi-

quiatria ao hipnotismo e ao *rapport* entre hipnotizador e paciente.

5) Sociologia — Em 1837, Augusto Comte (1798-1857) cunha o termo sociologia para designar uma ciência social abrangente, uma síntese de todo o conhecimento sobre a humanidade. Porém, havia pouca consistência de dados da sociologia que pudessem ajudar Freud a reelaborar seu trabalho. Sabe-se, no entanto, que seu interesse sobre a influência do meio social nas manifestações das doenças mentais era enorme.

6) Antropologia — A Antropologia recebeu seu grande ímpeto com a tentativa de responder à questão das diferenças entre os povos "primitivos" e "civilizados". Mas foi com Franz Boas (1858-1942) e seu trabalho de campos sistemáticos com os índios do noroeste dos Estados Unidos que a Antropologia moderna nasceu. O grande risco da Psicanálise é afirmar que o desenvolvimento humano é o mesmo em todas as partes do mundo, o que, para um antropólogo, é inadmissível.

7) História — Daqui, Freud foi mais colaborador do que beneficiário. A noção de escrever a história modificou-se com a Psicanálise. Como, a princípio, só se pensava nos fatores de causação econômica como fundamentais para o curso da história, depois de Freud, já se pensa em noções como a influência do desejo individual dos governantes nas decisões de cunho político. "Os seres humanos fazem a história, de forma que a sua psicologia deve ser uma parte essencial desta história. Sob este aspecto, toda a história é, essencialmente, psicohistória, na qual a reconstrução erudita dos fatos do passado é iluminada pela compreensão dos motivos nas vidas dos participantes. É neste sentido que se pode afirmar que a Psicanálise penetrou em todos os escritos históricos" (Fine, 1981, p. 12).

Do ponto de vista do panorama político do início do século XX, temos o comunismo e seu manifesto de 1848, que inicia a substituição de valores capitalistas e religiosos tradicionais, bem como a democracia americana, que desterritorializa as idéias de poder e relê o conceito de cidadania. Pode-se mesmo pensar que os primeiros anos do século XX se caracterizaram por um certo maniqueísmo criativo, pois ao mesmo tempo em que se buscavam as causas afins da paz e da cooperação internacional, também se dava início à Primeira Grande Guerra Mundial.

Além disso, houve um combate veemente dos intelectuais aos valores morais da época. Assim, Ibsen e Strindberg lutam contra a hipocrisia moral da família. Igualmente, Flaubert expressa seu ódio à burguesia e Zola combate esta mesma burguesia com seu realismo.

Por fim, temos a influência do romantismo e o seu "retorno à infância". Dentre suas várias lições, aprendemos com este período da história que não há como confiar nos dados empíricos e tampouco nas certezas lógicas de nosso pensamento. Nascido da e na burguesia — reflexo da Revolução Industrial (1760, Inglaterra) e Revolução Francesa (1789) —, o sentimento romântico foi, a princípio, otimista, humanitário, fraternal, embora sempre tingido por matizes melancólicos. O "romântico" acreditava na bondade inata do homem, idealizava o amor, amava a natureza, aspirava à liberdade e à igualdade para todos. Apesar de todas essas crenças otimistas, ele enfrentava o mundo e muitas vezes, em suas obras e na realidade, fugia dele. De um jeito ou de outro, o romântico ocupa-se do "eu e seu contorno". O "ser" romântico sente-se o centro do mundo e, ao mesmo tempo, uma de suas criaturas, interessando-se pelo que o homem tem de singular, pelas complexidades distintas e originais de cada alma humana.

> A exaltação do seu "eu" leva o artista romântico a repudiar o presente em que vive e com o qual constantemente se choca; por isso, foge dele, submergindo-se no passado, na história pátria (direção histórica); na infância, na natureza (direção idílica); nas lendas, nos países longíquos e estranhos (direção exótica); nos sonhos e até na loucura (direção fantástica). Também se projeta em outros sentidos: critica duramente a sociedade, para reformá-la (direção social) ou constrói um mundo futuro onde o progresso, a ciência e a justiça façam um homem mais feliz (direção utópica) (Rodrigues, 1979, p. 69).

Assim, já que não é possível encontrar felicidade nesse jogo enganoso da razão, não resta outra coisa ao romântico senão construir uma realidade baseada em uma ótica intimista, por onde penetrava a experiência do mundo para abrasar o culto do eu, visando, assim, resgatar uma dada infância perdida, que supunha ter sido feliz, pois repleta de liberdade e de satisfação[97].

Mesmo que ainda conteste, dizendo que a infância, de um modo ou de outro, sempre esteve na pauta das discussões intelectuais que buscavam entender a linguagem da criança, ou a sua capacidade de aquisição de conhecimento, etc., ainda assim foi apenas no Romantismo que a infância passou a ser universalmente entendida como a base para a formação do adulto. E foi na escora desse paradigma que a Psicanálise mudou a história da história da criança. E o curioso é que conservou desse espírito apenas o caráter de "regressão" à infância, não visando ao "culto ao eu", mas, sim, à busca de um momento na história humana, quando a liberdade das "paixões" um dia existiu livre dos elos socioculturais. Pois, com a descoberta freudiana do inconsciente, descobre-se que o desejo é o desejo do Outro e não o de um "eu" cognoscente. Como diz Lacan:

> Em meu relatório de Roma, procedi a uma nova aliança com o sentido da descoberta freudiana. O inconsciente é a soma dos efeitos da fala, sobre um sujeito, nesse nível em que o sujeito se constitui pelos efeitos do significante. Isto marca bem que, com o termo sujeito — é por isso que o lembre uma origem — não designamos o substrato vivo de que precisa o fenômeno subjetivo, nem qualquer espécie de substância, nem qualquer ser do conhecimento em sua patia, segunda ou primitiva, nem mesmo o logos que se encarnaria em alguma parte, mas o sujeito cartesiano, que aparece no momento em que a dúvida se re-

conhece como certeza — só que, pela nossa abordagem, as bases desse sujeito se revelam bem mais largas, mas, ao mesmo tempo, bem mais servas quanto à certeza que ele rateia. É isto que é o inconsciente (Lacan, 1979, p.122).

Assim, uma clínica do corpo na Psicanálise é, na verdade, uma clínica do infantil, das paixões da carne, das sensações do corpo-suporte ausentes de qualquer compromisso Simbólico. É uma clínica do não-humano no humano, em que o humano é visto aqui como civilizado, ser Simbólico. Uma clínica do corpo é uma clínica do Real, dos afectos, das relações do corpo com a alteridade, da própria produção da alteridade.

A HISTERIA E O CORPO COMO EXPRESSÃO DE AFECTOS

Freud iniciou sua clínica utilizando-se do hipnotismo da escola francesa, onde tinha passado vários meses em estudo intenso ao lado de Charcot (em *Salpetrière*, na França), que havia demonstrado ser possível induzir ou aliviar sintomas histéricos pelo uso da sugestão hipnótica (1888-1892). Freud percebeu que, na histeria, os pacientes exibem sintomas que são, do ponto de vista anatômico e fisiológico, inviáveis (1893). Assim, nesta época, ficou claro para Freud que a histeria era decorrente de um "sofrimento" psíquico cuja gênese deveria ser explicada pela imbricação do corpo com o psicológico.

Já em 1891, Freud havia escrito o seu artigo *A interpretação das afasias* e em 1895 o *Projeto para uma psicologia científica*. Nesses textos, como aponta Winograd (1997, p. 416), "Freud declara abertamente sua preocupação em elaborar, no quadro de uma linguagem científica específica, um conceito de psíquico independente do conceito de fisiológico". O seu interesse era justamente mos-

---

[97] Sobre uma crítica contundente a este tema ver Fanny Abramovich [*et al.*.] *O mito da infância feliz; antologia*. São Paulo: Summus, 1983; e também, Marie-José Chombart de Lauwe,. Cap. 2. A personagem simbólica e a idealização da infância. In: *Um outro mundo: a infância*; trad. Noemi Kon. São Paulo: Perspectiva: Editora da Universidade de São Paulo, 1991. — (Coleção estudos; v. 105).

trar que os processos físicos (corporais) estavam imbricados aos processos psíquicos sem necessariamente implicar uma hierarquia de um registro ao outro. No *projeto*, vemos que ele desenvolve essa teoria tentando mostrar que o funcionamento fisiológico do cérebro coexiste ao pensamento, sendo, pois, duas séries paralelas que se cruzam por razões ainda desconhecidas:

> A intenção é prover uma Psicologia que seja ciência natural: isto é, representar os processos psíquicos como estados quantitativamente determinados de partículas materiais verificáveis, tornando assim esses processos claros e livres de contradição (Freud, 1895, vol. I, p. 315).

Em outros escritos dessa época, especificamente a *Histeria* (1888) e os *Estudos sobre a histeria* (1893-1895), fica mais evidente a relação entre o corpo e o psíquico. Nessas obras, Freud tenta mostrar que, quando o psíquico não consegue dar conta de uma dada intensidade de excitação corporal, essa quantidade de afecto irá se tornar traumática. Assim, a explicação de certos distúrbios da atividade sensorial (as cegueiras), as paralisias (de perna, braço) e as contraturas, seria a de que, quando esses sintomas não encontram o seu correspondente causal no orgânico, seriam propriamente o *sinal* do modo de funcionamento de certos processos psíquicos. Freud então explica os ataques histéricos como resultantes de uma dificuldade do paciente em dar expressão simbólica às suas excitações somáticas. Ele diz:

> O sistema nervoso procura manter constante, nas suas relações funcionais, algo que podemos descrever como a "soma da excitação". Ele executa essa precondição da saúde eliminando associativamente todo acúmulo significativo de excitação, ou, então, descarregando-o mediante uma reação motora apropriada. Se partirmos desse enunciado, o qual, aliás, tem implicações de amplo alcance, verifi-

caremos que as experiências psíquicas que formam o conteúdo dos ataques histéricos têm uma característica que lhes é comum. Todas são impressões que não conseguiram encontrar uma descarga adequada, seja porque o paciente se recusa a enfrentá-las, por temor de conflitos mentais angustiantes, seja porque (tal como ocorre no caso de impressões sexuais) o paciente se sente proibido de agir, por timidez ou condição social, ou, finalmente, porque recebeu essas impressões num estado em que seu sistema nervoso estava impossibilitado de executar a tarefa de eliminá-las (Freud, 1893, v. I, p. 173-74).

Assim, Freud estabelece que o sintoma físico é, na verdade, a *expressão* simbólica de pensamentos que, por uma razão ou outra, não podem (ou puderam) ser admitidos na consciência. Do mesmo modo, estabelece que as "paixões" do corpo buscam se expressar via pensamento. Portanto, o corpo é passível de ser representado e, segundo ele, é apenas pela representação que podemos vir a conhecer os processos físicos. Sendo assim,

> o corpo participa de uma constelação simbólica na qual adquire significações as mais diversas. Afastando-se do campo da Biologia, Freud introduz o corpo no campo da representação, desenhando a noção de *corpo simbólico* (e imaginário). O fenômeno de conversão histérica revelou a função de simbolização da linguagem: o corpo se transformou em *expressão*. Ao ser simbolizado, o corpo adquire existência na e pela palavra, o que confere o caráter de significante tanto às suas partes em separado quanto à sua imagem como unidade, transformando-o em imagem de si (Winograd, 1997, p. 417).

Mas ainda faltava a Freud resolver a questão dos determinantes das representações. O que no corpo motiva um pensamento?

De volta a Viena, Freud insistiu um pouco mais no método da hipnose aprendido com Charcot, na França, e, com Joseph Breuer, publicou o famoso texto do caso clínico de Ana O., no qual as bases da teoria psicanalítica e seu método de aplicação são germinais (1893). Mas Freud, percebendo que por meio da hipnose não se podia ir muito além de um deslocamento de um sintoma para outro, e apresentando algumas divergências teóricas com seu mestre, passou a utilizar o método catártico que, como ele mesmo descreveu, funcionava deste modo:

> Informo ao paciente que, um momento depois, farei pressão sobre sua testa, e lhe asseguro que, como a pressão durar, ele verá diante de si uma recordação sob a forma de um quadro, ou a terá em seus pensamentos sob a forma de uma idéia que lhe ocorra; e lhe peço encarecidamente que me comunique esse quadro ou idéia, quaisquer que sejam. Não deve guardá-los para si se acaso achar que não é o que se quer, ou não a coisa certa, nem por ser-lhe desagradável demais contá-lo. Não deve haver nenhuma crítica, nenhuma reticência, quer por motivos emocionais, quer porque os julgue sem importância. Só assim podemos encontrar aquilo que estamos procurando, mas assim o encontraremos infalivelmente. Depois de dizer isso, pressiono por alguns segundos a testa do paciente deitado diante de mim; em seguida, relaxo a pressão e pergunto calmamente, como se não houve nenhuma hipótese de decepção: "que você viu?", ou "que lhe ocorreu?" (1893 [1888-1893], v. II, p.265-66).

Suas divergências com Breuer foram decisivas para a construção da Psicanálise. Ambos haviam descoberto que a causa do sofrimento histérico era em decorrência de um pensamento demais inadmissível à consciência da pessoa — etiologia que retira a crença na doença orgânica para realçar o papel impor-

tante dos afectos na histeria (e no psiquismo em geral). Algo na história de vida da pessoa havia acontecido que lhe teria traumatizado e retornava na forma de um sintoma histérico, geralmente de conversão. Ambos deduziram essa hipótese do fato de que, com a hipnose, "cada sintoma histérico individual desaparecia, de forma imediata e permanente, quando conseguíamos trazer à luz com clareza a lembrança do fato que o havia provocado e despertar o afeto que o acompanhava, e quando o paciente havia descrito esse acontecimento com o maior número de detalhes possível e traduzido o afeto em palavras" (Freud & Breuer, 1893, v. II, p. 44). De onde surge então a célebre frase: "Os histéricos sofrem principalmente de reminiscências" (Ibid., p. 45). Disso deduzem também que um acontecimento pode ser traumático desde que o afecto ligado a ele não tenha sido suficientemente descarregado. Assim, restava-lhes pensar nos motivos que impediram o paciente de reagir ao evento na época de seu acontecimento. De modo que, via hipnose, que favorecia a sua rememoração, os pacientes conseguiam reagir àquele evento traumático. Chamou-se a isso de ab-reação, ou antes, de reação *a posteriori*. Estabeleceram, pois, dois grupos de explicações sobre o trauma.

No primeiro, encontram-se os casos nos quais não foi possível reagir porque a natureza do trauma não "comportava reação, como no caso da perda obviamente irreparável de um ente querido, ou porque as circunstâncias sociais impossibilitavam uma reação, ou porque se tratava de coisas que o paciente desejava esquecer, e portanto, recalcara intencionalmente[98] do pensamento consciente, inibindo-as e suprimindo-as" (Ibid., p. 47).

No segundo grupo, estabeleceram que esses eventos não puderam ser reagidos não em função dos conteúdos das lembranças, mas precisamente por causa "dos estados psíquicos em que o paciente recebeu as experiências em questão, pois encontramos sob hipnose, dentre as causas dos sintomas histéricos, representações que em si mesmas não são importantes, mas cuja persistência se deve ao fato de

---

[98] Neste período da obra freudiana, a palavra recalcamento ainda aparece como equivalente de defesa. É apenas mais tarde (1900), com o aparecimento do Complexo de Édipo, que o recalque adquire o valor de mecanismo de defesa que irá cindir o aparelho psíquico e criar, a partir de sua instauração, o inconsciente distintamente da consciência e do pré-consciente, dando origem também a outros mecanismos de defesa.

que se originaram durante a prevalência de afetos gravemente paralisantes, tais como o susto, ou durante estados psíquicos positivamente anormais, como o estado crepuscular semi-hipnótico dos devaneios, a auto-hipnose, etc. Em tais casos, é a natureza dos estados que torna impossível uma reação ao acontecimento" (Ibid., p. 47). Ou seja, estados que impossibilitam a produção de uma resposta simbólica ou motora ao acontecimento. Essa era, precisamente, a teoria de Breuer, que denominou esses estados de "estados hipnóides".

É bastante nítido que nesses dois grupos por eles estabelecidos temos a presença e a ausência de um agente do trauma e de um sujeito desejante. No primeiro grupo, há um sujeito que pode responder por seu desejo: "ou porque o paciente desejava esquecer"; ao passo que, no segundo grupo, não há sujeito do desejo, senão um estado hipnóide, alheio à nossa vontade que nos afeta e provoca o trauma.

Foi justamente em função da aposta em uma dessas duas hipóteses que Freud e Breuer se separaram. Breuer insistia na teoria dos estados hipnóides como causa preponderante da divisão do aparelho psíquico na produção dos sintomas na histeria e, por isso, para ele, não havia muita importância em se pensar nos conteúdos representacionais dos pensamentos que não puderam ser ab-reagidos por causa dos estados hipnóides. Freud, por sua vez, tomou o caminho inverso. Interessou-se não só por pensar os conteúdos desses pensamentos, mas também apostou na hipótese de que a divisão da consciência bem como a produção sintomática na histeria surgiam em virtude de uma "defesa do sujeito" em relação aos conteúdos desses pensamentos traumáticos, que, justamente por serem inadmissíveis, não puderam ser reagidos e retornaram com enorme carga afetiva, buscando descarregarem-se nos sintomas histéricos. Ele dirá: "Metade do segredo da amnésia histérica é desvendado ao dizermos que as pessoas histéricas não sabem o que não *querem* saber" (Freud, 1898, v. III, p. 264).

Assim, o método por ele desenvolvido consistia em escutar a fala do paciente sobre os conteúdos desses pensamentos já que, pela palavra, os afectos a eles conectados podiam ser ab-reagidos, isto é, descarregados. Assim, nas palavras de Freud:

> No que afirmei até agora, a idéia de resistência se impôs no primeiro plano. Demonstrei como, no curso de nosso trabalho terapêutico, fomos levados à visão de que a histeria se origina por meio do recalcamento de uma idéia incompatível, de uma motivação de defesa. Segundo esse ponto de vista, a idéia recalcada persistiria como um traço mnêmico fraco (de pouca intensidade), como o afeto dela arrancado seria utilizado para uma inervação somática. (Em outras palavras, a excitação é "convertida"). Ao que parece, portanto, é precisamente por meio de seu recalcamento que a idéia se transforma na causa de sintomas mórbidos — ou seja, torna-se patogênica. Pode-se dar a designação de "histeria de defesa" à histeria que exiba esse mecanismo psíquico (Freud, 1893 [1888-1893], v. II, p. 277).

Restava a Freud investigar, portanto, a natureza desses pensamentos e experiências vividas por seus pacientes no passado. Ele, então, foi escutando essas pessoas e deixando-as falar "livremente" sobre eventos os mais diversos[99] até que, surpreendentemente, foi-se chegando a um lugar comum, a saber, às lembranças infantis. No caso destas últimas, uma coisa chamou a atenção de Freud: o fato de que muitos de seus pacientes (que inicialmente

---

[99] Deixando as pessoas falarem livremente, isto é, associarem livremente, ele inventou a Psicanálise como prática de produção de saber. Em 1896, Freud usou pela primeira vez o termo 'Psicanálise' para descrever seu método. Sua auto-análise começou em 1897 e em 1900, ele publicou *A interpretação dos sonhos*, considerada por muitos como seu mais importante trabalho, apesar de, na época, não ter recebido quase nenhuma atenção. Já nessa época, havia rompido com Breurer e iniciado uma carreira que por longos anos seria solitária. Em *A interpretação dos sonhos*, ele descreve o aprimoramento do método catártico para fazê-lo chegar ao conhecido método da associação livre. E, em 1905, com a publicação do caso Dora (tratado por Freud em 1900), Freud aprimora o método da associação livre introduzindo o surgimento da transferência como base do tratamento psicanalítico.

eram exclusivamente mulheres diagnosticadas psiquiatricamente como histéricas) contavam histórias cujo conteúdo remetia a um trauma. Um trauma especificamente sexual, pois elas se lembravam de terem sofrido algum tipo de abuso sexual na infância.

Freud então estabeleceu, baseado nas experiências clínicas, que os sintomas de suas pacientes, de alguma forma, eram "motivados" por um trauma de conteúdo sexual – até aqui, o conceito de "sexual" não implica em coito, em relação sexual, ou em genitalidade, mas tem a ver com a sedução, por exemplo. De alguma forma, as lembranças de suas pacientes sempre esbarravam nessa questão e, ao chegarem a ela, a cura era obtida. Assim, além de ter estabelecido este paradigma — os sintomas de pacientes histéricos têm a sua causa em um trauma sexual ocorrido na infância, ele decidiu aprofundar o conceito de sexual.

Ele desenvolveu a teoria de que essa excitação sexual insatisfeita tinha um efeito bioquímico direto, levando à ansiedade. Esse estado de ansiedade que era criado pela sexualidade frustrada foi chamado por ele de neurose atual, distinta da psiconeurose, que ele atribuía a traumas psicológicos na infância. Entre as neuroses atuais ele incluiu a neurastenia e a neurose de ansiedade, chegando a ligar a neurastenia com a masturbação em excesso e a neurose de ansiedade com abstinência excessiva da atividade sexual ou tensão aumentada por causa de tal abstinência. Ele dividiu as psiconeuroses em histeria e neurose obsessiva. Postulou na década de 1890 que a histeria é causada por uma "sedução passiva" na infância, como a neurose obsessiva resultaria de uma "sedução ativa", novamente na infância (isto é, a menina é seduzida por um adulto; o menino seria o agente sedutor de um adulto). Ambas são tratáveis pela psicoterapia, o que não ocorre com as neuroses atuais.

Assim, temos duas teorias da etiologia sexual da histeria: uma que remete à teoria da sedução traumática e outra que se refere à fantasia de conteúdo sexual como agente do trauma.

A primeira poderia ser assim resumida: a origem da histeria é o vestígio psíquico de um trauma (ataque sexual de um adulto sobre uma crian-

ça). A partir daí instala-se no inconsciente da criança um excesso de tensão inassimilável e errante, que não consegue ser descarregado sob a forma de um "grito de socorro", por exemplo, ou de uma ação motora de fuga. Esse excedente de afeto passa então a subsistir no eu à maneira de um cisto ou corpo estranho, ali constituindo o núcleo mórbido que é gerador dos futuros sintomas histéricos. De modo que a ação do adulto sobre a criança seria o *agent provocateur* do colapso energético. O vestígio psíquico do trauma (representação intolerável) comporta, pois, dois elementos inconscientes: uma sobrecarga de afeto e uma imagem superativada. Surge assim a carga sexual. Mas e a imagem, como surge? No momento do trauma, o impacto da sedução destaca uma das partes do corpo (do ponto de vista da criança, o corpo é parcial) — justamente na que corresponde à parte corporal que entrou em jogo por ocasião do acidente traumático. O excedente de tensão psíquica concentra-se então nessa imagem e a investe a tal ponto que ela acaba por se dessolidarizar do resto das outras imagens do corpo imaginário. O trauma que a criança sofre não é a agressão externa, mas o vestígio psíquico deixado pela agressão; o que importa é a *marca* deixada, impressa na superfície do eu. Logo, ele conclui que a histeria é provocada por uma defesa imprópria do eu: o recalcamento. Isto é, a neurose histérica é provocada pela inabilidade com que o eu pretende neutralizar o parasita interno que é a representação sexual intolerável. Assim, o que adoece o histérico não é tanto o vestígio psíquico do trauma, mas o fato de esse vestígio, sob a pressão do recalcamento, ser sobrecarregado de um excedente de afecto que em vão consegue ser escoado, mesmo que deslocado para alguma parte do corpo.

Mas, por dedução lógica, a conclusão é a de que a histeria é provocada pelo fracasso do recalcamento, resultando na conversão do afecto na parte do corpo afetada durante o trauma. Por isso, os sintomas histéricos de conversão não guardam equivalência com sintomas de causa anatomo-fisiológico, já que se trata propriamente de um *"corpo-imaginário"*, de uma parte do corpo fantasiada, por isso também chamado de corpo-fantasmático.

A especificidade de cada tipo de neurose — obsessão (deslocamento do afecto para uma idéia), fobia (projeção do afeto para o mundo externo) e histeria de conversão (conversão do afecto no corpo) — depende das modalidades do resultado deste conflito. De modo que a "escolha do órgão" que é sede da conversão corresponde à parte do corpo-suporte outrora afetada pelo trauma, e assim transformada em imagem determinada, de modo que o corpo-suporte passa a ser imaginado. Como diz Winograd (1997):

> Na medida em que não correspondiam a lesões ou disfunções de ordem somática, Freud concebeu tais afecções corporais como signos de determinados processos psíquicos: por ser representado, o corpo participa de uma constelação simbólica na qual adquire significações as mais diversas. Afastando-se do campo da Biologia, Freud introduz o corpo no campo da representação, desenhando a noção de *corpo simbólico* (e imaginário). O fenômeno de conversão histérica revelou a função de simbolização da linguagem: o corpo se transformou em *expressão*. Ao ser simbolizado, o corpo adquire existência na e pela palavra, o que confere o caráter de significante tanto às suas partes em separado quanto à sua imagem como unidade, transformando-o em imagem de si (p. 417).

Mas nem sempre a parte do corpo escolhida inconscientemente para convergir o afeto diz respeito diretamente à parte do corpo-fantasmado. A pressão constante do recalcamento necessita ser deslocada para outro lugar distante do investimento na representação e, como solução de compromisso, investe-se em representações menos perigosas do que a representação intolerável, uma parte do corpo distante daquela parte traumatizada. É apenas via associação livre que se pode passar do corpo-suporte ao corpo-fantasmado.

No início do século estava estabelecido que a sexualidade humana só se manifestava inicialmente na puberdade, ou seja, por volta dos 11 até os 12 anos, seguindo seu curso "natural" (entendido como instintivo) até a morte do indivíduo. Portanto, se assim era, como as pacientes histéricas poderiam dizer que sofreram abuso sexual na infância se, durante essa fase, elas não saberiam discriminar o que era uma manifestação sexual do outro ou dela própria? Além disso, se elas realmente chegaram a ser seduzidas por um adulto, como poderia ser possível que tivessem se esquecido de um evento tão importante? Três hipóteses nasceram para responder a essa questão: 1) ou suas pacientes adultas estariam inventando essa história, influenciadas por esta impressão infantil mal-interpretada; 2) ou de fato esse abuso sexual realmente ocorreu, mas, misteriosamente, foi esquecido e apenas lembrado na análise; 3) ou a criança possuiria alguma forma de sexualidade já desde a infância.

A primeira parte da segunda hipótese foi prontamente descartada, pois não poderia ter ocorrido uma época em que uma imensa maioria de mulheres tivesse sido abusada sexualmente, pelo menos na Viena do século XIX.

Abandonar a teoria da sedução traumática foi um momento de quase desmoronamento da teoria da etiologia sexual das neuroses. Esse momento da obra de Freud leva-o a uma aporia de difícil resolução[100]. Minimizar a importância da sedução como determinante dos traumas causadores dos sintomas histéricos, portanto, efeito da contingência, sem determinações hereditárias, implica dizer que talvez tivesse de assumir o sexual da pulsão como efeito dos fatores constitucionais, ou então pensar que as fantasias seriam hereditariamente constituídas, ou ainda, que a pulsão, para ser "naturalmente" traumática, deveria ser inata à constituição dos indivíduos e da espécie. Como explicar isso? Assim, que sociedade era aquela que estava produzindo uma série de pais perversos e de filhas vitimizadas ou sem escrúpulos? Isso seria impossível, até porque, nessas histórias, o

---

[100] Numa carta a Fliess datada de 21/9/1897, ele comenta: "Agora eu não sei mais onde estou, pois ainda não adquiri compreensão teórica do recalcamento, nem do jogo de forças que nele se manifesta. Parece duvidoso que incidentes sobrevindos tardiamente possam suscitar fantasias que remontam à infância. É por essa razão que o fator de uma predisposição hereditária parece novamente ganhar terreno, enquanto que eu sempre me esforçava para repudiá-lo no interesse de uma explicação das neuroses".

acusado de abusar sexualmente da criança era comumente alguma figura masculina adulta da família
ou de contato muito próximo das pacientes, por quem
elas tinham grande afeto. É por isso que Jorge (1988,
p. 19) pode dizer:

> (...) a teoria da sedução e do trauma foi, na
> verdade, uma meia escapada de Freud em
> relação ao discurso médico e jurídico. Se,
> por um lado, a teoria da degenerescência, vi-
> gente até então para dar conta da sexualida-
> de perversa, era abolida com a noção de trau-
> ma, por outro lado, esta mesma noção de trau-
> ma autorizava nomear um sujeito causador
> — agente traumático — o que o colocaria
> imediatamente, perante o social, na mesma
> postura do degenerado e do perverso. Mas a
> concepção de trauma não resistirá à investi-
> gação freudiana e será substituída, no corpo
> teórico, pela *fantasia*.

Assim, restavam a hipótese do "erro de interpretação" e a da criança já sexualizada. Mas havia
uma evidência em sua segunda parte: as pessoas
esqueciam-se de eventos importantes de sua vida
infantil que, só por meio da associação livre, eram
relembrados. Chegou-se à conclusão de que, na verdade, as idéias esquecidas eram fantasias reprimi-
das em função de seu conteúdo sexual e que, por
causa da repressão, a interpretação dos eventos pas-
sados poderia ser adulterada, fazendo com que as
pessoas sentissem que "erraram", quando na verdade apenas não poderiam ter-se lembrado de tal evento. Ou seja, o trauma sexual infantil seria um acontecimento real, como um sonho que só é real para quem
sonha. Portanto, Freud perguntava-se qual seria o
acontecimento "factual" que aquela lembrança inventada encobria sob a forma de uma fantasia de
conteúdo sexual. De modo que ele aproveitou metade de cada uma das duas primeiras hipóteses, redu-
zindo-as a uma hipótese e uma tese. A tese era a de
que as suas pacientes histéricas "inventaram" a lembrança de trauma sexual infantil (fantasiaram) para
desviarem sua atenção de algo mais importante: a
sexualidade já estabelecida na infância.

O colapso da hipótese da "sedução traumática", de caráter sexual, originada na infância do paciente para a explicação da motivação dos sintomas
histéricos, e a substituição desta pela hipótese da fantasia fizeram com que Freud preservasse duas idéias
fundamentais para a construção de seu corpo teórico: a importância da fantasia e a importância da infância. Em suas palavras:

> A análise nos tinha levado até esses traumas
> sexuais infantis pelo caminho certo, e no en-
> tanto, eles não eram verdadeiros. (...) Se os
> pacientes histéricos remontam seus sintomas
> a traumas que são fictícios, então o fato novo
> que surge é precisamente que eles criam tais
> cenas na fantasia, e essa realidade psíquica
> precisa ser levada em conta ao lado da reali-
> dade prática. Essa reflexão foi logo seguida
> pela descoberta de que essas fantasias desti-
> navam-se a encobrir a atividade auto-erótica
> dos primeiros anos de infância, embelezá-la e
> elevá-la a um plano mais alto. E agora, de de-
> trás das fantasias, toda a gama da vida sexual
> da criança vinha à luz (Freud, 1914b, v. XIV,
> p. 27-28).

Ou seja, Freud concluiu que a lembrança que
precisava ser reprimida era a de que as pacientes,
quando crianças, teriam desejado "sexualmente" a
figura do agressor que aparecia na lembrança inventada, ou, dito de outro modo, o que precisava ser reprimido era a consciência de se ver atravessado por
tal afeto dirigido ao agressor, o qual só é visto desse
modo por efeito da repressão. Ele definiu a natureza
desse afecto, como sexual, mostrando que o sexual
já existe na criança desde tenra idade.

Baseando-se no método psicanalítico por ele
instaurado e em diversas análises realizadas, Freud
afirma que nos casos de pacientes histéricos, de neurose obsessiva, neurastênicos, paranóicos e demen-
tes precoces (por ele estudados àquela época), as
suas manifestações patológicas (os sintomas) não são
apenas intensificadas pela pulsão sexual, mas têm
nela a sua única fonte constante de manutenção da
patologia, de modo que "a vida sexual das pessoas

em questão é expressa — seja exclusiva ou principalmente, seja apenas parcialmente — nestes sintomas. Como disse alhures, os sintomas constituem a atividade sexual do paciente" (Freud, 1905, v. VII, p. 166). Dessa fala pode-se estabelecer o seguinte: o sexual em Freud não se reduz ao genital, pois trata especificamente da satisfação obtida quando se consegue descarregar a tensão produzida em uma zona corporal excitada, levando o indivíduo ao prazer e ao gozo. Ou seja, o sexual tem a ver com o prazer naquilo que ele implica de descarga de tensão pulsional acumulada tanto por forças endógenas quanto exógenas.

> A eliminação dos sintomas de pacientes histéricos pela Psicanálise funda-se na suposição de que esses sintomas são substitutos — transcrições, por assim dizer — de diversos processos psíquicos, desejos e vontades emocionalmente carregados de energia libidinosa (pulsão sexual direcionada ao ato sexual) que, por obra de um processo psíquico especial (repressão), foram impedidos de obter descarga em atividade psíquica admissível para a consciência. Estes processos psíquicos, portanto, mantidos num estado de inconsciência, lutam por obter uma expressão que seja apropriada à sua importância emocional — para obter descarga; e no caso da histeria eles encontram tal expressão (por meio do processo de "conversão") nos fenômenos somáticos, isto é, nos sintomas histéricos. Retransformando sistematicamente estes sintomas (com o auxílio de uma técnica especial) em idéias emocionalmente carregadas de energia libidinosa — idéias que já se terão tornado conscientes — é possível obter o mais exato conhecimento da natureza e origem destas estruturas psíquicas antes inconscientes (Freud, 1905, v. VII, p. 166).

Portanto, é o excesso de pulsão sexual (afecto), que não encontra expressão simbólica por força da repressão, que passa a ser a fonte do trauma. Mas como o afeto precisa de algum modo ser descarregado, ele insiste e encontra na fantasia (cena traumática) o seu modo de satisfação.

Tal fantasia será propriamente aquilo que irá guiar as encarnações da sexualidade, encaminhando-a em uma direção que será tomada mais tarde pela vida sexual posterior, depois da maturidade. De modo que a criança, desde tenra idade, é capaz de sentir atração sexual por alguém, mas que, como isso era inadmissível, pois incestuoso ou socialmente imoral de ser pensado, essa lembrança deveria ser reprimida e quanto mais reprimida, maior a sua carga intensiva ia se tornando.

Temos que a fantasia é uma tentativa de simbolização da pulsão. Ela é de natureza sexual por ser causada pela pulsão sexual, e é desta o seu mapa, o seu guia, na direção de sua satisfação.

> Mas isto que essas experiências da infância sempre se preocuparam com as excitações sexuais e a reação contra elas, encontrei-me diante do fato da *sexualidade infantil* — mais uma vez uma novidade e uma contradição de um dos mais acentuados preconceitos humanos. A infância era encarada como "inocente" e isenta dos intensos desejos do sexo, e não se pensava que a luta contra o demônio da "sensualidade" começasse antes da agitada idade da puberdade. Tais atividades sexuais ocasionais, conforme tinha sido impossível desprezar nas crianças, eram postas de lado como indícios de degenerescência ou de depravação prematura, ou como curiosa aberração da natureza. Poucos dos achados da Psicanálise tiveram tanta contestação universal ou despertaram tamanha explosão de indignação como a afirmativa de que a função sexual se inicia no começo da vida e revela sua presença por importantes indícios mesmo na infância. E contudo nenhum outro achado da análise pode ser demonstrado de maneira tão fácil e completa (Freud, 1925b [1926]), v. XX, p. 46).

Com essa conclusão, Freud praticamente transforma em tese a terceira hipótese. Mas para que ela realmente tomasse corpo, ainda faltava-lhe a confirmação de que o adulto, ao deixar isso implícito na lembrança de sua infância, não estaria novamente se iludindo. Isto é, não estaria reprimindo um desejo sexual atual que só poderia ser admitido desde que o sujeito o remetesse à sua infância. Ou seja, o adulto que dizia: "quando eu era criança eu fui apaixonado pela minha mãe e desejei me relacionar sexualmente com ela…" não estaria falando de um desejo atual que, por efeito da repressão, jamais poderia admiti-lo como presente na sua vida adulta, necessitando então ser apresentado à consciência como um desejo infantil? E mais, se esse desejo já aparecesse na infância, seria possível mantê-lo por tanto tempo? Especialmente um desejo incestuoso dessa natureza? Aqui Freud se viu cercado pelo problema do tempo cronológico. A solução veio com a hipótese de o inconsciente ser atemporal. Por ser o inconsciente fundado pelo recalque, esses desejos infantis seriam reprimidos e jamais se realizariam completamente, sendo o destino humano a reedição.

Essa foi a questão que perseguiu Freud até o fim de sua vida, quando tentou dizer com todas as letras que, na verdade, viver é tentar reeditar, fazer acontecer novamente desejos que, por efeito do recalcamento, cuja testemunha é a fantasia, tiveram de deixar de acontecer explicitamente, mas que, sendo a repressão um mecanismo falho, esses desejos retornam, mas de forma implícita, camuflada, de difícil acesso e confirmação de sua veracidade. Ele dirá em 1925 (1925b [1926]:

> O que os poetas e os estudiosos da natureza humana sempre haviam assegurado veio a ser verdade: as impressões daquele período inicial de vida, embora estivessem na sua maior parte enterradas na amnésia, deixaram vestígios indeléveis no crescimento do indivíduo e, em particular, fundamentaram a disposição para qualquer distúrbio nervoso que viesse a sobrevir (Ibid., p. 46).

Já em 1900, a origem da histeria é uma fantasia inconsciente e não mais uma representação. E o que se converte é uma angústia fantasística, e não mais uma sobrecarga da representação.

Mas faltava ainda a Freud estabelecer uma teoria para explicar os conteúdos sexuais dessas fantasias proferidas pelos adultos, que remetiam a eventos da infância. Isto é, faltava explicar por que esses afetos infantis tinham uma natureza sexual.

Foi assim que chegamos à constituição de uma sexualidade propriamente infantil. E em 1905 ele publica o clássico *Três ensaios sobre a teoria da sexualidade*, no qual explicita suas convicções sobre a formação do psiquismo e seus desdobramentos na existência. É aqui que a infância não é apenas escutada, mas também estudada e observada com fins de compreensão do adulto.

O CORPO-PULSIONAL E A SEXUALIDADE INFANTIL

Freud inicia os *Três ensaios sobre a teoria da sexualidade* (1905, v. VII), quebrando o tabu da sexualidade infantil com diversos argumentos. Analisando o caso dos na época chamados invertidos; das pessoas que têm animais como objetos sexuais; do uso sexual de partes do corpo ou de objetos, que, por norma, não poderiam ter a finalidade de obtenção sexual (como no fetiche); da presença de pessoas que se satisfazem sexualmente com o ato sádico-masoquista mais do que com o coito sexual; e, finalmente, da predisposição orgânica dos seres humanos para a bissexualidade, Freud concluiu que, primeiramente, não podemos afirmar que exista um instinto[101] sexual em nós que direcione nosso desejo a um objeto de satisfação sexual homogêneo e específico. Em suas palavras:

> Foi-nos feita a observação de que incorríamos no hábito de considerar a conexão entre

---

[101] A idéia de instinto (*Instinkt*, no original em alemão) que Freud combate é aquela que o compreende como uma moção adquirida pela espécie ao longo dos anos e por isso hereditária e, praticamente, inflexível quanto ao seu objetivo e objeto de satisfação (Freud, 1987 [1905], v. VII, p. 135). Desse modo, Freud utiliza a palavra em alemão *Trieb* para designar a *pulsão*, o que, na tradução de sua obra feita do Inglês para o Português, cometeu-se o equívoco de reiterar o erro inglês que traduziu *Trieb* por instinto. A diferença crucial é que um instinto, entendido por Freud como uma necessidade (biológica), poderia ser satisfeito, ao passo que a pulsão (que remete à sexualidade) jamais será totalmente satisfeita.

o instinto sexual e o objeto sexual mais estreita do que o é na realidade. Como nos ensina a experiência, nos casos considerados anormais, o instinto sexual e o objeto sexual estão meramente soldados um ao outro — fato este que arriscamos deixar passar em virtude da uniformidade do quadro normal, em que o objeto parece constituir parte integrante do instinto. Somos, assim, alertados a afrouxar o laço que, em nossos pensamentos, estabelecemos entre o instinto e o objeto. Parece razoável que o instinto sexual seja, em primeiro lugar, independente de seu objeto; nem é possível que sua origem seja determinada pelos atrativos de seu objeto (Freud, 1905, v. VII, p. 148-149).

Baseado nas evidências clínicas encontradas no tratamento de suas pacientes histéricas, ele constrói o seu primeiro argumento para derrubar a tese de que a sexualidade é fruto de um instinto, justamente porque está na fundamentação dessa tese biológica que o instinto é algo fixo e duradouro. Ora, se assim o fosse, como explicar tamanha plasticidade nas atitudes e atividades sexuais humanas? Ou o inverso, isto é, se o instinto sexual for absolutamente determinante, como explicar que possa ser "domado" pela civilização por força de precipitados históricos, assujeitando-se à vergonha, inibição e repugnância como bem demonstra o efeito traumático da lembrança de certas fantasias nos pacientes histéricos? Mesmo que se pensasse que os "anormais" possuíssem algum tipo de doença, como explicar que algumas dessas manifestações consideradas anormais poderiam ser "normalizadas", ou, ainda, "curadas" pela clínica psicanalítica, já que o instinto é algo imutável?

Além disso, ele demonstra clinicamente que mesmo aquelas pessoas ditas "normais" sexualmente apresentavam "desvios" de objetivo (ato a que a pulsão sexual conduz) em relação ao seu objeto sexual (atração sexual em relação a algo ou a alguém). Ou seja, homens e mulheres heterossexuais que, esporadicamente, se satisfaziam sexualmente com relações orais ou anais, ou mesmo em relações homossexuais, ou simplesmente com os ditos jogos sexuais preliminares

ao coito, sem, contudo, poderem ser consideradas sexualmente perversas ou degeneradas.

Acreditando na plasticidade da sexualidade humana, Freud cunha outro nome em substituição a instinto que ele denominará *pulsão*. A pulsão sofrerá influências de fatores endógenos e exógenos, e terá sua fonte no corpo-suporte.

Posto isso, Freud poderá definir o que compreende como a origem e natureza da pulsão (1905, v. VII, p. 171):

> Por pulsão deve-se entender provisoriamente o representante psíquico de uma fonte endossomática e contínua de excitação em contraste com um "estímulo", que é estabelecido por excitações *simples* vindas *de fora*. O conceito de pulsão é assim um dos que se situam na fronteira entre o psíquico e o físico. A mais simples e mais provável suposição sobre a natureza das pulsões pareceria ser que, em si, uma pulsão não tem qualidade, e no que concerne à vida psíquica deve ser considerada apenas como uma medida da exigência de trabalho feita à mente. O que distingue as pulsões uma das outras e as dota de qualidades específicas é sua relação com suas fontes somáticas e com seus objetivos. A fonte de uma pulsão é um processo de excitação que ocorre num órgão e o objetivo imediato da pulsão consiste na eliminação deste estímulo orgânico.

Definido o que é pulsão, Freud a ramifica em quatro elementos: pressão, alvo, objeto e fonte (Freud, 1915, v. XIV, p. 142). A pulsão é, antes de tudo, uma força e fonte de atividade psíquica que impulsiona o psiquismo para alguma ação e, neste sentido, apoia-se no corpo, configurando, portanto, ser ela uma pressão. Sua fonte são os processos somáticos que ocorrem em um órgão ou parte do corpo. Tais excitações somáticas são decorrentes das necessidades orgânicas primeiras (ou não), portanto, biológicas, mas sem se reduzir a elas, assim como a nascente não pode ser confundida em dinamismo, intensidade e qualidade com o rio, se não em seus elementos, mesmo estes, ainda assim, muito diversos. Quanto ao alvo ou finalidade, é sempre a descarga desta tensão o que proporcionaria prazer. O objeto pode ser qualquer coisa (mas não uma coisa qualquer como demonstrado nos casos de "escolha do órgão" na histeria), que facilite a descarga de excitação.

Portanto, Freud irá definir a pulsão como forças indeterminadas nascidas no corpo-suporte (pensado por ele como corpo-organismo), que vão além da necessidade e que demandam uma satisfação, colocando o pensamento diante do impensado e exigindo desse uma simbolização diferenciada, particular (Winograd, 1997, p. 418). Desse modo, "como o sintoma histérico de conversão implica um salto do psíquico para a inervação somática, a pulsão se origina do interior do próprio corpo, exercendo uma ação constante sobre o psiquismo, da qual é impossível furtar-se" (Ibid., p. 426).

A plasticidade pulsional fez Freud concluir que a pulsão é em sua natureza perversa polimorfa quanto ao objetivo e objeto sexual instituído como normal, definindo a perversão não como efeito de uma doença, mas, sim, como uma das vicissitudes desta pulsão. Como ele mesmo aponta,

> na maioria dos casos, a natureza patológica de uma perversão situa-se não no conteúdo do novo objetivo sexual e sim em sua relação com o normal. Se uma perversão, ao invés de aparecer simplesmente ao lado do objetivo sexual normal e somente quando as circunstâncias são desfavoráveis a eles e favoráveis a ela — se, ao invés disso, ela os expulsa completamente e toma o lugar deles em todas as circunstâncias — se, em suma, uma perversão tem as características de exclusividade e fixação — então estaremos, via de regra, justificados em considerá-la um sintoma patológico (Freud, 1905, v. VII, p. 163).

Freud observou que, paradoxalmente, ocorria em seus pacientes histéricos uma intensificação e desenvolvimento precoce da pulsão sexual. Ou seja, há na histeria o agenciamento de um par de opostos que define sua existência: "O anseio sexual exagerado e a aversão excessiva à sexualidade" e a tudo que a ela diz respeito. Freud vai além e define que a neurose parece encontrar todos os "desvios" encontrados na perversão, porém, sem nunca se apresentarem em ato, em virtude do eterno conflito que a define como estrutura, que força todo o neurótico a realizar suas pulsões perversas polimorfas nas suas fantasias inconscientes, em oposição ao perverso que as realiza em ato. Isso o fez afirmar que "as neuroses são, por assim dizer, o negativo das perversões". (Freud, 1905, v. VII, p. 168).

Dessa maneira, Freud subverte a concepção médica de doença e instaura a possibilidade de uma nova forma de proposição diagnóstica, a saber, a estrutural, já que define a perversão (e por extensão outras patologias) mais como efeito de uma estrutura nascida a partir do modo de satisfação pulsional e menos como efeito de degenerescência dos instintos.

Uma vez estabelecido que a sexualidade é de natureza pulsional e perversa polimorfa quanto aos seus objetivos e objetos, restava a Freud definir a sua origem e a sua ligação com os sintomas histéricos, o sexual (sem ser genital) e a infância.

Uma fonte pulsional pode nascer de várias maneiras. Por exemplo, no caso da amamentação, temos um bebê que, guiado por suas necessidades físicas, ao sentir fome, como não sabe falar, chora. Esse choro é interpretado pela mãe ou responsável como um sinal de que a criança tem fome, então a alimenta, por exemplo, dando-lhe o seio. O ato de sugar vai estimular toda a região dos lábios, a língua ou qualquer outra parte da pele ao alcance da criança. Essas regiões excitadas serão a fonte da pulsão, que, por se tratar da boca e face, será denominada de pulsão oral. De modo que a origem da pulsão oral esbarra por uma experiência primeva de necessidade que persiste, pois faz pressão, mesmo após esta ter sido satisfeita. Isto é, a criança suga o seio e satisfaz sua necessidade de alimento (biológica), mas percebemos que, mesmo após a necessidade ter sido satisfeita, ela ainda assim continua a sugar ou seu polegar, ou seu dedo, ou um cobertorzinho, enfim, alguma coisa que lhe seja de interesse. A qual necessidade uma criança que chupa um cobertor satisfaz? Certamente não é a uma necessidade orgânica. Podemos dizer que uma criança, ao chupar seu cobertorzinho, estaria satisfazendo à sua pulsão oral, que por ter a boca e regiões adjacentes como fontes pulsionais, vêem-se pressionadas à descarga (alvo), em que o cobertor aparece como objeto de satisfação.

Essa idéia freudiana é interessante, pois implica dizer que a espécie humana produz um excedente de energia quando satisfeitas suas necessidades. Um excedente que, de alguma forma, cobra a sua satisfação, e esta, se não pode mais ser satisfeita na e juntamente com a necessidade orgânica, será então satisfeita na e pela fantasia, fonte da produção dos sintomas, ou antes, estrutura de sua articulação (Freud, 1919b).

Assim é que a pulsão força o pensamento a pensar ("a pulsão é um estímulo aplicado à mente" (Freud, 1915, v. XIV, p. 138). A pulsão é o "liame" que liga as séries do corpo e do pensamento que, em si mesmas, são absolutamente díspares. A pulsão é o plano comum de suas conexões.

Freud teorizou que as pulsões são sempre parciais (*Partieltrieb*), a saber: a pulsão oral, a pulsão anal e a genital. Todavia, tais pulsões não podem nunca ser satisfeitas e não têm como objetivo final alcançar um objeto específico, senão dobrarem-se sobre si mesmas perpetuamente, isto é, satisfazerem-se apenas com seu próprio percurso, contornando um objeto, traçando uma cartografia livre, sem referência *a priori*. Portanto, com este conceito, Freud retira a compreensão do humano do campo da Biologia e a lança no terreno da existência, da narrativa, da história já que, como irá postular mais tarde, o propósito de uma pulsão não seria o de alcançar um destino, mas de percorrer um percurso. Como dirá Lacan em seu Seminário 11 (Lacan, 1979 [1964], p. 169), a pulsão tem como objetivo circular um objeto e retornar de onde saiu, fechando o seu circuito. Ela é, portanto, circular e, logo, aparentemente, não sai do lugar. Entretanto, quando retorna, já produziu diferença na existência do sujeito. Deste modo, o corpo-pulsional não é representável, não é interpretado pela linguagem, nem totalmente atravessado por ela, pois não se constitui como sentido.

Ao mesmo tempo, também não se confunde com o corpo-organismo (biológico), pois em ambos, linguagem e organismo, há um organizador interno e *a priori*, ao passo que a pulsão não segue e não obedece a essa referência externa e transcendente. (Winograd, 1997, p. 425). Como o objetivo final dessas pulsões sexuais parciais são a satisfação, não necessariamente no ato sexual culturalmente estabelecido como "normal", Freud pôde dizer que a criança é perversa polimorfa, já que satisfaz suas pulsões com objetos indeterminados, até mesmo tomando o próprio corpo como objeto, e porque não tem a finalidade de preservar a espécie, sendo esta ocorrência meramente um acidente da civilização.

Sendo o objetivo final da pulsão seguir seu curso mais do que atingir uma meta, um "ponto de basta", ela vai produzindo objetos ao longo desse percurso. Objetos que ela vai circunscrevendo, sem, contudo, ser por eles subtraída. E o primeiro dos "objetos" que ela circunscreve remete mesmo à sua origem, à zona corporal que a produziu (e por isso chamada de "zona erógena"), tornando, pois, a sexualidade primeiramente *auto-erótica*. Desse modo, Freud pôde estabelecer que as pulsões parciais são, de certo modo, independentes em sua origem e funcionamento, pois, mesmo que ainda consideremos o corpo-suporte como um todo capaz de excitação, há zonas que parecem mais propensas a se destacar na produção das pulsões (a boca, o ânus, os genitais), produzindo a polimorfidade delas.

Assim é que a pessoa amada, sendo um objeto circunscrito por fluxos pulsionais, não é eterna. O corpo-pulsional pode variar até mesmo em seu modo de circunscrição do objeto, pois cada objeto, em si mesmo, apresenta diferenças intensivas que influenciam o modo de circunscrevê-lo. Pois, apesar de Freud ter estabelecido que a pulsão sempre tem uma fonte interna (Freud, 1915, v. XIV, p. 138), isto não invalida a hipótese de que a relação desse corpo-pulsional com outros corpos vá fazer variar a produção dessas moções (*triebs*) no corpo. Variando essas moções, a fantasia como representante psíquico do circuito pulsional será posta em xeque.

É por isso mesmo que Freud afirma que a pulsão não pode ser concebida como algo dado filogeneticamente. Ela é uma construção influenciada pelas práticas sociais que vão modulando e sexualizando o corpo, participando assim da cultura, variando com a história da civilização, conforme nela variam, por exemplo, as relações com o corpo[102].

Tal diversidade fez com que Freud diferencias-se duas naturezas na pulsão, embora elas tivessem sempre a mesma fonte de produção: o corpo-supor-te. Freud (1905) separou a pulsão em duas nature-zas: a pulsão de autoconservação e a pulsão sexual. No quadro de sua primeira teoria do aparelho psíqui-co, estabeleceu que as pulsões de autoconservação estariam muito mais ligadas ao ego no sentido de compor objetivos com este e levar o organismo à sua conservação e subsistência, tendo como *apoio* os objetos capazes de satisfazerem as necessidades fi-siológicas, ou antes, aqueles nos quais a pulsão se apóia para fundar sua origem. Na outra extremidade desse dualismo, teríamos a pulsão sexual, chamada também de libido, cujo objeto não seria de forma al-guma definido, e cuja finalidade é a satisfação (des-carga de tensão) na circunscrição de um objeto qual-quer.

É apenas após 1920, que Freud esgota essa di-versidade conceitual, apoiando-se em dois conceitos básicos: pulsão de vida e pulsão de morte.

A pulsão sexual, que na primeira teoria das pulsões Freud contrapõe às pulsões de autoconservação, é assimilada no último dualismo às pulsões de vida ou a Eros. Como no primeiro dualismo ela era a força subme-tida exclusivamente ao princípio de prazer, dificilmente "educável", funcionando segun-do as leis do processo primário e ameaçando constantemente do interior o equilíbrio do aparelho psíquico, torna-se, sob o nome de pulsão de vida, uma força que tende para a "ligação", para a constituição e manutenção das unidades vitais; e, em contrapartida, é a sua antagonista, a pulsão de morte, que fun-ciona segundo o princípio de descarga total (Laplanche & Pontalis, 1988, p. 519).

De qualquer modo, Freud sempre insistiu na libido como um conceito que remete à economia pulsional, a uma intensidade que pode aumentar ou diminuir, que pode, até mesmo, ser deslocada (Freud, 1921, p. 115-16)[103].

Parece, entretanto, que é Lacan quem irá organi-zar esse dualismo e redimensioná-lo conceitualmente quando cunha o conceito de *gozo* para opô-lo ao pra-zer, no qual o primeiro estaria do lado da pulsão de mor-te e o segundo, ao lado da pulsão de vida[104].

Portanto, pode-se definir a sexualidade, via Psi-canálise, como o modo pelo qual somos levados a agir para encontrar uma ou várias formas de satisfa-zer nossas pulsões. Ou, dito de outro modo,

---

[102] Em nota de rodapé à página 164, acrescentada em 1915, Freud comenta: "Por outro lado, estas forças que atuam como barragens ao desenvolvimento sexual — repugnância, vergonha e moralidade — devem também ser consideradas como precipitados históricos das inibições externas a que a pulsão sexual tem estado sujeita durante a psicogênese da raça humana. Podemos observar a forma pela qual, no desenvolvimento dos indivíduos, elas surgem no momento apropriado, como que espontaneamente, quando a educação e a influência externa dão o sinal".

[103] "Libido é a expressão extraída da teoria das emoções. Damos esse nome à energia, considerada como uma magnitude quantitativa (embora na realidade não seja presentemente mensurável), daqueles instintos que têm a ver com tudo o que pode ser abrangido sob a palavra 'amor'. O núcleo do que queremos significar por amor consiste naturalmente (e é isso que comumente é chamado de amor e que os poetas cantam) no amor sexual, com a união sexual como objetivo. Mas não isolamos disso — que, em qualquer caso, tem sua parte no nome 'amor'—, por um lado, o amor-próprio, e, por outro, o amor pelos pais e pelos filhos, a amizade e o amor pela humanidade em geral, bem como a devoção a objetos concretos e a idéias abstratas. Nossa justificativa reside no fato de que a pesquisa psicanalítica nos ensinou que todas essas tendências constituem expressão dos mesmos impulsos instituais; nas relações entre os sexos, esses impulsos forçam seu caminho no sentido da união sexual, mas, em outras circunstâncias, são desviados desse objetivo ou impedidos de atingi-lo, embora sempre conservem o bastante de sua natureza original para manter reconhecível sua identidade (como em características tais como o anseio de proximidade e o auto-sacrifício)". Foi justamente em decorrência deste dualismo que Jung separou-se de Freud, contestando-o e afirmando que a libido é a única forma de energia e que ela é neutra em relação às suas características.

[104] Ver a respeito Dylan Evans (1996). Libido. In: *An introductory dictionary of lacanian psychoanalysis*. London and New York: Routledge, p. 101. Em suas palavras: "Lacan rejects Jung's monism and reaffirms Freud's dualism (Seminário 1, p. 119-20). He argues, with Freud, that the libido is exclusively sexual (Escritos, p. 291). In the 1950s Lacan locates the libido in the imaginary order; 'Libido and the ego are on the same side. Narcissism is libidinal' (Seminário 2, p. 326). From 1964 on, however, there is a shift to articulating the libido more with the Real (Escritos, p. 858-59). However, in general Lacan does not use the term "libido" anywhere near as frequently as Freud, preferring to reconceptualise sexual energy in terms of jouissance.

a sexualidade não designa apenas as atividades e o prazer que dependem do funcionamento do aparelho genital, mas toda uma série de excitações e de atividades presentes desde a infância, que proporcionam um prazer irredutível à satisfação de uma necessidade fisiológica fundamental (respiração, fome, função de excreção, etc.), e que se encontram a título de componentes na chamada forma normal do amor sexual (Laplanche & Pontalis, 1983, p. 619).

A inclusão da criança via sexualidade infantil e do corpo como objeto de interrogação na obra freudiana confere a eles um lugar, respectivamente, de sujeito e de causa do desejo. De fato, o objetivo de Freud não foi tanto o de estudá-los. Ele chega a eles como conseqüência de sua clínica e, por isso, interessa-se por pensar o corpo-pulsional (mais do que o corpo-orgânico), o qual seria universalmente encontrado em todas as fases do dito desenvolvimento humano. Porém, para chegar a esse coletivo, o corpo-pulsional, Freud teve de reinventar a infância e retificar as nossas concepções sobre ela, produzindo aí uma abertura para a produção de um novo campo do saber. Como sugere Freda (1998, p. 47), "a criança adquire direito de cidadania no pensamento moderno, na medida em que Freud vai elaborar um corpo de saber, a partir do qual vai-se considerar este período da vida como o mapa indelével da geografia do ser falante".

Com essa descoberta da infância, Freud resgata a tão almejada liberdade. Sim, porque, com a teoria da sexualidade, a intimidade da infância, os seus "segredos" e a relação mãe-bebê tornam-se o terreno fundante da vida pulsional de uma pessoa. Essa condição será fértil para a produção do narcisismo que faz do corpo-suporte o mais "apropriado" objeto de satisfação sexual, de uma sexualidade que não é dirigida para a alteridade, pois se satisfaz ali mesmo onde foi criada (no corpo), e que Lacan exprime tão bem no aforismo: "não há relação sexual" (1969-1970 [1992]). Este sujeito que se expressa por condição mesma da natureza pulsional de seu corpo-suporte vai então em busca de uma satisfação que é de início

uma satisfação auto-erótica, pois exclui a alteridade e, perversa polimorfa, pois não se dirige a objetos preestabelecidos na feitura de seu circuito. Para que a criança possa sair deste automatismo de repetição que seria a satisfação auto-erótica, ela deve se dirigir ao (o)Outro, tentando simbolizar suas pulsões, buscando expressões simbólicas a elas. O corpo-pulsional recortado pelo olhar e palavra do o(O)utro tem a função de transmutar esse corpo-pulsional em corpo-erógeno.

O CORPO-ERÓGENO E O INFANTIL SEXUAL

Vimos o quanto a fonte da pulsão está associada à necessidade orgânica, o que implica dizer que também se associa a uma parte do corpo-orgânico. Isso implica também em dizer que a pulsão não se origina do mesmo modo no corpo-pulsional. Ela pode variar intensivamente. Sua variação é determinada em parte pela necessidade orgânica, e em parte pela sua satisfação. Mas a satisfação está recortada, mediada pela relação simbólica desenvolvida entre a mãe e o bebê. Tal variação irá privilegiar alguns lugares no corpo-pulsional, relacionados, neste caso, com o corpo-orgânico. Isto é, o corpo-pulsional, estimulado por um agente externo humano (a mãe, por exemplo), recorta o corpo-pulsional da criança e seleciona nele algumas zonas que se tornarão erógenas. É por isso que Freud privilegia a boca, o ânus e os genitais como zonas organizadoras do investimento pulsional. No exemplo da amamentação, até por ser ela a primeira das necessidades a serem satisfeitas na criança, a boca será o primeiro órgão do corpo a se erogeneizar (excitar-se somaticamente), e será, a partir disso, uma das zonas erógenas do corpo. Assim, na teoria freudiana, esses lugares privilegiados no corpo serão chamados "zonas erógenas". Primeiramente, ele explica a natureza sexual dessas zonas erógenas, fonte de pulsão sexual, deste modo:

O papel [sexual] desempenhado pelas zonas erógenas é imediatamente óbvio no caso daquelas perversões que atribuem significância sexual aos orifícios oral e anal. Estes se comportam em todos os sentidos como uma porção do aparelho sexual. Na histeria, estas partes do corpo e os tratos vizinhos da membrana mucosa tornam-se a sede de novas sensações e de modificações de enervação (na verdade, de processos que se podem comparar à ereção), exatamente como acontece com os órgãos genitais sob as excitações dos processos sexuais normais. A importância das zonas erógenas como aparelhos subordinados aos órgãos genitais e como substitutos deles pode ser vista muito claramente na histeria dentre todas as psiconeuroses, mas isto não sugere que esta importância seja menor nas outras formas de doença. (Freud, 1905, v. VII, p. 171-172).

Ou seja, há duas razões para indicar a natureza sexual das pulsões cuja fonte é uma zona erógena: 1) o uso da zona erógena para fins sexuais; 2) sua equivalência simbólica com as zonas erógenas genitais que são entendidas por Freud como as organizadoras das pulsões parciais.

É justamente o caráter de equivalente simbólico (fantasia) de uma zona erógena que permite ver nela a sua natureza sexual. Expliquemos isso melhor pela perspectiva lacaniana.

No jargão psicanalítico lacaniano, há uma diferença entre o pequeno outro – Imaginário – o semelhante, a outra pessoa que está conosco, e o grande Outro, que é a linguagem – Simbólico[105]. Essa diferenciação se explica pelo fato de que toda vez que um sujeito se dirige ao semelhante, ele o faz por meio da linguagem, mesmo que ele não fale. A linguagem antecede aprioristicamente esses dois sujeitos, e intermedia as relações. Com o bebê, o que há a princípio é um grito que é um apelo interpretado pelo outro, por exemplo, a mãe. Um outro que, por satisfazer suas pulsões, será visto pelo bebê como objeto prazeroso. O bebê chora, e a mãe diz, ou pensa — daí ela pensa com palavras, por exemplo: "Ele está com frio, ele está molhado". Portanto, há uma intermediação que é a da linguagem (o campo do Outro). E o bebê, quando chora, é porque a sua alucinação de satisfação auto-erótica (pulsional) falhou em relação à necessidade; e é isso que faz com que, ao estar com fome, primeiro ele chupe o dedo (tentando satisfazer a pulsão oral), para depois — porque a pulsão não deu conta de satisfazer-se e também porque a necessidade foi mais contundente —, tirar o dedo da boca e chorar (ou gritar) de fome. Assim, nesse exemplo, a necessidade é a base dessa demanda que vai endereçada ao (o)Outro, isto é, à mãe (imaginária) e à linguagem (simbólica). Ele chora, ele grita, ele faz um apelo ao (o)Outro, que responde interpretando, isto é, dando uma significação a este grito, preenchendo-o com uma narrativa.

O fato mesmo da pulsão estar sendo intermediada pela linguagem faz com que a "coisa" expressa na pulsão se perca, pois a linguagem, ela mesma, não pode *expressar* o sentido da pulsão, pois esta não é representável. Em o Homem dos Ratos (1909), Freud define o infantil como aquilo que fica, que é do sujeito, que fica separado desse sujeito, perdido para sempre na sexualidade do Outro (Linguagem). É essa perda, esse resto, que é o inconsciente, que é a sexualidade infantil, que é propriamente a *marca* da sexualidade do o(O)utro no corpo-pulsional do bebê, transformando-o também em corpo-erógeno, conferindo às zonas erógenas construídas na relação mãe-bebê a natureza sexual da pulsão. Há algo que o bebê perde de si (sua satisfação auto-erótica) na relação com a mãe (o o(O)utro), mas que retorna sempre, em um além do princípio de prazer. Assim é que "uma certa zona erógena organiza a libido e propõe modos de relacionamento objetal que marcam as vias libidinais. Freud pôde, até mesmo, mostrar que a criança é perversa polimorfa, pois sua libido não se organizaria sob o primado da genitalidade. Ou seja, a vida sexual se organiza de acordo com determinadas "áreas" específicas do corpo (boca, ânus, seio, genitais)" (Katz, 1992, p. 22).

---

[105] Devo grande parte do modo como esta idéias estão aqui apresentadas à amiga e supervisora Cássia Rumeno Guardado, psicanalista, membro da Escola Brasileira de Psicanálise, que realizou uma comunicação pessoal no Congresso por mim coordenado na Unesp de Assis, denominado *Um olhar psicanalítico acerca da criança e seus direitos*, em novembro de 1998.

No exemplo da mãe e do bebê, o que fica perdido na sexualidade do bebê, quando a mãe *interpreta* que ele está chorando porque tem fome? Essa interpretação da mãe tem origem na sua própria sexualidade, em seu acento na oralidade (objeto fálico, pois privilegiado, de sua organização pulsional) — mas no sentido mais estrutural que essa palavra tem, que não é genitalidade, mas da sua própria castração. A mãe pode, por exemplo, ter sido uma pessoa que acha que não foi amamentada o suficiente. Ela não precisa pensar isso conscientemente: "Eu fui desmamada muito cedo, então agora eu vou dar bastante de mamar para o meu filho". Não se trata aqui de um "eu cogniscente". De alguma forma, essa interpretação que ela faz tem a ver com a castração a qual ela está sujeita. E, em Psicanálise, a castração é o pré-requisito para a interpretação e para o desejo, para o nascimento de um sujeito desejante, para a humanização deste corpo-erógeno em corpo-simbólico. É Freud mesmo quem nos fala:

> A relação de uma criança com quem quer que seja responsável por seu cuidado proporciona-lhe uma fonte infindável de excitação sexual e de satisfação de suas zonas erógenas. Isto é especialmente verdadeiro, já que a pessoa que cuida dela, que, afinal de contas, em geral é sua mãe, olha-a ela mesma com sentimentos que se originam de sua própria vida sexual: ela a acaricia, beija-a, embala-a e muito claramente a trata como um substitutivo de um objeto sexual completo. Uma mãe provavelmente ficaria horrorizada se lhe fosse dito que todos os seus sinais de afeição estavam despertando os instintos sexuais do filho e preparando-os para sua intensidade ulterior. Ela considera o que faz como amor assexual, "puro", já que, afinal de contas, cuidadosamente evita aplicar aos órgãos genitais da criança mais excitações do que são inevitáveis ao cuidar dela. Como sabemos, contu-

do, o instinto sexual não é despertado somente por excitação direta da zona genital. O que chamamos de afeição infalivelmente mostrará seus efeitos, um dia, também nas zonas genitais (Freud, 1905, v. VII, p. 230).

O infantil para Freud, que também é o inconsciente, é essa parte do corpo-erógeno que fica perdida para sempre na sexualidade do (o)Outro, porque o sujeito não consegue saber exatamente por que razão aquilo se deu daquela maneira. Tal parte só retornará na fantasia. Freud tentou entender isso por meio de um pensamento antropológico, que o levou a escrever *Totem e tabu* (1913 [1912-13]), quer dizer, haveria algo da constituição da espécie que diria: "Que olhar lindo tem essa criança; esse olhar tem a ver com o avô paterno, mas tem a ver também com o tio da avó materna…", e assim indefinitivamente. E aí, se iria na escala filogenética sem nunca poder chegar a um ponto de basta, a um termo, sem nunca saber aonde é que este "algo" (objeto fálico) se perdeu da sua própria sexualidade[106] . Porém, Freud viu que isso era mítico, e portanto, essa perda poderia ser compreendida de modo lógico. Isto é, está perdida no Outro, ou seja, na linguagem. Para Lacan, por exemplo, para ter uma significação bastam dois significantes, para que possamos construir uma cadeia de sentido. Não é necessária a cadeia inteira, porque esses dois significantes são o paradigma do próprio funcionamento da cadeia do inconsciente. É a mesma coisa na interpretação da escala filogenética. Como diz Sauret (1998, p. 21-22):

> É isto o infantil freudiano: os traços do gozo do Outro, o que há de gozo ineliminável que o sujeito deve ao fato, senão de falar, pelo menos de consentir no significante. São esses traços que Freud designará com o termo de fixação, de traços de gozo, de além do princípio do prazer, de repetição, etc. É ao mesmo tempo a matriz das relações do sujeito com o Outro, matriz colorida por esse rastros. É

---

[106] Nesse momento Freud chegou mesmo a pensar que a castração poderia ter ocorrido de fato na espécie humana. Em algum instante, nesta escala filogenética, alguém teria sido castrado de fato. Foi apenas em 1923, que ele se convenceu que o falo é um significante, portanto, ele é uma referência lógica para castração (Ver a referência a isto na série de textos do Vol. XIX das *Obras completas*, *op. cit.*).

enfim a solução "ao pai" que o sujeito traz à crise infantil, incluindo as ditas fixações como índices do gozo, solução que "passa ao inconsciente como fantasma fundamental". (…) o termo infantil (*infantile*) designa expressamente o que da criança não se desenvolve: um traço de perversão, se podemos chamar assim esse traço ineliminável de gozo que o sujeito deve ao fato de ser falante.

A criança da Psicanálise, que é propriamente o corpo-pulsional, existirá para sempre no idoso, no adulto, no adolescente e na própria criança. Como nos lembra Prommier (1999, p. 36):

> O conceito psicanalítico de infância não estabelece a fronteira além da qual existiria uma idade "adulta", que só se define pela inversão do que está em jogo na infância. Uma linha de demarcação é efetivamente traçada pela amnésia infantil, mas, além dela, o retorno do recalcado se mostra, não num novo estado, mas neste mesmo estado onde o recalcado, inteiramente estabelecido no final da fase de latência, se atualiza extensamente, repetitivamente, com a potência do destino. Não se trata de que o retorno do recalcado se mostre tal qual: ele se atualiza, mas sob uma nova identificação a idade considerada "adulta" nada mais é que esta infância renegada, indefinidamente renegada [*reniée*] através dos atos, dos pensamentos. É somente esta infância, verde até o fim, que se realiza nesta própria renegação.

O magnífico passo que Freud dá sobre a Biologia, o discurso médico e jurídico é fundamentalmente libertador. Ele retira o humano de suas certezas etológicas, lançando-o à "verdade" de seu desejo como fonte de construção de sua vida, de seu discurso, de sua voz, pois não basta estar vivo para ser humano — embora essa seja a condição para se ter sexualidade —, mas é preciso nascer para o simbólico, que nada mais é do que um altruísmo do humano que, de um modo ou de outro, afasta-se, momentaneamente que seja, de

seu narcisismo para se conectar com aquilo que é externo a ele. É como fruto dessa conexão que criamos nossa civilização, incluindo tudo o que gostamos ou odiamos nela. Ou seja, o destino humano a nós humanos pertence e conosco nasce e morre. Trata-se de uma questão de escolha e de prudência.

O infantil apenas é uma criança por força da inserção do corpo-erógeno na cultura. O infantil, portanto, está lá na origem do sujeito, é condição de possibilidade para a construção do corpo-simbólico, é a marca desse sujeito pulsional que "intenciona" uma satisfação.

> O conceito de intenção deve ser lembrado como o que funda, para cada sujeito, esta parte de si-mesmo que se opõe a todas as ordens estabelecidas. No adulto, esta particularidade se manifesta pela insatisfação experimentada diante da significação obtida pelo jogo de significantes, mas que deixa ainda um espaço vazio, onde se infiltra a perplexidade diante da certeza que o todo do ser lhe escapa; mas também frente ao acréscimo de acontecimentos que poderiam dar a razão ao que ele chama seu sintoma, este não vai signficar nada diante da questão de sua própria responsabilidade. Na criança, a intenção se manifesta na escolha da neurose – este foi o caso do Pequeno Hans que, diante das possíveis saídas de seu drama edipiano, escolhe a fobia em vez da perversão. Neste sentido, "a intenção" funda a noção de liberdade e de escolha (Freda, 1998, p. 49).

Aprendemos com Freud que o destino da pulsão é a matéria-prima e primeva a partir da qual vão se modelar os sintomas analíticos. Além disso, vemos que, lançados à sorte de nosso próprio autoerotismo, corremos o risco de morrer, de modo que o apelo ao Outro é fundamental para que possamos desejar, e a questão do desejo é imprescindível para as relações humanas; é, propriamente, a sua *razão de ser*. E, nesse sentido, comporta a demanda ao Outro, que é sempre uma demanda de amor e que implica uma doação e perda. Doação de objeto e perda do auto-erotismo, mesmo que este ainda retorne alienado e alienante via inconsciente, o que não deixa de ser uma possibilidade rica, já que produz um novo mundo e nos lança para novas possibilidades.

Concluindo, a sexualidade em Freud não se reduz à genitalidade e fisiologia do corpo. Trata-se de uma questão mais ampla, que envolve toda uma série de excitações e atividades presentes desde a infância, que não implicam um objeto específico, mas que têm o mesmo objetivo: a sua satisfação. Todavia, levada pela satisfação das necessidades fisiológicas e interpretação do Outro, alguns objetos e zonas erógenas tendem a se fixar (o seio, o ânus, o pênis) como propícios à satisfação pulsional. Por efeito do recalcamento, o qual visa ao abandono do corpo-erógeno por um corpo sexuado (homem ou mulher), é que esses objetos se perdem para sempre, tornam-se míticos, incestuosos e sexuais. Assim, sexualidade é todo o modo pelo qual iremos lidar com a perda desses objetos que, uma vez recalcados, tornam-se sexuais, implicando, portanto, na sexuação da sexualidade, isto é, forçando a sexualidade a substituir objetos anteriormente indefinidos por outros definidos pela moral da vida civilizada, pela cultura, pela humanidade, que aqui é mais uma condição construída do que propriamente inata.

O CORPO-SIMBÓLICO E O CORPO-SEXUADO (GÊNERO SEXUAL)

Podemos pensar a questão do papel do corpo na constituição da subjetividade, isto é, na produção do sujeito e do gênero sexual, tanto pela via das estruturas clínicas quanto pela via das vicissitudes da pulsão. Comecemos pelas pulsões.

A VIA DAS PULSÕES

Retomando alguns conceitos do item anterior, podemos dizer que a sexualidade tem a pulsão e suas vicissitudes como a matéria-prima das diversidades sexuais e do próprio gênero sexual. E o sexo, por sua vez, seria um comportamento que envolve a relação do corpo consigo mesmo e com outros corpos. Assim é, por exemplo, na masturbação, na relação entre um parceiro(a) e outro(a), ou em uma relação sexual na qual estão presentes mais de duas pessoas e/ou objetos (por exemplo, como no fetichismo). Todavia, o importante aqui é salientar que este corpo em relação nunca é somente um corpo anátomo-biologicamente definido. Para a Psicanálise, o que é fundamental não é tanto os objetos que estão envolvidos que conta, mas, antes e tão-somente, a relação erógena que o corpo estabelece com os objetos. Assim, por exemplo, o ato sexual em Psicanálise será sempre analisado em termos da relação que o corpo-erógeno estabelece com as coisas que o excitam.

Freud, ao estabelecer que a criança já possui sexualidade, não quis afirmar com isso ela já teria uma tendência à escolha de parceria sexual definida desde o nascimento. Ao contrário, a questão da orientação sexual desse corpo-erógeno é algo que se define nas vicissitudes da pulsão no seu embate com o *complexo de Édipo*.

Assim, ele toma o complexo de Édipo como o momento de organização da libido e com isso problematiza a psicopatologia, bem como a sexuação de um corpo. Isto é, demonstra que a identidade de gênero não se dá naturalmente com a identidade genital e/ou cromossômica (biológica).

O gênero é uma questão de construção, chamada em Psicanálise de sexuação. Sexuar-se, portanto, é posicionar-se como homem ou mulher diante da castração, visando à satisfação pulsional. A pulsão, que, como vimos, Freud estabeleceu em categorias básicas tais como oral, anal, fálica e genital — cada uma correspondendo a uma zona erógena específica —, é regulada por princípios fixos de desprazer-prazer. Isto é, a excitação excessiva de uma ou mais zonas erógenas provoca um desprazer que necessita ser descarregado, de forma que a descarga desse excesso é propriamente o que se define por prazer, por satisfação (Freud, 1920). Todavia, vimos que a pulsão não possui objetos predefinidos, o que, necessariamente, causar-lhe-á um certo desassossego, pois ela terá de confrontar-se com este momento angustiante que é ou da invenção ou do encontro de um objeto, para que ela possa ser descarregada e o prazer alcançado.

Assim, em um primeiro momento, Freud chegou mesmo a acreditar que a angústia teria sua fundação na perda do objeto incestuoso (a mãe, primeiro objeto de satisfação sexual), mas percebeu que, na verdade, nos angustiamos por justamente termos encontrado um seu representante bem fidedigno (Freud, 1926b [1925]). De onde esta angústia seria o prenúncio de "morte" simbólica, justamente por ser possível ali, naquela relação do corpo-erógeno com o objeto incestuoso, descarregar-se todo o prazer, indo além da intensidade que se é permitida para a sobrevivência tanto do corpo-erógeno quanto dos outros registros do corpo (anátomo-biológico, simbólico, imaginário e afetivo) (Freud, 1920). Essa é uma outra forma de interpretar o conceito lacaniano de gozo. Isto é, esse momento de intensa descarga de desprazer, que se assemelha ao orgasmo, mas não se reduz a ele, pois que o primeiro não é desejo, portanto, não é simbolizável[107] (Lacan, 1960a). É aquilo que se associa à dor e ao sofrimento, pois que extrapola os limites de suportabilidade de prazer de um sujeito. E é aqui que necessariamente se fecha a lógica *sensacionista* de um sintoma que, como Freud afirma, é a forma básica de relação sexual de um sujeito, só que, na mesma medida em que dá prazer, traz descontentamento, pois carrega consigo o gozo que, no final das contas, é um "ganho" secundário do prazer.

O que faz com que deixemos de ser auto-eróticos, que abandonemos o *gozo*?

Para responder a esta questão, Freud vai dizer que diversas sínteses ocorrerão para retirar a criança de seu auto-erotismo e fazê-la buscar um objeto de satisfação pulsional externo a seu corpo próprio, o que ele chamou de sexualidade anaclítica, isto é, diferente dela mesma (Freud, 1914a). Esse momento ocorre justamente quando a criança se depara com a sua genitalidade, isto é, com as questões culturais e simbólicas que estão associadas aos genitais que definem, socialmente, o gênero sexual ao qual ela pertencerá. Freud acreditava, portanto, que a genitalidade iria funcionar como organizador das pulsões parciais. Ele diz:

Assim, de início a função sexual é não centralizada e predominantemente *auto-erótica*. Depois, começam a surgir sínteses nela; uma primeira fase de organização é alcançada sob o domínio dos componentes orais, e segue-se uma fase *anal-sádica*, e só depois de a terceira fase ter sido finalmente alcançada é que a função sexual começa a servir aos fins de reprodução. No curso desse processo de desenvolvimento, grande número de elementos das várias pulsões componentes vêm a ser inúteis para essa última finalidade e são, portanto, deixados de lado ou utilizados para outros fins, como outros são desviados de seus objetivos e levados para a organização genital. Dei o nome de *libido* à energia dos instintos sexuais e somente a essa forma de energia (Freud, 1925b [1924]), v. XX, p. 49).

Se a presença ou ausência do genital (biologicamente falando) não é o organizador da sexualidade perversa polimorfa da criança, o que irá, de fato, regrar a sua diversidade? Freud associa a emergência da orientação sexual, ou seja, a escolha inconsciente do objeto de parceria sexual como meio de satisfação libidinal a partir da organização pulsional pela genitalidade. É aí que Freud cunha o conceito de Complexo de Édipo, como justamente o momento pelo qual o sujeito terá de organizar as suas pulsões, no sentido de direcioná-las a um objeto específico. Ele diz:

O processo de chegar a um *objeto*, que desempenha papel tão importante na vida mental, ocorre juntamente com a organização da libido. Após a fase do *auto-erotismo*, o primeiro objeto de amor no caso de ambos os sexos é a mãe, afigurando-se provável que, de início, uma criança não distingue o órgão de nutrição da mãe do seu próprio corpo. Depois, mas ainda nos primeiros anos da infância, a relação conhecida como *Complexo de Édipo* se torna estabelecida: os meninos

---

[107] Para uma completa referência do conceito de 'gozo' em Lacan, ver David Macey. *Lacan in contexts*. London and New York: Verso, 1988 e os Anais da 14as Jornadas de Psicanálise da Biblioteca Freudiana Brasileira, intitulada *Desejo ou Gozo*, São Paulo: Biblioteca Freudiana Brasileira, 1989.

concentram seus desejos sexuais na mãe e desenvolvem impulsos hostis contra o pai, como rival, como as meninas adotam atitude análoga[108]. Todas as diferentes variações e conseqüências do Complexo de Édipo são importantes, e a constituição inatamente bissexual dos seres humanos faz-se sentir e aumenta o número de tendências simultaneamente ativas. (...) Vemos, então, que a primeira escolha de objeto de uma criança é *incestuosa*. Todo o curso do desenvolvimento que descrevi é percorrido rapidamente, porquanto a feição mais notável da vida sexual do homem é seu desencadeamento *bifásico*, seu desencadeamento em duas ondas, com um intervalo entre elas, que atinge um primeiro clímax no quarto ou quinto ano da vida de uma criança. Mas a partir daí essa eflorescência prematura da sexualidade desaparece; os impulsos sexuais que mostraram tanta vivacidade são superados pela repressão, e segue-se um período de *latência*, que dura até a puberdade e durante o qual as *formações reativas* de moralidade, vergonha e repulsa são estruturadas[109] (Idem, p. 49-50).

Temos aqui, portanto, o esboço resumido do que vem a ser uma de suas mais polêmicas teorias: a de que é no complexo de Édipo que a orientação sexual de uma pessoa se constitui, bem como é nele que nasce o germe da psicopatologia psicanalítica.

A questão freudiana, portanto, se resume em saber quais são as vicissitudes da pulsão e para onde ela se dirige quando o "véu da amnésia infantil" lhe é jogado. Freud deixa claro que o desejo de ter relações sexuais é um dos desdobramentos possíveis da pulsão sexual, não chegando nem a ser um de seus fins naturais, já que a primeira é uma exigência da cultura. Isto é, se chegamos a descarregar nossas pulsões sexuais no ato sexual é porque assim ela foi condicionada, porque assim lhe foi exigida no Complexo de Édipo, que é o ápice dos desdobramentos da pulsão sexual e a fonte de toda a estruturação da personalidade. Para Freud, o complexo de Édipo é o acontecimento por excelência traumático, na medida em que impõe ao sujeito a recusa e abandono de sua perversidade polimorfa em favor de uma genitalidade almejada pela cultura, representada na vida da criança por seus pais. Desse modo, o Édipo é sempre uma construção que, por exigência da cultura[110], organiza as pulsões parciais com vistas a concentrá-las em um único objetivo (prazer no ato sexual visando ou não à procriação) e objeto (parcerias com o sexo oposto ou do mesmo sexo).

Em Freud, o complexo de Édipo é um acontecimento triangular que envolve três elementos fixos e um circulante. Os três elementos fixos são: papai, mamãe e criança; o elemento circulante é o pênis (falo). Freud irá desenvolver este tema em muitos

---

[108] Originalmente há uma nota de rodapé no texto freudiano, exatamente nesse ponto, acrescentada em 1935, na qual Freud destaca para o fato de que, embora haja equivalência entre a construção da orientação sexual no homem e na mulher, ela só poderá ser equiparada até este ponto. Ele coloca: "Pesquisas e reflexões ulteriores revelaram diferenças profundas entre o desenvolvimento sexual de homens e mulheres. O primeiro objeto sexual de uma menina na tenra idade (do mesmo modo de que um menino em idade tenra) é a mãe, e antes que uma mulher possa alcançar o fim do seu desenvolvimento normal tem de modificar não somente seu objeto sexual como também sua principal zona genital. Dessa circunstância surgem dificuldades e possibilidades de inibição que não se acham presentes no caso de homens". Este tema sempre foi de difícil abordagem para Freud e, por mais que ele tivesse retornado, nunca ele ficou exatamente satisfeito com seu desfecho, levando-o, portanto, a dizer que a sexualidade feminina era-lhe um território absolutamente obscuro. Iremos ver adiante do que se trata exatamente tal conflito.

[109] Há outra nota de rodapé neste ponto, no original do texto, acrescentada também em 1935, em que Freud salienta para o fato de que o período de latência é um fenômeno fisiológico (de repouso hormonal), mas que pode variar culturalmente. Assim, ficamos confusos, pois como pode o fisiológico variar culturalmente? Ele diz: "Ele [fenômeno fisiológico] pode, contudo, dar margem apenas a uma interrupção completa da vida sexual em organizações culturais que tenham efetuado a supressão da sexualidade infantil como parte de seu sistema. Este não é o caso na maioria dos povos primitivos".

[110] Para Katz (1992, p. 25-26), entretanto, a exigência não é apenas cultural, mas, sim, teórica: "Mas as zonas erógenas ficam submetidas ao genital [falo]. Por quê? Pois tem que haver um princípio ordenador e organizador da multiplicidade tanto corporal como simbólica, explicita Freud". Tal princípio organizador fundamenta-se na idéia freudiana de um aparelho psíquico que tende ao equilíbrio, à morte, isto é, a ausência de desprazer provocado pelas excitações pulsionais. Tende-se à morte, porque, se a pulsão é o que está *entre* o psíquico e o somático, e sua fonte de produção é o corpo, logo, depende-se do corpo para se ter vida simbólica, embora o inverso não seja verdadeiro (Ibid).

outros escritos, incluindo os seus relatos de casos do Pequeno Hans, O homem dos Ratos, Schereber e outros e, em 1923, evidencia a equivalência simbólica entre pênis e falo, deixando claro que no Édipo, o que está em jogo é a condição da criança de ser ou ter o falo. O fim desse processo, segundo Freud observou, é um padrão cultural no qual se espera alcançar a união de sentimentos de amor, ternura e desejo em relação a uma pessoa do sexo oposto. Tal escolha de objeto de amor é feita na puberdade, porém, a base fundante para esta escolha se dá na infância. De modo que a pessoa com quem queremos nos unir e/ou nos unimos é uma repetição do objeto que se tornara importante à época da fase edipiana, a qual se dá na fase fálica do desenvolvimento pulsional (por volta dos 4-6 anos). Isto é, tentamos encontrar nas nossas parcerias traços do genitor por quem, na infância, durante o auge do Complexo de Édipo, nos apaixonamos.

É fato, entretanto, que inicialmente nem tudo foi assim tão simples. Nos *Três ensaios sobre a sexualidade* (1905), Freud introduz o tema da relação mãe-bebê, apontando esta relação como modelo de toda relação de amor e, aqui, o acento, por convenção, recai sobre a figura materna, biologicamente falando:

> Os processos na puberdade estabelecem assim a primazia das zonas genitais; e, no homem, o pênis, que se tornou agora capaz de ereção, pressiona insistentemente no sentido no novo objetivo sexual — a penetração numa cavidade do corpo que excita sua zona genital. Simultaneamente, no lado psíquico, o processo de encontrar um objeto, para o que foram feitas preparações desde a primeira infância, se completa. Numa época em que os inícios da satisfação sexual ainda estão vinculados à ingestão de alimentos, a pulsão sexual tem um objeto sexual fora do corpo do próprio infante, sob a forma do seio da mãe. Somente mais tarde é que o instinto perde esse objeto, bem na época, talvez, em que a criança pode formar uma idéia total da pessoa a quem pertence o órgão que lhe está dando satisfação total. Via de regra, a pulsão sexual torna-se então auto-erótica, e não é senão depois de atravessado o período de latência que a relação original é restaurada. Há, portanto, bons motivos para que uma criança que suga o seio da mãe se tenha tornado o protótipo de toda relação de amor. O encontro de um objeto é na realidade, um reencontro dele (Freud, 1905, v. VII, pp. 228-29).

Essa hipótese do reencontro do objeto primevo de satisfação, o seio materno, nas escolhas objetais subseqüentes ao complexo de Édipo, é o que permite a Freud ser prescritivo nas páginas seguintes:

> Não pode haver dúvida de que toda e qualquer escolha de objeto se baseia, embora menos intimamente, nestes protótipos. (…) Em vista da importância das relações entre uma criança e seus pais pode-se facilmente entender que qualquer distúrbio destas relações produzirá os mais graves efeitos em sua vida sexual adulta. O ciúme de um amante nunca deixa de ter uma raiz infantil ou, pelo menos, um reforço infantil. Se houver brigas entre os pais ou se seu casamento for infeliz, estará preparada nos filhos a base para a mais grave predisposição a distúrbios de desenvolvimento sexual ou a doenças neuróticas (Ibid., p. 235)

Mas como é próprio de um pensamento em construção, no parágrafo seguinte, logo após ter responsabilizado gravemente os pais pela escolha do objeto sexual de seus filhos, ele irá dizer:

> O afeto de uma criança por seus pais é sem dúvida o traço infantil mais importante que, após revivido na puberdade, indica o caminho para sua escolha de um objeto, mas não é o único. Outros pontos de partida com a mesma origem primitiva possibilitam ao homem desenvolver mais de uma linha sexual, baseadas não menos em sua infância, e a estabelecer condições muito variadas para sua escolha de objeto (Ibid., p. 235-36).

Essas outras possibilidades levarão ainda mais alguns anos para serem mais bem explicitadas, e é o que ele faz em (1940 [1938 p. 216-217) *Esboço de Psicanálise*, argumentando a favor da predominância dos fundamentos filogenéticos nas experiências pessoais, além do Édipo.

Freud é ambíguo em relação à necessidade de uma mãe biológica ou substituta como primeira e fundamental referência de apresentação de um objeto para a satisfação pulsional da criança.

A relação de uma criança com quem quer que seja responsável por seu cuidado proporciona-lhe uma fonte infindável de excitação sexual e de satisfação de suas zonas erógenas. Isto é especialmente verdadeiro, já que a pessoa que cuida dela, que, afinal de contas, em geral é sua mãe, olha-a ela mesma com sentimentos que se originam de sua própria vida sexual: ela a acaricia, beija-a, embala-a e muito claramente a trata como um substitutivo de um objeto sexual completo (Freud, 1905, v. VII, p. 229-30).

Essa ambigüidade, aliada à experiência clínica, que o leva a se escorar no argumento filogenético que, na obra freudiana, toma as vezes de condição inerente do ser falante, ou seja, de registro simbólico. Freud não era ingênuo e sabia que o sujeito escolhe a sua "neurose" como resposta ao Complexo de Édipo. Foi justamente isso que ele demonstrou no seu escrito sobre o Pequeno Hans, questão à qual Lacan dedicou um Seminário inteiro, aliviando assim o peso da responsabilidade dos pais sobre a sorte de seus filhos[111]. Nesse sentido, compreendemos que a orientação sexual de uma pessoa, bem como sua identidade de gênero, será determinada e marcada pela cultura e sua rede de significantes, de modo que nenhum destes fenômenos poderá ser pensado como natural senão normativo.

A VIA DAS IDENTIFICAÇÕES*

Outra via possível para pensarmos a questão da sexuação em Freud é a via da psicopatologia.

Freud organizou a relação entre as patologias e a orientação sexual dos indivíduos por meio de um eixo: o desenvolvimento psicossexual da libido. Em sua experiência clínica de aplicação do método e múltiplas análises de situações cotidianas, observou que a libido não possui um curso contínuo. Isto é, ela apresenta descontinuidades provocadas pelo que ele chamou de fixações. "Como resultado, quer da excessiva força de certos dos componentes, quer de experiências que implicam uma satisfação prematura, *fixações* da libido podem ocorrer em vários pontos no curso de seu desenvolvimento" (Freud, 1905, v. VII, p. 49). Por força das exigências impostas no Complexo de Édipo, a saber: a de que o indivíduo se ligue a outros objetos externos a seu corpo-erógeno, forçando-o, portanto, a uma relação de si para com o outro —, ele vê-se impelido a reprimir suas formas de obtenção de satisfação originária (perversa polimorfa) para organizá-la em um ponto específico: a genitalidade.

Todavia, essa genitalidade não se resume especificamente aos genitais, mas, antes, a uma primazia do *falo*. Sua suposição é a de que a criança, a certa altura de seu crescimento, vê-se interpelada pelo "enigma da Esfinge". Isto é, ela se interessa por saber sobre a origem dos bebês e inicia, portanto, as suas *pesquisas sexuais* que produzem, efetivamente, *teorias sexuais* "que, estando circunscritas pelo fato de não estar completo o próprio desenvolvimento físico de seus autores, constituem uma mescla de verdade e erro, e deixam de

---

[111] Cf. Jacques Lacan. *Seminário, livro 4: a relação de objeto* (texto estabelecido por Jacques-Alain Miller; tradução Dulce Duque Estrada. Rio de Janeiro: Jorge Zahar Ed., 1995), no qual Lacan diz com todas as letras que na fase pré-edipiana o que está em jogo não é o "esforço e desejo" parental para que seus filhos se submetam à genitalidade como "esperança" de conservação da espécie. Há um elemento a mais (filogenética), que é o próprio acontecimento do jogo edípico: o desejo do sujeito em submeter-se ou não a um determinado simbólico preconizado pelos pais. É possível que o sujeito escolha submeter-se a outras referências simbólicas que não àqueles as quais se remetem os seus pais. Portanto, "trata-se de que a criança *assuma* o falo como significante, e de uma maneira que faça dele instrumento da ordem simbólica das trocas, na medida em que ele preside à constituição das linhagens. Trata-se, em suma, de que ela se *confronte* com esta ordem que fará da função do pai o pivô do drama. (...) Portanto, não basta que o sujeito, depois do Édipo, alcance a heterossexualidade, é preciso que o sujeito, moça ou rapaz, chegue a ela de forma tal *que se situe* corretamente com referência à função do pai. Aí está o centro de toda a problemática do Édipo" (pp. 204-205) (*Grifo meu*).

solucionar os problemas da vida sexual" (Freud, 1925b, p. 50). É justamente desse jogo entre a verdade e o erro que resultam as fantasias que levamos conosco pelo resto de nossas vidas, os nossos fantasmas.

Na fantasia, portanto, o que está em jogo não é propriamente o órgão sexual, mas o falo, como um significante que representa justamente o objeto que poderá vir a produzir um efeito de satisfação inegualavelmente superior a qualquer outro existente.

Ele observa que, motivadas por suas pesquisas sexuais e teorias (fantasias), as crianças, em certo período de seu desenvolvimento, concedem um valor excessivo às suas zonas genitais como articuladoras para responder às suas inquietações.

> Mesmo não se realizando uma combinação adequada das pulsões parciais sob a primazia dos órgãos genitais, no auge do curso do desenvolvimento da sexualidade infantil, o interesse nos genitais e em sua atividade adquire uma significação dominante, que está pouco aquém da alcançada na maturidade. Ao mesmo tempo, a característica principal dessa "organização genital infantil" é sua *diferença* da organização genital final do adulto. Ela consiste no fato de, para ambos os sexos, entrar em consideração apenas um órgão genital, ou seja o masculino. O que está presente, portanto, não é uma primazia dos órgãos genitais, mas uma primazia do falo (Freud, 1923, v. XIX, p. 180).

Essa distinção conceitual foi importante a Freud para reforçar a idéia de que a sexualidade e a sexuação humana nunca serão regradas pelo biológico, senão pela fantasia. Desse modo, é evidente que o falo, mais do que ser um elemento anatômico, jamais será reduzido a ele na teoria freudiana, pois trata-se de uma questão simbólica.

Ele prossegue dizendo que há um momento em que a criança, no jogo de sua aferição entre o que ela fantasia (que todos os seres humanos são providos de falo [pênis]) e a sua percepção, vê-se que o pênis não é uma possessão geral. Apenas alguns indivíduos e animais o possuem. A explicação desse fenômeno para a criança não vem com o saber-médico; isto é, não é suficiente dar-lhe uma aula de anatomia humana para que ela aprenda a distinção anatômica entre os sexos, pois o que domina em sua simbologia é a fantasia. Assim, "a falta de um pênis é vista como resultado da castração e, agora, a criança se defronta com a tarefa de chegar a um acordo com a castração em relação a si própria" (Freud, Idem, p. 182).

Por essas questões terem sido desencadeadas, primeiramente, pela forte excitação produzida nos genitais no decorrer do desenvolvimento pulsional e disso fazer parte o jogo de *ter* e *ser* o falo (simbólico), é que Freud deu a essa fase o nome de *fálica*. A ela, portanto, estão associados não apenas o complexo de Édipo, mas também o complexo de castração, que é fundamental para a descontinuidade desta fase e o deslocamento da criança para a fase genital (a se dar na puberdade). De modo que o "significado do complexo de castração só pode ser corretamente apreciado se sua origem na fase da primazia fálica for também levada em consideração" (Freud, Idem, p. 182).

Então, com o que a criança se confrontará neste período? Primeiramente, ela terá de se dar conta de um fato percebido que é: nem todos os seres humanos são fálicos, isto é, possuem pênis, logo, alguns são castrados. Em segundo lugar, caso aceitem esta diferença anatômica real, terão de justificá-la com alguma teoria (fantasia). Em terceiro lugar, terão de se portar de modo a garantir-lhes a conservação de seu próprio *falo*.

É curioso nesse momento perceber que, embora as crianças, mesmo que com certa relutância, abandonem a fantasia de que todos os seres são fálicos, é só muito tardiamente que a mãe perde seu pênis, ou seja, deixa de ser fálica.

Isso se explica pelo fato de que a criança traduz em palavras a sua percepção da falta de pênis em algumas pessoas, especificamente as mulheres, com a fantasia de que o que foi perdido ocorreu em função de uma punição.

> Ao contrário, a criança acredita que são apenas pessoas desprezíveis do sexo feminino que perderam seus órgãos genitais — mulheres que, com toda probabilidade, foram

culpadas de impulsos inadmissíveis semelhantes ao seu próprio. Mulheres a quem ela respeita, como sua mãe, retêm o pênis por longo tempo. Para ela, ser mulher ainda não é sinônimo de não ter pênis (1923, v. XIX, p. 183).

Assim, Freud articula a seguinte proposição: os meninos solucionariam o complexo de Édipo, abandonando os seus impulsos incestuosos, por medo de serem castrados, como efeito de punição e dirigindo a sua libido para outras mulheres que eles irão supor igualmente fálicas como a sua mãe. Para que eles consigam tal façanha, há que se identificar com o pai em seus atributos masculinos visando atrair para si mulheres que, fantasisticamente, devam se aproximar daquela que, na sua fantasia, é fálica por natureza, que jamais poderá ser sexualizada, pois não é sensual, não se iguala a ele em termos de, também, algum dia, apresentar impulsos inadmissíveis. Assim, é por meio da *Lei do incesto*, que o complexo de Édipo se estrutura como momento organizador das pulsões pré-genitais com fins de direcionamento delas para um único objeto fálico diferente daquele localizado no corpo da mãe, em princípio, a manutenção da espécie[112] .

Para as meninas, que já nasceriam castradas anatomicamente, o complexo de Édipo iria se iniciar justamente com o complexo de castração. Embora Freud tenha mesmo afirmado que a menina "aceita" a castração como um fato consumado, isso ocorre apenas superficialmente, porque para ambos, meninos e meninas, a fantasia de que a mãe seja fálica jamais será de todo abandonada. E claro está que o regulador essencial da sexualidade humana não é exatamente o fator anátomo-fisiológico e toda a bioquímica nele envolvida, senão a primazia do falo. É a ela que a sexualidade irá se submeter durante todo o período de existência deste corpo-erógeno e é ela, portanto, a responsável pela sexuação de um corpo primariamente pulsional. Isto é, a fantasia da mãe

fálica como fonte de satisfação pulsional completa é a fundação das relações de gênero e sexuais, no sentido em que o sexual, neste caso, implicaria a genitalidade.

Assim dito, a menina apenas se reportará ao pai, tanto quanto o menino, para devolver à mãe aquilo que sua percepção lhe trouxe como realidade corporal: a ausência de falo (pênis) na mãe; fato este que questiona a lógica de sua fantasia. Se o menino se identifica ao pai para reaver uma mãe fálica, a menina se identifica a ele como causa de sua compensação. Isto é, ressentida com a mãe por tê-la feito castrada, e por ser ela [a mãe] também castrada, mas apenas anatomicamente, a menina se dirige ao pai para dele retirar aquilo que poderá fazê-la fálica, isto é, um filho. Assim posto, a menina se identifica com a mãe, em sua feminilidade, para poder atrair o masculino para si na esperança de que, na sua relação com ele, possa provar que a sua fantasia não é um erro, ou seja, para que ela possa encontrar um termo simbólico que se acople à sua fantasia, restituindo-lhe o seu valor de verdade incondicional. É por meio dessa equação simbólica (falo — pênis), que sua fantasia sexual irá ser proposta como interpolação para a sexuação de seu corpo próprio e do outro.

Estando assim excluído, na menina, o temor da castração cai também um motivo poderoso para o estabelecimento de um superego e para a interrupção da organização genital infantil. Nela, muito mais que o menino, essas mudanças parecem ser resultado da criação e de intimidação oriunda do exterior, as quais a ameaçam com uma perda de amor. O Complexo de Édipo da menina é muito mais simples que o do pequeno portador do pênis; em minha experiência, raramente ele vai além de assumir o lugar da mãe e adotar uma atitude para com o pai. A renúncia ao pênis não é

---

[112] Evidentemente, que este fim primevo vem recheado de histórias pessoais articuladas culturalmente. Isso explica também por que as mães, pelo menos nos pensamentos em vigília, nunca são sexualizadas e nem mesmo chega-nos a ser admissível pensar que elas possam ter relações sexuais com alguém, mesmo com nossos próprios pais. A sexualidade parental é, pois, um tabu para os filhos e inúmeros são os transtornos que sofrem certos pais que, por um motivo qualquer, se vêm divorciados tendo de buscar uma outra parceria sexual. O incesto, assimilado como Lei organizadora da família, é questionado e desarticula todo o circuito pulsional dela, provocando novos arranjos que nem sempre são vividos com tranqüilidade.

tolerada pela menina sem alguma tentativa de compensação. Ela desliza — ao longo da linha de uma equação simbólica, poder-se-ia dizer — do pênis para um bebê. Seu complexo de Édipo culmina em um desejo, mantido por muito tempo, de receber do pai um bebê como presente — dar-lhe um filho. Tem-se a impressão de que o complexo de Édipo é então gradativamente abandonado de vez que esse desejo jamais se realiza. Os dois desejos — possuir um pênis e um filho — permanecem fortemente catexizados no inconsciente e ajudam a preparar a criatura do sexo feminino para seu papel posterior (Freud, 1924, p. 223).

Toda essa articulação freudiana de atribuição do Complexo de Édipo e de castração para o menino e menina, como organizadores de suas pulsões perversas polimorfas, faz com que ele se encontre diante de um aforismo inescapável: "A anatomia é o destino" (Freud, 1924, p. 222). Deste modo, entendemos que a questão da sexuação, ou antes, de como alguém chega a se assumir como masculino ou feminino, dá-se a partir da identificação (ou não) desta pessoa para com a mãe ou o pai, como resposta ao complexo de castração.

Por não haver, portanto, uma relação instintiva que ligue o homem à mulher (ou vice-versa) é que não será possível definir a perversão tendo-se como referência uma suposta forma natural de relação sexual ou, então, mais desenvolvida, como Freud o fez. Assim, a heterossexualidade foi tomada não como natural, porém como normativa (Evans, 1996, p. 181).

Baseado na dissimetria simbólica entre o homem e a mulher é que Lacan irá ampliar as possibilidades de compreensão da sexuação humana. Portanto, o sexo é ausente de harmonia, reciprocidade e/ou comunicação.

A VIA DO FALO (PHALLUS) E A CASTRAÇÃO

No seu "retorno a Freud", Lacan irá rearticular essa proposição, redimensionando todo o funcionamento destes organizadores. Para tal, ele irá basear-se em dois fatos distintos. Primeiramente, firmado nas observações de Malinowski, mas ainda seguindo Freud em seus princípios, ele observa que o complexo de Édipo é o último e o mais importante dos familiares, enfatizando, todavia, que este complexo não é universal para a espécie humana; ou seja, nem todas as culturas têm a proibição do incesto como organizador de suas articulações pulsionais (Lacan, 1938, p. 21-62). Em segundo lugar, ele associa o abalo da fantasia da criança acerca da (in)falicidade da figura materna não apenas à sua percepção da distinção anatômica entre os sexos, mas também ao fato de que ela crê que isso possa ter ocorrido com ela (e no caso do menino, de que isso possa vir a ocorrer com ele), apenas porque ela já teve uma experiência muito próxima da castração, bem antes de ter entrado em contato com os genitais como fontes de prazer erógeno-sensuais na fase fálica. Isto é, ela já foi anteriormente castrada de objetos fálicos como o seio, as fezes e também em decorrência de uma série de fantasias de mutilação prévias a esta, cuja origem reside na imagem do *corpo fragmentado*. Tal imagem é contemporânea à experiência descrita por ele acerca do *estádio do espelho* (Lacan, 1949) que ocorre por volta dos seis aos oito meses de vida da criança. Será, portanto, muito mais tarde que a memória desta sensação irá se reatualizar no que Freud denominou de castração (Evans, 1996, p. 21).

Desse modo, Lacan restitui parcialmente a "verdade" à teoria freudiana, na medida em que o complexo de castração tal qual elaborado por Freud passa a ter lógica não como destinado anatomicamente, senão pré-atualizado em uma fantasia ulterior de mutilação e desmembramento do corpo como um todo. Tal experiência tem a sua base na incapacidade de a criança organizar suas sensações (seu corpo-pulsional) por limitação neurológica, necessitando, pois, do apoio do outro, para ajudá-la nesta organização. Assim, esse outro pode ser um outro qualquer, mas não será nunca qualquer um, por exemplo, não poderá ser um animal. Há que ser um outro humano para o qual a criança irá dirigir o seu olhar e sentir-se organizada sensacionisticamente, isto é, em termos de apaziguamento das suas sensações de desmembramento.

Será apenas por volta dos anos 50 do século XX que o complexo de castração será fundamental na obra de Lacan para, assim como em Freud, regular tanto as conceituações em torno da psicopatologia quanto em torno da sexuação.[113] Neste período especificamente, Lacan irá desenvolver toda uma teoria sobre a "perda do objeto fálico" fundada nesta sensação de desmantelamento, em que a castração assume três formas possíveis de manifestação da perda do objeto. Ela poderá ser Imaginária levando à *frustração* que está relacionada à perda imaginária de um objeto real (por exemplo, a perda da mãe simbólica cujo objeto real seria o seio). Ela poderá ser Real, configurando-se como *privação* ligada à perda real de um objeto simbólico (por exemplo, a morte de alguém simbolicamente importante para o indivíduo). Por fim, ela poderá ser *simbólica*, por exemplo, a perda do falo que se imagina ser algo que o pai real possua. Desse modo, para Lacan, a castração e seus equivalentes estão sempre articulados com a experiência da perda e é dessa experiência que se trata no complexo de Édipo.

Todavia, embora para Lacan a castração seja também central para o desenvolvimento de sua teoria do gênero sexual, ele irá diferir de Freud no que tange a ter a anatomia como o destino da sexuação. Ou seja, para Lacan, o que se processará com a menina e o menino não terá sua diferença marcada pela presença ou ausência de um órgão do corpo, mas, antes, pela presença ou ausência do falo como significante do desejo materno.

Por isso, Lacan irá substituir o conceito complexo de Édipo pelo de Édipo estrutural por entender que se trata de um momento lógico da experiência humana, momento de confronto não com sua genitalidade (e decorrente gênero sexual), mas antes com sua potencialidade de ascender e sustentar o seu desejo, separando-se do outro como entidade fantasisticamente fálica, infalível[114].

Lacan irá dividir o Édipo estrutural em três tempos (Lacan, 1957-8a). O primeiro tempo deste Édipo corresponde justamente à percepção da criança de que sua mãe deseja outra coisa para além dela. Atemorizada com a possibilidade de ver se repetir o desmantelamento de seu corpo próprio, a criança busca solucionar esta situação oferecendo-se à mãe como objeto causa de seu desejo, ou seja, oferecendo-se como objeto fálico para tamponar a falta da mãe, pois se esta deseja não é senão porque algo lhe falta. Assim vemos que, diferentemente de Freud, em Lacan, a falta da mãe é simbólica, pois para ele o que Freud percebeu nas *pesquisas sexuais* infantis e suas *teorias* foi justamente a encarnação significante, linguageira, desta falta estruturante do desejo da mãe que interpela a criança como sujeito. Desse modo, a criança se oferece à mãe como falo imaginário capaz de suprir-lhe a falta. Assim, é a natureza imaginária do falo que irá imprimir e regular a erotização do corpo-erógeno de uma pessoa. A mãe, no primeiro tempo do Édipo, não é para a criança senão o seu grande Outro (escrito com o maiúsculo, para referir-se ao outro da linguagem). Grande porque absoluto, transcendente, *a priori* à condição de corpo biológico da criança. Outro porque externo a si própria.

No segundo tempo do Édipo, o pai imaginário intervém para consolidar a falta da mãe, impondo a ambos, mãe e criança, a lei do incesto. Tal lei não diz respeito à genitalidade proibida entre uma mãe e sua criança, mas, antes, trata de não permitir a fusão de uma em outra. Ou seja, a mãe, que ajudou a criança a organizar-se em suas experiências de desmantelamento, criou entre elas uma relação sólida, quase fixa, onde da primeira saíram significantes que marcaram o corpo-erógeno daquela criança, fizeram como que *estigmas* por onde a linguagem se fez possibilidade de atualização de sensações inomináveis até então. A linguagem que a mãe estabeleceu com seu bebê ajudou a apaziguar nele as suas sensações

---

[113] Especificamente no *Seminário III. As psicoses (1955-6)*, e *Seminário IV. As relações de objeto (1956-7)*. Ambos publicados pela Jorge Zahar Editores, Rio de Janeiro.

[114] O Édipo em Lacan não é o Complexo de Édipo, já que a proposição 'de' remete ao Édipo como pessoa. Portanto, ninguém, a não ser o próprio Édipo, seria afetado por tal Complexo. Para tal, Lacan, retornando a Freud, dirá que o Édipo é uma questão de estrutura, daí a proposição: Édipo Estrutural.

desterritorializantes, caóticas e, ao mesmo tempo, fez com que ele se sentisse colado e inteiramente submetido aos significantes maternos, que, no caso, podem ser tanto palavras quanto gestos, canções de ninar. É a esta relação fusional que Lacan propõe conceituar de incestuosa e à qual se refere como a que será castrada pelo pai imaginário a partir de sua presença e sustentação da Lei simbólica. Em outras palavras, o pai imaginário intervém para privar ambos, mãe e criança, desta experiência fusional.

O tempo lógico chega a seu termo com a terceira experiência de perda vivida pela célula mãe/criança. E é propriamente com esse tempo que a castração simbólica, tal qual pensada por Freud, irá ocorrer consolidando a dissolução do Édipo estrutural. É aqui que o pai imaginário intervém para mostrar à criança que ele possui o falo sem sê-lo, pois que ele também é castrado. Deste modo, o pai faria a criança desistir de vir a ser fálica passando a querer ter o falo. Isso não implica em fazer com que a criança tome os genitais como referência (dela própria ou dele), mas apenas fazê-la perceber que o falo não é algo que se é, mas apenas que se possa vir a ter, mas que nunca será possível tê-lo completamente, pois que ele pertence ao Outro. Isto é, não mais à mãe, que agora, tanto quanto o pai, são apenas pequenos outros (imaginários e agora escritos com o minúsculo), mas, sim, ao Outro da cultura, do inconsciente, de onde os pais reais são meros representantes. Ao renunciar sua tentativa de ser o falo (que é expressa na fantasia de que todos os seres vivos, incluindo sua mãe, possuem um falo), a criança deve renunciar a este gozo obtido na sua relação com a mãe. Um gozo que jamais será re-obtido apesar de qualquer tentativa que se faça para tê-lo novamente.

O pai biológico, quando presente, encarna o pai imaginário e tem a função, portanto, de castrar a relação mãe-fálica/criança-fálica, no sentido de fazê-las perceberem que ninguém pode ser o falo para alguém, pois todos estão submetidos à Lei do incesto, representada simbolicamente pelo que Lacan denominou de significante *Nome-do-Pai*. A função deste signficante é a de dialetizar o desejo da mãe que recortou via linguagem o corpo-erógeno da criança. O significante Nome-do-Pai terá o poder de representar para a crian-

ça a mãe, possibilitanto que aquela entre na ordem simbólica, que faça cadeia de significantes, que expresse, simbolicamente, o seu corpo-erógeno, que possa deixar de depender do outro (Imaginário) para organizar o caos de seu corpo-pulsional, passando a depender do outro da linguagem (Simbólico) para tal.

Evidentemente que esta Lei não deve ser extremamente rigorosa, pois se ela não dá lugar para o sujeito desejante com a sua singularidade, essa satisfação pulsional aparecerá via transgressão. Então, quando um goza demais, alguém paga demais gozando menos. Mas, um *quantum* de gozo tem de estar presente, para que os sujeitos se inscrevam com a sua particularidade. De qualquer forma, a Lei nunca é suprema, é sempre falha, e por isso o sintoma sempre retorna. Mas o fato de a Lei ser manca não significa que ela seja inoperante, pois, de fato, na neurose, ela promove a busca e criação de novos objetos de satisfação pulsional direcionando o sujeito para as relações com o (o)Outro. E, por essa relação ser "impossível" de ser simbolizada, a insuportabilidade da realização do desejo se converte em distúrbios do corpo na histeria, desloca-se para um desarranjo do pensamento na obsessão, e se expulsa, voltando imediatamente como um perigo externo, na fobia.

Sendo assim, um sujeito (re)encontrará, no percurso de uma análise, a forma como ele fez a substituição do objeto pulsional recalcado e a fixação de seu gozo, isto é, a construção de seu corpo-erógeno. Porque esse gozo fica lá marcado no corpo.

O Nome-do-Pai é necessário pois a palavra da mãe pode "entupir" a criança de significado, isto é, apresentar-lhe um objeto único de satisfação pulsional na tentativa de ordenar seu corpo, o que contraria a natureza deste corpo, pois que sua propriedade é não se submeter a nenhum objeto de satisfação. A esta palavra da mãe que tem poder absoluto de organizar as pulsões perversas polimorfas da criança, Lacan chamou de *objeto a* . Este *objeto a*, que é a mãe (ou uma parte dela), sendo propriamente pulsional, irá intermediar as relações entre o corpo-pulsional e o corpo-erógeno da criança.

A relação do *objeto a* com o corpo nesta referência aos objetos parciais aproxima-o da vertente que na teoria psicanalítica busca o sentido que pode fazer o corpo. Mas é importante que seja retomada a teorização sobre as zonas erógenas mencionada anteriormente, pois, no mesmo momento em que se concebe este corpo do sentido, pode ser fundamentada a idéia de um corpo que evade a ele. A estimulação parental que leva ao delineamento das zonas erógenas pode tomar um caminho que, em vez de descarregar a energia, a conserva e a acumula como *energia residual* (Nasio, 1993, *apud* Bianco, 1996, p. 140).

É deste modo que o gozo se aplica pela presença, e não ausência, do *objeto a*. Sua presença é propriamente a causa da angústia, na medida em que aprisiona, retém, a pulsão em um único sentido, pois que se apresenta a ela como solução para a sua descarga. "A angústia não é sinal de que algo falta. É, pelo contrário, um defeito do suporte que a falta oferece para que surja um significante; isto é, somente a partir de uma falta pode-se colocar no lugar a significação" (Bianco, 1996, p. 141).

Mas por certo que este significante Nome-do-Pai, que é, em última instância, o representante da tentativa de recalque da libido, não consegue exercer sua função com total sucesso, por uma questão mesmo de natureza das pulsões. Estas jamais poderão ser totalmente deslocadas para um outro percurso. Seria como se quiséssemos prever os rumos da vida e pudéssemos, então, controlá-la, na tentativa de garantir uma segurança de que o corpo não passará por outras experiências de desmantelamento. Ora, isso só será realmente possível na fantasia, pois a vida não se cansa nunca de recortar o corpo-erógeno, de instigá-lo a sentir, produzindo novas zonas erógenas, novas sensações, novos circuitos pulsionais. E o risco da fantasia reside nisto:

"entupir" o corpo da criança de significado, de não deixá-lo aparecer em sua dimensão material, de não deixá-lo sem algo que o com-

plete, que o arraste para sob o domínio do controle do significante. Não encontrando a falta, este nada pode fazer, nada pode completar, surge então a angústia. É neste lugar onde deveria, portanto, estar a falta à qual o sentido teria vindo satisfazer que se situa o objeto *a*. (Bianco, 1966, p. 141-142).

Dizem que a expressão Nome-do-Pai tenta sublinhar a conexão com o contexto bíblico em que se realiza a invocação: "Em nome do Pai..."; ou seja, em representação de uma autoridade última que seria a própria Lei. Quando, no contexto bíblico, diz-se "em nome do Pai", quem o diz não é a Lei; está agindo em representação de, invocando. Por isso, o que se quer indicar com o Nome-do-Pai é que algo fica inscrito na Lei, e os personagens, como que agindo em representação da mesma. No texto bíblico, as *Tábuas da Lei* são entregues a Moisés; este age como representante do Deus e ele não é a Lei. A Lei é identificada com a figura do Pai Eterno, mas não com Moisés. Por isso Lacan diz no discurso de Roma, em 1953[115] : "No nome do pai é onde temos que reconhecer a sustentação da função simbólica que, desde a aurora dos tempos históricos, identifica sua pessoa com a figura da lei". Ou seja, desde a aurora dos tempos históricos, a partir desses tempos aos quais os textos sagrados remetem, identifica-se Deus com a Lei, ou seja, com aquele que realiza a Lei, que legisla, mas, a partir dessa legislação, já não há ninguém mais que seja a Lei, todos agem em representação dela" (Bleichmar, 1991, p. 50). De modo que ele é uma articulação que vem tentar proporcionar uma certa "autoridade" para o sujeito poder lidar com a indomabilidade das pulsões, para que ele possa, no mínimo, ter condições de digerir seus efeitos, de melhor lidar com elas, sem jamais ter a pretensão de suprimi-las. Aliás, o Nome-do-Pai não age nunca sobre a pulsão, senão no recalque do significante materno primeiro que uma vez, mesmo que miticamente, organizou a desterritorialização da criança.

O curioso é que esta castração que ocorre no terceiro tempo do Édipo estrutural não é fundamen-

---

[115]Jacques Lacan (1953). "Função e campo da palavra", in *Écrits*.

talmente uma operação resultante de uma intervenção de um pai imaginário ou real, mas trata-se sim de um estado de perda que já existe na mãe antes do nascimento da criança. Lembre-mo-nos de que na equação simbólica proposta por Freud a mulher pode vir a restituir o falo via a aquisição de um filho. No caso, o filho não se reduz apenas a uma criança real, mas a qualquer outra coisa que ela invista como potencialmente capaz de fazê-la imaginariamente fálica novamente. Como diz Evans:

> Esta falta é evidente em seu próprio desejo, o qual o sujeito percebe como sendo o desejo de um falo imaginário. Isto é, o sujeito percebe logo cedo que a mãe não é completa e auto-suficiente nela mesma, nem completamente satisfeita com seu bebê (o sujeito ele mesmo), mas que ela deseja alguma coisa além. Esta é a primeira percepção de que o o(O)utro não é completo mas, sim, faltoso (Evans, 1996, p. 23).

A teoria lacaniana, portanto, tanto quanto a freudiana, coloca o desejo como nascendo dessa falta de significante para nomeá-lo, para apreender o seu objeto, para sempre perdido como vivência imediata após a castração. O objeto, assim, sempre nos aparecerá incompleto, pois mediado pela linguagem que, cabe dizer, pouco fala dele e, quando fala, mais nos preenche de "mal-entendidos".

As formas de castração (da mãe, da criança e do pai) interpelam o sujeito para uma escolha de sua estrutura, isto é, de sua subjetivação, a partir do modo como o sujeito lida com esta Lei. A clínica mostra que nunca nos subjugamos totalmente a ela pelo próprio fato de que a Lei não expressa o fato sexual. O que equivale a dizer que ela é eficaz, embora falha. Castrar o sujeito é sinônimo de recalcá-lo, que é sinônimo de referendá-lo a uma Lei transcendente, mais coletiva. E o que se tenta recalcar? Exatamente duas coisas. Primeiramente, o significante materno organizador da experiência de desmantelamento do corpo-erógeno da criança, trocando-o por algo mais "prático" e "democrático", pois não prioriza nenhuma forma exclusiva de

satisfação pulsional, ao contrário, tenta banir da memória do corpo essa priorização de um gozo exclusivo. Em segundo lugar, o que se tenta recalcar é justamente o desmantelamento do corpo-pulsional, isto é, o seu gozo ou, para ser mais fiel ao texto freudiano, as suas fixações pulsionais. Observa-se, todavia, que é justamente esse recalcamento que incide sobre o corpo, que reacende nele as experiências marcantes de gozo. E foi Freud quem primeiro observou isso:

> Se subseqüentemente verificar-se uma repressão, a libido reflui a esses pontos [de fixação de gozo] (um processo descrito como regressão), sendo a partir deles que a energia irrompe sob a forma de um sintoma. Depois tornou-se ainda claro que a localização do ponto de fixação é que determina a *escolha da neurose*, isto é, a forma pela qual a doença subseqüente vem a surgir (Freud, 1925b, p. 49).

Assim, não há saída, pois esta libido não conseguirá de todo ser rechaçada, embora ela sempre irá sofrer sínteses, desvios, misturas, agenciamentos. O Nome-do-Pai, portanto, é esse representante da Lei, um outro organizador, do qual também não se pode escapar, apenas se pode lidar com ele de um modo ou outro.

Lacan então irá dizer que apenas aqueles que "assumem" a castração como fato simbólico é que experimentarão em si mesmos um efeito normalizador. Tal efeito deve ser entendido apenas em termos da psicopatologia psicanalítica (estruturas clínicas e sintomas) e da teorização acerca da identidade sexual ou sexuação (Evans, 1996, p. 23).

Pode-se concluir disso que "é apenas assumindo a castração (seja aceitando-a ou denegando-a) que o sujeito toma para si uma punição como homem ou mulher" (Evans, Ibid., p. 23). O que é o mesmo que dizer que o sujeito só realiza sua sexualidade no registro simbólico já que "homem" e "mulher" são significantes que dizem respeito a estas duas posições subjetivas" (Lacan, 520, 24 citado em Evans, Ibid, p. 178) em relação à falta (do falo) no outro parental.

A VIA PSICOPATOLÓGICA

Desse modo, a proposta lacaniana, ou também poderemos dizer, dos lacanianos, é ver em Freud a idéia de que a clínica psicanalítica (na sua acepção psicopatológica e de sexuação) trata das modalidades de o sujeito reagir à angústia de castração (o Outro), organizando o seu erotismo (prazer) e desejo em substituição ao gozo.

> Na primeira teoria sobre a neurose, por exemplo, quando Freud falou das neuroses atuais (neurose de angústia, neurastenia, neurose traumática), ele propôs que toda neurose começaria como angústia depois seria transformada, metaforizada de acordo com uma estrutura do sujeito. A angústia seria livre na neurose de angústia, para depois se transformar segundo a estrutura do sujeito, que poderá ser histérica, obsessiva, etc. (...) Segundo Freud, nenhuma neurose começaria já como psiconeurose. Começaria sempre como angústia livre, o que mobilizaria os mecanismos do sujeito para que ele se defendesse da angústia. Este seria o efeito da clínica freudiana (Leite, 1992, p. 94).

Então, pode-se organizar essas "maneiras" de reagir à falta no Outro (castração materna equivalendo-se à angústia de castração, escrito no matema lacaniano pela letra a maiúscula – (A), da seguinte maneira (Leite, 1992, p. 94):

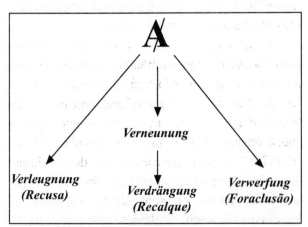

QUADRO 3 - MODOS DE REAÇÃO À CASTRAÇÃO

Lacan, portanto, organiza conceitualmente a clínica freudiana a partir da relação do sujeito com a angústia, ou, antes, com a *falta* no Outro, fazendo daí surgir o desejo em substituição ao gozo.

Também, há o eixo da transferência como sustentáculo dessa clínica, para além, mas a partir da falta. Isso porque a razão de o sujeito procurar um analista está no fato de ele supor que o analista "sabe" sobre essa falta no Outro, e, assim, estabelece-se a transferência de um "suposto saber".

O que estabelece a relação, os laços entre as pessoas, é a suposição de que o outro tenha o saber sobre o que lhe falta. Então, decorrente da clínica da falta, a clínica freudiana seria também a da transferência.

O que existiria como possibilidade de negar essa falta no Outro seriam mecanismos, descritos na Psicanálise como mecanismos de defesa nascidos a partir do recalque.[116] Recalque é uma operação psíquica que visa retirar uma representação do campo da consciência para o inconsciente[117]. Para Freud, não se trata de não passar pelo recalque. Essa passagem é condição para a humanização do corpo-erógeno e a ela todos estão submetidos, ou seja, nasçamos ou não com alguma "malformação congênita", ainda assim sofreremos o recorte do recalcamento. O que irá nos diferenciar um do outro nesse processo não é tanto a entrada, mas a saída dele, ou seja, a construção da nossa sexualidade, ou, em outros termos, o modo como iremos lidar com a perda de nossos objetos e o que faremos com isso, o sexual.

Além dessa possibilidade de negar a falta no Outro, ou seja, de lidar com a falta do outro, Freud falará de mais duas. A segunda delas seria a *Verleugnung*, traduzido por Laplanche & Pontalis (1983) como *recusa*. Mas Lacan, em 27 de novembro de 1975, em uma conferência na universidade de Yale, o traduzirá por *Démenti* — em português, desmentido, denegação — que corresponderia ao me-

---

[116] Sugiro aqui a leitura do livro de Anna Freud, *Os mecanismos de defesa*. Rio de Janeiro: Jorge Zahar Eds., 1980.
[117] Em alemão, recalque é *Verdrängung*. É importante sabermos dessa referência em alemão para aprendermos distingui-lo do seu corolário repressão, que é *Unterdrückt*, sofridos por problemas de tradução e pelo uso que no Brasil em geral se faz dos termos em espanhol.

canismo da perversão (Evans, 1995, p. 138-140). A título de ilustração, pensemos no fetichismo no qual o mecanismo da "denegação" aparece. O fetiche seria uma condição erótica, um objeto real que se transformaria em condição erótica, e nessa situação o sujeito só consegue ter uma relação sexual se houver aquele objeto no corpo do outro. Fetiche, por exemplo, poderia ser os cílios postiços, ou as ligas de uma mulher, ou várias outras coisas, e Freud se pergunta por que o objeto fetichizado permitiria a relação sexual. A resposta é que eles presentificam um objeto que nega a falta no Outro. Ou seja, evita a falta da mãe, presentificando-a no real do objeto. O mecanismo psíquico implicado permite que determinado objeto tenha a função de denegar a castração materna. Foi aqui que Lacan começou a fazer a releitura de Freud, transformando a clínica freudiana como formas de o sujeito negar a falta no Outro.

O fetiche corresponde, na perversão, ao lugar do sintoma na neurose. Em decorrência do mecanismo implicado, aparecerá ou o sintoma ou o fetiche. Já na psicose, a partir da abolição da falta, o que aparecerá serão as alucinações. Lacan dirá que o que for forcluído no Simbólico retornará pelo Real. E, na perversão, a dinâmica entre o sujeito e o Outro se traduz assim: o perverso se identificará com o desejo do Outro, assim garantirá o gozo do Outro. No perverso, o lugar do Outro será ocupado pelo sujeito, em uma lógica inversa à psicose.

A última, que Lacan retirou de Freud, é a *Verwerfung*. Lacan o traduziu por foraclusão, a qual corresponde à estrutura clínica da psicose. O que se ocorre na psicose é uma abolição da falta. Na psicose, não se trata de o indivíduo negar a falta; não há falta, ela não chegou a se constituir. Na psicose, a falta não existe para o sujeito. Na psicose o Outro ocupa o lugar do sujeito, e essa é a causa de toda a sintomatologia da psicose. Na perversão, o sujeito ocupará o lugar do Outro. Na psicose, o sujeito será invadido por esse Outro, e quando isto ocorre, a fenomenologia da manifestação psicótica se impõe. É o que acontece com o indivíduo que está alucinando, pois, dentro dessa ordenação que fazemos, ele será invadido pelo Outro. Então, o que ocorre no Outro se confundirá com o que ocorre no sujeito, por isso Lacan

vai dizer que na psicose "o inconsciente está a céu aberto" (1955-56).

Se não existisse Lei, seríamos todos psicóticos e estaríamos à mercê desse Outro, não teríamos possibilidade de estabelecer um sentido e também qualquer vínculo social. O mundo não teria coerência. O termo *Verwerfung* quer dizer que algo foi jogado fora, ficando irrecuperável. Na psicose, o faracluído foi um significante. Então a causa da psicose não será uma foraclusão "geral", aleatória, será a foraclusão do *Nome-do-Pai*. Assim, a foraclusão do Nome-do-Pai ocorre quando no discurso materno houver a ausência de referência à Lei. Uma mãe que não faz referência a um Outro será toda a Lei para o sujeito, ficando esse sujeito preso ao desejo materno. Então, "não fica louco quem quer", antes, "quem pode".

Essa proposta de ordenação clínica dá um novo sentido à idéia de psicopatologia e sexuação. Não é o ato sintomático em si que caracteriza a estrutura; as sintomatologias, as descrições e combinatórias de sintomas não levarão necessariamente à categorização da entidade estrutural que a constitui. O que será fundamental para isso é a resposta dada à castração.

Vemos então que, para Lacan, diferentemente de Freud, para quem a diferença sexual se dá a partir da identificação da criança com uma das figuras parentais durante o Édipo, o complexo de Édipo sempre envolve identificações simbólicas com o Pai, e então a identificação edípica não pode, por si só, determinar a posição sexual. De modo que não é uma identificação com os pais que definirá a masculinidade ou feminilidade de um sujeito, a sua sexuação, mas antes uma relação com o falo.

Essa relação será a de "ter" ou "não ter o falo". Os homens têm o falo simbólico, e as mulheres não, ou antes, os homens não o são como tais sem ele. "Assumir uma posição sexual é fundamentalmente um ato simbólico, e as diferenças entre os sexos apenas podem ser concebidas em um plano simbólico (Lacan, 1956-7c)", ao passo que a erotização dessa relação irá se dar sempre em um nível imaginário e é por conta deste imaginário que os atos sexuais são possíveis, mesmo não havendo, no plano simbólico, a relação sexual já que no inconsciente não há significantes para simbolizar a diferença anatômica entre os sexos. O que há é o falo e este está do lado do masculino não havendo, assim, simbolização para o sexo da mulher.

Na fase pré-edipiana, portanto, o que está em jogo não é o "esforço" e/ou "desejo" parental para que seus filhos se submetam à genitalidade como "esperança" de conservação da espécie. Há um elemento a mais (filogenética), que é o próprio acontecimento do jogo edípico: o desejo do sujeito em submeter-se ou não a um determinado simbólico preconizado pelos pais. É possível que o sujeito escolha submeter-se a outras referências simbólicas que não aquelas às quais se remetem os seus pais. Portanto,

> trata-se de que a criança *assuma* o falo como significante, e de uma maneira que faça dele instrumento da ordem simbólica das trocas, na medida em que ele preside à constituição das linhagens. Trata-se, em suma, de que ela se *confronte* com esta ordem que fará da função do pai o pivô do drama. (…) portanto, não basta que o sujeito, depois do Édipo, alcance a heterossexualidade, é preciso que o sujeito, moça ou rapaz, chegue a ela de forma tal *que se situe* corretamente com referência à função do pai. Aí está o centro de toda a problemática do Édipo (Lacan, 1995, S4, p. 204-205) [Grifo meu].

Assim, podemos encerrar e dizer que a questão do gênero sexual em Psicanálise é algo que se constrói na relação do sujeito com o falo e a castração. Embora isso seja falogocêntrico, ainda assim traz uma outra referência para a sexualidade sem prendê-la aos ditâmes do normal e do patológico. Como Freud mesmo nos lembra:

> O destacar a sexualidade dos órgãos genitais apresenta a vantagem de nos permitir levar as atividades sexuais das crianças e dos pervertidos para o mesmo âmbito que o dos adultos normais. As atividades sexuais das crianças até agora foram inteiramente desprezadas e, embora as dos pervertidos tenham sido reconhecidas, foram-no com indignação moral e sem compreensão. Encaradas do ponto

de vista psicanalítico, mesmo as perversões mais excêntricas e repelentes são explicáveis como manifestações de pulsões componentes da sexualidade que se libertaram da primazia dos órgãos genitais e que se acham agora em busca do prazer por sua própria conta, como nos primeiros dias do desenvolvimento da libido. A mais importante dessas perversões, a homossexualidade, quase não merece esse nome. Ela pode ser remetida à bissexualidade constitucional de todos os seres humanos e aos efeitos secundários da primazia fálica. A Psicanálise permite-nos apontar para um vestígio ou outro de uma escolha de objeto homossexual em todos os indivíduos. Se eu descrevi as crianças como polimorficamente perversas, estava apenas empregando uma terminologia que era geralmente corrente; não estava implícito qualquer julgamento moral. A Psicanálise não se preocupa em absoluto com tais julgamentos de valor. (Freud, 1925a [1924], p. 52).

O que se pode concluir, portanto, é que, mesmo no caso de crianças com "extrofia vesical", especialmente nos meninos, nos quais a sua condição física lhes atribui um pênis que dificilmente terá um tamanho ou aparência dita "normal", ainda assim é possível se ter (como na maioria dos casos por mim atendidos e aqui pesquisados) uma identidade de gênero em conformidade com o gênero biológico. O que se passa, entretanto, é que o seu circuito pulsional, a sua erogeneização é bem diversa, como o é para cada ser humano por questões da própria relação simbólica que este estabelece com o falo e, mais ainda, pelas relações que a criança estabelece com a mãe, pelo modo como o corpo-pulsional extrófico entra em relação com o corpo do outro. Todavia, destaco que nas crianças com extrofia vesical, em geral, há a produção de um corpo-pulsional e erógeno incomuns, de superestimulação das zonas genitais e excretoras, que deixam as suas marcas no modo como esses indivíduos se relacionam com os seus objetos de amor, a começar por seu próprio corpo. É o que tentarei demonstrar na análise das entrevistas.

Em outros termos, como *gozam* os portadores de extrofia vesical? Haveria uma estrutura nesse percurso pulsional que os diferenciasse das outras pessoas? De que modo esse corpo-erógeno, superestimulado, participa na constituição subjetiva dessas pessoas? Como é que essas pessoas lidam com suas privações, frustrações e castração? Que tipo de fantasias são comumente construídas para reger seus circuitos pulsionais? Quais são os escapes, as linhas de fuga que encontram e inventam para si, a fim de escaparem das normalizações?

CRÍTICA AO ÉDIPO E ÀS FUNÇÕES MATERNAS E PATERNAS NA PSICANÁLISE

Não foi sem propósito que investiguei a história da família, da maternidade e da paternidade. Como parto do princípio de que nada é natural na condição humana, mas que tudo é fruto das relações que os humanos estabelecem com a vida e os seres que ela produz (incluindo o mais desumano dos humanos), também não poderia deixar de pensar que a metapsicologia psicanalítica não seja uma invenção. Seja como for, a Psicanálise, ela também, se deixou enganar pelas artimanhas da história.

Recapitulando alguns pontos já trabalhados, vimos que com o controle do Estado sobre as famílias, tanto a mãe quanto o pai burguês vêem-se obrigados a serem mais responsáveis e controladores em relação às suas proles. Com fins de zelar pela sobrevivência da criança, a mãe torna-se mais íntima e afetiva para com ela, e isso resulta no afastamento gradual do pai dessa célula narcísica que vai se formando entre a mãe e a criança. Assim, o pai tem mais tempo para os seus afazeres pessoais e o trabalho fora de casa, na mesma proporção em que a mãe vai se tornando a "rainha do lar" e a referência de objeto de satisfação pulsional para a criança. E o inverso, nesse caso, é verdadeiro, com a observação de que cabe ao pai mostrar à criança outras referências e objetos, para além do "aconchego" da família, em que a criança possa satisfazer suas pulsões. Em outros termos, cabe ao pai mostrar à criança que a família e o lar não são os únicos lugares do mundo

para se ir ou ficar, invertendo, assim, a mágica de Oz.

No século XVIII nasce a condição para os complexos familiares, dentre eles, o complexo de Édipo "inventado" pela Psicanálise. Mas não é em todos os lares que esse modelo de replicação da Santíssima Trindade bíblica consegue se impor; trata-se mesmo da família nuclear nascida com a burguesia. Com isso, a chegada de um filho é recebida com festa e a criança vai se tornando a "sua majestade o bebê".

É fato que o trabalho de Freud, em quase toda a sua totalidade, baseou-se na verdade cotidiana da clínica por ele inventada. Não foi ele quem "inventou" o complexo de Édipo sozinho. Ou seja, na realidade, seus pacientes não falavam de outra coisa senão de suas relações com papai e mamãe e a castração. Atualmente, quando aplicamos o método da associação livre e transferência, isso ainda ocorre. É verdade, entretanto, que falamos com uma intensidade bem menor desses assuntos, mas ainda assim falamos disso. Mas como nos lembra Fine (1981), Freud, ele mesmo, nunca poderia ter sido prescritivo em relação aos papéis da mãe e do pai no seio da família, já que foi ele mesmo quem ousou dizer que a criança é um sujeito capaz de escolher sua própria fantasia em relação ao modo como irá lidar com o não-saber da sexualidade, do inconsciente, à revelia das opiniões e quereres parentais:

> As idéias psicanalíticas sobre a família atravessaram vários estágios. Quando Freud começou seu trabalho, a família estava sendo culpada por todos os distúrbios neuropáticos; a única causa conhecida era a degeneração hereditária. Este termo foi encontrado ocasionalmente nos primeiros escritos de Freud, mas desapareceu com o correr do tempo. (...) Como a noção de degeneração hereditária gradualmente desapareceu, Freud não se inclinou a pesquisar mais profundamente o ambiente familiar. Durante muitos anos seu interesse principal foi desvendar os determinantes específicos dos problemas de seus pacientes. Nesta busca, a família desempenhava um papel secundário, especialmente de-

pois que ele descobriu que as histórias de sedução sexual de suas pacientes histéricas eram fantasias. Daí em diante, a fantasia, particularmente fantasia infantil, passou a ser vista como uma das principais causas da neurose (Fine, 1981, pp. 331-32).

Embora Freud tenha dado imenso valor para a representação que fazemos das figuras parentais (o que ele chamou de Imago parental), muitos analistas seus seguidores parecem não ter entendido muito bem essa idéia freudiana de fantasia e passaram a dar um caráter vital para a constelação real da família na formação da personalidade. Nasce, então, a Psicanálise prescritiva, de aplicação educacional e normativa.

Vimos que, para Lacan e Freud, o que importa é que um ser humano encarne as funções maternas e paternas tão fundamentais para a organização pulsional de uma criança, que, se assim não fosse, estaria lançada ao revés da ausência de contato com a alteridade, que resultaria na morte não apenas psíquica, mas também biológica.

Todavia, segundo Badinter (1985), não foi essa a compreensão de muitos outros psicanalistas, especialmente Helène Deutsch (*La psychologie des femmes, tomo I*, PUF), Marie Bonaparte (*Sexualité de la femme*, 1977, ed. 10/18) Melanie Klein, Winnicott (Conferências na BBC) e Françoise Dolto (Conferências na France-Inter), que, com seus programas de rádio e livros, contribuíram para duas coisas: 1) responsabilizar a mãe/mulher (biológica ou substituta) pelas mazelas em relação a seus filhos; 2) a aumentar a distância do pai/homem (biológico ou substituto) na criação e educação deles. Após as I e II Guerras Mundiais, vários discípulos de Freud esqueceram a advertência freudiana de que qualquer tentativa de "educação do desejo" resultaria em fracasso, e passaram do descritivo (método de acesso ao inconsciente) para o normativo e, em alguns casos, prescritivo. Alguns desses psicanalistas se tornaram célebres traçando o retrato da "boa mãe", ou da mãe "suficientemente boa" (Winicott, por exemplo), dando conselhos às mulheres em livros escritos especialmente para elas, ou nos veículos de comunicação de grande difusão. Como nos lembra Badinter (1985, p. 310), "o sucesso desses primeiros vulgarizadores da Psicanálise atestou ao mesmo tempo a desorientação dessas mães e a crença em um ideal, que desmentem ambos a idéia de uma atitude materna instintivamente boa. Todos os gestos da mãe foram objeto de recomendações."

É fato que psicanalistas como Winicott e Françoise Dolto não eram ingênuos para confundir o que acreditavam ser funções, como *locus* de uma estrutura e a personagem histórica das figuras parentais que as encarnariam. Todavia, não foram enfáticos o suficiente em seus relatos para fazerem essa separação, ou mesmo para apontar que historicamente é a mulher quem encarna essa função.

Dolto (1984), por exemplo, na tentativa de dizer que o sentimento materno não é instintivo, mas fruto da linguagem, dobra-se ao inatismo falogocêntrico revelando que haveria tal coisa chamada "linguagem do corpo das mulheres" relacionada que está com o narcisismo da mãe, como se a equivalência simbólica (filho-falo) fosse uma equivalência natural, ou que o amor por si-mesmo não fosse construído no jogo das práticas sociais.

Esse sentimento materno, que, em seu intuitivismo, tanto interessa aos obstetras e aos pediatras, é uma linguagem do corpo das mulheres, que pode e sabe responder à natureza tal como um homem fecundador a representou. É preciso não esquecer que uma mulher de corpo adulto pode receber um filho sem o ter desejado conscientemente e sem mesmo haver desejado conscientemente o contato gênito-genital com o homem de quem o concebe. E, no entanto, essa jovem não-anuente no ato sexual pode ser uma excelente mãe, no sentido estrito de mulher gestante e aleitante. O apelo de seu corpo, o desejo inconsciente de fecundidade estava nela sem que disso se apercebesse, pronto a responder à aninhagem e a suas conseqüências, e talvez a responder a isso ainda mais emocionalmente na medida em que exista um homem que focalize seu desejo. Todo sentimento experimentado está ligado ao narcisismo, isto é, a esse centro coerente de "mesmidade" conhecido e reconhecido, que cada um identifica em si para conservá-lo. Esse "instinto", ou melhor, essas pulsões conservadoras estão ligadas ao amor por si mesmo e articuladas com a estima por essa mesmidade reconhecida como si-mesmo. (Badinter, p. 204-5).

Assim, o que a Psicanálise inventou – e que poderia muito servir de instrumento libertador para que a mulher pudesse estar mais independente das encarnações de certas funções – funcionou no sentido inverso, na medida em que fez colar a personagem mãe a uma função da mulher, produzindo o ideal da "mãe suficientemente boa e suficientemente má". Tal ideal ainda hoje é corroborado pela cultura ocidental, de base contundentemente judaico-cristã, que tem a satisfação pulsional no ato sexual como tabu, derivado da imagem da "boa mãe" que não se lançaria a uma atividade "incestuosa", "suja", proibida, como o sexo. Assim, a mãe suficientemente boa seria aquela capaz de, em um dado momento de sua vida, aniquilar a sua individualidade, concentrando todas as suas energias, desejos e pulsões, para a satisfação da criança. O que é isso senão uma réplica do modelo higienista instaurado com o nascimento da clínica médica no século XVIII?

Desse modo, conselhos sobre o aleitamento, o devotamento, a "mãe má" e a "suficientemente boa", e a "necessária distinção dos papéis" de gênero, foram prescritos. Esta última baseada na hipótese freudiana de identificação da criança com os pais como via para a sua sexuação, como se os pais biológicos tivessem de fato autonomia sobre a fantasia inconsciente. Também justificava-se essa distinção em função de uma certa natureza feminina (passividade, masoquismo e narcisismo) e uma outra natureza masculina (atividade, sadismo e narcisismo).

Essas duas naturezas são baseadas no Édipo, ainda que Freud afirmasse que inicialmente todos nós somos bissexuais, mas que o caminho rumo à feminilidade ainda se dê em oposição à masculinidade, de modo que a mulher que não supere a inveja do pênis via equação simbólica (pênis equivale a um filho) seria ou neurótica ou homossexual. E mais, essa formulação prediz que a mulher é inicialmente viril e sua feminilidade consiste na repressão dessa virilidade que, em termos práticos, Freud traduz assim:

(...) inicialmente, o acento do prazer é conferido ao clitóris, o qual é equiparado ao pênis (falo); com o percurso final do Édipo, a mulher, para poder desejar um filho e fazer uma escolha heterossexual que lhe garantisse unir o amor ao prazer sexual direcionados a alguém do sexo oposto, visando a manutenção da espécie, precisaria deslocar este prazer para a vagina e substituir a atribuição fálica posta no clitóris pela criança que poderia vir um dia a ter com um homem (Freud, 1925a [1924]).

Segundo as críticas de Badinter à Psicanálise, a teoria de divisão dos papéis sexuais "naturalmente" proposta pelo Édipo, e fundamental para o desenvolvimento da sexuação da criança, ajudou a responsabilizar a mãe por todas as vicissitudes que seu filho venha a sofrer.

O mal-estar de certas mulheres foi tornado ainda mais agudo pela teoria psicanalítica da distinção necessária entre os papéis materno e paterno (...) Aos olhos de Freud e de seus sucessores, a mãe simboliza antes de tudo o amor e a ternura, e o pai, a lei e a autoridade. Mas, se não se cessou de falar sobre o devotamento materno, pouco se mencionou o papel cotidiano do pai (Badinter, 1985, p. 315).

Entretanto, para a maioria dos psicanalistas, especialmente Winnicott, o pai também pode ser bom (e deve), mas para tal suas funções são bem menores que a da mãe. Badinter (Ibid.) acrescenta:

Lendo os textos de Winnicott, logo nos persuadimos da menor importância do pai na vida da criança; sobretudo quando ele conclui que a única coisa que se pode exigir do pai, com proveito, é "estar vivo e continuar vivo durante os primeiros anos dos filhos" (A criança e sua família, p. 121). Não se pode dizer que seja uma exigência exorbitante! (p. 318).

Com Lacan e seus seguidores, as funções maternas e paternas serão redimensionadas e, de certo modo, o poder descritivo da Psicanálise será resgatado.

A função do pai na Psicanálise lacaniana é uma função significante, mais do que uma função de ternura e troca de afetos[118]. Isso não ocorre com a função materna, já que, seja encarnada por um homem ou por uma mulher, ela envolve o contato físico, os cuidados, as trocas de afetos com a criança, a produção mesma de um corpo-erógeno entre uma e outra. Deduz-se disso que, se um pai fica viúvo, é ele quem terá de apresentar à criança essas duas funções. E, a primeira, a função materna, qualifica-se via trocas afetivas, contatos físicos, e a segunda, a função paterna, via linguagem, via significante.

Assim, com Lacan, a função do pai real (biológico) na criação dos filhos se fez espantosamente primordial, mas, ainda assim, restringe-se a uma função intermediada pela mãe e, na verdade, não necessita da presença física daquele, já que a função simbólica deve ser autorizada pela mãe. É ela quem apresenta o pai (imaginário e simbólico) para a criança. Logo, a função da mãe é dupla: real e simbólica. Ou seja, é pela palavra, e não de "corpo-e-alma" que o pai se faz presente, na medida em que sua pessoa é representada por um significante (o Nome-do-Pai) que vem quebrar a díade mãe-bebê.

Nesse caso, a mulher, que geralmente é incumbida de encarnar a função materna, está em uma posição de risco e fragilidade, em relação aos avatares desse percurso de apresentação do Nome-do-Pai, muito maiores do que o homem. Nesse processo, duas coisas podem ocorrer: 1) de um lado, a mulher/mãe pode não ser suficientemente contundente na apresentação do Nome-do-Pai à criança, criando, assim, um terreno fértil para a produção da psicose ou da perversão. O risco que corre a mulher é a de produzir, respectivamente, uma criança que não deseje o (o)Outro ou que deseje fazer com que o (o)Outro sofra pela ação de seu desejo; 2) a criança, ela mesma, pode interpretar a contundência da mãe com horror ou ambiguidade, lançando-se, então, em um desses territórios.

O ideal, para que se produza uma criança capaz de desejar "por si mesma", é que a mãe seja firme na apresentação do Nome-do-Pai e faça valer este significante, instaurando, então, a dialética do desejo. De um modo ou de outro, o risco de que a mãe/mulher venha a ser acusada por ter sido contingente na produção de uma criança psicótica ou perversa é sempre maior do que o risco que o homem/pai corre. É fato que Lacan sempre cobrou dois pesos e duas medidas na estruturação do Édipo, mas, ainda assim, é da mulher que a sociedade cobra este papel. De modo que não é pelo contato físico, mas pela palavra que um pai se pode fazer-se amar afetuosa e respeitosamente por seus filhos.

É, portanto, responsabilidade da mãe ficar presente com a criança até o desmame, sendo impossível ser substituída ou pela avó ou pela sogra, Françoise Dolto diz:

> As mudanças intempestivas da pessoa que amamenta são traumatizantes. Aquela que parte leva consigo referenciais humanos de comunicação linguística (verbal ou de gestos). Ela deixa a criança no deserto de sua solidão. E esta é obrigada, a cada relação nutrícia e tutelar sucessiva, a construir uma rede nova, mais precária, de comunicação inter-humana que cada nova separação destrói... (Dolto, Em: Prefácio à Psicanálise e família, de P. David, p. 10-11, *apud* Badinter, *op. cit.*, p. 324).

---

[118] Para maior aprofundamento nessa diferença das funções, sugiro o excelente trabalho de Joël Dor. *O pai e sua função em Psicanálise*; tradução: Dulce Duque Estrada; revisão técnica, Marco Antonio Coutinho Jorge. Rio de Janeiro: Jorge Zahar Ed., 1991 (Coleção Transmissão da Psicanálise; vol. 23).

Segundo a análise de Badinter (Ibid.), foi Spitz ([1954] 1996), em seu extenso e importante trabalho sobre as relações objetais, quem contribuiu (sem saber que o fazia) para reificar a importância da mãe na relação com a criança. E foram seus resultados que embasaram a fala de Dolto exposta acima, bem como o pensamento de muitos outros psicanalistas que o sucederam. Em sua pesquisa com infantes internados em hospitais ou abandonados por suas mães biológicas, ele pretendia dar continuidade à teoria freudiana da sexualidade, tentando explicar como se configura o surgimento das relações objetais (equivalente ao objeto pulsional estipulado por Freud). Em 1935 ele iniciou este trabalho que consistia de uma série de observações e experimentos com crianças recém-nascidas e, em 1954, publicou os resultados desta pesquisa. Ele concluiu que a criança, para vir a conseguir estabelecer relações objetais duradouras, deverá ser capaz de construir, para si, o que ele chamou de "organizadores". No caso, ele dá ênfase a três tipos de organizadores, a saber: 1) *o sorriso*, que aparece primeiro por volta de dois a três meses; 2) *a ansiedade de separação*, que se faz presente por volta dos oito meses de vida do infante, quando a criança demanda o consolo da mãe, e somente dela, estranhando e reagindo com choro diante de pessoas desconhecidas, indicando que uma diferenciação entre a mãe e outras pessoas já se faz presente no psiquismo da criança; 3) *a resposta "não"*, primeiramente como gesto e depois como palavra; esta resposta apareceria em decorrência de inúmeras experiências de frustração, ficando o não investido de sentimentos de agressão. Esse mesmo "não", que aparece por volta dos 15 meses de vida, deverá ser ultrapassado quanto à sua carga agressiva para se transvalorar em teimosia.

Baseado na hipótese freudiana de que, no ser humano, a determinação biológica não coincide com a sua função sexual (erogeneidade), Spitz consegue mostrar que esses três organizadores são pré-condições para a instauração de um organizador maior que é o complexo de Édipo, responsável pela passagem do corpo-erógeno para corpo-simbólico. Mas, sem esses três primeiros organizadores, a criança corre o risco de enredar-se ao que ele chamou de hospitalismo

e marasmo, que lançam a criança à sorte do corpo biológico e à morte. Conforme Spitz, o trágico para a criança é a ausência de um lugar de referente constante durante seu primeiro ano de vida. Tal lugar deve, segundo ele, ser ocupado pela pessoa que encarna a função materna, ou seja, a mulher/mãe (biológica ou substituta). Como nos lembra Badinter (Ibid., p. 325):

> A mãe simbólica não basta, e a criança pequena não pode prescindir de uma mãe, em carne e osso (de sangue ou substituta) durante os primeiros anos de sua vida. Ao passo que, se nos atemos às afirmações predominantes dos psicanalistas, logo nos convencemos de que a presença do pai é muito menos essencial. Ele pode ausentar-se durante todo o dia, punir e amar de longe sem prejuízo para a criança.

Quase ausente nos primeiros meses da vida de seu filho, o pai raramente é considerado responsável por alguma das numerosas perturbações que podem surgir durante esse período. É por isso que se falou muito menos do pai patogênico do que da mãe patogênica, do mau pai do que da mãe má.

> São as mães que experimentam, com demasiada freqüência, a prova de enfrentar sozinhas o psicanalista, o médico (especialmente nos casos do nascimento de uma criança com malformação congênita), de lhe falar e de esperar a criança atrás da porta. São elas, enfim, que ouvem freqüentemente o conselho de se submeter a um tratamento analítico ao mesmo tempo que o filho. Como isso, o pai está ou não presente, estimula ou desestimula sua mulher, sem que se tenha a sensação de que o problema é tanto seu quanto da mãe (Badinter, 1985, p. 325-26).

Para concluir, eu devo concordar com Badinter que "há, portanto aí, um problema de método e um machismo na teoria psicanalítica" (p. 325-26), que se nega a expandir-se à dimensão cultural e histórica que afasta o pai/homem de seu bebê. Tal condição se explica pela lógica do significante, quando esta é pensada como discurso do Outro, da cultura, que afasta os homens/pais de seus filhos, principalmente quando nascem com "malformação congênita" e, especialmente, se são eles do sexo masculino. Isto é, o falogocentrismo psicanalítico parece desprezar a lógica das sensações, que é a natureza do corpo-pulsional. Mas antes, façamos uma pausa para refletir criticamente sobre o ponto de vista a- histórico da psicanálise em relação às funções maternais e paternais.

A CLÍNICA PSICANALÍTICA DO CORPO-EXTRÓFICO

Neste item, interessa-me investigar o tipo de relação estabelecida entre a família e a criança quando esta última nasce com alguma "malformação congênita". E, neste caso, se Freud de fato estava certo em dizer que todos nós estamos sujeitos às vicissitudes do inconsciente, alguns caminhos se abrem para serem trilhados.

Podemos estabelecer uma clínica do Simbólico, cuja tarefa se pauta na descoberta dos significantes advindos dos mitos familiares e que apresentam esse Sujeito nascido com um corpo-extrófico para outro significante, produzindo uma cadeia discursiva. Nesse caso, portanto, trata-se de operarmos na clínica uma retificação subjetiva dos pais, a fim de abrir espaço para novos significantes e, assim, produzir um novo discurso parental em relação ao filho. Um discurso que permita aos pais incorporarem a criança na família "apesar" de sua condição física. Dito de outro modo, podemos desnaturalizar a condição física da criança alterando o discurso estigmatizante que produziu-a como ser estigmatizado.

Ou seja, podemos pensar em uma clínica que compreenda esses significantes que representam o sujeito como histórica e coletivamente determinados. Faz, então, parte da tarefa do clínico uma ação política coletiva que se proponha produzir uma retificação coletiva nas práticas sociais de lidar e conviver com os sujeitos nascidos com "malformação", mostrando como suas posições, funções e papéis foram sendo historicamente construídos. Foi o que discuti no capítulo sobre a família e no item sobre a crítica

ao Édipo. Esse caminho, portanto, retiraria o mito familiar de sua constituição burguesa e lançaria o discurso para o mito coletivo, tal como era no tempo grego (Vernant & Naquet, 1977).

Finalmente, um outro caminho, mais focalizado no corpo-pulsional, portanto mais próximo do registro do Real, da lógica das sensações, isto é, da lógica dos afectos, tende a pensar o corpo-extrófico como algo em si mesmo, que faz parte, portanto, da produção de subjetividade. Esse caminho seria justamente aquele que vai buscar no pré-individual (Stern, 1991, 1992, 1997), por isso coletivo, uma resposta que facilite o entendimento do quanto um corpo participa na produção de nossos registros Imaginário e Simbólico. Ou seja, do quanto o corpo decide pelo significante que nos represente na cadeia discursiva da história das práticas sociais e dos mitos familiares.

Evidentemente, esses caminhos poderão ser percorridos ou separadamente ou em uníssono. Vejos como séries coexistentes porém independentes, necessitando de uma certa articulação ética para que possam se cruzar de diferentes maneiras, onde a ética aqui seria o liame de ligação entre essas séries díspares.

Abordarei esses caminhos em itens específicos. Comecemos pela clínica do Simbólico.

A CLÍNICA DO SIMBÓLICO

Estudos anteriores (Mannoni, 1965, 1971a, 1971b, 1991; Drotar D *et. al*, 1975; CHILDS RE, 1980; Bowlby, 1984; Soifer, 1986; Petean & Neto, 1998) têm trazido importantes contribuições ao tema da função parental, no caso de crianças que nascem com algum tipo de "malformação" para o campo médico e psicológico. Esses autores salientam que o nascimento de uma criança que não corresponda às expectativas fantasmáticas dos pais produz uma situação de risco para a subjetivação da criança. Isto é, essa criança corre o risco de não vir a ser o suporte das significações parentais, podendo, assim, vir a ser simbolicamente excluída da família via, por exemplo, produção da psicose ou neuroses graves. Além do que, tal situação pode mesmo contribuir para a produção de psicoses pós-partos nas mães (Manhães, 1977; Soifer, 1986), já que a mãe enfrenta o "luto" e/ou a melancolia da "perda" de uma criança imaginada.

De acordo com esses autores, verifica-se que a sexualidade feminina deriva de outras possibilidades que não só a de mera reprodutora, porém é esta passagem de fêmea à mãe, resultando em uma inveja do pênis (Freud, 1924, p. 223), que irá trazer perspectivas de um destino exitoso para a fantasmática materna (Swain, 1986; Mitchell, 1988). Assim, a espera do natalício constitui-se em um caminho a ser percorrido com intensos desejos, sonhos e fantasias acerca do filho que chegará. O filho é a fantasia da mãe, e já nasce com o encargo de restabelecer, corrigir e continuar os sonhos renunciados por seus pais.

Entretanto, Falsetti (1991, p. 197) sugere que "o devir de sujeitos precocemente atingidos por doença ou deficiência não é pois mais ou menos restrito em possibilidades que o dos sujeitos sadios fisicamente". Isto é, "o sujeito precocemente marcado por doença, deficiência e/ou hospitalização não está sujeito a leis diferentes dos sujeitos sãos fisicamente, participando portanto da diversidade humana" (Ibid., p. 189), pois o significante médico (no nosso caso a "extrofia vesical") — a doença, a deficiência, a malformação — se infiltra no discurso e mito familiar adquirindo sentidos específicos a partir da relação do sujeito afetado por esse significante (que representa a marca da castração dos pais) e o outro que lhe exerce a função materna e paterna. Assim, não importaria muito se se criou ou não um campo Simbólico preciso na relação da criança com os pais, pois que o discurso médico, de uma forma ou de outra, estaria ali para garantir a presença de um Simbólico. Porém, seria esse campo capaz de fazer com que a criança decida por eleger nesse discurso alguns significantes que o representem como Sujeito, que tracem linhas de fuga em seu corpo-pulsional?

De fato, os pais de crianças com "malformação congênita" experimentam momentos afetivos que os forçam a decidir entre:

1) preservar o investimento de amor no filho Imaginado e desinvestir simbolicamente o filho Real (biologicamente posto), "matando-o" no discurso (Léclaire, 1977, p. 18-19; Spitz, 1996 [1954], p. 40);

2) tentar, paulatinamente, adaptar o filho Real àquela imagem e simbologia familiar (ou médica) produzindo nele o estigma;

3) por fim, "matar" a imagem e viver sem ilusões e expectativas acerca do filho Real, mas preservando-lhe uma "herança simbólica", permitindo-lhe ascender a uma nova composição subjetiva na família.

São três opções de resposta à marca física da castração simbólica. São três formas distintas de constituição do desejo. Tais opções de construção da subjetividade, a partir da reação do sujeito diante da castração, foram estudadas por Maud Mannoni (1965, 1971a, 1971b, 1991). Para Mannoni, a criança malformada corre o risco de deixar de ser desejada e vir a assumir uma posição de sintoma ou objeto de gozo do Outro, perdendo então os significantes maternos que são propriamente o registro do investimento dessa mãe sobre o corpo-pulsional de seu filho, que seria o início de seu percurso em direção à subjetivação. Faz-se preciso que o "filho-sintoma" busque significantes que o reintegrem ao âmbito familiar, o qual lhe garantirá um lugar físico e também um lugar no desejo da mãe, isto é, um lugar simbólico. Mannoni (1991, p. 41) aponta para o fato de que "a construção da fantasia o substituirá, para lançar novamente a mãe no caminho que a conduz à conquista deste objeto perdido (a criança imaginada)." Ela salienta ainda (1991, p. 50) que é função dos pais, auxiliados ou não pelo trabalho do analista, (re)construir essa relação fantasmática no registro simbólico. Ou seja, instrumentalizar a mãe (ou responsável) para que esta ressignifique a criança no registro simbólico, permitindo a sua reinserção na história da família e auxiliando a criança a buscar no Simbólico significantes que a representem como Sujeito, mesmo que isso implique a busca de um significante que a estigmatize: "você é defeituoso", por exemplo.

Essa ressignificação constitui um verdadeiro ato de amor da mãe para com seu bebê, a fim de que este volte a ocupar o lugar de falo positivo que, na verdade, supõe-se ter sido retirado em função de suas atribuições físicas divergirem daquelas imaginadas pela mãe. "Mas para que esse lugar seja ocupado, é preciso que alguém doe espaço. A recusa deste Dom é um aborto metafórico". (Mannoni, 1991, p. 6). Para que o amor se instale, portanto, é fundamental que o corpo-pulsional da criança seja erogeneizado pela mãe e, ao mesmo tempo, que ele sofra uma castração simbólica que lhe permita direcionar seus circuitos pulsionais e desejar a alteridade. Retirar a criança do auto-erotismo, por meio da introdução do Nome-do-Pai, essa é a função da mãe em relação a seu filho "malformado". E, ao que parece, ela terá de lutar primeiramente com o discurso médico que, como vimos nos casos já analisados (cf. Cap. 3) aqui, é justamente aquele que exerce uma função materna que captura a criança sob o significante "malformado". É este signficante materno (malformação) que a mãe deve recalcar com a introdução da metáfora paterna, instaurando outras formas de gozo no corpo-pulsional da criança.

Em algumas situações, de fato, os pais não conseguem erogeneizar ou mesmo simbolizar o "corpo-malformado" de seus filhos. Em uma conversa com um médico amigo, ele conta que certos pais abandonaram o filho "malformado" nascido em dezembro, em um presépio montado ao ar livre em uma cidade do interior do oeste paulista. Os pais, de madrugada, substituíram a estátua do Jesus menino (que sumiu), pelo corpo da criança. Infelizmente, esta criança faleceu. Isto é, os pais, literalmente, optaram pela solução divina por não terem podido inventar para esta criança nem um novo corpo-erógeno nem uma rede simbólica que o implicasse como sujeito diante do desejo deles.

Felizmente, na maioria das vezes, os pais optam pela inserção da criança na cultura. Curiosamente, é justamente na inserção deste corpo na cultura que reside a *matrix* da estigmatização. Isto é, os pais geralmente forçam uma adaptação da criança malformada à imagem construída sobre ela antes de seu nascimento. Nesses casos, a criança tem o fardo de ter de se identificar com a imagem fantasiada pelos pais. Mas, claro, tende a frustrar a si e aos outros em decorrência de suas condições físicas reais que, a partir dessa perspectiva, serão interpretadas pela via da castração/frustração/privação.

É esperando por essa "ressignificação", que desta perspectiva mais se assemelha a uma "adaptação", que muitas crianças e pais suportam os longos períodos de internação nos hospitais onde acreditam que o discurso médico poderá corrigir ou fazer aquilo que a natureza fez de "errado" ou deveria ter feito. Raros são os casos em que a criança é respeitada em sua subjetividade, que inclui o seu corpo-suporte no que isto implica de sua particular configuração pulsional.

O ponto essencial nesses casos, portanto, não consiste em luto ou melancolia, mas, sim, em um estado de (des)esperança e estigmatização. Os pais esperam que o filho real (perdido no Imaginário) venha um dia a se tornar o filho imaginado (perdido no Real). Vive-se aqui em uma ambigüidade progressiva: ama-se o filho Real até o limite onde ele poderá identificar-se com o filho Imaginado. Ou, então, "odeia-se" o filho Real na medida em que ele se vê impossibilitado de se identificar com o filho Imaginado.

De fato, a clínica não nos priva de ver o desenrolar e a eficácia da ressignificação simbólica proposta por Mannonni e outros psicanalistas, que partem do pressuposto de que o "corpo é o que a linguagem faz dele" (Bianco, 1996, p. 135). De modo que um sujeito (re)encontrará no percurso de uma análise, a forma como ele fez a substituição do objeto pulsional recalcado (significante materno), e a fixação de seu gozo, isto é, a construção de seu corpo-erógeno. E por isso Lacan dirá:

> A libido é o órgão essencial para se compreender a natureza da pulsão. Esse órgão é irreal. Irreal não é de modo algum imaginário. O irreal se define por se articular ao real de um modo que nos escapa, e é justamente o que exige que sua representação seja mítica, como a fazemos. Mas, por ser irreal, isso não impede um órgão de se encarnar. Eu lhes dou já sua materialização. Uma das formas mais antigas de encarnar, no corpo, esse órgão irreal, é a tatuagem, a escarificação. O entalhe tem muito bem a função de ser para o Outro, de lá situar o sujeito, marcando seu lugar no campo das relações do grupo, entre cada um e todos os outros. E, ao mesmo tempo, ela tem, de maneira evidente, uma fun-

ção erótica, de que todos aqueles que abordaram sua realidade se aperceberam (Lacan, 1964, p. 195).

Assim, o gozo fica lá, marcado no corpo. A abordagem da referência ao falo é uma abordagem que subverte o conhecimento científico e social em relação ao corpo e à infância de uma forma geral, que a Psicanálise pode trazer como aporte, e trouxe por meio de Freud.

Porém, para além da família, para além do reenvio da criança na dança do Édipo e do falo, o que mais um psicanalista pode tentar oferecer como ajuda no trabalho com essas crianças e seus familiares? Para mim, essa forma de lidar com a questão pode ser expandida justamente para que não se restrinja a criança a esse signficante estigmatizante corporificado via o discurso médico. É preciso criar para essa criança um novo corpo-erógeno, base para a construção de todo e qualquer discurso simbólico. Por isso, talvez seja o momento de pensarmos no papel do corpo na desconstrução dos processos de subjetivação estigmatizantes.

A CLÍNICA DOS AFECTOS

Como vimos, para Freud, o ser humano é marcado pelo advento das pulsões que bem se diferenciam das necessidades orgânicas e dos reflexos. Tais pulsões nada guardam de semelhança com a demanda que é sempre um apelo ao outro, ou com o desejo que é o sentido simbólico dado à força pulsional. A pulsão é esse elemento definido por Freud como o resto de uma ação que ainda não obteve satisfação exclusivamente pelo fato de a pulsão não possuir um objeto previamente determinado. Assim, a pulsão é esse "processo dinâmico que consiste em uma pressão ou força (carga energética, fator de motricidade) que faz tender o organismo para um alvo" (Laplanche & Pontalis, 1983, p. 506), e que para Freud se situa entre o somático e o psíquico.

Em nada a pulsão se assemelha ao instinto, já que esse é um "esquema de comportamento herdado, próprio de uma espécie animal, que pouco varia de um indivíduo para outro, que se desenrola segundo uma seqüência temporal pouco suscetível de

alterações, e que parece corresponder a uma finalidade" (Ibid., p. 314).

De modo que a pulsão (*Trieb*) se diferencia do instinto (*Instinkt*) justamente porque ela não pode nunca ser totalmente satisfeita, ao passo que o instinto pode ser satisfeito no seu encontro com o objeto de sua necessidade.

Vimos também que Freud foi preciso em dizer que a fonte da pulsão é o próprio corpo que pode iniciar a produção de pulsões a partir de estímulos endógenos ou exógenos. Isto é, a partir do funcionamento orgânico autônomo ou das relações que o corpo do infante estabelece com a mãe e com o mundo, naquilo que esse lhe reserva de sensações puramente sensoriais (os cinco sentidos).

Porém, Freud estabeleceu que a pulsão é propriamente sexual e que, portanto, este corpo-pulsional, por força da dinâmica de sua produção e pelo recorte da linguagem, torna-se propriamente um corpo-erógeno. De modo que a pulsão apresenta uma natureza sexual a partir de sua relação com a linguagem, que a antecede (os significantes maternos, a fantasmática parental, etc.).

Mas a natureza sexual da pulsão não é consenso para todos os psicanalistas. Para Laplanche & Pontalis (1983), por exemplo, Freud não consegue ser consistente na construção da natureza sexual da pulsão, mesmo quando ele retoma a teoria do desenvolvimento sexual infantil que, retroativamente, explicaria o caráter sexual da pulsão, mas que, para eles, mesmo ali Freud chega a afirmar não ter encontrado um sinal universalmente reconhecível que lhe permita dizer da natureza sexual desse processo; nem tampouco quando ele busca suas respostas baseando-se na posterioridade ou mesmo na teoria das protofantasias como equilíbrio possível a esta.

O ponto de vista lacaniano sobre essa questão está de acordo com Freud, quando afirma que a sexualidade infantil é sexual, a partir de sua relação com a masturbação infantil e outras fontes de excitação sexual, sem restringir-se ao prazer do órgão, pois que toda a pulsão tem como objetivo único o prazer, isto é, a sua descarga de excitação é produzida a partir da estimulação do corpo ou de alguma parte dele.

Todavia, mesmo quando Freud, em 1914, elimina o dualismo existente entre as pulsões do ego (*Ichtriebe*) (ou pulsões de autoconservação – *Selbsterhaltungstriebe*) e as pulsões sexuais (*Sexualtriebe*), ao postular que as pulsões do ego são elas mesmas sexuais, e reinsere o dualismo a partir da oposição entre a pulsão de vida (*Lebenstriebe*) e a pulsão de morte (*Todestriebe*), Lacan irá dizer que é importante manter o dualismo freudiano. Mais uma vez, portanto, o monismo Junguiano será rejeitado[119].

Lacan, então, recoloca esse dualismo a partir da articulação freudiana entre a primazia do genital e a primazia do falo, em que este último não é exclusivamente o genital, mas qualquer coisa (essencialmente um significante) que vem representar a falta. A qual falta estaria Freud se referindo, segundo Lacan? À falta de objeto específico para a satisfação pulsional, pois, por força do recalcamento produzido na infância como condição da entrada do corpo biológico na civilização, na cultura, na história, teria sido perdido para sempre. Assim, para Lacan, "toda a pulsão é sexual, e toda a pulsão é uma pulsão de morte pois toda a pulsão é excessiva, repetitiva, e em última análise destrutiva" (Evans, 1995, p. 48).

Lacan teria concordado com Freud acerca da teoria das pulsões parciais, mas descordado dele em dois pontos: 1) a genitalidade, mesmo se alcançada, não dá conta de satisfazer a pulsão; 2) as pulsões são parciais não no sentido de que são "partes de um todo", mas, sim, pelo fato de que apenas parcialmente representam a sexualidade; isto é, "elas não representam a função reprodutiva da sexualidade, mas apenas a sua dimensão de gozo" (Lacan, 1964, p. 204, citado em Evans, 1995, p. 47).

No seminário 11 (1964), Lacan irá dizer que a sexualidade (e propriamente as pulsões parciais) está bem próxima do desejo, na medida em que ambos se originam a partir da falta, em oposição à pulsão genital, a qual (se existente) encontra sua forma do lado do Outro.

Que seja a pulsão, a pulsão parcial, que então o oriente, que só a pulsão parcial seja o representante, no psiquismo, das conseqüências da sexualidade, aí está o signo de que a sexualidade se representa no psiquismo por uma relação do sujeito que se deduz de outra coisa que não da sexualidade mesma. A sexualidade se instaura no campo do sujeito por uma via que é a da falta. (Lacan, 1964, p. 194).

Entretanto, as pulsões "são os aspectos parciais nos quais o desejo é percebido, mas ele é um e indiviso, logo as pulsões são manifestações parciais do desejo" (Evans, 1995, p. 49).

Vemos portanto que Lacan, ao introduzir a Linguagem como função de produção do Sujeito, se esquiva do dualismo Real e Imaginário como fonte de constituição da subjetividade. Por isso, será possível encontrarmos em Lacan esquemas ternários tais como: as estruturas clínicas da psicose, neurose, perversão; as três formações do ego (ego-ideal, ideal de ego e superego); a tríade natureza-cultura-sociedade. Porém, por levar em conta que todas essas relações humanas são atravessadas pelo inconsciente, na verdade, os esquemas ternários serão mediados por um elemento circulante, a saber: o falo e seus correlatos (a morte, a letra e o *sinthome*). Desse modo, esses esquemas serão quaternários. Lacan, portanto, irá enfatizar muito a função simbólica da sexuação do sujeito (desejo) e da própria sexualidade, na medida em que introduz o falo como o quarto elemento circulante na constituição da subjetividade, da sexuação.

Unificando as teorias de Freud e Lacan, seria possível concluir que a constituição do sujeito e sua sexuação são processos que envolvem a relação do simbólico com o imaginário (castração e falo). Mas não seriam estes processos primeiramente recortados pela demanda pulsional de satisfação que é soberada a qualquer Simbólico? Demanda esta que

---

[119] Para Jung as pulsões que estimulam a representação poderiam ser reduzidas a um único conceito de energia psíquica, a saber, a libido. Esta, todavia, não seria de natureza sexual.

exige muito mais do sujeito do que propriamente de um discurso sobre ele (o complexo de Édipo, por exemplo)? Uma demanda de objeto que lhe permite construir sua história, sua marca, apesar da história que fazemos sobre a sua sexualidade ou a de qualquer outra pessoa? Até mesmo porque a pulsão pode tanto ser deslocada (para um sintoma, por exemplo), como sublimada, ou seja, dessexualizada com fins de obtenção de labores culturais das mais variadas ordens, como ocorre, por exemplo, no campo das artes e da produção do saber. Katz (1992) resumiu bem o pensamento de Guattari (1992), Kristeva (1985) e Derrida (1975) no combate ao estruturalismo ao afirmar que este reduziu o Real ao poder do significante[120]. Ele dirá, portanto, que reduzir a sexuação à primazia do falo e submissão ao simbólico, "por mais psicanalítico que seja para alguns", isso não é "freudiano" (Katz, 1992, p. 24).

Ora, o que Katz está dizendo é que, se foi mesmo Freud quem primeiro se aventurou na construção deste Simbólico (como afirmava Lacan), ele não se esqueceu do dinamismo pulsional, pois nunca abandonou a teoria de que a pulsão se escora no corpo vivo. E é aí que reside sua crítica ao lacanismo. E mesmo que Lacan ainda se defenda[121], dizendo que o dinamismo se instaura a partir do jogo e escorregamento dos significantes, ele não parece ter conseguido teorizar completamente uma clínica a partir do corpo, já que, por esta vertente, a clínica estaria mais próxima do Real e, por isso, inassimilável simbolicamente.

Porém, parece-me que a crítica mais contundente que se faz ao poder do simbólico (seja em Freud seja em Lacan) na constituição da subjetividade é aquela realizada por Deleuze e Guattari. Para estes autores, a pulsão bem como o desejo não teriam

dualismos, e tampouco seriam de natureza sexual. A leitura destes autores sobre a "letra" freudiana guarda dela os ensinamentos sobre o Inconsciente e os processos primários que são as marcas de seu funcionamento. Assim, definem essa leitura como esquizoanalítica.

Esses autores não crêem no inconsciente fundado a partir do recalque, mas, sim, a partir de componentes heterogêneos de subjetivação. Portanto, o inconsciente esquizoanalítico é altamente positivo, sem negação nem negatividade, sem falta; ele é caótico e intensivo, no sentido que cada elemento constitutivo é definido por sua potência de afectar e de ser afectado gerando algo novo. Esses elementos do inconsciente não são uma coisa em si, nem nunca virão a sê-lo, já que são devires. E, mais fundamentalmente, o inconsciente, ou mesmo os seus processos, não têm intenção alguma, de modo que a pulsão não tem como fim se descarregar, senão expandir-se, produzir estados do ser.

Guattari acompanhou as preocupações freudianas e lacanianas de substituição de um modelo dinâmico/energético de constituição do aparelho psíquico baseado na oposição corpo/mente e na noção de conflito para um modelo topológico. Em Lacan vemos a eliminação paulatina da problemática energética pela primazia do significante e tardiamente do objeto (a). A essas substituições, Guattari dirá que o fim delas é propriamente o fim da teoria psicanalítica. Por isso, a operação lógica que, juntamente com Deleuze, ele irá instaurar na teoria freudiana é aquela em que o dinamismo energético proposto por Freud ou a topologia lacaniana será visto como mais um modelo dentre vários, usados para interpretar a produção da subjetividade.

---

[120] Quanto às críticas feministas, ver também o livro de Elizabeth Grosz, *Jacques Lacan: A feminist introduction*, que o acusa de repetir o falocentrismo freudiano; e também a defesa que algumas, como Juliet Mitchell e Jacqueline Rose (*Feminine sexuality: Jacques Lacan and the école freudiene*) fazem desta articulação no sentido de apoiar Lacan dizendo que ele deixa mais explícito no texto freudiano a não-vinculação da sexuação ou mesmo da psicopatologia à nenhuma teoria biologizante da existência. Porém, os autores citados no texto acusam Lacan de transcendentalista, isto é, de ter produzido no conhecimento (*logus*) um *fagolocentrismo* no qual tudo remete ao falo e ao Nome-do-Pai.

[121] "Se a Psicanálise deve se constituir como ciência do inconsciente, convêm partir de que o inconsciente é estruturado como uma linguagem. Daí deduzi uma topologia cuja finalidade é dar conta da constituição do sujeito. Quanto a isto aconteceu, num tempo que espero ultrapassado, que objetassem que, fazendo isso, dando a dominante à estrutura, eu negligencio a dinâmica, tao presente em nossa experiência — chegando-se a dizer que eu consigo eludir o princípio afirmado na doutrina freudiana de que essa dinâmica é, em sua essência, de ponta a ponta, sexual. Espero que o processo de meu seminário deste ano, e nominalmente no ponto em que ele chegou ao seu cúmulo da última vez, lhes mostre que essa dinâmica está longe de perder com isto" (Lacan, 1964, p. 194).

Nestas condições, a meu ver, o que se faz necessário não é voltar a uma teoria geral da energética psíquica, mas, ao contrário, tentar diferenciar as várias energéticas postas em jogo, que eu chamaria de "energéticas semióticas". (...) Portanto, proponho abolir o conceito de equivalente energéticos gerais — tal como o conceito de "libido". Em contrapartida, proponho tentar captar esferas de funcionamento específico, nas quais há sistemas de encodificação, sistemas semióticos, de tal maneira que não se procede, na passagem de um sistema para outro, por equivalente geral, e sim por vias de passagem. O segundo recorte é o do processo, os processos maquínicos que organizam a combinação dos efeitos (é essa combinação entre os diferentes sistemas de "efetuação" que produz máquinas concretas) e os processos de "afectação" que serão, por exemplo, a afectação num ponto de subjetivação (Guattari & Rolnik, 1996, [1986], p. 271-272).

É neste sentido que Guattari irá pensar o desejo como aquilo que anima, põe em movimento processos que não são mais princípios ativos (ou passivos) de instâncias (topologias ou registros). O desejo é um devir próprio da realidade (entendida aqui como Real, como plano de imanência) e de sua potência de criação. Os processos precedem o sujeito, não no sentido transcendental como a lógica do significante lacaniano, mas, sim, ontologicamente, pois são a condição mesma de produção das coisas, até mesmo do próprio significante.

É por isso que Guattari irá dizer:

Para mim, o que interessa é ligar a pulsão à existência. Mas não à existência massiva, dada ontologicamente, de uma vez por todas, na relação entre o Ser e o Nada (*Neant*). Mas ver como é que há construção de existência, lógica da existência, máquina da existência, heterogênese dos componentes existenciais: para mim, é isto a pulsão (1995, p. 99).

Ou seja, Guattari irá fugir da modelização do psiquismo e tentará extrair, do Real, descrições dos princípios ontológicos de constituição do ser, sem a mediação de metáforas tais como as metáforas energéticas propostas por Freud à pulsão, ou mesmo dinâmicas como as criadas para se conceber a fundação do inconsciente. Sua proposta vai ao encontro das relações semióticas a-significantes que se encontram no espaço, no tempo, nas relações energéticas, etc.

É a crença na existência de discursos pré-individuais como fundação de toda a subjetivação que o faz propor quatro functores ontológicos como princípios de maquinação do ser. Dentre estes quatro functores, "dois são da ordem da pulsão freudiana manifesta: os fluxos e as máquinas, a parte representacional da pulsão em Freud — que, para mim, não é só representacional, mas uma maquínica específica;" (1995, p. 99). Isto é, produzem semióticas propriamente discursivas. Os dois outros functores ele denomina de não-discursivos e atemporais, que são "os territórios existenciais e os universos de referência" (1992, p. 201).

Na perspectiva da composição desses quatro functores ontológicos, encontramos a pulsão, encontramos um componente que nos leva a encontrar, até mesmo, os fantasmas originários do freudismo, mas só que num substrato ontológico inteiramente diferente e inteiramente separado desse ancoradouro biológico (Guattari, 1995, p. 99).

Na medida em que Guattari "forclui" a intencionalidade da pulsão, ele abre a clínica psicanalítica para a vida naquilo que ela tem de mais revolucionário, que é a sua natureza de agenciamento, sua potência de expansão, de criação de novos modos de produção da subjetividade. Por isso, seus functores não aparecem para descrever mais cientificamente a subjetivição humana, senão para resgatar nesta a sua pragmática ético-estética (1992, p. 201).

Ele considera que a divisão freudiana entre pulsão e instinto descreve parcialmente a totalidade da natureza humana. Primeiramente, ela pode dar margem a uma certa "naturalização" do humano que viria, por intermédio da linguagem, a se artificializar. Ora, a diferença entre natureza e artifício, como vimos (Cap. 1), não passa de uma construção histórica e filosófica. Nem mesmo os animais possuem um objeto específico para sua satisfação. Na verdade, há "toda uma série de componentes semióticos elaborados, e eles não são da ordem da linguagem, mas são sistemas de signos (signalitiques) e sistemas, simbólicos extremamente elaborados, até mesmo ao nível social, ao nível da percepção, ao nível da representação e até ao nível da criação estética, pois há uma estética do mundo animal. Então é totalmente arbitrário dizer que há um mundo do instinto massivo, de pura causalidade linear, e um mundo da pulsão, da linguagem elaborada; e aí, entre os dois, o que é que há?" (Guattari, 1995, p. 101).

Assim é que a sexuação não se daria apenas a partir de uma referência do sujeito a um significante. Ela ocorre também por efeito de uma semiotização do corpo e por atravessamentos de devires. Em relação à semiotização, ele nos diz:

> Não apenas somos equipados semioticamente para ir à fábrica ou ao escritório, como somos injetados, além disso, de uma série de representações inconscientes, tendendo a molda nosso ego. Nosso inconsciente é equipado para assegurar a sua cumplicidade com as formações repressivas dominantes. A esta função generalizada de equipamentos, que estratifica os papéis, hierarquiza a sociedade, codifica os destinos, oporemos uma função de agenciamento coletivo do *socius* que não procura mais fazer com que as pessoas entrem nos quadros preestabelecidos, para adaptá-los a finalidades universais e eternas, mas, sim, que aceita o caráter finito e delimitado historicamente dos empreendimentos humanos (1986 [1981], p. 66).

Em relação aos devires, ele nos dirá:

> Parece-me importante explodir noções generalizantes e grosseiras como as de mulher, ho-

mossexual… As coisas nunca são tão simples assim. Quando as reduzimos a categorias branco/preto ou macho/fêmea, é porque estamos com uma idéia de antemão, é porque estamos realizando uma operação redutora-binarizante e para nos assegurarmos de um poder sobre elas. Não podemos qualificar um amor, por exemplo, de modo unívoco. O amor em Proust nunca é especificamente homossexual. Ele comporta sempre um componente esquizo, paranóico, um devir planta, um devir mulher, um devir música (Ibid., p. 36).

Ora, o que Guattari está dizendo é fundamental para a rearticulação da clínica e da escrita freudiana, pois resgata nesta a sua potência descritiva, de forma que a pulsão, fato humano, não seria mais do que uma série de semiotização, de linguagem, de devir que estaria aberto a uma gama quase infinita de elementos com os quais ele, por agenciamento, poderia se compor. Desse modo, sendo a pulsão uma ontologia construtiva, há "uma relação de imanência entre a pulsão e o inconsciente, e a existência, e as categorias ontológicas" (Guattari, 1995, p. 102).

Por considerar a pulsão um ontologia, uma "vontade de potência", uma "força de expansão" é que Guattari se interessa pelo trabalho de Daniel Stern (1991, 1992, 1997), o qual define como o de uma etologia da infância. Ele diz:

> Se você considera as quatro formações do *self* de que fala Daniel Stern e que retomo em *Caosmose*, você vê que antes do *self* verbal há o *self* emergente, o *self* núcleo e o *self* interpessoal, que não são da ordem da linguagem, mas que implicam uma riqueza semiótica extraordinária, de comunicação pelos olhos, pelos gestos, pelas atitudes, pela circulação sanguínea, por humores etc. — há toda uma riqueza etológica que emprega componentes semióticos extremamente ricos e, pode-se dizer, até mais ricos do que os dos adultos, porque a linguagem não faz senão limar, turvar essa riqueza, essa acuidade semiótica das co-

municações pré-verbais; disto não fala a maioria dos psicanalistas de crianças, que vêem a criança como uma espécie de figura completamente perdida no mundo, quando não é nada disto, pois ela tem uma riqueza de percepção extraordinária (1995, p. 102).

Portanto, se a partir da perspectiva do simbólico há falência da metáfora materna (Nome-do-Pai) no mundo contemporâneo, talvez ela resida justamente no fato de que o corpo, com sua natureza ontológica (não desconhecida por autores como Freud e Lacan), resista à soberania da linguagem que tem o falo como organizador dos agenciamentos maquínicos desses fluxos pré-verbais. A saída, portanto, para se evitar a "patologização" da subjetivação (que é fruto da referência dos fluxos pulsionais diversos a um equivalente geral), residiria em compreender esses componentes que atravessam o corpo (ou nele se originam) em sua especifidade. Em instaurar a corp@logia dos afectos que atravessam o corpo-suporte e que por ele são produzidos. Trata-se, portanto, de conhecer a potência de criação da pulsão, sua produção de desejo e desejo de produção na costura do tecido ontológico de cada um de nós, em que cada corpo-sem-orgãos é dele um espaço entre cada cruzamento de séries simbólicas.

Em Daniel Stern (1992) encontramos um conceito que traduz com precisão o que pode estar sendo proposto no caminho de uma clínica psicanalista que pretende trabalhar as questões relacionadas à produção da subjetividade a partir do corpo. Todavia é importante que possamos esclarecer que este autor não crê no dualismo ativo/passivo como paradigma da construção da subjetividade. Para ele, a criança participa tão ativamente na construção de sua existência quanto a mãe. Ela já possuiria uma capacidade perceptiva de sensações que irá forçá-la a se relacionar com a alteridade independentemente da linguagem (1991), permitindo-lhe até mesmo captar propriedades amodais na relações entre ela e sua mãe[122]. Em suas palavras.

Tais qualidades de percepção podem ser abstraídas por qualquer modo sensório das propriedades invariantes do mundo dos estímulos e então traduzidas em outras modalidades de percepção. Por exemplo, um ritmo, como "longo curto" (———), pode ser transmitido ou abstraído da visão, audição, olfato, tato ou paladar. Para que isso ocorra, o ritmo deve, até certo ponto, existir na mente em uma forma que não seja inextricavelmente ligada a uma maneira particular de percebê-lo, mas que seja suficientemente abstrata para ser transportada através das modalidades. É a existência dessas representações abstratas das propriedades amodais que nos permite experienciar um mundo perceptualmente unificado (1992, p. 135).

Tal semiótica do ver, ouvir e sentir o mundo influencia o modo da criança de agir nele e lança o seu corpo na relação entre o seu eu subjetivo e o outro, sendo do primeiro sua matéria de constituição. Assim posto, a conexão entre o dentro de mim e o fora de mim dar-se-ia pelo que ele denominou de *sintonia de afeto*. O autor contrapõe esse conceito a vários outros já tradicionais na Psicanálise e psicologia (identidade, imitação, equiparação, imitação adiada, empatia e outros), para poder dizer que a sintonia de afeto funciona por ressonância emocional, mas para fazer dela uma outra coisa, para remodelá-la em uma outra forma de expressão, reservando para si a sua natureza transacional, isto é, de mistura de afectos que produzem outros afectos, que embasam diversas formas de linguagem (1992, p. 129).

Assim é que Stern compatibiliza seu pensamento com Guattari, naquilo que a clínica tem de mais pragmático: a escuta dos afectos não para interpretar o já constituído, mas, sim, para fazer chegar o novo, para construir o novo. A clínica aqui seria justamente a construção de bases necessárias para a produção de fluxos afectivos no corpo, de modo a forçá-lo a forçar o pensamento a produzir um novo universo de referência, uma nova ética-estética-política da exis-

---

[122] As propriedades amodais que ele estipula incluem intensidade, forma, tempo, movimento e número.

tência sem nostalgia alguma ao "passado". Trata-se de pensar os afectos não como estímulos sexuais ao pensamento, mas, sim, como forças hetoregêneas que regulam sua potência não em referência a universais simbólicos, mas, sim, naquilo que os territórios existenciais lhes proporciona de capacidade de afectar e ser afectada pelos fluxos.

A clínica psicanalítica dos afectos pretende, pois, construir um novo "corpo-sem-órgãos" a cada plano da sessão, a cada novidade que ela é, pois é um encontro como acontecimento, propriedade irreversível da vida. Para tal, primeiramente, é fundamental pensar que a criança "extrófica" é uma vida independente de qualquer condição física que tenha. Em segundo lugar, acreditar na sua potência de agenciamento — afinal de contas, ela conseguiu nascer apesar de todas as suas dificuldades físicas inerentes. Em terceiro lugar, trata-se de fazer surgir do próprio agenciamento a potência necessária para perpetuar os impulsos vitais da criança e seus familiares. Se, para isso, é fundamental endereçar a criança ao Simbólico, que isso então se faça. Mas sem se esquecer de fazer operar uma outra lógica pré-individual que também não pode ser desprezada.

Concluindo, nesse caso, para a Psicanálise, a partir do paradigma da clínica dos afectos, é possível pensar em um trabalho com os pais e com as crianças que leve em conta as relações entre seus corpos. Relações estas que se estabelecem pelo olhar, pela voz, pela escuta, pelo cheiro, pelo toque, como pré-verbais intensivos que reconfiguram a cada instante a organização pulsional da criança, sem, contudo, lançá-la no desmantelamento do corpo, então, pulsional. Também não se trata de encontrar sempre nestas relações entre os corpos a sintonia de afetos como uma referência universal.

Mesmo nesses casos, o próprio Stern parece se esquecer da heterogeneidade dos fluxos e do perigo que representa a ilusão dos universais de gênero para a clínica dos afectos, quando afirma que, apesar das modificações nos papéis da nova família nuclear contemporânea, ainda assim a mãe biológica é a mais indicada para construir na criança as bases sólidas para a sua identidade[123].

Assim, o projeto da clínica da cop@alogia é o da perda das identidades e das marcas estigmatizantes e estigmatizadas, em favor da natureza maquínica do desejo que, por ser incorporal, fragmentado, polifônico, está sempre a produzir corpo-sem-órgãos. Trata-se, portanto, de destruir os "ritornelos existenciais" que funcionam como "atratores" para o outro que, dado o seu caráter repetitivo, irá fascinar o olhar do o(O)utro pela luz, irá capturar o sujeito no conteúdo do enunciado pela intensidade com que são contados e, por fim, irá remetê-lo a um mundo de fantasmas que habitam os nossos devaneios com suas cores, cheiros, e grau de visibilidade (Guattari, 1992, p. 28). Desse modo, para Deleuze e Guattari o corpo que conta na produção da subjetividade é justamente este corpo-sem-órgãos, extrato afectivo do corpo-suporte; um corpo que está tanto dentro quanto fora do corpo-suporte já que é deste o seu plano de constituição.

A SEXUALIDADE DE UM CORPO-EXTRÓFICO: DORA E FARINELI

Neste item pretendo investigar algumas questões:
1) Como podemos pensar as vicissitudes da pulsão de um corpo-extrófico, sua erogeneização, e constituição da sexualidade?

---

[123] Stern (1997, p. 177): "Convém distinguir os 'novos pais' — os pais que acreditam (na), procuram e às vezes obtêm a igualdade entre mãe e pai nos cuidados aos filhos — dos 'pais tradicionais' que valorizam menos a igualdade e, portanto, não a vivem. Ambos os tipos de pais podem dar o apoio prático que estrutura e protege a mãe em seu relacionamento inicial com o bebê. O 'novo pai' também pode participar de praticamente todas as tarefas de cuidados. Ele pode fazer ambas as coisas igualmente bem. Mas há duas coisas que ele não pode fazer bem, e que o pai tradicional não tenta fazer. Primeiro, ele não pode aconselhar, ensinar e modelar para a mãe, valiosa e experientemente, uma ampla série de informações, atitudes e técnicas de cuidados, pois ele é tão inexperiente como pai quanto ela (ou ainda mais). Portanto, ele será inadequado para esse aspecto da matriz de apoio. Segundo, embora ele possa validar e apreciar a mãe em seu papel de cuidadora, ele não pode fazer isso tão bem quanto uma figura materna 'legítima', pessoalmente selecionada. Ele simplesmente não está habilitado, por sua história e experiência, para fazer isso. Sua apreciação como marido, pai e homem é de grande importância, mas é de uma ordem diferente e pode satisfazer somente uma parte da necessidade da mãe de 'holding' psicológico".

2) Compreendendo com Guattari e Deleuze que o corpo que influencia a constituição da subjetividade é propriamente o corpo-sem-órgãos, como é que estas crianças e seus familiares fazem para produzi-lo? E quais são as conseqüências práticas disso na (des)naturalização do estigma?

3) Levando-se em conta também que a sexualidade para a Psicanálise se dá a partir do corpo-erógeno, como irá se processar a sexuação destas crianças tomando-se como referência o caráter específico de seu corpo-suporte na sua erogeneização?

Farinelli, hoje adolescente, reside com a mãe (Dora) e mais dois irmãos. Seus pais são separados, mas a separação deles não parece ter sido diretamente influenciada pelo modo como lidam com a condição física de seu filho. Trata-se mais propriamente de uma situação que antecede ao nascimento dos filhos, pois Dora afirma que não amava seu marido quando se casou. Ela acredita que o amor vem por intermédio da convivência e que isso não ocorreu entre ambos. Em vários momentos de nossas conversas, tive a impressão de que Dora tinha a necessidade de se dizer "desapaixonada" pela vida justamente para controlar suas paixões (fluxos de afecto). É como se ela "negasse" as intensidades, como se precisasse sentir-se racional para evitar uma grande desterritorialização. Mas por não ser a razão suficiente, precisava também da fé. Assim, parecia entregar a Deus todos os momentos indiscerníveis causados pelos turbilhões afectivos na sua subjetividade. Apegou-se à religião bem antes do nascimento de Farinelli, mas sentiu maior necessidade de intensificar a sua fé em Deus a partir de seu nascimento. Deus é a grande máquina abstrata de decodificação (equivalente gral) de seu corpo-sem-órgãos. Por intermédio dele, ela pode suportar as angústias trazidas pela processualidade máquina que o corpo-suporte de seu filho testemunha. Ela nos conta:

Questão 24:[124] Como é que você tem lidado com essas questões do Farinelli? Você pode começar de onde você quiser. Porque eu vejo uma coisa assim: tem um ponto que é inquestionável quando em qualquer situação que seja — eu acho horrível esse nome, mas é esse nome que a Medicina dá —, em qualquer situação... tipo de malformação congênita, tem algumas imposições a serem cumpridas, né? Como é que você lida com isso?

Dora: Olha, eu não tenho dificuldade, eu não sei se é porque eu me esclareci o suficiente na época assim que o Farinelli nasceu. Porque... olha, *eu demorei pra tomar consciência de que o problema era sério e grave.*

Questão 25: Todas as mães...

Dora: Eu demorei.

Questão 26: Todo mundo.

Dora: Mas demora.

Questão 27: E ainda demoram?

Dora: Demoram ainda pra tomar essa consciência?

Questão 28: Todas, todas, todas.

Dora: Normal então demorar pra ter consciência de que é sério, de que é grave?

Questão 29: Todo mundo tá vendo menos a mãe.

Dora: Impressionante, né?

Questão 30: Impressionante.

Dora: Eu não sei se é... sei lá, se é uma força assim que a gente tem de *querer ver* as coisas assim de outro ângulo, não o verdadeiro, não o real. Deve ser coisa de mãe mesmo, né? Porque eu achei que demorei bastante prá...

Questão 31: Quanto tempo você demorou?

Dora: Olha, eu não tenho assim... não me recordo muito bem não porque foi muito difícil. Eu engravidei do outro filho quando o Farinelli estava com seis meses, então foi, sabe?, meio complicado, né? Assim, eu não queria mais um filho e veio, né?, o terceiro e... pra *mim ter consciência do problema do Farinelli demorou um pouco porque aí juntou com gravidez e foi, sabe?, embolando com situação financeira.* Com... Porque a gente morava em apartamento e era um lugar assim que eu não gosto nem muito de mencionar porque era, eu chamo o lugar de "campo de concentração", que é a (nome do lugar), sabe? É um lugar que não me relaciona... porque eu

---

[124] Primeira entrevista com Dora, mãe de Farinelli (11/03/1998).

passei as fases duras assim com o Farinelli, com o irmão e com a irmã dele e, até mesmo, com o meu ex-marido, nessa fase. Então nem me faz bem, sabe? E depois que o irmão dele nasceu, que eu comecei a vir aqui, *que eu comecei a ver*, sabe?, os problemas de extrofia de bexiga, que o Farinelli passou por uma cirurgia no hospital [Nome do hospital], que é uma cirurgia que não deu certo, que seria para recolher a bexiga e fazer como a primeira cirurgia foi feita aqui. Não deu. Lá abriu, saiu tudo pra fora. Foi como se não tivesse feito, infeccionou. O Farinelli quase morreu. Ele não morreu porque foi um milagre mesmo. O médico desenganou, falou: "Leva pra casa ou interna porque não tem mais o que fazer". Desenganou mesmo. *E eu me apeguei em Deus, sabe?* Creio mesmo num Deus que pode fazer as coisas e que faz. E Deus devolveu o Farinelli pra mim porque ele tava morto. Quem conhece uma criança com raquitismo sabe que quando ela chega no raquitismo dificilmente ela volta à vida. O Farinelli chegou no raquitismo antes de eu vir pra cá e isso...

Questão 32: Foi nessa época que você se apegou à religião?

Dora: Não, eu já vinha, mais num... não porque, no meu caso, não é religião. Cristianismo não é religião né? Cristianismo é Cristo e acabou né? Eu não sou uma pessoa religiosa e nem gosto de ser, entendeu? E eu creio mesmo num Deus que pode todas as coisas, num Deus de milagre. *E o Farinelli foi um milagre mesmo*, ele... a febre, assim, foi curada instantânea por meio de orações sabe?, que eu estava num lugar... por meio de orações, as pessoas se levantaram e nós oramos. *Eu senti uma luz.* Hoje eu sei o que era, hoje eu reconheço assim, pela... assim já pelo crescimento e amadurecimento espiritual que eu tenho, pela relação que eu tenho com Deus hoje, *eu sei que foi uma obra de milagre*, assim, naquele dia, eu sei que... *não sei se posso falar anjo...* eu sei que uma luz muito forte veio sobre a minha vida e sobre a vida do Farinelli e tirou ele daquele estado que ele estava. Ele tinha raquitismo, ele tava assim... ele tinha 40 de temperatura todos os dias. Eu aplicava nele — eu aprendi na laranja a aplicar garamicina nele; hoje, eu não tenho coragem de dar nem na cachorrinha.

Vemos que Dora parece não se implicar como agente na melhora de seu filho. Se ele melhorou, foi por que Deus "iluminou" o caminho de ambos, porque operou um milagre no filho, tornando-o uma "obra de milagre", um "quase anjo". Veremos adiante como estes lugares destinados a Farinelli, vão influenciar no modo como Dora lida com a erogeneização, sexualidade e sexuação de Farinelli. Como ocorre com muitas mães de crianças nascidas com esta condição física, Dora também demorou para "compreender" a singularidade de seu filho. Mas foi fundamental para isso, que ela estabelecesse com ele uma *sintonia de afeto*. Tal sintonia existe até hoje e a sua marca se dá pelo *olhar*, tal qual ela nos deixa saber na primeira entrevista:

Questão 34: A laranja, foi o médico que falou na laranja?

Dora: Não, uma ex-cunhada que é enfermeira né? Ela ensinou e assim ôpa! Eu aprendi e apliquei as quatorze garamicina nele porque o outro era também muito novinho e então eu não tinha condições. O meu ex-marido trabalhava a noite, não tinha, sabe?, horário disponível de estar levando na farmácia de doze em doze horas pra tar dando garamicina. *Eu tinha que aprender, tinha que se virar né? E eu me virei nessa fase e eu tomei consciência acho que do problema do Farinelli nessa fase. Sabe, nesta fase de dureza mesmo, de dificuldade, quando Deus me devolveu ele, que, naquele dia, naquela tarde, foi numa quarta-feira a tarde, eu fui numa determinada Igreja que, independente de citar nomes né?, porque é Deus, né?*, que faz a obra, não é as Igrejas, e naquele dia eu voltei pra casa o Farinelli voltou sem febre, ele já havia tomado os medicamentos, nem já... acho que nem cheguei a terminar as quatorze garamicinas e ele voltou sem febre. Daquele dia em diante, o Farinelli vai fazer... ele tinha acho que dois anos mais ou menos, dois, dois anos e, nessa faixa...

Questão 35: Essa foi a primeira cirurgia que ele fez, aos dois anos?

Dora: É a primeira cirurgia... é um pouco menos de dois anos ele tinha, e naquele dia eu vim embora pra casa e ele não teve mais febre. Até hoje eu sei quando o Farinelli está com infecção de urina porque ele cora — é febre interna que dá —, ele cora e o cheiro da urina fica muito forte. Então aí eu já sei. Eu falo: Farinelli, você está com infecção, o saquinho também fica inchado. Eu falo: "Ô Farinelli, você tá com infecção, vamo tomar um Bactrin, vamo lá se automedicar aí porque a gente já sabe o que dar, né?", já sabe como agir né? Então aí... de lá pra cá, nunca mais ele teve nem febre. Então tem infecção muito que raramente assim quando... quando ele abusa mesmo. Sabe assim...?

...

Questão 45: E nisso... no [Nome do hospital], ele fez a primeira cirurgia dele logo com quanto tempo?
Dora: Ele deveria ter um ano e oito meses mais ou menos.
Questão 46: Foi a primeira cirurgia no [Nome do hospital]?
Dora: Foi a primeira cirurgia.
Questão 47: Mas que interessante. Quer dizer que lá em [Nome da cidade]... demorou então pra eles te mandarem pro [Nome do hospital]?
Dora: Não, eles me mandaram em seguida que ele nasceu. Ele começou o tratamento e tudo.
Questão 48: Lá no [Nome do hospital]?
Dora: No [Nome do hospital]. Teve ambulatório lá, tudo direitinho.
Questão 49: E aí o médico de lá falou assim: "Vamos fazer a cirurgia com um ano e pouco".
Dora: Com um ano e pouco ele fez. *Ele sofreu muito porque ele me conhecia pelos olhos.* Eu entrava de... Ele chorava e eu chorava junto, né? *Porque ele me conhecia pelos olhos. Bom uma que eu era estrábica também né.*
Questão 50: Entrava de que? O quê que é isso? Entrava chorando, é isso?

Dora: *Não, de máscara, né?, pra ele não me conhecer. Lá eles tinham uma parafernalha toda pra mãe poder entrar em contato com a criança, né? Não podia entrar normal.*
Questão 51: Você acabou de falar no médico e falou entrar. Eu falei: "Gente, ela entrava na sala de quê?". Entrava pra ver o Farinelli.
Dora: pra fazer visita pro Farinelli.
Questão 52: Lógico, lógico, tinha que entrar de máscara.
Dora: É porque aqui a gente não tem isso, né? Aqui no [Nome do hospital onde foi realizada a pesquisa] não...

Para Lacan (1973) o *olhar* é um dos quatro devires por ele identificados[125] para se chegar a uma pulsão. A *pulsão escópica* teria os olhos como zona erógena, a *contemplação* como objeto parcial e o *ver* como verbo. Segundo ele, o *olhar* estaria relacionado com o desejo, naquilo que ele apresenta de faltoso.

"Em outros termos, trata-se de colocar a questão do que é o olho como órgão. A função, dizem, cria o órgão. Puro absurdo — ela nem mesmo o explica. Tudo que está no organismo como órgão se apresenta sempre com uma grande multiplicidade de funções. No olho, é claro que funções diversas se conjugam" (Lacan, 1973 [1964], p. 99). É evidente, portanto, que Lacan não desconhece o corpo-sem-órgãos. Ao contrário, parece partir dele para compreender a produção de referências na constituição do sujeito. O ponto crítico, de fato, se faz quando ele pensa a produção dos objetos parciais, do qual a *contemplação* seria um, por referência à falta e à castração. Ele dirá: "De maneira geral, a relação do olhar com o que queremos ver é uma relação de logro. O sujeito apresenta-se como o que ele não é e o que se dá para ver não é o que ele quer ver. É por isso que o olho pode funcionar

---

[125] Lacan ainda estipulará mais três pulsões parciais básicas. A pulsão oral, tendo os lábios como zonas erógenas, os seios como objetos parciais e o sugar como verbo; a pulsão anal na qual o ânus é a zona erógena, as fezes os objetos parciais e defecar seria o verbo; por fim, a pulsão invocatória que teria as orelhas como zonas erógenas, a voz como objeto parcial e escutar como verbo. A pulsão oral e anal iriam se relacionar à demanda naquilo que têm como apelo à satisfação de uma necessidade, e a pulsão escópica e evocatória estariam do lado do desejo naquilo que evocam de faltoso, de construção de circuitos visando ao delineamento e produção de objetos para supostamente satisfazerem uma falta. Para Lacan, portanto, as pulsões escópicas e evocatórias estariam mais próximas do inconsciente (Evans, 1995, p. 48).

como *objeto a*, quer dizer, no nível da falta (– Φ). (Lacan, 1964 [1971], p. 102).

Por certo que há um nível da falta. Mas essa falta pode ser interpretada como efeito do excesso de fluxo afectivo na paisagem a ser contemplada que, por ser excedente, não se conforma à linguagem. Isso é diferente de se pensar uma falta produzida pela castração. Além disso, a falta do *objeto a*, poderia bem ser decorrente de uma fixação do sujeito em uma fantasia (circuito pulsional). De modo que, fixado em seus fantasmas, o sujeito torna-se dependente de um certo modo de fazer fluir os afectos, de escoar os fluxos de intensidades. Mas como a processualidade é maquínica, os fluxos afectivos demandam outras formas de expressão, outras vias de passagem, outros objetos. É neste momento que as fantasias tornam-se obsoletas e, se ficamos fixados a elas é porque queremos e precisamos nos defender do *estranho processual*. Ou seja, desde que se pense a contemplação como um processo fechado em si mesmo, uma totalidade, apenas nesse caso, ela poderá ser um objeto que falta e, por ser faltoso, torna-se um dispositivo de controle. Em outros termos, passamos a ser controlados por nossas fantasias, esquecendo-nos de que elas são produções nossas. As fantasias passam então a serem "naturalizadas".

A paisagem é a constituição de um mundo dentro de um outro mundo; um processo em expansão cuja lógica de funcionamento é pelo contágio de um corpo em relação a outro corpo, produzindo um corpo-sem-órgãos, isto é, um plano a-significante de pura sensação, de puro estado afectivo. De fato, trata-se de ausência de sujeito e também de objeto, pois este plano sensacionista é pura força. Trata-se de um plano constituído a partir do excesso e não da falta.

Stern (1991) fala-nos das relações entre a mãe e o bebê mediadas pelo *olhar* como multiplicadoras de territórios, dispositivos de extensão dos limites do bebê no auxílio do que este pode ver para além de si, para além de seu universo corporal e do universo corporal do outro com o qual se relaciona, não apenas na fantasia, mas também no Real do corpo-a-corpo afectivo. Ele nos diz:

"O olhar mútuo é realmente um mundo dentro de um mundo. Olhar para dentro dos olhos que fitam os seus não é semelhante a qualquer outra experiência interpressoal. Você parece sentir e acompanhar vagamente a vida mental do outro. Em uma troca de olhares, você (ou Joey) [refere-se à mãe e o bebê] periodicamente alterna seu olhar do olho esquerdo para o direito e vice-versa. (...) Cada uma destas rápidas mudanças, ao alterar ligeiramente a perspectiva de cada um daqueles que fitam, também altera o que cada um vê — às vezes dramaticamente, às vezes muito suavemente (...). 'As correntes invisíveis de sua excitação', que Joey sente correrem com força, refletem a excitação tão poderosamente evocada pelo olhar mútuo (...). É durante esta experiência de altos e baixos na excitação de, Joey e de sua mãe que ele sente as 'correntes invisíveis'. Elas 'me tocam. Sigo-as'. Nesta sondagem profunda de sua mãe Joey está chamando-a de volta à sua 'vida'. (...) Em qualquer interação dinâmica entre pais-filhos isso pode acontecer à medida que cada um investe até o limite. Você não pode expandir os limites sem forçá-los. E quando você os força inevitavelmente cometerá erros. Estes erros necessários são potencialmente de grande valor, pois ajudam os bebês a desenvolverem seus próprios modos de lidar com uma variedade de experiências e pessoas. Joey também recentemente lidou sozinho, com sucesso, com a superexcitação e superestimulação — e isso não é uma pequena lição. (p. 60 *et seq.*)"

Assim, não discordamos de Lacan quando diz que o olho não vê aquilo que o olhar pretende contemplar. Mas dizer que não contemplamos no outro outra coisa a não ser a imagem de nosso objeto fantasmático (*obejto a*) é negar a participação do Real, da influência dos embates afectivos de um corpo-a-corpo relacional e da produção de alteridade neste embate. E justamente por ser a alteridade uma produção, é que o *objeto a* não será nunca o mesmo, designando não mais uma coisa, mas, sim, um processo, um modo de produção da coisa, quer dizer, do objeto. Neste caso, o *objeto a* não seria algo perdido para sempre em função da operação da metáfora paterna. Ao contrário, em virtude da natureza processual deste *objeto a*, ele não poderia nem mesmo vir a se constituir como totalidade em si mesmo, não podendo, portanto, vir a se perder já que não se pode perder aquilo que nunca se constituiu como coisa em si. O objeto *a* é processualidade de sensações e não matéria sensível molarizada em uma forma padrão.

Desse modo, as relações afectivas (Reais) de um corpo a outro corpo são uma via de acesso para a produção de subjetividade. Dora sabia disso e no momento em que me revela a sua reação inicial ao nascimento de Farinelli, percebe que quase o lançou no abismo. Um abismo do qual demoraram a sair de tão profundamente escavado pelas mãos de um discurso fundamentado na crença em equivalentes gerais expressos na fantasia de uma certa perfeição do corpo, do masculino. Fantasias simbolicamente construídas no decorrer de longos períodos de história familiar; equivalentes fantasmáticos que a rondam e obliteram a diferença. Em suas palavras:

Questão 42:[126] Na última conversa que a gente teve...

Dora: Eu saí daqui pensando nela.

Questão 43: Tá, eu acredito. Teve duas coisas que você falou que eu gostaria de conversar com você. Aí eu tenho uma pergunta pra te fazer. A gente falou de muita coisa e de repente você me fala o seguinte: você me conta do parto que logo que o Farinelli nasceu era esperado uma laqueadura. Até mesmo já tinha sido pago isso aí. E que o médico, que era também Evangélico, disse que não fez a laqueadura porque sentiu um toque de Deus dizendo pra ele não fazer. E aí eu te perguntei se você não achava que essa justificativa dele era uma forma de negar talvez, não intencionalmente, mas inconscientemente, uma estigmatização porque o Farinelli nasceu com uma malformação — classificada assim pela medicida. Você disse que não. Mas aí você me diz uma coisa seguinte que, muito pelo contrário, porque foi realmente alguma coisa divina que fez esse médico não fazer a laqueadura que, em seguida, você engravidou do [nome do filho caçula] e o [nome do filho caçula] completa a sua vida. E completa como? Aquilo que o Farinelli não tem, o [nome do filho caçula] tem. E aí você faz o seguinte: "o que é que o Farinelli não tem que o [nome do filho caçula]

tem?". Você tem... a sua frase foi a seguinte: *"É, talvez eu fosse frustrada se eu não tivesse um filho homem. Não que o Farinelli não seja um homem né? Só que ele não é perfeito e o [nome do filho caçula] já nasceu perfeito".* Eu acredito realmente que você pensa que o Farinelli é homem. Mas tem muita coisa pra gente poder discutir aí. Primeiro, o que é esse conceito de homem que está na sua cabeça? Bom, que é esse conceito de homem e porquê essa necessidade de classificar, que eu não sei se é sua, mas isso é a Medicina que diz: "nasceu mal-formado." Mas porque essa necessidade de classificá-lo como imperfeito? E uma terceira coisa, que história é essa de [nome do filho caçula] entrar no lugar de Farinelli e Farinelli entrar no lugar de [nome do filho caçula]; de um completar o outro? Que "loucura" é essa? — como você disse.

Dora: Olha o [nome do filho caçula]...

Questão 44: Você entendeu? São três coisas: o que é ser homem? O que é essa necessidade de classificá-lo como imperfeito? Por que você acredita nisso?

Dora: Não. Eu acho que aí eu não soube... talvez eu não soube colocar... esse "ser homem"...

Questão 45: Tá colocado do jeito que tá. [Risos]

Dora: Não. Não, a minha colocação assim talvez não tenha...

Questão 46: Você se assustou. Depois quando você ouvir a fita. "Não que ele não seja homem" [Você disse]. Você levou um susto: "Não. Mas como meu filho não é homem?" [Ela havia dito] A gente fala e tá posto entendeu?

Dora: Não. Sabe o que é Fernando? Tipo assim... oh... os meus sonhos — e isso desde "aborrecente" era gerar um filho homem. Assim, um menino perfeito, saudável entendeu? Assim...

Questão 47: Não. O que você quer que eu entenda? O menino é homem?

Dora: Não, eu sei. Mas eu falo assim: o primeiro — no caso, seria a [nome da filha]. Eu já tinha tido esta frustração da [nome da filha]. Quando a [nome da filha] nasceu eu virei o rosto. Eu tinha apostado com os médicos — que eu trabalhava no hospital, na época —, e eu ganhei a [nome da filha] neste hospital e eu

---

[126] Terceira entrevista com Dora, mãe de Farinelli (14/04/98)

apostei com os médicos que trabalhavam comigo na Ortopedia, que o meu filho era homem. Tive que pagar cerveja pra todo mundo. Então eu era obcecada pela idéia do filho homem. Por quê? Eu sou filha mais velha e criada pela minha avó. As minhas amigas iam pra todos os lugares e eu não podia ir porque eu não tinha irmão mais velho pra me segurar, você entendeu? Tipo assim: pra ser assim o guarda-costa. Então eu não podia ir. Eu não podia fazer muita coisa porque eu não tinha irmão mais velho. As minhas amigas podiam porque elas tinham e muitas vezes eu ia na cola de amiga porque a amiga ia lá [e falava com minha avó]: "Não... o meu irmão vai". E convencia, você entendeu? E isso aí foi uma coisa gerada na minha adolescência. Na minha sabe assim? Quando eu táva assim uma moça já e queria ir em determinados lugar e não podia porque não tinha um irmão. Então isso gerou em mim um desejo de ter um filho homem porque ele acompanharia um monte de filha mulher que eu viesse a ter depois. *Então, quando a [nome da filha] nasceu eu fiquei frustrada. Eu virei assim... eu fiquei... eu me arrependo disso, claro! Muito e muito mesmo porque eu virei o meu rosto quando ela nasceu! Eu simplesmente... quando eu vi que era uma menina sabe?, a decepção foi muito grande e a anestesia e a própria cirurgia em si já gera tudo isso né? Os meus três filhos foram cesárea. Então eu virei o rosto. Eu fiquei frustrada mesmo. A minha filha era linda e eu fiquei frustrada porque eu queria um filho homem.* Que nascesse sabe? *Eu queria gerar em mim um filho homem. Então quando o Farinelli nasceu, que ele nasceu com problema, e até então é muito confuso isso porque eles não sabem... na hora que as pessoas passam pra gente: é homem ou não é homem. Fica aquela confusão. Porque hospital pequeno que não conhece o problema, que às vezes são médicos que nunca viram. Então eles mesmos ficam confusos em identificar o sexo da criança.* Então eu acho que tudo isso gerou essa confusão na minha cabeça de... no momento que nasce a criança. Então, depois de identificado tudo, claro!, eu fiquei super feliz. Mas aí constataram que era uma "má formação" e a gravidade e a seriedade do problema do Farinelli — que eu falei pra você que eu demorei muito tempo pra ter

noção disso daí, sabe? —, gerou esse negócio sabe? Do filho homem normal, perfeito, saudável, sabe? Sem nenhum, vamos falar assim, sem nenhum defeito genético né? [Interrupção da secretária do ambulatório avisando de telefonema via alto falante] E essa malformação é genética, a gente sabe né? Mas aí, entendeu? O [nome do filho caçula] vem completar acho que esse desejo já do primeiro filho homem, entendeu? Filho perfeito, saudável, nascer. E olha, o [nome do filho caçula] foi uma coisa assim de louco. *Quando o médico abriu a minha cesárea já pra ver o [nome do filho caçula], a parteira que acompanhava — ela acompanhou os três partos —, ela falou assim: "Tem cara de homem". E a hora que o médico abriu, que vê primeiro o rosto da criança, tem cara de homem e na hora que o médico tirou, o Doutor [nome do médico] e falou né? Assim: "É homem". Ela falou assim: "Homem é assim, já nasce com cara".* Você entendeu? Então é uma coisa assim já muito forte já no parto, sabe? E no Farinelli, não sei se pelo problema, eu não tive toda essa... né?, essa experiência aí. Uma coisa forte né?

Questão 48: É forte isso aí, não é?

Dora: Forte.

Questão 49: O Farinelli é homem e que cara que ele tem então?

Dora: É verdade. Então, mas aí é que tá. É aquilo que eu te falei já... o [nome do filho caçula] é por causa...

Questão 50: Bem, eu já não sei se o Farinelli é...

Dora: Ai não Fernando...

Questão 51: Não, eu não tenho dúvida. A não ser...

Dora: Não, Fernando. Com certeza, com certeza ele é... ele é.

Questão 52: Que te dá tanta certeza? Quando ele nasceu ele não tinha cara de homem. Os médicos... não... vamos raciocinar. Oh, me acompanha...

Dora: Não, não, não é assim. Não, não é que ele não tinha cara de homem. [Risos]

Questão 53: Como é que você pode ter certeza se a parteira que acompanhou, olhou para ele e não falou assim: "Vixi!" Ela não falou.

Dora: Não, porque ela não falou, você entendeu?

Questão 54: Ela falou alguma coisa.

Dora: Eu estou te dando sentido do porquê de eu ter falado.

Questão 55: Então, veja bem. Eu não estou te criticando. Vamos pensar sobre isso porque é um paradoxo. Geneticamente ele é homem. Ele se veste como homem, você o criou como homem, enfim, o Farinelli é homem, não que...

Dora: *O primeiro tinha que ser homem, entendeu?*

Questão 56: Entendi.

Dora: Até mesmo quando o Farinelli nasceu eu...

Questão 57: Eu entendi. Só que você fez uma festa enorme pro [nome do filho caçula] que é o terceiro filho.

Dora: *Que é o terceiro filho, mas porque ele nasceu perfeito. Porque ele não nasceu...*

Questão 58: Ah, então tem outra história aí.

Dora: *Porque ele não nasceu com nenhuma má formação. Até mesmo a gente tinha talvez até a expectativa, o medo. Porque eu já tinha tido o Farinelli com esse problema que é grave né? A gente sabe que é.*

Questão 59: Você já se sentiu incapaz quando...

Dora: Quando eu tive o Farinelli? Eu senti.

Questão 60: Tipo assim: "Nossa, eu não consegui gerar um filho..."

Dora: Perfeito!

Questão 61: Perfeito.

Dora: Eu me senti. E foi assim uma frustração também né?, porque é aquilo que eu falei: não que ele não seja homem mas... da perfeição. Eu acho que a necessidade do ser humano é a perfeição em tudo né? Em tudo. Não só no geral. Filhos. Mas em tudo que você vai fazer você quer a perfeição. Em tudo que você vai fazer você quer ser perfeito!

A partir da leitura destes excertos percebemos o lugar que Farinelli ocupa não só na fantasia de Dora: o filho que veio na hora errada, isto é, "tinha que ser o primeiro, mas nasceu em segundo lugar"; além disso, o filho que é homem sem "ter cara de homem". Há aí um corpo-sem-órgãos contemplativo que liga mãe e filho e dão forças a equivalentes gerais fantasmáticos que preexistiam ao nascimento de Farinelli: capacidade de gerar um filho e de que ele seja o primogênito e perfeito.

A vinda de uma filha como primogênito, e o subseqüente nascimento de um filho "imperfeito"

confirmaram a fantasia de Dora de que não seria capaz de gerar um filho e constituir uma família. Esta última fantasia se confirma na filha, que abortou no quarto mês de gestação, e na separação ocorrida há seis anos. Sua avó e mãe não conseguiram sustentar vários casamentos e também abortaram, conforme ela nos deixa saber na terceira entrevista (Questão 82 à Questão 99). Ela diz ter muito medo de que isso também se repita com ela, assim, fica indecisa em tentar um novo relacionamento, mas também não quer ficar sozinha. Para evitar esta repetição, chega mesmo a pensar em ter um outro filho, fato que a motivou a ficar enciumada e com "raiva" da filha de 18 anos que engravidou recentemente. Ela conta que, de um lado, não queria imaginar que já pudesse vir a ser avó. De outro lado, ficou enciumada da filha ter engravidado antes dela, porque ela ainda quer engravidar. (Terceira entrevista com Dora, Questão212 à 217).

Dora, na terceira entrevista, explicita que não queria se casar, mas, sim, ter uma produção independente e, na quarta entrevista (Questão29), ela diz, sem fazer uma conexão direta com este desejo explicitado, que ela, uma vez separada do marido, está realizando este desejo, pois, a partir da separação tornou-se "pãe" ("Eu sou pãe aqui. Então eu tenho direitos!"). Apesar de sentir-se magoada na sua relação com os homens, é bem possível que esteja evitando investir em outras relações afectivas com homens, pois que está sendo possível realizar o seu desejo de ser "pãe". Segundo ela relata, ter uma produção independente ("tipo Xuxa") foi um sonho da adolescência. Nesta época, ela tinha a fantasia de que não iria conseguir gerar um filho, de que era estéril (Terceira entrevista com Dora, Questão 80). Porém, a crença no fato de que "toda a mulher, no fundo, no fundo, não quer ser independente, quer ter dependência afetiva de um homem", fê-la casar-se (Terceira entrevista com Dora, Questão 133 à 138).

Assim, podemos até pensar que essas escolhas foram todas definidas em função de suas fantasias inconscientes. Mas, de uma outra perspectiva, podemos ver essas fantasias serem vitalizadas pelo fluxo pulsional escópico. Em diversos trechos das entrevistas, há referência ao olhar, como aquele que contempla, que produz um corpo-sem-órgãos, mas que vem também manipular, controlar moralmente os corpos dos filhos, seus sentimentos, suas ações, no sentido de obliterar as conexões, de impedir a circulação dos afectos e referendá-los a equivalentes gerais. Esse uso obliterador do olhar é particularmente visível na definição do que é gênero sexual para ela (Primeira entrevista Q65). Como diz Guattari (1981):

> A oposição homem/mulher serve para fundar a ordem social, antes das oposições de classe, de casta, etc. inversamente, tudo o que quebra as normas, tudo o que rompe com a ordem estabelecida, tem algo a ver com o homossexualismo ou com um devir animal, um devir mulher, etc. Toda semiotização em ruptura implica numa sexualização em ruptura. Não se deve, portanto, a meu ver, colocar a questão dos escritores homossexuais, mas, sim, procurar o que há de homossexual em um grande escritor, mesmo que ele seja, além disso, heterossexual (p. 36).

Uma vez presa nessas categorias maniqueístas do gênero sexual e do "corpo perfeito" *versus* "corpo imperfeito", natural *versus* artificial, ela não consegue aceitar a proposta médica de realização da cirurgia de derivação urinária para seu filho. Na segunda entrevista, ela manifesta sua resistência em relação à cirurgia do filho e, embora ele esteja querendo realizá-la, ela não consegue se "adaptar" a esta idéia. Tal angústia estaria ligada à crença em uma natureza humana natural, tal qual reza o paradigma naturista do qual ela se diz adepta (Segunda entrevista com Dora, Questão 73 à Questão 83). Ou seja, para ela, uma derivação urinária seria uma "manipulação" humana que, em vez de favorecer a expansão e potência de conectividade de seu filho, produzindo nele uma erogeneização anal, estaria reduzindo-o à sobrevivência de seu corpo, favorecendo com que ele, subjetivamente, se sinta excluído do "universo masculino". (Segunda entrevista com Dora, Questão 73 à Questão 83). Essa resistência à cirurgia po-

deria ser influenciada também pelo fato de que Farinelli é, na sua fantasia, uma "obra de milagre", é um "menino-anjo" que ressuscitou pelas mãos de Deus. Isto é, uma intervenção humana (derivação urinária) com esse nível de desterritorialização funcional dos órgãos, do organismo, e também do corpo-erógeno, é sentida por ela como invasiva e profanadora do psiquismo, do gênero sexual e da sexualidade de seu filho. Ou seja, essa cirurgia iria trazer para Farinelli uma boa capacidade de retenção do fluxo urinário que, além de instaurar nele o "desejo de urinar", iria capacitá-lo para se tornar *autônomo em relação ao controle* de seu fluxo urinário. Uma vez estabelecida essa autonomia de controle, ele iria poder construir zonas erógenas novas, na medida em que o controle de si lhe proporcionaria novos encontros e o instrumentalizaria para a produção de novos corpos-sem-órgãos. Conseqüentemente, seria Dora, e não Farinelli, que iria ser excluída. E Dora se incomoda com a exclusão, talvez porque seu filho, ao excluí-la de seu desejo, ao não se permitir mais ser controlado por seus olhares, iria forçar a mãe a repensar suas expectativas em relação a ele. Criando para si um outro corpo-sem-órgãos, Farinelli passaria a ter uma sexualidade conquistada por si mesmo, envolveria-se em outras práticas que não incluiriam o *olhar* da mãe sobre ele. É justamente aí, na produção de um novo corpo-sem-órgãos que reside o problema de Dora, pois como pode um "anjo", uma "obra de milagre" ter sexualidade? Instaurar uma sexualidade em Farinelli seria desterritorializar a "sintonia de afeto" existente entre ele e sua mãe. Uma sintonia que é a própria energia vital da fantasia de Dora, que vê em Farinelli a confirmação de sua fé (Primeira entrevista com Dora, Questão 32-Questão117).

Questão 99[127] **:** Quer dizer, a minha questão é assim: quais foram os mecanismos que você percebeu ao longo desses quinze anos que você está com ele, que fazem com que ele se sinta estigmatizado, por exemplo?
Dora: Hoje... que nem assim... eu acho que... que nem, ele acorda de manhã, vâmo falá assim, eu sou

---

[127] Segunda entrevista com Dora (17/03/98)

uma pessoa assim muito chata com… em relação à organização sabe? Eu sou muito organizada, muito de… Até que hoje eu já… larguei um pouco sabe? Eu tou me curando um pouco disso porque isso daí são falhas mesmo no nosso interior que a gente precisa curar né? Já me sinto mais livre hoje. Mas assim, tipo assim, eu não consigo chegar na minha casa, por exemplo, olhar na mesa e tá assim sabe?, alguma coisa esparramada. Eu falo: *"Não, tem que tá tudo certinho, tudo arrumadinho, tudo…" Então ultimamente eu tenho fechado os olhos pra isso e o Farinelli, ele percebe isso em mim, que se ele acorda de manhã, vamo falá assim, eu já olho no colchão pra ver se já tem mancha de molhado, aí eu já vou falar pra ele: "Olha, coloca seu colchão pra fora, pra tomar sol, põe as cobertas pra tomar um ar"… sabe assim? Eu já vou ter… Então eu acho que nisso daí eu faço uma… uma separação dele. Porque é uma certa… é uma maneira de eu cobrar ele pra ele ter cuidado com as coisas dele e, ao mesmo tempo, eu acho que eu fico… é uma cobrança que eu acho que eu estigmatizo ele nisso daí porque...*

Questão 100: Por que? Se ele… se você se preocupa com o xixi dele e coisa e tal, com o outro ou com a outra você ficou de se preocupar com a meia, com o sapato, com o soutien que ficou fora, com a calcinha no banheiro. Por que você é diferente com ele?

Dora: Porque eu acho que ele é mais sensível, entendeu? Até em relação assim a eu tá cobrando dele porque ele já se sente inferior porque tem problema. Porque… eu não sei trabalhar essa… esse lado do Farinelli, você entendeu? Eu sei que ele é mais sensível que os outros até em relação — você viu que deu "carrinho" dele e ele já me repreendeu porque eu já me excedi de rir dele né? Então é uma coisa assim difícil de eu trabalhar porque ele é muito duro né? Então…

Questão 101: Quando você diz que ele é muito duro é que ele é muito exigente?

Dora: *É, ele é sensível. E é assim… ele tem a natureza dele né? Então é uma coisa assim que eu não posso forçar ele a ter a minha natureza assim da maneira como eu sou, a querer — por*

isso que eu acho que eu já mudei um pouco nisso sabe?, assim —, de querer que os filhos sejam do mesmo jeito que eu sou. E eles não são. Cada um é um, né?

Questão 102: Ainda bem! [Risos]. Assim a gente fica com bastante diferença um do outro.

Dora: Fica mais fácil… fica mais fácil, né?, você lidar. Eu chego em casa, às vezes… oh, que nem: hoje nós vamos chegar tarde; vamos chegar umas quatro horas por aí. Quer dizer, eu vou chegar… às vezes eu vou encontrar a mesa ainda do café da manhã lá esticada, louça na pia porque o outro não secou porque o Farinelli não secou a dele ontem — porque cada um tem a obrigação em casa, então o irmão não vai secar a dele hoje porque o Farinelli não fez ontem —, e aí vai virando a semana e isso vai me irritar e vai chegar uma hora que eu vou gritar sabe? [Rindo, faz o som de um tapa] E aí eles vão fazer bonitinho de novo.

Questão 103: *Então, mas voltando pra aquela coisa assim: por que com ele é diferente?*

Dora: *Por essa parte dele ser mais sensível, dele se queixar mais, dele emburrar mais fácil, dele se… ele se magoa com mais facilidade.*

Questão 104: *E você acha que isso é porquê? Por causa da extrofia?*

Dora: *Eu creio que sim.*

Questão 105: Qual é associação que você faz? O que a tristeza tem a ver com extrofia? Vamos falar assim: o que a sensibilidade, por ser mais… se comover mais facilmente, ficar mais...

Dora: Ficar mais duro? [Rindo]

Questão 106: …mais sensível e coisa e tal, tem a ver com a extrofia?

Dora: Eu acho que toda criança que passa… todos… não só criança, adulto também, que passa por cirurgia ou mesmo assim por tratamento médico prolongado, ela adquire uma sensibilidade acima do normal, do padrão de vida normal, eu penso dessa maneira.

Questão 107: Sensibilidade pra quê?

Dora: Vamos falar assim: ela se magoa com mais facilidade. Ela assim briga com mais facilidade, ela emburra se ela tiver — que nem o caso do Farinelli, ele emburra sabe?, assim empacou ali… não adianta você vai brigar e não vai conseguir nada porque empacou mesmo. E é difícil, é uma coisa difícil! Então, tem esse lado aí né? E eu acho que é todas as crianças que passam por processo cirúrgico muito prolongado assim né?, por tratamento... eu acho que tem, que adquire mesmo essa sensibilidade.

Quanto à sensibilidade de Farinelli e a relação desta com a extrofia temos a conjunção de duas séries distintas, a saber: a relação do corpo-suporte de Farinelli com o corpo-suporte de Dora. Deste cruzamento díspar, surge um corpo-sem-órgãos de intensa sensibilidade que desterritorializa a mãe a ponto de forçá-la a estigmatizá-lo — o que ainda é uma maneira de incluir o filho em uma série simbólica. Tal série é também alicerçada pelo discurso médico que cariotipicamente o define como homem. Uma vez definido como homem, Dora pode colar nele certos atributos que julga um homem possuir. Deste modo, Farinelli não é estigmatizado apenas por ser extrófico, mas também por ser homem. Para Dora, o jogo do gênero é um plano de forças. Anteriormente (Primeira entrevista com Dora, Q65), ao se referir ao marido, ela afirmou que "homem é patife" e "frágil"; isto é, mole e covarde para enfrentar as doenças, que são vistas por ela como "castrações". Já a mulher (isto é, ela) é forte, é turrona e enfrenta com soberania a castração. Ora, vimos que a partir do paradigma capitalístico, os limites de um plano são vistos como encarnações da castração e conseqüente produção da falta, pois que há neste plano a fixação a um *objeto a*. Logo, não são apenas estes meninos "castrados" os únicos a serem sensíveis. Para o discurso médico e para o discurso da família nuclear, é pelo genital que organizamos nossas relações de gênero, sexuais, sexualidade e erogeneização do corpo-pulsional. Assim, na perspectiva destes discursos, no recorte que operam sobre o corpo-sem-órgãos de sensibilidade, esses meninos são vistos como meio-meninos, ou seja, como "meninos-anjos", pertencendo, portanto, a Deus.

A clínica de fato confirma a existência de uma certa "fragilidade" e covardia dos pais em relação ao nascimento de seus filhos extróficos, especialmente quando estes são do sexo masculino. Mas se-

ria insuficiente explicar tal questão pela via imaginária e simbólica do Complexo de Édipo freudiano ou Édipo estrutural lacaniano, pela qual poderia se pensar na dificuldade do pai se relacionar com seu filho extrófico, justamente por imaginar que esse filho já teria nascido castrado, na medida em que seu pênis (falo) não corresponde ao imaginário do pênis masculino. E vimos que, em Freud, é propriamente o temor à castração que faria o menino renunciar ao seu objeto de amor incestuoso (a mãe), e buscar se identificar com o pai para encontrar esse mesmo objeto em uma outra pessoa, saindo, portanto, do Édipo.

Mas vejamos que há também toda uma construção de práticas sociais historicamente estabelecidas que reduzem a convivência do pai com seus filhos. Por essa via, evidentemente que a identificação do pai com outras referências do corpo de seu filho estaria comprometida. E isto se confirma na clínica também, pois, independentemente dos participantes dessa pesquisa, os pais do meninos e das meninas em tratamento ambulatorial também não compareciam às entrevistas. O pai só comparecia às sessões de psicoterapia desde que conseguisse ser dispensado do serviço, ou quando estava de licença do emprego, ou então quando estavam aposentados (como foi o caso do pai de Maria, conforme apresentado no capítulo 5 deste estudo). Portanto, a hipótese de haver uma certa natureza masculina mais frágil para lidar com a "doença", tal qual formulada por Dora, só faz mesmo sentido quando a condição física da criança extrófica é interpretada pela via capitalística que produz o equivalente geral do Édipo a partir da castração e do falo.

É por isso que não é incomum encontrarmos tantas famílias recorrendo a Deus, fálico por natureza, isto é, não castrado, como recurso para dar conta deste corpo-suporte extrófico que é visto como "faltoso". E a estigmatização em Dora chega mesmo ao limite de produzir nela o desejo de que Deus opere o milagre de fazer o pênis de Farinelli crescer (Primeira entrevista com Dora, Q105).

Agindo deste modo, Dora vai sentindo seu filho mais distante, mais magoado com ela (Segunda entrevista com Dora, Q13 à Q16), e uma série de relações entre mães-filhos vão se repetindo. Isto é, seu filho vai se distanciando dela, como ela foi distante de sua mãe, como o filho é distante do pai, como sua própria mãe foi distante de sua avó e assim por diante (Segunda entrevista com Farinelli, Questão 117 à Questão 131).

Essa distância é confirmada por Farinelli que sente em casa o peso do rótulo de "imperfeito". Assim como na escola, às vezes os familiares também não compreendem as particularidades de seu desejo e de sua condição física. Em casa, ele quer se sentir mais tranqüilo em relação à incontinência urinária, quer ter direito à preguiça (Q160 e Q153 da terceira entrevista). Enfim, ele quer poder desejar um desejo diferente, quer poder ter o direito a viver sua vida baseado em suas próprias referências corporais, nas quais a incontinência entra como uma delas. Em suas palavras.

Questão 4:[128] Não? Então tá bom. [nome do participante], eu vou te fazer uma pergunta bastante simples, aí a gente... a proposta deste trabalho não é... isto não é prova, não é nada... é um bate-papo que a gente vai fazer tá? E quanto mais história a gente puder... conseguir contar sobre a sua vida, né?, mais legal vai ficar essa pesquisa, tá? Então, eu gostaria que você me contasse a história ... é... começando de onde você quiser, se você quiser começar da infância ou do momento atual, tanto faz. Como é que tem sido viver com extrofia vesical?

Farinelli: Ah, eu não sei bem assim dizer.

Questão 5: Hum, hum.

Farinelli: Mas até agora, né?, foi assim... como eu vou dizer?... como... como é que vou falar isso aqui?... foi chato porque é muita zoeira na escola.

Questão 6: Hum, hum.

Farinelli: Se eu tô molhado, o pessoal começa a zoar.

Questão 7: Hum, hum.

Farinelli: Mas agora eu não ligo mais, né? Minha mãe fala que... pra mim, que eu não tenho vergonha. Aí se eu fico molhado na rua...

Questão 8: Hum, hum.

Farinelli: Aí, ela fica falando que: "Você não tem vergonha? Vai se trocar"... não sei o que e papapapa. Ela fala essas coisas pra mim e eu fico quieto, né?

Mas eu guardo tudo aqui, né? [aponta para a cabeça]. E fico com mágoa.

Questão 9: Hum, hum.

Farinelli: Agora, pra mim... agora eu já esqueci essas coisas. Agora eu não ligo muito não.

Questão 10: Hum, hum.

Farinelli: É isso daí.

Questão 11: E tu ficas magoado com a sua mãe?

Farinelli: [Acena positivamente com a cabeça].

Questão 12: Por que você se magoa com ela se... quando ela diz pra você: "Ah, você tá molhado, você não tem vergonha...?" O que você acha que ela está tentando dizer pra você, efetivamente?

Farinelli: *Ah, porque quando eu fico molhado, ela nunca vê, né?, assim... porque ela trabalha e tal. Mas aí quando eu fico molhado, eu fico me... tentando me esconder; quando eu tô na escola, na rua, tal... aí quando eu tô em casa não. Eu tô na minha casa, né?, eu tenho liberdade e tal...*

Questão 13: Sim, sim.

Farinelli: Aí eu fico molhado e ela fala que eu não tenho vergonha, não sei o que... aí, isso me chateia.

Questão 14: Entendi. Agora entendi melhor. Porque eu... eu... eu tinha entendido que, por exemplo, você tá na rua, ela vê você na rua molhado e fala: "Menino, você não tem vergonha? Vá se trocar!". Aí eu entendi assim: Oh, eu acho que ela tá tentando proteger você. Mas isso acontece dentro de casa. É isso?

Farinelli: É.

Questão 15: Quando você tá na sua casa, é sua casa, né?, você quer ficar do jeito que você quiser: molhado, seco, não tem importância, do jeito que você quiser. Aí ela fala: "Vá se trocar". É isso que ela fala? E é... isso que te magoa por que? O que você pensa que está acontecendo?

Farinelli: *Ela fala que eu não tenho vergonha, né? Mas ela... ela não vê o que eu passo na escola, né? Ela não tá lá no dia-a-dia. Aí ela não sabe o que a gente passa.*

Questão 16: E o que é que você passa na escola?

Farinelli: *Ah, quando eu fico molhado eu fico com vergonha, né?, tal... tem pessoas que sabe...*

---

[128] Primeira entrevista com Farinelli, filho de Dora (11/3/1998).

amigos, né? Falo pro professor. Às vezes até é liberado mais cedo por causa disso, né?

Questão 17: Hum, hum.

Farinelli: Mas agora não. Agora... o ano passado, por exemplo, eu fui muitas vezes liberado por causa disso... mas... agora...

Questão 18: O pessoal te trata como diferente? Com certa diferença? Porque a molecada não é liberada mais cedo, né? E você é liberado mais cedo por causa de uma questão específica, né?

Farinelli: É.

Questão 19: Que é porque você tá molhado.

Farinelli: Às vezes sim, né? Porque nem sempre eu fico molhado, de vez em quando porque a fralda não aguenta, né?, e aí vaza.

Questão 20: Hum, hum.

Farinelli: Aí... aí sai mais cedo e tal...

Questão 21: Como é que é sair mais cedo pra você?

Farinelli: Ah, chego na diretora, falo pra ela, mostro pra ela. Aí ela me dispensa mais cedo. Aí eu vou embora sozinho.

Questão 22: Entendi. Isso é como você faz pra sair mais cedo, né? E... e como é que é ter que sair mais cedo por causa disso? Você gosta ou não gosta?

Farinelli: Ah, é chato, né? Na frente de todo mundo ficar molhado.

Questão 23: Hum, hum.

Farinelli: O ano passado — igual, eu passei, eu... —, eu comecei a chorar na sala porque tava molhado... molhado até embaixo assim...

Questão 24: Entendi.

Farinelli: Aí... aí me... a professora falou pra mim descer. Aí fui dispensado.

Questão 25: E o pessoal ficou fazendo... caçoando de você?

Farinelli: Não.

Questão 26: Não.

Farinelli: O pessoal não fica porque tem uns que já conhece e aí um fala pro outro, né?, e tal... Mas...

Questão 27: Hum, hum.

Como muitos adolescentes, sua rebeldia se manifesta contra os equivalentes gerais. Mas o curioso é que ele se baseia em seu próprio corpo para montar o discurso de sua rebeldia, expressa na preguiça. Não é necessário a ele recorrer à ideologia, ao grupo, ou a qualquer outro referente universal disfarçado de singular. Sua singularidade é traçada via o Real de seu corpo.

Questão 99[129]: Mas fica molhado na rua?

Farinelli: Fico. Tem vez que... que nem oh... que eu fui no *flipperama*... jogá *flipperama*, entendeu?, aí eu não sinto o xixi descê. Daí eu fico... eu começo a ficar molhado. Aí quando eu volto pra casa ela [fala]: "Não tem vergonha não menino? Ficá molhado?" e tal...

Questão 100: Hum, hum. Se você prestasse mais atenção se a urina está saindo ou não, você acha que você ia ficar mais molhado ou menos molhado?

Farinelli: Ia fica menos, né?

Questão 101: Menos, né? Embora você não... não tenha controle sobre a vontade de fazer xixi você pode ficar vendo se você tá molhado ou não tá molhado, né? Ao invés de ter que...

Farinelli: Aliás, tem que falar até prô Dr. Omega que quando eu fui no banheiro — eu tava com vontade, aí, né? —, eu fui no banheiro, eu senti vontade.

Questão 102: Hum, hum.

Farinelli: Aí, tipo assim, um período eu fiquei fazendo xixi assim e eu senti o xixi saindo, né?, que eu tava com vontade. Aí, outro período não; o xixi foi saindo sem eu senti nada.

Questão 103: Sem você sentir nada?

Farinelli: É.

Ele deixa claro, portanto, que o fluxo de urina não o incomoda desde que esteja conectado com outras sensações. Quando está brincando, distraído, ou mesmo querendo ficar sem fazer nada, curtindo sua preguiça, ele não se incomoda de não possuir o controle urinário. Ao contrário, deixa entrever que o controle do fluxo de urina é, primeiramente, uma preocupação médica e não sua.

Porém, há aí uma derivação em sua rebeldia. Ao perceber a reação negativa de algumas pessoas

---

[129] Primeira entrevista com Farinelli (11/3/98).

à sua condição física ele reage com retração, contendo suas emoções, sentindo-se marcado pelo estigma. Porém, nestes casos, sua singularidade reside justamente em maximizar suas marcas fazendo delas um equivalente geral de interpretação das sensações. Ele irá potencializar esta marca tentando ser o avesso daquilo que ele vê de ruim nos outros, daquilo que ele estigmatiza nos outros. Vejamos como isso se processa a partir do que ele nos conta continuidade da na primeira entrevista (11/3/98):

Questão 36: Como é que... que... como é que você faz pra fazer amizades? Assim... porque, olha, você, de uma certa maneira, conseguiu amizades que, ao invés de caçoar de você, começaram a compreender que você tem essa questão que às vezes fica molhado, né? E agora não... o "povo" não te conhece. Como é que você vai se apresentar? É isso que eu quero saber. Como é que você se apresenta pros outros?

Farinelli: Ah, eu chego logo e já falo.

[Risos]

Farinelli: Igual o ano passado eu falei pras meninas da minha sala, né?, tinha algumas que eu já conhecia e eu cheguei e falei: Oh... (falei)... se eu ficar molhado e tal é porque eu tenho problema.

Questão 37: Você usa a palavra problema?

Farinelli: É.

Questão 38: Hum, hum.

Farinelli: Aí eu já falo prá... Aí o pessoal já fica meio assim... aí já se toca, né?

Questão 39: Meio assim como? Acha estranho?

Farinelli: É... assim... né? Se eu ficar molhado, tipo assim: já se toca pra não zoar, entendeu?

Questão 40: Entendi... e... e que problema que você fala que você tem?

Farinelli: Aí eles perguntam: "Problema do quê?". Falo: "Da bexiga."

Questão 41: Hum, hum.

Farinelli: Falo só isso daí.

Questão 42: E você sente que eles te respeitam, de alguma maneira?

Farinelli: Ah, tem sempre os zoeiros, né? Sempre tem!

Questão 43: Hum, hum.

Farinelli: Alguns respeitam e tal... tem gente que mora... é... colega meu... tá na minha rua ali que estuda na minha sala.

Questão 44: Certo...

Farinelli: Agora, tem uns não... sempre tem um zoeiro, né?

Questão 45: Hum, hum. Imagine que você tivesse conversando... que eu fosse... que eu também tivesse extrofia vesical, só que eu fosse mais novo que você. Eu tivesse... — você tá com quinze e eu tô com oitos anos —, aí eu vou te fazer uma pergunta assim: "Pô cara...". Aí eu pergunto pra você: "Pô [nome do participante], como é que a gente se defende desses zoeiros? Como é que você se defende desse povo?".

Farinelli: Ah, eu fico quieto. Não falo nada, né? Não dá. A gente... por exemplo, se você fez as amizades e tal, já falou, já explicou... Não quer aceitar, quer continuar zoando? Eu deixo pra lá e...

Questão 46: Quer dizer, o fulaninho tá lá zoando, rindo da sua cara...

Farinelli: É...

Questão 47: E como é que você se defende disso? Você... ignora...?

Farinelli: É. Ignoro, né?

Questão 48: Hum, hum.

Farinelli: Mas como é que fica por dentro, né? Na gente?

Questão 49: E como é que você fica por dentro?

Farinelli: Ah, fica chateado, né? Magoado...

Questão 50: Hum, hum.

Farinelli: Triste...

Questão 51: Hum, hum. Por que você acha que você reage assim, ignorando ao invés de indo lá e enchendo de porrada? Dá vontade, não dá?

Farinelli: Dá.

Questão 52: E por que quê você não faz isso?

Farinelli: Ah, porque algo não deixa assim... dentro de mim.

Questão 53: Algo não deixa?

Farinelli: É.

Questão 54: O quê que você acha que é?

Farinelli: Aí não sei explicar.

[Longa pausa]

Podemos entender deste excerto duas coisas: ele usa a sua condição física para se aproximar das pessoas, colocando-se no lugar de "problemático", e usa a retração como linha de fuga para se defender daqueles que não entendem a diferença. Há outras linhas de fuga das quais ele lança mão:

1) agradar as pessoas;
2) fazer parte de uma comunidade de jovens em uma Igreja Evangélica;

Quanto a agradar as pessoas, ele diz que isso é importante para deixar boa impressão e futuramente poder chegar perto das meninas, poder se aproximar delas para dar uns "catá". Ele irá dizer que na "tribo", uns catá significa poder ficar junto, beijar, abraçar, roçar um corpo no outro, sem o compromisso do sexo ou do amor, pois o sexo significa penetrar, copular, e o amor vem com o tempo e amadurecimento.

Questão 142:[130] Você faz questão de agradar os outros?

Farinelli: Faço.

Questão 143: Faz? De onde você acha que vem isso? Essa preocupação sua com os outros... querer agradar, querer ser gentil, não querer falar palavrão?

Farinelli: É, eu quero deixá uma boa impressão.

Questão 144: "Quer dar uma boa impressão..." Um garoto modelo, mais ou menos assim?

Farinelli: É, mais ou menos.

Questão 145: Mais ou menos. De onde você acha que vem isso? Essa vontade de... de deixar uma boa impressão, de deixar uma marca?

Farinelli: De onde eu acho que vem isso?

Questão 146: Uma lembrança...

Farinelli: É mais por causa das meninas.

Questão 147: Das meninas?

Farinelli: É.

Questão 148: Me conta essa estória [risos].

Farinelli: [Rindo] Deixá uma boa impressão pra elas, entendeu?

Questão 149: Só isso que deixa? [Risos]

Farinelli: É. pra deixar uma boa impressão, né?

Questão 150: Prá que você não deixa a...

Farinelli: ...da pessoa, do meu eu, entendeu?

Questão 151: Sei, sei. E pra quê é que você quer deixar uma boa impressão?

Farinelli: Ah, depois eu chego junto.

Questão 152: O dia que precisar você já deixou alguma coisa lá, é isso?

Farinelli: É.

Questão 153: [Risos] Entendi... como é que você imagina que vai ser sua vida sexual?

Farinelli: Sexual? Vixe, eu não penso nisso.

Questão 154: Não pensa? Não pensa ou não quer pensar?

Farinelli: Não penso.

Nos "cáta", ele consegue níveis intensos de erotização e de prazer, sem se preocupar em ter de mostrar seu corpo, de ter de revelar o tamanho de seu pênis e as suas cicatrizes. Ele gosta deste nível de sensações não genitais. A exigência de uma relação sexual com penetração parece vir de fora de seu corpo. Há um primo que lhe ensinou sobre sexo e disse que sexo envolve penetração, definido por ele como "trepar" (Terceira entrevista [14/4/98], Q13 à Q46). A maioria dos adolescentes tem medo da relação sexual, por razões que, basicamente, podem ser resumidas do seguinte modo: 1) os jovens têm pouca informação sobre sexo; 2) têm medo de não corresponder às fantasias do outro; e, 3) a primeira relação sexual para os meninos é muito mais uma prova de fogo na qual têm de provar a sua masculinidade do que ter uma experiência de troca mútua de afectos e sentimentos. No caso de Farinelli, acresce-se o fato de que ele não sente necessidade de "transar". "Trepar" não é uma questão para ele neste momento e talvez nunca o seja.

Não foi possível precisar nas entrevistas, mas deduzindo a respeito das suas sensações em relação ao fluxo urinário, em que fica evidente que seu genital não é uma zona erógena privilegiada em seu corpo, pode-se inferir que a genitalidade na relação sexual, talvez demore para se tornar uma forma de expressão de sua sexualidade. Ele parece saber da importância

---

[130] Segunda entrevista com Farinelli, filho de Dora (17/3/98).

que a genitalidade na relação sexual tem para sua família e sociedade. Talvez por isso, se arme do discurso religioso no qual o sexo, que é algo mais que a "catação", é proibido antes do casamento por ser um pecado. Talvez por isso também ele idealize uma mulher perfeita e pura, quando perfeita significa aceitá-lo como ele é, e pura implica em não ter a genitalidade como a expressão privilegiada da sexualidade.

Pressionado por influências familiares e de ordem médico-sociais, não é de se admirar que sua primeira relação amorosa, frustrada evidentemente, se deu com uma "mulher-homem" (Q311 à Q322 da primeira entrevista [11/03/98]). Isto é, uma mulher "igual" a ele, que em vez de possuir uma vagina, teria um "falo", em que falo significa ser potente, poderosa, "que dá para todo mundo" (Q317 da primeira entrevista [11/3/98]). O devir-homossexual que o atravessou nesta época vem justamente dizer que se dele continuar sendo exigido uma genitalização sexual, a saída irá se dar pela homossexualidade. É preciso se perguntar se ele sente desejo de ir além do genital (que significa, neste momento, namorar)?

Questão 321: [131] E porque até hoje você nunca namorou? Por que...
Farinelli: Ah, sei lá. Não senti vontade ainda.
Questão 322: Não sentiu vontade?
Farinelli: É, tem aquela coisa, né? Desejo tem e tal, mas agora sei lá... tá muito cedo. Mas se for um compromisso sério assim...
Questão 323: Cedo pra que? Pra namorá?
Farinelli: Ah, não tá cedo, né? Mas se for um compromisso sério assim... se for pra casá. Porque eu quero namorá pra casá, né? Porque namorá... começa a namorá a menina — eu não, né?, no caso seria não, mas com outros moleques aí, aconteceu as coisas aí, engravida a menina aí... aí dança, aí tem que casar, aí não quer assumir o filho, aí some... do mundo...

Por acreditarmos que o desejo não é de natureza simbólica, mas antes Real, ou seja, nasce a partir do corpo-sem-órgãos, fica claro que a influência do corpo-suporte de Farinelli na produção de seu desejo sexual é tão fundamental quanto as influências simbólicas. Assim, será que seu corpo-suporte erogeniza seu genital? Ele sente prazer no pênis? Essa questão não poderá ser respondida sem o auxílio da dedução e da articulação com outras questões apontadas nas entrevistas.

Na segunda entrevista (17/03/98) conversamos muito sobre sexo e sua relação com o corpo. Ele nos diz:

Questão 209: (Segunda entrevista com Farinelli) Então você se preocupa com a sua imagem?
Farinelli: Hum, hum.
Questão 210: Preocupação... Como é que você acha que é a sua imagem física?
Farinelli: Física?
Questão 211: É.
Farinelli: Formoso, belo, lindo, gato [Risos]
Questão 212: Você acha que você é assim? Você quer ser assim ou você acha que você é isso?
Farinelli: Ah, agora... agora eu não sei como eu vou explicar porque tem vez que eu chego no banheiro da minha casa, olho no espelho... aí eu acho... aí eu não quero nem olhar mais. Sou o mais feio. Aí tem vez que eu olho, chego: "Como eu sou lindo, como eu sou gostoso." [Gargalhadas]
Questão 213: [Rindo] Você diz pra você?
Farinelli: [Rindo] Não dá pra entender. Eu não consigo me entender.
Questão 214: Hum, hum.
Farinelli: Tem vez que eu chego e falo: "Credo, que horror!".
Questão 215: E quando você tá cheio de espinha, você... acha que você é o que? Horroroso?
Farinelli: Ah, sei lá. Mesmo quando eu tô com espinhas assim...
Questão 216: Mesmo quando você tá com espinhas? Hum, hum.
Farinelli: Aí tem vez que eu chego: "Que gato, que lindo!" [Risos]

---

[131] Primeira entrevista com Farinelli, filho de Dora (11/03/98).

Questão 217: Isso em relação ao rosto e em relação ao resto do corpo?

Farinelli: Ao resto do corpo? Eu sou feio.

Questão 218: Você acha que você é feio? Hum, hum.

Farinelli: É, não pelo problema, né? Porque eu sou muito magrinho. Quinze anos...

Questão 219: Ah, quer dizer, não tem nada a ver com o problema?

Farinelli: Não.

Questão 220: A cicatriz... nada disso te incomoda?

Farinelli: Não.

Questão 221: Você, quando vai nadar, você usa calção, sunga, o que você usa?

Farinelli: Vixe! Faz tempo que eu não nado.

Questão 222: É, mas se você fosse...

Farinelli: Já, já dia primeiro, falando nisso, dia primeiro de maio agora vai ter um acampamento da Igreja do jovens. Aí é só jovens.

Questão 223: Hum, hum.

Farinelli: Aí lá tem piscina.

Questão 224: E você vai nadar?

Farinelli: Eu vou.

Questão 225: E você vai de calção ou você vai de... de...

Farinelli: De sunga. Eu não ligo não.

Questão 226: Não liga?

Farinelli: Ainda mostro a cicatriz assim. Ainda falo: "Eu não tenho umbigo, você quer ver?". Tem gente que não acredita, aí eu mostro. Daqui assim pra cá.

Questão 227: Por que essa exposição toda?

Farinelli: [Risos]

Questão 228: Aí eles acham engraçado?

Farinelli: É.

Questão 229: Aí você agrada eles?

Farinelli: Aí eles falam: "Não acredito!"

Questão 230: Não acredito?

Farinelli: [Risos]

Questão 231: Aí você acaba agradando eles de alguma maneira?

Farinelli: É.

Questão 232: Então, você aprendeu a usar o seu corpo pra pode fazer disso uma... um momento de alegria? É isso que eu posso dizer?

Farinelli: É, mais ou menos, né?

Questão 233: Você trata mais ou menos essa questão aí: "Ah, eu não tenho umbigo. Olha aí!".

Farinelli: Eu não ligo, né? Porque se eu for lá e alguém perguntá eu vou fala: "Eu não tenho umbigo. Por quê? Ah, eu tenho problema e tal, tal..." O pessoal da Igreja entende, né?

Questão 234: E quando não? E se não fosse o grupo da Igreja?

Farinelli: Aí sempre ia ter um... um zoeiro, né? Como eu falei... se isso fosse na escola... tinha um moleque lá que quando eu tava na quinta série (eu acho), que eu fazia educação física, aí tinha um moleque lá, ele sabia que eu tinha problema e tal. Às vezes, eu ficava molhado, né?, ele vivia me zoando. Teve uma hora que deu... fiquei com vontade de chegá e começá a brigá, mas dái eu não fiz... eu fiquei só na minha, né? Eu tive que agüentar.

Questão 235: Por que não bateu nele?

Farinelli: Ah, por quê? Ah, se ele mexesse, eu... Eu sou assim, eu vou agüentando, agüentando tal. Aí eu penso assim: "Se ele mexe mais, mais uma vez, e aí eu vou pra cima dele, né? e tal." Aí eu fico tempo sem ver o moleque, não vejo mais ele e tal e aí esfria e tal.

Questão 236: Até onde é o seu limite, pra você?

Farinelli: Meu limite?

Questão 237: É.

Farinelli: Sei lá, não sei.

Questão 238: Você tem medo de brigar por causa disso?

Farinelli: Não.

Questão 239: E aí desagradá as pessoas?

Farinelli: Não.

Questão 240: Tem medo de apanhar?

Farinelli: Também não.

Questão 241: Não? Você não bate em alguém que tá caçoando de você?

Farinelli: Hum, hum. Sei lá.

Questão 242: Tem vontade de batê, tem vontade de reagir e não faz?

Farinelli: Não consigo.

Questão 243: E isso te tortura? Não conseguir reagir?

Farinelli: Não.

Questão 244: Não?

Farinelli: Depois esfria, né? É como eu falei. Fica tudo bem e tal. Aí eu esqueço.

Questão 245: Entendi.

Farinelli: Aí passa.

…

Questão 207:[132] Por isso que eu te perguntei. Se, se você era muito exigente. Você acha que você gosta de… de gente que…

Farinelli: Ah, nessa parte… olha… acho que sim porque quando eu penso que é a pessoa certa… a mesma coisa com menina: eu estava apaixonado — eu não contei isso pro senhor —, eu táva assim, né? Eu táva, né? Agora eu já não tô mais. Tá vendo?

Questão 208: Não tá mais?

Farinelli: Não tô mais. Ainda, né? Então… quando eu penso que é a pessoa certa pra mim em tudo, aí é que eu me engano. Aí é que eu danço.

Questão 209: Mas existe tal pessoa?

Farinelli: Existe. *Eu acho que sim.*

Questão 210: Uma pessoa certa em tudo?

Farinelli: Eu acho que sim. Eu acredito que existe, né?

Questão 211: Por que você acredita nisso?

Farinelli: Ah, sei lá.

Questão 212: Ué? Por quê?

Farinelli: Como assim? Não tenho idéia, não tenho idéia.

Questão 213: De onde surgiu isto daí? Essa sensação? Alguma experiência que você teve ou você viu alguém ter uma experiência de "perfeição" assim? Porque…

Farinelli: Eu acho que surgiu é da minha cabeça mesmo. Coisa minha…

[Silêncio]

Questão 214: Hum, hum. Então você é uma pessoa difícil de confiar nos outros e… difícil de dizer os seus segredos pros outros? É isso? E você acha que essa dificuldade talvez você colabora para essa dificuldade?

Farinelli: É assim: tem coisa que eu não consigo guardar, né? Daí eu acabo falando, né? Aí que eu acabo dançando, entendeu? Mas tem uma coisa que ninguém sabe, né? Tem coisa aqui que ninguém sabe…

Questão 215: Certo.

Farinelli: Nem pai, nem mãe…

Questão 216: Você não conta? Fica em segredo?

Farinelli: É.

Questão 217: Você não conta pra ninguém? Como todo mundo tem, né? Mas você quer contar essas coisas pra alguém?

Farinelli: É.

Questão 218: *Você fica esperando uma pessoa certa aparecer para você contar essas coisas?*

Farinelli: É. Quando… quando eu penso que eu acho que é alguém, né? Aí eu penso que é a pessoa certa, né? Aí eu conto alguma coisa, entendeu? Aí, depois, eu danço.

Questão 219: O que é dançar? O que acontece com os seus segredos? Ou seja, porque pelo que você tá me colocando é o seguinte: "Olha como as pessoas cuidam das coisas que são minhas".

Farinelli: É.

Questão 220: … eu conto e de repente eu danço. O que é dançar?

Farinelli: É… é tipo assim: que nem… se eu falo que eu gosto de uma menina, um cara, um amigo meu, né? Um segredo. Por exemplo…

Questão 221: Certo…

Farinelli: …se eu falo que eu gosto da menina tal. Aí quando a menina passa ele fica me zoando: "Óh, olha você não vai…", entendeu? Isso aí, olha… aí eu acabo dançando. Eu acabo me queimando, né?

Questão 222: Entendi. É tipo assim: ele acaba te delatando, é isso?

Farinelli: É.

Questão 223: Agora, gostar das meninas é… tem que ser coisa em segredo é?

Farinelli: Ah… igual… assim: tem um casalzinho na Igreja que tá namorando mas escondido, né? É segredo. Agora a Igreja toda já sabe. Só que o pai da menina e a mãe da menina não sabem. Só o irmão dela que sabe.

Questão 224: Então, namoro, amor, sexo… tem que ser tudo em segredo. Tem que tá escondido?

---

[132] Terceira entrevista com Farinelli, filho de Dora (14/4/98).

Farinelli: Não, não é. É que eu ponho segredo, né?

Questão 225: É lógico. E por que? Por que você põe segredo?

Farinelli: Agora, tem gente que não... tem gente que é...

Questão 226: Lógico, tem gente que... Por que você põe segredo nisto daí?

Farinelli: Aí é porque eu não achei a pessoa certa pra contar ainda. Quando eu achar, aí...

Questão 227: Olha, até onde me conste a pessoa mais certa pra você contar é a pessoa com quem você tá apaixonado. [Risos] Não é a ela que interessa saber?

Farinelli: E a vergonha? E a vergonha?

Questão 228: Ah, você tem vergonha?

Farinelli: É, mais ou menos, né? Porque sei lá... eu nunca namorei, entendeu? Ficá também... eu só fiquei com umas duas meninas e, sei lá, aí eu não sei. Tipo assim: eu me apaixono muito fácil, entendeu?

Questão 229: Hum, hum.

Farinelli: Eu vou em tal lugar e já me apaixono por uma menina. Porque eu perdi meus estudo aí, né?. Que paixão vem de repente como um raio, né?

Questão 230: Hum, hum.

Farinelli: Você olha pra uma mulher e viu... não sei o quê e já tá apaixonado.

Questão 231: É isso mesmo.

Farinelli: Então, aí qualquer menina que eu olho eu já me apaixono, entendeu? [Risos] Aí quando eu penso que é a pessoa certa aí eu danço. Como eu falei, eu danço.

Questão 232: E você não conta pra ela?

Farinelli: Não.

Questão 233: Aí dançar o que é? Você não contou... ficou ali ensaindo pra contar e quando você vê ela já tá com outro, é isso? É isso que é "dança?".

Farinelli: É.

Questão 234: Ou é... ou é sofrer uma decepção?

Farinelli: É o que eu falei, é... é... isso também, sofrer uma decepção.

Questão 235: Você sofre uma decepção?

Farinelli: É, você sofre uma decepção e o que eu falei também, né? Acabo me queimando.

Questão 236: Você conta pra alguém e alguém vai lá e te delata?

Farinelli: É. Algum amigo.

Questão 237: E porque então você não vai e conta pra pessoa que você tá...

Farinelli: E a coragem? E a coragem? [Risos]

Questão 238: Medo do quê que você tem?

Farinelli: Sei lá. Da pessoa não falar mais comigo. Sei lá... essas coisas assim.

Questão 239: De ser rejeitado? É isso?

Farinelli: É.

Questão 240: Dela chegar e falar assim: "Ah, mas eu não te quero!"

Farinelli: É.

Questão 241: Então você não quer é ser rejeitado?

Farinelli: É.

Questão 242: Alguém quer?

[Silêncio]

Farinelli: [Rindo] Não.

Questão 243: Você conhece alguém que gosta de ser rejeitado?

Farinelli: Que gosta de ser rejeitado? Não.

Questão 244: O que você acha que vai acontecer com você se você em um... não superar esse medo de rejeição?

Farinelli: Ah, sei lá. Nunca vô consegui chegar numa menina.

Questão 245: É uma possibilidade...

Farinelli: Agora, pra ficá, né?... o negócio é... ficô. Dá um tchauzinho e já era.

Questão 246: Eu não consigo entender essas coisas dos adolescentes. Ficar é diferente de namorar?

Farinelli: É. É... ficá é dar uns catos, dar uns beijo um dia, dois, três, até um mês. Se o cara quiser, né?

Questão 247: É só beijo. Não significa trepar?

Farinelli: Não, não, não. É...

Questão 248: Nada?

Farinelli: Agora se a menina for safada, né? E o cara também... aí...

Questão 249: Pode ficar transando?

Farinelli: Aí, aí acontece de tudo.

Questão 250: E namorar... ninguém transa?

Farinelli: Namorá?

Questão 251: É.

Farinelli: É... [incompreensível]. Assim, tem diferença, né? Porque como eu sou Evangélico e tudo — como eu já falei pro senhor —, tem diferença, né? Porque se eu sou um cara Evangélico e eu sei que Deus condena, o sexo antes do casamento. Então num namoro cristão não vai ter isso de transar no namoro. Agora, assim, num do mundo, né? — a gente fala assim num do mundo —, vai rolá tudo.

Questão 252: Agora, no seu caso não?

Farinelli: Pode acontecer porque a Bíblia fala que a carne é fraca, né? A carne da gente é fraca. A tentação é maior que a gente.

Questão 253: Hum, hum.

Farinelli: Se a gente dá brecha, né?. Pode acontecer igual já aconteceu na Igreja. Direto…

Questão 254: Você já me falou isso na outra entrevista. E o que você acha que vai acontecer com você? Você vai conseguir se segurar? Você quer se segurar?

Farinelli: Ah não… se eu tiver uma pessoa…

Questão 255: Não quer cair em tentação?

Farinelli: Ah não… se eu tiver uma pessoa, entendeu? Eu me seguro. Agora se eu não tiver é pior. [Risos] É, daí eu não tô fazendo nada e daí eu fico na fissura. [Risos]

Questão 256: Hum.

Farinelli: Aí, aí… já tudo. Aí não posso ver uma mulher que eu já óh… [Risos]

Questão 257: Mas olhar é pecado?

Farinelli: Ah, depende, né? E… e o pensamento da pessoa? Você já olha e já vê já a pessoa se ela tivesse comigo num lugar assim.

Questão 258: Hum.

Farinelli: Daí já é pecado. Cobiçar a mulher dos outros. Você não sabe de quem é… cê nunca viu a mulher. Cê olha pra ela… [e pensa] Essa aí é gostosa. Você já pensa isso. E se ela for casada com o cara que tá do lado dela? Você não sabe.

Questão 259: Prá você seu pai é um pecador?

Farinelli: Meu pai?

Questão 260: É.

Farinelli: É, né?, tá dentro da palavra, né?, na Bíblia.

Questão 261: Ele pecou quando traiu a sua mãe?

Farinelli: É.

Questão 262: E a sua mãe é uma vítima?

Farinelli: Minha mãe?

Questão 263: É. Ou ela pecou também?

Farinelli: Minha mãe? Não. Ela não pecou, né? Por que ela levou chifre.

Questão 264: Quando você, você… você não pode nem olhar. Aí se você tá junto com uma garota é mais fácil?

Farinelli: Oh… quer ver…

Questão 265: Você já ficou junto com uma garota?

Farinelli: Ficá de ficá? Dá uns cato?

Questão 266: É.

Farinelli: Já.

Questão 267: Você acha que é mais fácil evitar caí nos pensamentos pecaminosos que você disse quando você tá junto do que quando você tá separado?

Farinelli: É.

Questão 268: É mais fácil evitar quando tá junto?

Farinelli: É. Não. [Risos] Ah, se eu tô beijando ela e tal… depende da menina…

Questão 269: Você tá beijando ela e tá pensando no que hein? Em fruta, em cenoura, em laranja? No que você pensa, homem de Deus? [Risos]

Farinelli: Não penso nada. Penso… sei lá…

Questão 270: Não pensa em nada?

Farinelli: Nadinha. Eu tô com ela e eu vou pensar só… eu penso só nela, né?

Questão 271: Sei.

Farinelli: …que eu podia tá namorando com ela. Essas coisas, né? Penso nela.

Questão 272: E pensar só nela, não é pensar no corpo dela também?

Farinelli: Não, não.

Questão 273: Não?

Farinelli: Não. Agora depende da menina. Porque se a menina for galinha — que a gente fala, né?—, (eu não falo assim), a menina é mais… igual eu vi na novela que passou das seis, que acabou aquela novela *Anjo Mau*. Não sei se foi lá que eu ouvi… não, não foi. Não lembro… no *Sai de Baixo*. Não sei onde eu ouvi isso. É, foi no *Sai de Baixo*. O Caco Antibes falou que "mulher quando quer dá não tem o que segure, não tem quem segure", entendeu? Agora depende da menina. Se a menina quiser dar, quem vai segurar ela? Igual uma mina que eu fiquei aí. A menina pegou minha mãe e… nem falo, nem falo… o que ela fez.

Questão 274: Quer dizer que não é o homem que tem desejo sexual. É a mulher quem provoca? Ela é quem começa?

Farinelli: É a mulher... homem também, né? Homem gosta de pegá.

Questão 275: Ah, pelo amor de Deus! É lógico! [Risos]

Farinelli: Agora a mulher sempre é mais assanhada.

Questão 276: Que história é essa que se a mulher quiser dar. E se o homem quiser trepar também, não é não?

Farinelli: Ah, não... e... e... quando a mulher... que mulher que vai querer trepar com ele? A mulher não... qualquer homem vai querer uma mulher. Pode ser a mais velha do mundo: homem só que ó... só que ó [faz o gesto que simboliza o ato sexual].

Questão 277: Homem só quer fazer isso?

Farinelli: É.

Questão 278: Homem não quer amar?

Farinelli: É.

Questão 279: Você... você acha que você é assim?

Farinelli: Não.

Questão 280: Que só quer transar e não quer amar?

Farinelli: Não.

Questão 281: Hum, hum.

Farinelli: Não. Eu não sou assim não.

Questão 282: Então? Que homem é esse que...

Farinelli: Eu quero... eu quero constituir uma família e tudo, né? Mas agora eu não penso nisso, entendeu? Agora é... penso no... em viver a minha vida normal, tranqüilo.

Questão 283: Você acha que sexo é uma coisa difícil de entender?

Farinelli: Difícil? Não. Eu acho que não é difícil.

Questão 284: Desejo sexual é difícil de lidar?

Farinelli: Não, acho que não.

Questão 285: A paixão? Você lida facilmente com a paixão?

Farinelli: Não, porque eu direto me apaixono, né? Então...[Risos] Aí eu errei. Como eu falei: quando eu penso que conheço a pessoa certa... eu me ferro.

Questão 286: Daí...

Farinelli: É.

Questão 287: Mas daí em seguida você já se apaixona de novo?

Farinelli: É. Agora não. Agora, graças a Deus eu tô ... como é que se diz? Eu tô bem à "pampa". [Risos]

...

Farinelli[133] **:** Porque eu não confio em ninguém. Em ninguém.

Questão 153: Quando é que essa desconfiança "severa" aconteceu?

Farinelli: Quando?

Questão 154: Hum, hum.

Farinelli: Ah, não tenho idéia.

[Longo silêncio]

Questão 155: Tem até uma outra coisa engraçada, né? Porque você não faz segredo da extrofia vesical prás pessoas, faz?

Farinelli: Não.

Questão 156: Você faz segredo do que, então? Se você não faz segredo do seu corpo, do que é que você faz segredo?

Farinelli: Sobre as coisas que têm dentro de mim...

Questão 157: Você não conta porque acha que [essas coisas] vão assustar os outros ou porque essas coisas te assustam?

Farinelli: Não sei porque que não conto. Acho que... é porque o que eu falei... eu não confio em ninguém.

Questão 158: Você acha que a pessoa vai escutar e vai sair contando pra todo mundo?

Farinelli: É.

Questão 159: Por que alguém faria isso?

Farinelli: Alguém? Os próprios colegas. [Fala com ar sóbrio] [Longo silêncio]

Questão 160: Você vê alguma relação entre você ser assim... melhor, alguns segredos seus, que você guardar com você, que você não conta nem sob tortura, com o fato de você achar que a sua mãe errou?

Farinelli: Não. Não vejo não.

Questão 161: Você não vê relação nenhuma. Porque, eu penso, "se ela tivesse guardado em segredo, essa confusão toda..." (Prá você, né? Você disse isso.) Se ela tivesse guardado em segredo o que aconteceu... parece que um rapaz gostou dela, né? Se ela tivesse guardado em segredo isso do seu pai essa

---

[133] Quarta entrevista com Farinelli (28/4/98).

confusão toda não teria se iniciado, né? Uma vez... um segredo contado pode trazer confusão?

Farinelli: Pode.

Questão 162: E você não vê relação nenhuma entre você dizer: "A mamãe devia ter ficado quieta. E eu vou ficar quieto dos meus segredos. Não vou contar". Você já era assim antes disso, do divórcio?

Farinelli: Não. Não era assim, né? Mas... [Silêncio] Mas agora eu não sei porque eu também não sou assim [Risos]

Questão 163: Por que você não faz segredo do seu corpo?

Farinelli: Ah porque se caso eu fico na escola molhado, o que o povo vai pensar?

Questão 164: O que é que você deixa as pessoas saberem do seu corpo?

Farinelli: Ah, que eu tenho um problema. Apenas isso.

Questão 165: Você mostra pros outros? No banheiro...

Farinelli: Só pra alguns só que eu já conheço há muito tempo e tal.

Questão 166: Por que você mostra pra eles?

Farinelli: Ah, não sei.

Questão 167: Eles pedem pra ver?

Farinelli: Não.

Questão 168: É você que quer mostrar?

Farinelli: É.

Questão 169: O que você espera com isso? Fazendo isso, o que você espera que aconteça?

Farinelli: A compreensão deles.

Questão 170: Mas já não tinha a compreensão? Já não eram já seus amigos?

Farinelli: Mas nem todos.

Questão 171: Então você mostra pra que eles se tornem mais amigos, é isso?

Farinelli: É, mais compreensivos.

Questão 172: Mais compreensivos... E você quer a compreensão das pessoas porque?

Farinelli: Por quê? Não sei. [Risos]

Questão 173: Você deseja que as pessoas te compreendam?

Farinelli: É.

Questão 174: No caso de, por exemplo, você se ver em uma situação embaraçosa como você disse: "Se eu ficar molhado, as pessoas precisam entender!" Por que se elas não entenderem, o que pode acontecer com você?

Farinelli: Ah, passar vergonha, saí envergonhado... [Longo silêncio]

Questão 175: Você já passou vergonha por isso alguma vez?

Farinelli: Já.

Questão 176: Você poderia me falar disso? Como é que foi?

Farinelli: Não. Não gosto de ficar lembrando não. [Longo silêncio]

Questão 177: Tem uma outra coisa também que eu queria te perguntar que é o seguinte: você me disse em uma das vezes passadas que a gente conversou, que você não quer ser rejeitado. Que você gosta de causar boa impressão prás pessoas e tudo, né? Mas porque você se apaixona pela pessoa errada?

Farinelli: Por quê?

Questão 178: É. Porque do jeito que você me contou, parece que é assim: entre dez meninas que você se apaixona, nove são erradas. E aí uma talvez desse certo, mas como você não gosta dessa, então não tem jeito. Você sempre se apaixona pela pessoa errada. E aí você me disse que você gosta de causar boa impressão, que você gosta de fazer... de agradar as pessoas porque você não quer ser rejeitado. Que você quer que as pessoas te compreendam e que, se necessário for, pra você ter a compreensão dos outros, que você se mostre, que você se exiba, que você exiba o seu corpo pras pessoas, você vai fazer isso. Tudo para que a pessoa compreenda você, pra que ela não... não te faça passar vergonha. Mas ao mesmo tempo você só procura menina errada. E aí você acaba sendo rejeitado. Como você explica esta contradição?

Farinelli: [Rindo] Ah, não dá pra explicar.

Questão 179: Pensa um pouco?

Farinelli: [Rindo] Não consigo explicar.

Questão 180: Como é que você, tão exigente, tão cabeça fresca. Um cara que pensa, é inteligente e tudo. "Então, tá. A minha exigência é essa. A menina tem que ser assim e tal...". Como é que você pode se iludir tanto? Com tanta freqüência?

Farinelli: Ah, pelo fato de eu não ter achado ainda uma certa.

Questão 181: Ou será que você está com as exigências erradas?

Farinelli: Não. Eu acho que não.

Questão 182: O que você exige das pessoas com quem você gostaria de namorar?

Farinelli: Não sei.

Questão 183: Não sabe?

[Longo silêncio]

Questão 184: Por que uma pessoa fica com outra?

Farinelli: Porque gostou, achou bonita.

Questão 185: Gostou do que?

Farinelli: De tudo nela. Na outra pessoa, achou bonito e tal. Só isso.

Questão 186: Você ainda não achou nenhuma menina muito bonita nem nunca gostou de tudo nela? Ou já?

Farinelli: Não, não achei ainda.

Questão 187: Você acha que você vai achar?

Farinelli: Acho.

Questão 188: O que é uma menina bonita pra você?

Farinelli: Bonita? É uma menina diferente.

Questão 189: O que é uma menina diferente?

Farinelli: [Risos] Não sei.

Questão 190: Me dá um exemplo. Da escola.

Farinelli: Ah, não tem na escola.

Questão 191: Rapaz, onde é que você vai achar essa mulher diferente? Se na escola não tem onde é que poderia ter?

Farinelli: Na Igreja.

Questão 192: Na Igreja? Lá tem meninas diferentes? Como é que elas são?

Farinelli: Ah, conversam comigo, são mais legais, não são metidas. Agora tem outras lá que nem cumprimenta a gente. Pra mim é diferente.

Questão 193: O que você espera de uma mulher?

Farinelli: Tudo.

[Silêncio]

Questão 194: Então me fala desse "tudo".

Farinelli: [Risos] Eu tenho vergonha.

Questão 195: Vergonha de mim? Você tá pensando o quê? Eu agüento escutar, não tem problema.

Farinelli: Não, deixa pra lá. Deixa quieto.

[Longo silêncio]

Questão 196: Você acha que eu não vou compreender?

Farinelli: Não. Mas é que eu não quero contar não.

Questão 197: Tá bom. Olha [nome do participante], eu... por como não tenho muito mais o que perguntar não. Você gostaria de falar alguma coisa? Perguntar alguma coisa pra mim?

Farinelli: Não. Sem dúvidas. [Risos]

Questão 198: Tá com vergonha de falar é?

Farinelli: Não.

Questão 199: Olha, eu quero te agradecer bastante por estas quatro entrevistas, tá? Eu vou transcrevê-las e eu vou mandar pra sua casa em seu nome. Eu tenho a autorização da sua mãe [e a sua] pra gente pode fazer essa entrevista e se você quiser mostrar pra alguém, você é quem decide, tá? Nas entrevistas, o que você não quiser que apareça nas entrevistas, você corta com um lápis e daí quando a gente voltar a conversar você me diz o que você quer e que você não quer que apareça, tá bom?

Na primeira entrevista ele me perguntou se eu achava que ele era evangélico. Queria saber se ele tinha a marca de evangélico, isto é, se seu jeito de pensar e agir mostravam que ele era evangélico. Podemos pensar que ele queria saber se as coisas que ele tem e faz traduzem aquilo que ele sente que ele é. Por exemplo, ele se sente homem, mas seu pênis não corresponde ao ideal de pênis no imaginário masculino e feminino. Para fugir desta questão, que não é dele, mas do o(O)utro, a religião parece ter argumentos para dar consistência aos seus sentimentos e ao modo como tenta expandir sua vida. Ele irá dizer que Deus não seleciona as pessoas pelos atributos que elas possuem, mas, sim, pelo que elas fazem:

Questão 350[134]: Mas esses eu até penso que não são evangélicos não.

Farinelli: É. A Bíblia fala assim: "Nem todos — que Jesus falou —, nem todos que dizem: Senhor, Senhor, entrarão no Reino de Deus". Então, o meu pensamento é assim, né?, de que nem fala que eu li na Bíblia: "que Deus não olha para nossa aparência..."

---

[134] Primeira entrevista com Farinelli, filho de Dora (11/3/98).

Questão 351: Hum, hum.

Farinelli: Ele não tá importando com a nossa aparência. Ele olha em nosso coração. Então, do modo que eu andá, Deus vai me aceitá.

Agindo deste modo, ele resolve a dúvida levantada por sua mãe: "ele é ou não homem?". Ora, um homem não se define por ter ou não ter um genital, mas, sim, pelo que ele faz. Desse modo, escorando-se nas questões do ser pela via dos planos moleculares que o constitui, e não pela referência fálica, Farinelli vai compondo sua subjetivição e se livrando dos processos de estigmatização que o perseguem. Há pouco tempo ele sucumbiu ao estigma: caiu em depressão (Q248-259 da primeira entrevista [11/3/98]). Mas logo ele conseguiu se enlaçar em novas linhas de fuga e hoje ele parece não se importar mais com a tristeza. Ele toca guitarra no conjunto da Igreja e lá fez muitos amigos. Ao que parece ele está se expandindo e se deixando atravessar por novos e diferentes fluxos nascidos nas relações de seu corpo a corpo com a vida, compondo com ela uma subjetivação estética, produzindo em si "um estado de arte com arte", pois que compõe e toca bem.

CONSIDERAÇÕES FINAIS
O FIM DA CRUZADA

Descobri com esta pesquisa que a vida é máquina maquínica de produção de formas. Essas formas são marcas de subjetivação. Elas são referências de nossa cartografia existencial. Dependendo dos processos de subjetivação nos quais estas marcas se inserem, elas se tornarão estigmas. Isto é, serão rotuladas ou com um valor positivo, ou negativo, ou neutro, ou então não serão estigmatizadas de forma alguma.

Esse trabalho tentou desenvolver o modo como certas práticas médicas, assistenciais, educacionais e familiares lidam e convivem com as marcas de um corpo-suporte definido aqui como corpo-extrófico. Em certa medida, vimos que estas práticas estrangulam linhas de fuga desse corpo-extrófico e o naturalizam em um modo de subjetivação estigmatizante. Além disso, descrevi também como foi que, a partir da ressignificação simbólica e da corp@logia, isto é, da invenção de outros corpos-sem-órgãos, pode ser possível desnaturalizar o estigma, permitindo à pessoa extrófica engendrar-se em processos de subjetivação estética.

Decompondo e desnaturalizando as narrativas parentais de lidar, cuidar e conviver com o corpo-extrófico de seu(s) filho(s) ou filha(s), juntamente com a história da construção de cada prática indicada, vimos o cruzamento dos fluxos materiais (corpo), culturais, históricos, sociais e subjetivos (representação), que estão, possivelmente, contribuindo para formar e modelar a narrativa estigmatizante dessas práticas parentais de convivência e cuidado dessas crianças.

No capítulo 1, apresentei informações de ordem médico-clínicas que espero terem ajudado o leitor a melhor compreender as condições médico-clínicas, bem como o enredo discursivo que captura esse corpo-extrófico e as pessoas com ele envolvidas.

No capítulo 2, tentei mostrar que, embora a ação da Medicina solucione alguns problemas trazidos pelo campo problemático que produz o corpo-extrófico (a Genética, a Biologia), ela também produz novos problemas de ordem estigmatizante que intrinsecamente não dizem respeito a essa condição. As práticas médicas, sem o saber, fazem desse corpo-extrófico um problema social.

No capítulo 3, apresentei as questões estruturantes dessa pesquisa: 1) como as práticas assistenciais, educacionais e familiares lidam com o nascimento de um corpo-extrófico?; e 2) qual é a influência dessa condição física na produção da subjetividade? Para responder a essas questões inspirei-me no método de pesquisa narrativa pelo qual e a partir da narrativa dos participantes sobre suas experiências de viver e lidar com a "extrofia", extrai o "tripé" de investigação teórica do trabalho: a família, a escola e a Medicina.

De um modo geral, foi possível compreender que as crianças nascidas com "extrofia" vesical são cuidadas a partir do tripé: Família, Medicina e Escola. Dentre esses três campos de produção de saber, a escola é aquela que tem a função de preparar a criança para o mundo "além-muro" familiar. Da família, espera-se a formação do carácter e identidade, e da Medicina projeta-se a tarefa de manutenção da sobrevivência daquele corpo. Além disso, transportando-nos para a realidade clínica dessas crianças, verificou-se que todos os cuidados médicos e psicológicos (por exemplo, decisões do momento ideal de realização de uma cirurgia, sugestões aos pais de como lidar com a condição física da criança, etc.), são considerados a partir das relações intra e inter-familiares com a equipe de saúde, com as condições físicas da criança e com a sua educação. Por isso, acreditei ser fundamental refletirmos item por item dos modos de constituição desse tripé para que a análise das narrativas dos participantes pudesse elucidar como funcionam as forças de estigmatização na produção da subjetividade desse sujeito nascido com este modo extrófico de ser do corpo.

A partir dessa reflexão, compreendemos que a ligação entre um corpo e um atributo é fruto de práticas sociais produzidas em corpos-sem-órgãos distintos. Por ser produzido por estas práticas, o "liame" que conecta um corpo a um atributo é tão cambiante quanto as práticas que lhes deram consistência. Estas práticas podem se transmutar a qualquer momento a partir de conexões com uma outra prática mais potente que aquelas que ali se encontram.

Nesse sentido foi que tentei mostrar, no Capítulo 4, como a prática médica se transformou ao ter sido conectada com os hospitais, com os interesses do Estado e com as problematizações filosóficas sobre a ontologia do ser. Por força da aliança destas séries distintas, vimos como a Medicina descritiv a foi se transformando em Medicina hospitalar (prescritiva) e, a partir disso, regendo e estigmatizando os corpos das pessoas.

Para tal, investiguei a história do conceito de "malformação física", e a história da criação das práticas constituídas para lidar com esses indivíduos focalizando principalmente o discurso produzido sobre seus corpos. Na verdade tratou-se de localizar o momento em que esse corpo-extrófico foi inventando como extrofia vesical; e saber também quais foram as condições de possibilidade para a sua invenção. Fazendo isso, pretendi compreender um pouco mais sobre a criação do conceito de "malformação física congênita", isto é, suas implicações culturais e, também, compreender como certos atributos, tais como "descrédito" e "desacreditado", foram ligados a estas "malformações".

Nesse momento vimos como as marcas corporais foram sendo estigmatizadas por meio dos rótulos de saúde *versus* doença. Tal estigmatização das marcas e conseqüente homogeneização dos corpos produziu-se com a seguinte transformação das práticas médicas:

1) No início e metade do século XVIII, o médico e o paciente são aliados contra a doença, mas fora do hospital;

2) Da metade do século XVIII até o presente, o médico se alia ao hospital contra a doença e o paciente perde o saber sobre o seu corpo, ficando apenas com o saber imaginário sobre ele;

isto é, a Medicina cria um saber simbólico sobre o corpo e inicia a transmissão deste em faculdades separando a doença do doente;

3) O médico se alia ao hospital por meio dos seguintes dispositivos: a) higienização: prática que tenta anular os efeitos negativos do hospital, tornando-o mais agradável, mais limpo, mais organizado; b) reorganização arquitetônica dos hospitais militares para que esses não viessem a perder seus homens feridos em guerras, pois que custaram muito ao Estado o seu treinamento; c) disciplina: utilizando-se da disciplina, as práticas médicas conseguiram que tudo o que se passasse nos hospitais fosse controlado por meio de horários, registros em prontuários, pesquisas, tentando com isso evitar a propagação das epidemias e a criação de um novo saber médico mais transmissível e supostamente objetivo.

Com a apresentação e análise das entrevistas realizadas com Violeta, tentei mostrar o quanto as práticas e discursos médicos envolveram a mãe de Armando e fizeram-na render-se aos processos de estigmatização. Vimos como a aliança do campo problemático da Medicina (a Genética, a Biologia), ao campo problemático social (nascimento da burguesia) e ao campo problemático filosófico (ontologia do ser), criaram um corpo-sem-órgãos novo, de onde desdobraram-se novas práticas de atenção e assistência à saúde, à infância e ao corpo-extrófico. Foi possível perceber nesse momento que as crianças nascidas com "malformação congênita" receberam uma outra significação e, foi a partir disso que houve interesse em mantê-las vivas. Mas a sua sobrevivência custou-lhes o preço da naturalização do estigma e conseqüente discriminação social.

No capítulo 5, analisei a família e a educação como dispositivos de manutenção da ordem higienista e disciplina social. O aparecimento do corpo-extrófico na família nuclear, nesse momento, foi vivido com susto e perplexidade. Este corpo recortou o plano problemático familiar na medida em que ele não era esperado, não era desejado, não era imaginado dentro do corpo-sem-órgãos higienista e disciplinar da época. Este corpo-extrófico atualizou, na família nuclear, um vasto mar da imanência que banha as relações inter e intrafamiliares e o oceano de possibilidades infinitas de existência. Este corpo criou em torno de si uma indiscernabilidade a ser descoberta, a ser significada, a ser interpretada, sendo ora territorializado, no terreno firme das tradições e modos de vida familiares já estabelecidos, e ora desterritorializando a paisagem familiar, criando-lhe um oceano de devires. Nesse capítulo mostrei também como os processos capitalísticos de subjetivação transformaram as práticas educacionais e familiares em instituições sólidas e transcendentes, (re)configurando os papéis da mulher, do homem e da criança.

Na análise das narrativas realizadas com a família de Maria, foi possível perceber como sua condição física, capturada pelas práticas familiares e educacionais, que apoiam as práticas médicas de lidar com o corpo-extrófico, reordenaram o pelo qual como a escola e sua família se relacionaram com o problema proposto por sua condição física. Foi possível perceber na família e na escola a atualização de ações de estigmatização sobre o corpo-extrófico. Tal estigmatização incluiu a ligação do problema da extrofia com problemas familiares que antecederam a atualização daquele corpo, isto é, ligou-se a extrofia aos fantasmas familiares e à patologização normativa que se encontra presente na superfície das práticas educacionais.

Concluímos também nesse capítulo que a criança ocupou diversos lugares na história de sua relação de dependência do adulto e aprendizado de uma vida social. Se na Antiguidade clássica ela era inexpressiva, sem direitos, sem voz, sem cuidados, na Idade Média ela pode ocupar duas posições: se nascesse "sem defeitos", poderia se espelhar na imagem do Menino Jesus; porém, se nascesse "defeituosa" esse direito lhe seria obstruído e dois tipos de tratamentos lhe seriam reservados: ou ela seria objeto de caridade, ou seria objeto de segregação e punição dada à sua condição de "pequeno adulto pecador". Depois, com o Renascimento, vimos que a criança passou das mãos de uma educação inquisitora da Idade Média para uma educação regida pela crença no inatismo. Ou seja, a criança teria "latente" em si a semente do adulto. Nasce, portanto, a idéia da infância encarnada em um corpo próprio. Posteriormente, no Iluminismo, o corpo e sua característica própria de receber e emitir sensações é o que vai modificar a idéia do que é propriamente humano. A infância nesse período histórico é um estádio mais acentuado de ignorância empírica, porém, como há limites no que se pode conhecer por meio das sensações, a infância (estado de ignorância representacional sobre a empiria do corpo) é eterna e faz parte do destino humano. É a partir da crença platônica de que nascemos *tábula rasa* que Locke reafirma o destino de uma existência humana a construir. E constrói para si a idéia de um psiquismo e de desenvolvimento de potencialidades do corpo e do espírito fundamentais à educação moderna. A criança, portanto, saindo das mãos poderosas do fanatismo religioso, será amparada pelas mãos da ciência e, no caso da criança defeituosa, pelas mãos dos médicos.

Concluimos nesse capítulo que a criança, a mãe e o pai, tal como acreditávamos conhecê-los, o modo como hoje são objetos de atenções dos educadores, dos psicólogos, dos médicos e dos analistas, estes personagens da família nuclear nem sempre estiveram fixados nestes lugares. Eles mudaram de posição desde a Idade Média até o surgimento da burguesia. O que aprendemos com o rastreamento histórico proposto é que, dependendo das práticas sociais nas quais esses corpos se inserem, funções, interesses e usos que o social faz de seus corpos, serão redefinidos e planejados para ocupar diferentes posições dentro da estrutura social. Depreendemos disso que a matéria corporal, independentemente de sua Biologia, ver-se-á mais ou menos "manipulada" a partir do lugar que ocupa no território social que habita.

No capítulo 6, discuti a clínica psicanalítica, apresentada também como uma prática assistencial a este corpo-extrófico. Nela também vimos linhas de homogeneização e de singularização. Interpretei a questão do complexo de Édipo como um equivalente geral de decodificação das linhas de fuga do corpo-extrófico. Tomada por um processo capitalístico de subjetivação, a teoria psicanalítica tende a prescrever modos de existência, o que implica em estigmatizar o corpo-extrófico. Tentei mostrar isso por intermédio da compreensão do Édipo como solução específica para um problema social nascido no início desse século e que já não se compatibiliza mais com os problemas vigentes na contemporaneidade. Mas a Psicanálise não é uma prática estigmatizante, e pela via da pulsão e de uma redefinição do desejo que tomam o corpo como o ponto de apoio para a produção da subjetividade, procurei sustentar sua potência de desterritorialização.

No que tange à crítica ao Édipo, tomei emprestado o pensamento de feministas e da história da evolução da saúde. A partir desses dois referenciais, percebemos que, na maioria das vezes, a sociedade desenvolveu instituições cujas responsabilidades foram, primeiramente, a de auxiliar as famílias no cumprimento dos interesses do Estado. Por exemplo, a função das Instituições de Saúde Pública e Coletiva que esperava da família o cumprimento das regras de higiene, na mesma proporção que a família cobrava do Estado políticas eficientes de tratamento e prevenção de doenças. Atualmente, na era da globalização, é difícil imaginarmos que as famílias ainda se sustentem apenas nessas poucas funções. De fato, a complexificação dos novos laços afetivos e as propostas democráticas atuais têm contribuído para que muitas dessas funções familiares sejam eliminadas no tocante à rigidez dos papéis do homem e da mulher, bem como à essência desses gêneros em si. Caminhamos para uma sociedade muito mais "individualista" e liberta dos "compromissos" sociais com os quais não se identifica. Isso não quer dizer que estamos caminhando para uma anarquia. Ao contrário, tudo indica que estamos indo para a direção oposta, na medida em que regras muito rígidas de preservação dos direitos individuais estão sendo criadas. O fato é que as instituições de saúde e educacionais estão ficando mais fortes e sólidas, podendo cumprir e englobar funções até então exclusivas da família. Tal situação enfraquece o discurso coletivo, priorizando os interesses individuais e também desestabiliza o eixo gravitacional da família nuclear contribuindo para o seu desmantelamento.

Pela via da pulsão, tentei resgatar o poder desruptor da prática clínica psicanalítica mostrando o papel do corpo na produção da subjetividade. Assim, desde que se reformule alguns conceitos e ações, é possível ainda apostar na Psicanálise como prática de desnaturalização do estigma. Foi exatamente isso que discuti na análise das narrativas realizadas com Dora e Farinelli. Nesse caso, acompanhei os fluxos pulsionais produzidos pelo corpo-suporte de Farinelli na sua relação com outros corpos. A partir dessa relação com o mundo, vimos como sintonias de afeto foram dando consistência a um plano de imanência do qual derivaram corpos-sem-órgãos recortados por fluxos de urina, fluxos escópicos e problemáticas de controle e descontrole desses fluxos. Vimos como mãe e filho tentaram, primeiramente, resolver esses novos problemas criados a partir da atualização desse corpo-sem-órgãos em forma de corpo-extrófico, lançando mão de soluções criadas para outros problemas já ultrapassados, ou seja, lançando mão de fantasias. Mas vimos também que muitas dessas fantasias não conseguiam mais dar conta das demandas atuais dessa condição física, sendo necessário então partir dos circuitos pulsionais para solucionar esses novos problemas. Nesse percurso de caça a uma solução possível, novos componentes de subjetivação foram sendo criados e transformando a vida daquelas pessoas, remodelando até mesmo seus corpos.

Assim, aprendemos que não é apenas por meio das ressignificações das marcas, ou mesmo das desnaturalizações de seus sentidos e signficados em um determinado campo que iremos efetuar um expansionismo da existência. É necessário mais. É preciso compreender o modo de funcionamento do campo de imanência que produz essas marcas para saber o que pode uma determinada marca naquele campo que a determinou. É essencial se perguntar: se a deslocarmos daqui para lá quais ressonâncias serão produzidas? O que essa marca passará a advir a partir dali? Nas "experimentações" das crianças e dos artistas esses agenciamentos são muito conhecidos: que relação há entre o guidão e o assento da bicicleta no touro,[*] perguntou-se Picasso? Não há, efetivamente, nenhuma relação natural, ele respondeu. Há tão-somente ressonâncias *entre* esses elementos que aludem ao

---

[*] Refiro-me à obra *Cabeça de Touro*, de 1943.

touro apenas pelo modo como eles estão dispostos na composição que os criou. De modo que não há nada de intrínseco na bicicleta ou no touro que ligue um ao outro. Ao contrário, há sim uma certa "tourada" circulando, ressoando *entre* esses corpos. "Vamos brincar de touro? Quem se arrisca a ser o toureiro aqui ou acolá?", pergunta uma criança a outra. Assim, não se trata de imaginarmos as marcas isoladas de um todo. A marca, um órgão, "será exatamente aquilo que seus elementos farão dele de acordo com sua relação de movimento e repouso, e a maneira como essa relação compõe-se com a dos elementos vizinhos. Não se trata de animismo, não mais do que de mecanismo, mas de um maquinismo universal: um plano de consistência ocupado por uma imensa máquina abstrata com agenciamentos infinitos" Rolnik (1993), de durações finitas. O corpo é uma destas marcas e dele desdobram-se dimensões da vida. O corpo é pura ressonância afectiva.

Por fim, embasado nos ensinos de Foucault sobre as relações de produção de poder-saber, de Deleuze e Guattari no que diz respeito ao desejo, os processos de subjetivação e seus modos de produção, Lacan e Freud no que tange à pulsão e à sexualidade do corpo, foi possível concluir que estigmatizar um corpo-suporte nada tem a ver com ser "bom" ou "mau", "agir de má-fé", ou apresentar "má-índole".

Longe disso, estigmatizar tem a ver com a atualização de práticas sociais que circunscrevem os modos de ser e estar no mundo, de viver, que produziriam novos problemas que tendem a ser resolvidos a partir de soluções antigas tornadas equivalentes gerais, tornadas modelos e moduladoras da existência. Assim, concluímos que o nascimento de uma criança com "malformação congênita", ele mesmo, nada representa de negativo ou de positivo. O importante é saber o que fazemos com estas marcas. Que corpo-sem-órgãos produz esse desejo de estigmatização? Como a estigmatização pode vir a ser desejada? E como se foge dela? Conhecer e explorar mais a potência de expansão do corpo-suporte dessas crianças extróficas, esse parece ser o caminho contrário à estigmatização.

É preciso que fique claro: não são estas pessoas quem devem se "adaptar" ao nosso modo de subjetivação ou vice-versa. Somos nós juntos quem devemos diminuir nossas distâncias e fazer passar entre nós outros fluxos de vida, tais como a solidariedade, a ética e o compromisso com a expansão do diverso. Esses talvez sejam "liames" potencializadores de uma sustentação de uma estilística de vida mais condizente com a imanência do vivente e com sua pluralidade em constante expansão de si mesma. Esse é o desafio de uma clínica da corp@logia.

BIBLIOGRAFIA CITADA

ABRAMOVICH, Fanny [*et al*..] (1983). *O mito da infância feliz; antologia*. São Paulo: Summus.

AINLAY, C. S.; BECKER, G. & COLEMAN, L. M. [ed.] (1994). *The dilemma of difference:* A multidisciplinary view of stigma. New York: Plenum Press.

ANAIS DA 14ª JORNADA DE PSICANÁLISE da Biblioteca Freudiana Brasileira. *Desejo ou gozo*. São Paulo: Biblioteca Freudiana Brasileira, 1989.

ARAÚJO, Maria de Fátima. (1999). *Gênero e casamento*. Tese (Doutorado). Universidade de São Paulo.

ARIÈS, Philippe (1981). *História social da criança e da família*; trad. Dora Flaksman, 2ª ed. Rio de Janeiro: Jorge Zahar Editor.

BADINTER, Elisabeth (1985). *Um amor conquistado:* O mito do amor materno. Tradução de Waltensir Dutra. Rio de Janeiro: Nova Fronteira.

BARROS, Regina Benevides de (1996). Dispositivos em ação: o grupo. *Cadernos de Subjetividade*. São Paulo, num. Esp.

BARROW, Terence (1984). *An illustrated guide to Maori art*. Auckland, New Zealand: Methuen Publications Ltd.

BARTEL, N. & GUSKIN, S. L. (1972). Handicap as a social phenomenon. Em CRUICKSHANK, W. M. [ed.] *Psychology of exceptional children and youth*. Englewood Cliffs: Prentice Hall, 3a. edição – Conforme citado em OMOTE, Sadao (1980). *Reações de mães de deficientes mentais ao reconhecimento da condição dos filhos afetados:* um estudo psicológico. São Paulo. Dissertação (Mestrado em Psicologia) –Universidade de São Paulo.

BECKER, Gaylene & ARNOLD, Regina (1994). Stigma as a social and cultural construct. Em Stephen C. Ainlay, Gaylene Becker, and Lerita M. Coleman [eds] (1994). *The dilemma of difference: A multidisciplinary view of stigma*, New York: Plenum Press.

BECKER, H. (1971). *Los extraños:* sociología de la desviación. Buenos Aires: Editorial Tiempo Contemporâneo – Conforme citado em OMOTE, Sadao (1980). *Reações de mães de deficientes mentais ao reconhecimento da condição dos filhos afetados:* um estudo psicológico. São Paulo. Dissertação (Mestrado em Psicologia) – Universidade de São Paulo.

BECKER, H. (1977). *Uma teoria da ação coletiva;* tradução de Márcia Bandeira de Mello Leite Nunes. Rio de Janeiro: Jorge Zahar Editores – Conforme citado em OMOTE, Sadao (1980). *Reações de mães de deficientes mentais ao reconhecimento da condição dos filhos afetados:* um estudo psicológico. São Paulo. Dissertação (Mestrado em Psicologia) –Universidade de São Paulo.

BENKA-COKER, L. B., AKUMABOR, P. N. (1991) Exstrophy of the bladder — A case report in a 17 year old male Nigerian. *Central African Journal of Medicine*, v. 37 (7), p. 216-19.

BERENSTEIN, Isidoro (1988). *Família e doença mental*. Tradução de Adriana Friedmann. São Paulo: Escuta.

BIANCO, Anna Carolina Lo (1996). Corpo e construção em psicanálise. Em SILVA, Ignácio Assis [org.] *Corpo e sentido:* a escuta do sensível. São Paulo: Editora da Universidade Estadual Paulista.

BLEICHMAR, H. (1991). *Introdução ao estudo das perversões:* a teoria do Édipo em Freud e Lacan. Tradução de Emília de Oliveira Diehl e supervisão de Mario Fleig. Porto Alegre: Artes Médicas.

BOAS, Frans (1955). *Primitive art*. New York: Dover Public. Inc.

BOWLBY, J. (1984). *Apego*. São Paulo: Martins Fontes, vol. 1.

BROOK, Peter (1994). *Psychoanalysis and storytelling*. London: Hartnolls Ltd, Bodmin, Cornwall.

BROOK, Peter (1995). *Reading for the plot*: Design and intention in narrative. 3ª ed. Cambridge, Massachusetts, London, England: Harvard University Press.

CASEY, James (1992). *A história da família*. Tradução de Sérgio Bath. São Paulo: Editora Ática S. A.

CHILDS RE. (1980). Maternal psychological conflicts associated with birth of retarde child. *Journal of maternal child nursery.*

CHOMBART DE LAUWE, Marie-José. Cap. 2. A personagem simbólica e a idealização da infância. Em *Um outro mundo: a infância*; trad. Noemi Kon. São Paulo: Perspectiva: Editora da Universidade de São Paulo, 1991. — (Coleção estudos; v. 105)

CLASTRES, Guy. (1991). A criança no adulto. Em MILLER, Judith [Org.]. *A criança no discurso analítico*. Rio de Janeiro: Jorge Zahar Editor.

CLAVREUL, Jean (1983). *A ordem médica:* Poder e impotência do discurso médico. Traduzido por Colégio Freudiano do Rio de Janeiro; Jorge Gabriel Noujaim, Marco Antonio Coutinho Jorge, Potiguara Mendes da Silveira Jr. São Paulo: Brasiliense.

COELHO Jr, Nelson (1997). Corpo construído, corpo desejante e corpo vivido. Em *Caderno de Subjetividade*, v. 5, n.2, São Paulo: EDUC, 2º sem. De 1997.

COIMBRA, C. M. B. (1990). A divisão social do trabalho e os especialismos técnico-científicos. *Revista do Departamento de Psicologia*, UFF, ano II, n. 2, 1º sem.

CONNELLY, Michael & CLANDININ, D. Jean (1986). On narrative method, personal philosophy, and narrative unities in the story of teaching. *Journal of research in science teaching*, 23, v. 4.

CONNELLY, Michael & CLANDININ, D. Jean (1990). Stories of experience and narrative inquiry. Em *Educational Researcher*, v. 19, n. 5, June-July.

CONNELLY, Michael & CLANDININ, D. Jean (2000). Composing Research texts. Em *Narrative inquiry*: experience and story in qualitative research. San Francisco: Jossey-Bass Publishers.

COSTA, Jurandir Freire (1986). *Ordem médica e norma familiar*. 2ª ed. Rio de Janeiro: Edições Graal.

COSTA, Jurandir Freire (1992). *A inocência e o vício: estudos sobre o homoerotismo*. Rio de Janeiro: Relume-Dumará.

COSTA, Mauro Sá Rego (1996). O corpo sem órgãos e o sentido como acontecimento. Em SILVA, Ignácio Assis [org.] *Corpo e sentido:* a escuta do sensível. São Paulo: Editora da Universidade Estadual Paulista, 1996.

DAMARIO, M. A.; CARPENTER, S. E.; JONES, Jr H. W.; ROCK, J. A. (1994). Reconstruction of the external genitalia in females with bladder exstrophy. *International Journal of Gynaecology & Obstetrics*, v. 44 (3), p. 245-53.

DARMON, Pierre (1988). *O tribunal da impotência*: Virilidade e fracassos conjugais na antiga França. Tradução de Fátima Murad; revisão técnica de Margareth Rago, Stella Bresciani. Rio de Janeiro: Paz e Terra.

DAVILLAS, N.; THANOS, A.; LIAKATAS, J; DAVILLAS, E. (1991). Bladder exstrophy complicated by adenocarcinoma. *British Journal of Urology*, v. 68 (1), p. 107.

DELEUZE, G. & GUATTARI, F. (1976). *O anti-Édipo*: Capitalismo e esquizofrenia. Rio de Janeiro: Imago.

DELEUZE, Gilles (1974). *Lógica do sentido*. Tradução de Luiz Roberto Salinas Fortes. São Paulo: Perspectiva.

DELEUZE, Gilles (1981). *Francis Bacon:* logique de la sensation (2 vols.). Paris: Différence.

DELEUZE, Gilles (1991). *A dobra:* Leibniz e o barroco. Tradução de Luiz B. L. Orlandi. Campinas, SP: Papirus.

DELEUZE, Gilles (1992). *Conversações, 1972-1990*. Tradução de Peter Pál Pelbart. Rio de Janeiro: Ed. 34.

DELEUZE, Gilles (1996). Desejo e prazer. *Cadernos de subjetividade*. Núcleo de Estudos e Pesquisas da Subjetividade. Programa de Estudos Pós-Graduados em Psicologia Clínica da PUC-SP, num. Esp.

DELEUZE, Gilles (1997). Acerca do ritornelo. Em: *Mil platôs* — capitalismo e esquizofrenia, v. 4. Tradução de Suely Rolnik. São Paulo: Ed. 34.

DELUMEAU, Jean (1996). *História do medo no Ocidente:* 1300-1800, uma cidade sitiada. Tradução de Maria Lucia Machado, tradução das notas Heloísa Jahn. São Paulo: Companhia das Letras.

DERRIDA, J. (1975). Le facteur de la vérite. Em *The post card: from Socrates to Freud and Beyond*. Traduzido por Alan Bass, Chicago e Londres: University of Chicago Press, 1987, p. 413-96.

DESCARTES, Rennè (1664a). *Traité de l'Homme*. (citado por GIL, José (1994). *Monstros*. Lisboa: Quetzal Editores).

DESCARTES, Rennè (1664b) *La dioptrique. Discours sixième, De la vision* (citado por GIL, José (1994). *Monstros*. Lisboa: Quetzal Editores).

DEXTER, L. A. (1958) A social theory of mental deficiency. *American Journal of Mental Deficiency*, v. 62, p. 920-928.

DEXTER, L. A. (1962) On the politics and sociology of stupidity in our society. *Social Problems*, v. 9, p. 221-228.

DOLTO, Françoise (1984). *No jogo do desejo*; tradução de Vera Ribeiro. Rio de Janeiro: Jorge Zahar Editores.

DOLTO, Françoise (1985). *Seminário de psicanálise de crianças*; com a colaboração de Louis Caldaguês; tradução Vera Ribeiro; revisão técnica de Regina Landim. Rio de Janeiro: Jorge Zahar.

DONZELOT, Jacques (1986). *A polícia das famílias*. Tradução de M. T. da Costa Albuquerque; revisão técnica de J. A. Guilhon Albuquerque. 2ª ed. Rio de Janeiro: Edições Graal.

DOR, Joël. (1991). *O pai e sua função em psicanálise*; tradução: Dulce Duque Estrada; revisão técnica, Marco Antonio Coutinho Jorge. Rio de Janeiro: Jorge Zahar Ed. (Coleção Transmissão da Psicanálise; vol. 23)

DROTAR D et. al (1975). Parental attachment, congenital malformations, grief, bonding, crisis counseling. *Pediatrics*, 56, p. 710-16.

DUBY, George (1990). A emergência do indivíduo. Em *História da vida privada, v. 2:* Da Europa feudal à Renascença. Organização de George Duby; tradução de Maria Lúcia Machado. Coleção dirigida por Philippe Ariès e George Duby. São Paulo: Companhia das Letras.

ECO, Humberto (1991). *O nome da rosa*. São Paulo, Editora Nova Fronteira.

ENGELS, F. [1884]. *A origem da família, da propriedade privada e do Estado*. Tradução com base na edição de 1953 em espanhol das Ediciones en Lenguas Extranjeras, de autoria de Leandro Konder. Rio de Janeiro: Editorial Vitória Ltda, 1960.

EVANS, Dylan (1996). *An introductory dictionary of lacanian psychoanalysis*. London and New York: Routledge.

FABRE, Daniel. Famílias (1991). O privado contra o costume. Em *História da vida privada, 3:* Da Renascença ao século das luzes. Organização de Roger Chartier. Tradução de Hildegard Feist. São Paulo: Companhia das Letras.

FAIRCLOUGH, Norman (1989). *Language and power*. London: Longman.

FALSETTI, Leyla Argia (1991). *A criança, sua doença e a mãe*. Um estudo sobre a função materna na constituição de sujeitos precocemente atingidos por doença ou deficiência. São Paulo, 1991. Tese (Doutorado em Psicologia) — Instituto de Psicologia, Universidade de São Paulo.

FARBER, B. (1972). Effects of a severely retarded child on the family. Em TRAPP, E. P. & HIMELSTEIN, P. [eds.] *Readings on the exceptional child:* Research and theory. New York: Appleton-Century-Crofts.

FARBER, B. (1975). Family adaptations to severely mentally retarded children. Em BEGAB, M. J. & RICHARDSON, S. A. [eds.] *The mentally retarded ans society*: a social science perspective. Baltimore: University Park Press.

FARGE, Arlette. (1991). Famílias. A honra e o sigilo. Em *História da vida privada, v. 3:* da Renascença ao século das Luzes. Organização de Roger Chartier; tradução de Hildegard Feist. São Paulo: Companhia das Letras.

FINE, Reuben. (1981). *A história da psicanálise*; trad. Bernardo Jablonski [e] Ronaldo Fucs. Rio de Janeiro: Livros Técnicos e Científicos. São Paulo: Editora da Universidade de São Paulo.

FOGEL, G. (1989). *Psicologia masculina:* Novas perspectivas psicanalíticas. Porto Alegre: Artes Médicas.

FONSECA, Márcio Alves (1995). *Michel Foucault e a constituição do sujeito*. São Paulo: EDUC.

FOUCAULT, Michael (1977). *Discipline and punish*. Harmondsworth: Penguing.

FOUCAULT, Michael (1980). *O nascimento da clínica*; tradução de Roberto Machado. 2ª ed. Rio de Janeiro: Forense-Universitária.

FOUCAULT, Michael (1985). *História da sexualidade, v. 1, 2, 3.* Rio de Janeiro: Edições Graal,

FOUCAULT, Michael (1987). *Vigiar e punir.* 11ª ed. Petrópolis, Rio de Janeiro: Vozes.

FOUCAULT, Michael (1993a). *Microfísica do poder.* Organização e tradução de Roberto Machado. Rio de Janeiro: Edições Graal.

FOUCAULT, Michael (1993b). *História da loucura na Idade Clássica.* São Paulo: Perspectiva.

FOWLER, H. W.; FOWLER, F. G. (1995). *The concise dictionary of current English.* 10th edition. London: BCA.

FREDA, Francisco Hugo. (1998). A criança da psicanálise. Em *Carrossel* – publicação semestral do Centro de Estudos e Pesquisa de Psicanálise de Criança. Ano II, n°2, Abril.

FREITAS, Marcos Cezar de (1997). Para uma sociologia histórica da infância no Brasil. Em FREITAS, M. C. [org.]. *História social da infância no Brasil.* São Paulo: Cortez Editora, 1997.

FREUD, Anna (1980). *O ego e os mecanismos de defesa.* Rio de Janeiro: Jorge Zahar Ed.

FREUD, Sigmund (1898). O mecanismo psíquico do esquecimento. *Edição standard brasileira das obras psicológicas completas de Sigmund Freud.* Rio de Janeiro: Imago Editora Ltda, vol. III, 1976.

FREUD, Sigmund. (1888-1892). Artigos sobre hipnotismo e sugestão. Em *Edição standard brasileira das obras psicológicas completas de Sigmund Freud.* Rio de Janeiro: Imago Editora Ltda, v. I, 1976.

FREUD, Sigmund. (1893 [1888-1893]). Algumas considerações para um estudo comparativo das paralisias motoras orgânicas e histéricas. *Edição standard brasileira das obras psicológicas completas de Sigmund Freud.* Rio de Janeiro: Imago Editora Ltda, vol. II, 1976.

FREUD, Sigmund. (1900). O método de interpretação dos sonhos: Análise de um sonho modelo. Idem., v. IV, 1976.

FREUD, Sigmund. (1905). Três ensaios sobre a teoria da sexualidade. Em *Edição standard brasileira das obras psicológicas completas de Sigmund Freud.* Rio de Janeiro: Imago Editora Ltda, v. VII, 1976.

FREUD, Sigmund. (1909a). Análise de uma fobia em um menino de cinco anos. *Edição standard brasileira das obras psicológicas completas de Sigmund Freud.* Rio de Janeiro: Imago Editora Ltda, v. X, 1976.

FREUD, Sigmund. (1909b). Notas sobre um caso de neurose obsessiva. *Edição standard brasileira das obras psicológicas completas de Sigmund Freud.* Rio de Janeiro: Imago Editora Ltda, v. X, 1976.

FREUD, Sigmund. (1913 [1912-13]). Totem e tabu: alguns pontos de concordância entre a vida mental dos selvagens e dos neuróticos. *Edição standard brasileira das obras psicológicas completas de Sigmund Freud.* Rio de Janeiro: Imago Editora Ltda, v. XIII, 1976.

FREUD, Sigmund. (1914a). Sobre o narcisismo: uma introdução. *Edição standard brasileira das obras psicológicas completas de Sigmund Freud.* Rio de Janeiro: Imago Editora Ltda, v. XIV, 1976.

FREUD, Sigmund. (1914b) A história do movimento psicanalítico. *Edição standard brasileira das obras psicológicas completas de Sigmund Freud.* Rio de Janeiro: Imago Editora Ltda, v. XIV, 1976.

FREUD, Sigmund. (1915). A pulsão e suas vicissitudes. *Edição standard brasileira das obras psicológicas completas de Sigmund Freud.* Rio de Janeiro: Imago Editora Ltda, v. XIV, 1976.

FREUD, Sigmund. (1917a). Uma dificuldade no caminho da psicanálise. *Edição standard brasileira das obras psicológicas completas de Sigmund Freud.* Rio de Janeiro: Imago Editora Ltda, v. XVII, 1976.

FREUD, Sigmund. (1917b [1916-1917]). Conferência XVIII. Fixação em traumas — O inconsciente. *Edição standard brasileira das obras psicológicas completas de Sigmund Freud.* Rio de Janeiro: Imago Editora Ltda, v. XVI, 1976.

FREUD, Sigmund. (1917c [1916-1917]). Conferência XIX. A vida sexual dos seres humanos. *Edição standard brasileira das obras psicológicas completas de Sigmund Freud.* Rio de Janeiro: Imago Editora Ltda, v. XVI, 1976.

FREUD, Sigmund. (1917d [1916-1917]). Conferência XXI. O desenvolvimento da libido e as organizações sexuais. *Edição standard brasileira das obras psicológicas completas de Sigmund Freud.* Rio de Janeiro: Imago Editora Ltda, v. XVI, 1976.

FREUD, Sigmund. (1917e [1916-1917]). Conferência XXII. Algumas idéias sobre desenvolvimento e regressão — Etiologia. *Edição standard brasileira das obras psicológicas completas de Sigmund Freud.* Rio de Janeiro: Imago Editora Ltda, v. XVI, 1976.

DO ESTIGMA À EXCLUSÃO

FREUD, Sigmund. (1917f [1915]). Luto e melancolia. Em *Edição standard brasileira das obras psicológicas completas de Sigmund Freud*. Rio de Janeiro: Imago Editora Ltda. v. XIV, 1976.

FREUD, Sigmund. (1918 [1914]). História de uma neurose infantil. *Edição standard brasileira das obras psicológicas completas de Sigmund Freud*. Rio de Janeiro: Imago Editora Ltda, v. XVII, 1976.

FREUD, Sigmund. (1919a). O estranho. Em *Edição standard brasileira das obras psicológicas completas de Sigmund Freud*. Rio de Janeiro: Imago Editora Ltda, v. XVII, 1976.

FREUD, Sigmund. (1919b). Uma criança é espancada. *Edição standard brasileira das obras psicológicas completas de Sigmund Freud*. Rio de Janeiro: Imago Editora Ltda, v. XIX, 1976.

FREUD, Sigmund. (1920). Além do princípio do prazer. *Edição standard brasileira das obras psicológicas completas de Sigmund Freud*. Rio de Janeiro: Imago Editora Ltda, v. XVIII, 1976.

FREUD, Sigmund. (1921). Psicologia de grupo e a análise do ego. *Edição standard brasileira das obras psicológicas completas de Sigmund Freud*. Rio de Janeiro: Imago Editora Ltda, v. XVIII, 1976.

FREUD, Sigmund. (1923). A organização genital infantil: uma interpolação na teoria da sexualidade. *Edição standard brasileira das obras psicológicas completas de Sigmund Freud*. Rio de Janeiro: Imago Editora Ltda, v. XIX, 1976.

FREUD, Sigmund. (1924). A dissolução do complexo de Édipo. *Edição standard brasileira das obras psicológicas completas de Sigmund Freud*. Rio de Janeiro: Imago Editora Ltda, v. XIX, 1976.

FREUD, Sigmund. (1925a [1924]). Algumas conseqüências psíquicas da distinção anatômica entre os sexos. *Edição standard brasileira das obras psicológicas completas de Sigmund Freud*. Rio de Janeiro: Imago Editora Ltda, v. XIX, 1976.

FREUD, Sigmund. (1925b (1926)]. Um estudo autobiográfico. *Edição standard brasileira das obras psicológicas completas de Sigmund Freud*. Rio de Janeiro: Imago Editora Ltda, v. XX, 1976.

FREUD, Sigmund. (1926a [1925)]. Psicanálise. *Edição standard brasileira das obras psicológicas completas de Sigmund Freud*. Rio de Janeiro: Imago Editora Ltda, v. XX, 1976.

FREUD, Sigmund. (1926b [1925]. Inibições, sintomas e angústia. *Edição standard brasileira das obras psicológicas completas de Sigmund Freud*. Rio de Janeiro: Imago Editora Ltda, v. XX, 1976.

FREUD, Sigmund. (1940 [1938]) Esboço de psicanálise. *Edição standard brasileira das obras psicológicas completas de Sigmund Freud*. Rio de Janeiro: Imago Editora Ltda. v. XXIII, 1976.

FREUD, Sigmund; BREUER, Joseph. (1893). Sobre o mecanismo psíquico dos fenômenos histéricos: comunicação preliminar. *Edição standard brasileira das obras psicológicas completas de Sigmund Freud*. Rio de Janeiro: Imago Editora Ltda. Vol. II, p. 39-54, 1976.

GÉLIS, Jacques (1991). A individuação da criança. Em *História da vida privada, v. 3:* Da Renascença ao século das luzes. Organizado por Roger Chartier; tradução de Hildegard Feist. Coleção dirigida por Philippe Ariès e George Duby. São Paulo: Companhia das Letras.

GIL, José (1994). *Monstros*. Lisboa: Quetzal Editores.

GOFFMAN, Erving (1963). *Stigma: Notes on the management of spoiled identity*. Prentice-Hall, In., Englewood Cliffs, N.J.

GOFFMAN, Erving (1971). *Relations in public*. New York: Basic Books

GOFFMAN, Erving (1974). *Manicômios, prisões e conventos*. São Paulo: Editora Perspectiva.

GOFFMAN, Erving (1975). *Estigma:* Notas sobre a manipulação da identidade deteriorada. Tradução de Márcia Bandeira de Mello Leite Nunes. 4ª ed. Rio de Janeiro: Jorge Zahar Editor.

GOUGH, Kathleen (1977). A origem da família. Em LÉVI-STRAUSS, Claude; GOUGH, Kathleen; SPIRO, Melford. *A Família como Instituição*. Tradução de Rui Sousa Santos. Porto: Rés Editora.

GROSZ, Elizabeth. (1990). *Jacques Lacan: a feminist introduction*. London e New York: Routledge.

GUATTARI, Felix & ROLNIK, Suely (1996 [1986]). *Micropolítica:* Cartografias do desejo. 4ª ed. Petrópolis, RJ: Vozes.

GUATTARI, Felix (1986 [1981]). *Revolução molecular*: Pulsações políticas do desejo. São Paulo: Brasiliense. 1ª ed. de 1981, 2ª ed. de 1985 e 3ª ed. de 1986 (seleção de textos dos três livros de Guattari, publicados até 1981 e de alguns inéditos; organização, tradução, prefácio e notas de Suely Rolnik).

GUATTARI, Felix (1988). *O inconsciente maquínico*: ensaios de esquizo-análise; tradução Constança Marcondes César. Campinas, SP: Papirus Editora.

GUATTARI, Felix (1991). *As três ecologias*. Trad. Maria Cristina F. Bittencourt; revisão de tradução de Suely Rolnik. Campinas, SP: Papirus.

GUATTARI, Felix (1992). *Caosmose*: Um novo paradigma estético. Tradução de Ana Lúcia de Oliveira e Lúcia Cláudia Leão. Rio de Janeiro: Ed. 34.

GUATTARI, Felix (1993). Guattari na PUC. Em *Cadernos de subjetividade*. V.1, n.1, mar/ago.

GUATTARI, Felix (1995). Videoentrevista com Félix Guattari, por Rogério da Costa e Josaida Gondar. Em MOURA, Arthur Hyppólito [org.] *Seminário as pulsões*. São Paulo: Editora Escuta: EDUC, 1995.

HAMBLY, W. D. (1925). *The history of tattooing and its significance* — with some account of other forms of corporal marking. London: H.F. & G. Witherby.

HOAD, T. F. (1993). *The bleeding mind:* an investigation into the mysterious phenomenon of stigmata. London: Paladin, Grafton Books.

HUNT, David (1976). Teachers are psychoalogists, too: on the application of psychology to education. *Canadian Psychological Review*, v. 17, n. 3.

JORGE, M. A C. (1988). *Sexo e discurso em Freud e Lacan*. Rio de Janeiro: Jorge Zahar Editor Ltda.

KATZ, Chaim Samuel (1992). Introdução. Em LECLAIRE, Serge. *O corpo-erógeno: uma introdução à teoria do complexo de Édipo*. Tradução de Paulo Viana Vidal; pequeno acompanhamento crítico de Célio Garcia e Chaim Samuel Katz – 2. Ed. Ver. e ampl. – São Paulo: Escuta.

KAYSER, Wolfgang (1986). *O grotesco:* configuração na pintura e na literatura. São Paulo: Editora Perspectiva.

KITZINGER, Sheila (1978). *Mães*: um estudo antropológico da maternidade. Portugal: Editorial Presença; São Paulo: Livraria Martins Fontes Editores.

KRISTEVA, J. (1985) .*No princípio era o amor*. São Paulo: Brasiliense.

LABOR, W. & FANSHEL, D. (1977). *Therapeutic discourse*: Psychotherapy as conversation. New York; San Francisco; London: Academic Press.

LACAN, Jacques (1938). *Les complexes familiaux dans la formation de l'individu*. Essai d'analyse d'une fonction en psychologie. [*A família*. Tradução de Brigitte C. Cunha *et al*. Lisboa: Assírio & Alvimm 1987]

LACAN, Jacques (1949). O estádio do espelho como formador da função do eu – tal como nos é revelada na experiência psicanalítica. Em *Escritos*. Tradução de Vera Ribeiro. Rio de Janeiro: Jorge Zahar Ed., 1998.

LACAN, Jacques (1953). Função e campo da palavra. Em *Escritos*. Tradução de Vera Ribeiro. Rio de Janeiro: Jorge Zahar Ed., 1998.

LACAN, Jacques (1954-5). *O seminário, livro 2: o eu na teoria de Freud e na técnica da psicanálise*. Texto estabelecido por Jacques-Alain Miller. Tradução de Marie Christine Lasnik Penot; com a colaboração de Antonio Luiz Quinet de Andrade. Rio de Janeiro: Jorge Zahar Ed., 1985.

LACAN, Jacques (1955-6). *O seminário, livro 3: as psicoses*. Rio de Janeiro: Jorge Zahar, 1986.

LACAN, Jacques (1956-7). *O seminário, livro 4: as relações de objeto*. Texto estabelecido por Jacques-Alain Miller. Tradução Dulce Duque Estrada. Rio de Janeiro: Jorge Zahar Ed., 1995.

LACAN, Jacques (1957-8a). *O seminário, livro 5. As formações do inconsciente*. Texto estabelecido por Jacques-Alain Miller. Tradução de Vera Ribeiro, versão final de Marcus André Vieira. Rio de Janeiro: Jorge Zahar Editor, 1999.

LACAN, Jacques (1957-8b). De uma questão preliminar a todo tratamento possível da psicose. Em *Escritos*. Tradução de Vera Ribeiro. Rio de Janeiro: Jorge Zahar Ed., 1998.

LACAN, Jacques (1960a). *O seminário, livro 7. A ética da psicanálise*. Texto estabelecido por Jacques-Alain Miller. Tradução de Antonio Quinet. Rio de Janeiro: Jorge Zahar Editor.

LACAN, Jacques (1960b). Subversão do sujeito e dialética do desejo no inconsciente freudiano. Em *Escritos*. Tradução de Vera Ribeiro. Rio de Janeiro: Jorge Zahar Ed., 1998.

LACAN, Jacques (1964 [1979]). *O seminário de Jacques Lacan – Livro XI: Os quatro conceitos fundamentais da psicanálise*. Texto estabelecido por Jacques-Alain Miller. Trad. M. D. Magno. Rio de Janeiro: Jorge Zahar Editores.

LACAN, Jacques (1968 [1966]). *The language of the self*: the function of language in psychoanalysis. Translated with notes and commentry by Anthony Wilden. Baltimore: The Johns Hopkins Press. Do texto Fonction et champ de la parole et du langage en psychanalyse. Em Jacques Lacan, *Écrits*, Paris: Seuil.

LACAN, Jacques (1969-1970 [1992]). *O seminário, livro 17: o avesso da psicanálise*. Texto estabelecido por Jacques-Alain Miller. Tradução de Ari Roitman; consultor, Antonio Quinet. Rio de Janeiro: Jorge Zahar Ed.

LAPLANCHE, J.-B. & PONTALIS, J.-B. (1983). *Vocabulário da psicanálise*; tradução Pedro Tamen., 7ª ed. São Paulo: Livraria Martins Fontes Editora Ltda.

LASCAULT, Gilbert (1973) *Le monstre dans l'art occidental. Apud* GIL, José. Idem.

LÉCLAIRE, Serge (1977). *Mata-se uma criança*. Rio de Janeiro: Zahar, 1977.

LÉCLAIRE, Serge (1992). *O corpo-erógeno: uma introdução à teoria do complexo de Édipo*. Tradução de Paulo Viana Vidal; pequeno acompanhamento crítico de Célio Garcia e Chaim Samuel Katz – 2. Ed. Ver. e ampl. – São Paulo: Escuta.

LEITE, Marcio Peter S. (1992). *A negação da falta* — 5 seminários sobre Lacan para analistas kleinianos. Rio de Janeiro: Relume-Dumará.

LÉVY, Pierre (1996). *O que é o virtual?* Tradução de Paulo Neves. São Paulo: Ed 34.

LICETI, Fortunio (1708). *Traité des monstres*. Leyde.

LOURAU, R (1990). *Implicación y sobreimplicación*. (mimeo). Citado em BARROS, Regina Benevides de (1996). Dispositivos em ação: o grupo. *Cadernos de Subjetividade*. São Paulo, num. Esp.

MACHADO, Roberto (1974). *Danação da norma*: Medicina social e constituição da psiquiatria no Brasil. Rio de Janeiro: Edições Graal

MACHADO, Roberto (1979). Introdução: por uma genealogia do poder. Em FOUCAULT, Michel. *Microfísica do poder*. Idem.

MACHADO, Roberto (1990). *Deleuze e a filosofia*. Rio de Janeiro: Edições Graal.

MANHÃES, M.P.P (1977). *Psicologia da Mulher e outros trabalhos*. Rio de Janeiro: Atheneu.

MANNONI, Maud (1965). *A criança atrasada e a mãe*. Martins Fontes: São Paulo.

MANNONI, Maud (1971a). *A criança, sua doença e os outros: O sintoma e a palavra*. Rio de Janeiro: Jorge Zahar Editores.

MANNONI, Maud (1971b). *O psiquiatra, o seu "louco" e a psicanálise*. Rio de Janeiro: Jorge Zahar Editores.

MANNONI, Maud (1991). *A criança retardada e a mãe*. São Paulo: Martins Fontes.

MARCEY, David (1988). *Lacan in contexts*. London and New York: Verso.

MARROU, Henri Irénée. (1975) *História da educação na antigüidade*. Tradução do Prof. Mário Leônidas Casanova. 4ª ed. São Paulo: E.P.U.

MARTIN, Ernest (1880) *Historie des monstres depuis l'Antiquité jusqu'à nos jours*, Paris.

MARTINS, Carlos Estevam & MONTEIRO, João Paulo (1991). Vida e obra. Em LOCKE, John. *Ensaio acerca do entendimento humano*. Segundo tratado sobre o governo. Trad. 1ª parte Anoar Aiex; trad. 2ª parte E. Jacy Monteiro. 5ª ed. São Paulo: Nova Fronteira. (Os pensadores; 9)

MARTON, Scarlett (1991). Nietzsche: consciência e inconsciente. Em KNOBLOCH, Felícia [Org.] *O inconsciente*: várias leituras. Trabalhos apresentados no Simpósio de Psicanálise realizado na PUC-SP, em abril de 1989. São Paulo: Escuta.

MASETTI, Morgana (1998). *Soluções de palhaços*: transformações na realidade hospitalar. São Paulo: Palas Athena.

FERNANDO SILVA TEIXEIRA FILHO

MASTERS, W. & JOHNSON, V. (1984). *A resposta sexual humana*. São Paulo: Roca.

MASTERS, W. & JOHNSON, V. (1985). *Inadequação sexual humana*. São Paulo: Roca.

MAYOR-GENERAL, Robley (1987). *Moko or Maori tattoing*. Southern: Reprints.

MENDES, Enicéia (1984). *Deficiência como fenômeno social*. São Paulo. Tese (Doutorado em Educação) – Universidade de São Paulo.

MENNINGER, K., et.al. (1963). *The Vital Balance: The Life Process in Mental Health and Illness*. New York: The Viking Press.

MERCER, J. R. (1965). Social system perspective and clinical perspective: frames of reference for understanding career patterns of persons labelled as mentally retarded. *Social Problems*, v. 13, p. 18-34.

MERCER, J. R. (1973ᵃ). The myth of 3% prevalence. Em TARJAN, G. [ed.] *Sociobehavioral studies in mental retardation*. Washington: American Association on Mental Deficiency. Citado em JORDAN, T. E. (1976). *The mentally retarded*. Columbus: Charles E. Merrill.

MERCER, J. R. (1973ᵇ) *Labelling the mentally retarded*. Berkeley: University of California Press. Citado em ROBINSON, N. M. & ROBINSON, H. B. (1976) *The mentally retarded child*. New York: MaGram-Hill.

MERCER, J. R. (1975) Sociocultural factors in educational labelling. Em BEGB, M. J. & RICHARDSON, S. A. [Eds.] (1975). *The mentally retarded and society:* a social science perspective. Baltimore: University Park Press.

MERISSE, Antonio (1997). Origens das instituições de atendimento à criança pequena: o caso das creches. Em MERISSE, Antonio... [et al.]. *Lugares da infância*: reflexões sobre a história da criança na fábrica, creche e orfanato. São Paulo: Arte & Ciência.

MICHEL-WOLFROMM, H. *et al*. (1970). *O ato sexual normal e psicopatologia sexual*. São Paulo: Ed. Mestre Jou.

MITCHELL, J. & ROSE, J. [orgs.] (1982). *Feminine sexuality: Jacques Lacan and the école freudiene*. Londres: Macmillan.

MONARCHA, Carlos (1997). Arquitetura escolar republicana: a escola normal da praça e a construção de uma imagem da criança. Em FREITAS, M. C. [org.]. *História social da infância no Brasil*. São Paulo: Cortez Editora, 1997.

NASIO, Juan-David. (1991). *A criança magnífica da psicanálise: O conceito de sujeito e objeto na teoria de Jacques Lacan*; trad. Christina Bourgois, 2ª ed. Rio de Janeiro: Jorge Zahar Editor.

NASIO, Juan-David. (1993). *Cinco lições sobre a teoria de Jacques Lacan*. Rio de Janeiro: Jorge Zahar Editor.

NICHOLAS, Anne (1995). *The art of the New Zealand tattoo*. Secaucess [NJ]: Carol Publication Group.

NIETZSCHE, Friedrich (1983 [1881-1882]). A gaia ciência. Livro III, Aforismo 109. Em *Os pensadores, Nietzsche — Vida e Obra*. 3ª ed. São Paulo: Abril S.A. Cultural e Industrial.

NIETZSCHE, Friedrich (1987 [1888]). *Ecce homo: como se chega a ser o que se é*. Portugal: Publicações Europa-América, Ltda.

OMOTE, Sadao (1980). *Reações de mães de deficientes mentais ao reconhecimento da condição dos filhos afetados:* um estudo psicológico. São Paulo. Dissertação (Mestrado em Psicologia) –Universidade de São Paulo.

ORLANDI, Luis B. L. (1999). Nietzsche na univocidade deleuziana. (Texto de outubro de 1999, apresentado aos alunos do curso de pós-graduação em psicologia clínica da PUC/SP).

PEETERS, Madre Francisca & COOMAN, Madre Mª Augusta. (1936). *Pequena história da educação*. 3ª ed. São Paulo: Melhoramentos.

PERROT, Michelle (1991a). A família triunfante. Em *História da vida privada, v. 4*: da Revolução Francesa à Primeira Guerra. Direção de Michelle Perrot *et al*; tradução de Denise Bottmann, partes 1 e 2; Bernardo Jofelly, partes 3 e 4. São Paulo: Companhia das Letras.

PERROT, Michelle (1991b) Funções da família. Em *História da vida privada, v. 4*: da Revolução Francesa à Primeira Guerra. Idem.

PERROT, Michelle (1991c) Figuras e papéis. Em *História da vida privada, v. 4*: da Revolução Francesa à Primeira Guerra. Idem.

DO ESTIGMA À EXCLUSÃO

PESSOTI, Isaías (1984). *Deficiência mental:* Da superstição à ciência. São Paulo: T. A Queiroz: Editora da Universidade de São Paulo.

PETEAN, E. B.L. & PINA NETO, J.M. (1998). Investigações em aconselhamento genético: impacto da primeira notícia — A relação dos pais à deficiência. *Medicina,* Ribeirão Preto, 31:288-295, abril/junho.

POLHEMUS, Ted (1988). *Body styles.* London: Lennard Publishing.

POMPÉIA, Raul D'Ávila (1888 [1998]). *O ateneu:* crônica da saudade. Publicação do jornal "O Estado de São Paulo" em parceria com a Editora Klick.

PORTER, R.; TEICH, M. (Org.) (1998). *Conhecimento sexual, ciência sexual.* A história das atitudes em relação à sexualidade. Trad. Luiz Paulo Rouanet; revisão de tradução Gilson César Cardoso de Souza. São Paulo: Fundação Editora da UNESP – (UNESP/Cambridge).

PRADO, Danta (1984). *O que é família.* São Paulo: Brasiliense.

PRIORE, Mary Del (1991). O papel branco, a infância e os Jesuítas na colônia. Em PRIORE, Mary Del (1991). *História da criança no Brasil.* São Paulo: Contexto.

PROMMIER, Gérard. (1999). O conceito psicanalítico de infância. Em *Trata-se uma criança.* Congresso Internacional de Psicanálise e suas Conexões. Rio de Janeiro: Companhia de Freud, 1999.

RABIN, D. L.; BARNETT, C. R.; ARNOLD, W. D.; FREIBERGER, R. H. & BROOKS, G. (1965). Untreated congenital hip disease: A study of the epidemiology, natural history, and social aspects of the disease in a Navajo population. *American Journal of Public Health,* v. 55, pp. 1-44.

RIESSMAN, Catherine Kohler (1993). *Narrative analysis.* London: Sage Publication.

RIRIA, Ko Te (1989). *Maori tattoo.* Auckland: Bush Press.

ROBINSON, N. M. & ROBINSON, H. B. (1976). *The mentally retarded child.* New York: MaGram-Hill.

RODRIGUES, A. Medina [et al..] (1979*). Antologia da literatura brasileira*: textos comentados, vol. 1. São Paulo: Marco.

ROLNIK, Suely B. (1989). *Cartografia sentimental:* transformações contemporâneas do desejo. São Paulo: Estação Liberdade.

ROLNIK, Suely B. (1993). Pensamento, corpo e devir. Uma perspectiva ético/estético/política no trabalho acadêmico. *Cadernos de Subjetividade,* v. 1, n. 2, São Paulo.

ROLNIK, Suely B. (1996). Lygia Clark e o singular estado de arte sem arte (mimeo).

ROSEN, George (1984). *Da polícia médica à medicina social*: ensaios sobre a história da assistência médica. Rio de Janeiro: Edições Graal.

ROSEN, George (1994). *Uma história da saúde pública.* Tradução Marcos Fernandes da Silva Moreira com a colaboração de José Ruben de Alcântara Bonfim. São Paulo: Hucitec: Editora da Universidade Estadual Paulista; Rio de Janeiro: Associação Brasileira de Pós-Graduação em Saúde Coletiva.

ROSSET, Clément (1989). *A antinatureza:* Elementos para uma filosofia trágica. Traduzido do francês por Getulio Puell. Rio de Janeiro: Espaço e Tempo.

ROUCHE, Michel (1989). O corpo e o coração. Em *História da vida privada, v. 1: do Império Romano ao ano mil.* Organizado por Paul Veyne; tradução de Hildegard Feist. Coleção dirigida por Philippe Ariès e George Duby. São Paulo: Companhia das Letras.

ROUSSEAU, Jean-Jacques (1987) *Do contrato social ou princípios do direito político.* Trad. Lourdes Santos Machado; introduções e notas de Paul Arbousse-Bastide e Lourival Gomes Machado. 4ed. São Paulo: Nova Cultural. (Os Pensadores)

SANT'ANNA, Denise Bernuzzi de [org.] (1995). *Políticas do corpo.* São Paulo: Estação Liberdade.

SANTOS FILHO, Licurgo de Castro (1977). *História geral da medicina brasileira.* São Paulo: HUCITEC, Ed. da Universidade de São Paulo.

SAURET, Marie-Jean. (1998). *O infantil e a estrutura.* Conferências em São Paulo, 29, 30 e 31 de agosto de 1997. São Paulo: Escola Brasileira de Psicanálise.

SCHAFER, Roy (1964). The clinical analysis of affects., *Journal of American Psychoanalitycal Association*, 12:275-299.

SCHAFER, Roy (1976). *A New Language for Psychoanalysis.*, New Haven: Yale Univ. Press.

SCHAFER, Roy (1983). Construction of the psychoanalytic narrative: introduction, *Psychoanal. Contemp. Thought*, 6:403-404.

SCHAFER, Roy (1992). *Retelling a Life: Narration and Dialogue in Psychoanalysis*, New York: BasicBooks/ HarperCollins.

SCHAFER, Roy (1999). Interpreting sex, *Psychoanal. Psychol.*, 16:502-513.

SCHWOB, Marcel (1987). *A cruzada das crianças*. São Paulo: Iluminuras.

SELAIBE, Mara (1989). *Identidade: formação e uso — um estudo a partir da produção da subjetividade capitalística e dos processos de singularização*. São Paulo. Dissertação (Mestrado em Psicologia Clínica) — Pontifícia Universidade Católica de São Paulo.

SHAKESPEARE, William. (1597 [1981]). Romeu e Julieta. Em *Tragédias*. Traduções de F. Carlos de Almeida Cunha Medeiros e Oscar Mendes; sinopses, dados históricos e notas de F. Carlos de Almeida Cunha Medeiros. São Paulo: Abril Cultural.

SHELLEY, Mary [1818] *Frankenstein or the modern Prometheus*. Edited with an introduction and notes by Maurice Hindle, London: Penguin Books, 1992.

SHOHAM, S. Giora (1982). *The mark of CaEm the stigma theory of crime and social deviance*. New York: St. Martin's Press.

SILVERMAN, David (1985). *Qualitative methodology and sociology*. London: Gower Publishing Company Ltd.

SOIFER, R. (1986). *Psicologia da gravidez parto e puerpério*. Porto Alegre: Editora Artes Médicas.

SPIRO, Melford. (1980) Será a família universal?. Em STRAUSS, C.L.; GOUCH, K; SPIRO, M. *A família:* Origem e evolução. Porto Alegre: Editorial Villa Martha.

SPITZ, René A. (1996 [1954]) *O primeiro ano de vida*. Trad. Erothildes Millan Barros da Rocha. São Paulo: Martins Fontes.

STEKEL, W. (1967). *Impotência masculina:* Perturbações psíquics na função sexual do homem. São Paulo: Ed. Mestre Jou.

STERN, Daniel (1991). *Diário de um bebê:* o que seu filho vê, sente e vivencia. Porto Alegre: Artes Médicas

STERN, Daniel (1992). *O mundo interpessoal do bebê*: uma visão a partir da psicanálise da psicologia do desenvolvimento. . Porto Alegre: Artes Médicas, 1992.

STERN, Daniel (1997). *A constelação da maternidade*: o panorama da psicoterapia pais/bebê. . Porto Alegre: Artes Médicas.

SWAIN, G.et. al. (1986). *O Feminino: aproximações*. Rio de Janeiro: Campus.

TARUFFI, Cesare (1881-1894). *Storia della teratologia*. S/ed.

TEIXEIRA-FILHO, Fernando Silva (1993). *Subjetividade estética: o gesto da sensação*. São Paulo. Dissertação (Mestrado em Psicologia Clínica) – Pontifícia Universidade Católica de São Paulo.

TEIXEIRA-FILHO, Fernando Silva (1999). Tatuagens e histórias micropolíticas da pele. *Apresentação em Congresso*.

TEIXEIRA-FILHO, Fernando Silva (2004). *Extrofia vesical*: Orientações para famílias, portadores e profissionais da saúde. São Paulo: Casa do Psicólogo, FAPESP.

VERNANT, J-P; NAQUET, P.V. (1977). *Mito e tragédia na Grécia antiga*. São Paulo: Duas Cidades.

VEYNE, Paul (1989). O Império Romano. Em *História da vida privada, v. 1:* Do Império Romano ao ano mil. Organização de Paul Veyne; tradução de Hildegard Feist. Coleção dirigida por Philippe Ariès e George Duby. São Paulo: Companhia das Letras.

VIGARELLO, Georges (1996). *O limpo e o sujo*: uma história de higiene corporal; tradução Monica Stahel. São Paulo: Martins Fontes.

VRISSIMTZIS, Nikos A. (2002). *Amor, sexo & casamento na Grécia Antiga*. Um guia da vida privada dos gregos antigos. Tradução do grego moderno e notas de Luiz Alberto Machado Cabral; ver. Rosana Citino; ilustr. Gabriela Brioschi. São Paulo: Odysseus.

WILSON, Ian (1988). *The bleeding mind:* an investigation into the mysterious phenomenon of stigmata. London: Paladin, Grafton Books.

WINOGRAD, Monah (1997). Natureza e expressão: o problema do corpo em Freud. Em *Cadernos de subjetividade*. São Paulo, v. 5, n. 2, 2° sem. De 1997.

WITTKOWER, Rudolf (1977). Marvels of the East: a study in the history of monsters. Em Idem. *Allegory and the migration of symbols*. London: Thames and Hudson.

WOLFENSBERGER, W & KURTZ, R. A. (1971). Measurement of parent's perceptions of their children's development. In *Genet. Psych. Mon.*, 83, pp. 3-92 (citado por JORDAN, T. E. *The mentally retarded*. Columbus: Charles E. Merrill, 1976).

WOLFENSBERGER, W (1968) Counseling parents of the retarded. In BAUMEISTER (Ed.) *Mental retardation*. Chicago: Aldine. (citado por JORDAN, T. E. *The mentally retarded*. Columbus: Charles E. Merrill, 1976).

FILMES CITADOS

O PÁSSARO AZUL (The blue bird, 1976). Direção de George Kukor — Filme baseado em obra homônima escrita em 1909 pelo Nobel de Literatura, Maurice Maeterlink, dramaturgo belga. Essa obra foi traduzida para o português por Carlos Drummond de Andrade em 1962. **Sinopse**: À procura do Pássaro Azul saem às crianças Mitil e Tiltil em uma longa viagem, nada convencional. Os dois irmãos recebem a ajuda de uma fada e viajam pelos mundos do passado, do futuro, da saudade e da noite. Durante essa busca, as crianças passam por muitas transformações e conseguem divisar uma nova maneira de encarar a vida.

ONCE WERE WARRIORS (1994). Direção de Lee Tamahari. **Sinopse:** Filme neozealandês que retrata a vida urbana de descendentes da tribo Maori, aborígenes da Austrália. Durante a saga de um casal para se firmar nesta sociedade, retrata-se a alienação, enlouquecimento, envolvimento com drogas e violência urbana destes que já foram soberanos no continente australiano antes da chegada dos ingleses.

A MORTE LHE CAI BEM (Death becomes her, EUA, 1992). **Sinopse:** Uma comédia que conta a história de uma uma famosa atriz egocêntrica (Meryl Streep) rouba de uma aspirante a escritora (Goldie Hawn) o noivo (Bruce Willis) desta, um famoso cirurgião plástico. A noiva rejeitada se torna extremamente complexada e gorda, mas após 14 anos ela lança o livro *Eternamente Jovem* e, na noite de autógrafos, está mais linda do que nunca. Ela despertando a atenção de todos, principalmente da atriz que, sentindo-se cada dia mais velha, acaba indo se consultar com uma mulher sensual, bela e misteriosa (Isabella Rossellini), que tem uma poção da juventude que proporciona resultados inimagináveis. Ao bebê-la ela fica jovem outra vez e descobre que sua rival também é cliente da feiticeira. Inicialmente elas começam a brigar pelo médico, mas logo as duas estão preocupadas e, de certa forma, unidas contra um terrível efeito colateral. Dirigido por Robert Zemeckis (De Volta Para o Futuro) e com Meryl Street, Bruce Willis, Goldie Hawn e Isabella Rossellini no elenco. Vencedor do Oscar de Melhores Efeitos Especiais. (Fonte: site http://adorocinema.cidadeinternet.com.br/)

ENTREVISTA COM O VAMPIRO (Interview with the Vampire: The Vampire Chronicles, EUA, 1994). **Sinopse**: Baseado em livro de Anne Rice, o filme narra a história de um vampiro (Brad Pitt) que, em pleno século XX, concede uma entrevista a um jovem repórter (Christian Slater), contando como foi transformado em uma criatura das trevas pelo vampiro Lestat de Lioncourt (Tom Cruise), na Nova Orleans do século XVIII. Dirigido por Neil Jordan (Traídos pelo desejo) o filme recebeu 2 indicações ao Oscar. (Fonte: site http://adorocinema.cidadeinternet.com.br/)

SIGNATURES OF SOUL – TATOOING. (Geoff Steven) New York [NY]: Filmakers Library, 1984

***YENTL*. (MGM/UA, 1983). Sinopse**: Jovem mulher (Barbra Streisand), na Europa Ocidental da virada do século, se traveste de homem para poder aprender os ensinamentos de Talmude, um privilégio masculino. **Ficha técnica**: *Título Original:* Yentl. *Gênero:* Musical. *Tempo de Duração:* 134 minutos. *Ano de Lançamento (EUA):* 1983. *Estúdio:* MGM. *Distribuição:* MGM. *Direção:* Barbra Streisand. *Roteiro:* Jack Rosenthal e Barbra Streisand, baseado em livro de Isaac Bashevis Singer. *Produção:* Rusty Lemorande e Barbra Streisand. *Música:* Alan Bergman, Marilyn Bergman e Michel Legrand. *Direção de Fotografia:* David Watkin. *Desenho de Produção:* Leslie Tomkins e Roy Walker. *Figurino:* Judy Moorcroft. *Edição:* Terry Rawlings. **Elenco**: Barbra Streisand (Yentl / Anshel). Mandy Patinkin (Avigdor). Robbie Barnett (Zelig). Lynda Baron (Peshe). Allan Corduner (Shimmele). David De Keyser (Rabbi Zalman). Ruth Goring (Esther Rachel). Amy Irving (Hadass). Steven Hill (Pai de Hadass). Doreen Mantle (Sra. Shaemen). (Fonte: site http://adorocinema.cidadeinternet.com.br/)

***THE ELEPHANT MAN* (1980). Sinopse**: A história de John Merrick (John Hurt), um desafortunado cidadão da Inglaterra vitoriana que era portador do caso mais grave de neurofibromatose múltipla registrado, tendo 90% do seu corpo deformado. Esta situação tendia a fazer com que ele passasse toda a sua existência se exibindo em circos de variedades como um monstro. Inicialmente era considerado um débil mental pela sua dificuldade de falar, até que um médico, Frederick Treves (Anthony Hopkins), o descobriu e o levou para um hospital. Lá Merrick se liberou emocionalmente e intelectualmente, além de se mostrar uma pessoa sensível ao extremo, que conseguiu recuperar sua dignidade. Neste momento da sua vida Sra. Kendal (Anne Bancroft), uma grande atriz, foi bem importante para Merrick, que por motivos óbvios tinha um grande problema em ver seu rosto, tanto que no hospital era terminantemente proibido que houvesse qualquer espelho próximo a John. Sra. Kendal soube como poucos fazer Merrick recuperar sua auto-estima, pois ela era realmente uma amiga dele, enquanto alguns membros da sociedade londrina iam visitá-lo só por "estar na moda". Mas por ter dois "anjos da guarda", Treves e Kendal, o drama de Merrick sensibilizou até a coroa britânica, que pediu que Merrick fosse amparado para sempre, pois haviam pessoas que eram contra a sua permanência no hospital, pois ele era um caso incurável. Baseado nas obras de Ashely Montagu. *The elephant man:* a study in human dignity, e de Michael Howell, *True history of the elephant man*: complete & unabridged. **Ficha técnica:** *Título Original:* The Elephant Man. *Gênero:* Drama. *Tempo de Duração:* 118 minutos. *Ano de Lançamento (EUA):* 1980. *Estúdio:* Brooksfilms Inc.. *Distribuição:* Paramount Pictures. *Direção:* David Lynch. *Roteiro:* Christopher De Vore, Eric Bergren e David Lynch, baseado em livro de Sir Frederick Treves e Ashley Montagu. *Produção:* Jonathan Sanger. *Música:* John Morris. *Fotografia:* Freddie Francês. *Desenho de Produção:* Stuart Craig. *Direção de Arte:* Robert Cartwright. *Figurino:* Patricia Norris. *Edição:* Anne V. Coates. *Efeitos Especiais:* Effects Associates Ltd.. **Elenco**: Anthony Hopkins (Dr. Frederick "Freddie" Treves). John Hurt (John Merrick). Anne Bancroft (Sra. Kendal). John Gielgud (Carr Gomm). Freddie Jones (Bytes). Hannah Gordon (Anne Treves). Helen Ryan (Princesa Alex). John Standing (Dr. Fox). Lesley Dunlop (Nora). Phoebe Nicholls (Mãe de John Merrick). Michael Elphick Wendy Hiller. (Fonte: site http://adorocinema.cidadeinternet.com.br/)

SOBRE O AUTOR

Fernando Silva Teixeira Filho é psicólogo, psicanalista, pós-doutor pela Universidade Charles de Gaulle, em Lille, França e professor no Curso de Graduação em Psicologia na Universidade Estadual Paulista, UNESP, campus de Assis, junto ao Departamento de Psicologia Clínica e junto ao programa de Pós-Graduação na mesma universidade. Há tempos vem desenvolvendo um trabalho sobre a questão da estigmatização em diversos campos: clínica psicanalítica, adoção, educação, sexualidade e convívio com pessoas nascidas com condições físicas ditas "especiais". Além de atuar na área acadêmica, milita na campanha de prevenção as DST/HIV-Aids e promoção de cidadania das diversidades sexuais desde 1997. Decorrente deste trabalho fundou em 2000, juntamente com a ajuda de pessoas implicadas no combate à exclusão social de todos aqueles cuja orientação sexual não é considerada socialmente como "normal", a Organização não Governamental (ONG), Núcleo de Estudos e Pesquisas sobre as Sexualidades (NEPS), na qual desenvolve trabalhos de promoção da cidadania para a população de Gueis, Lésbicas, Bissexuais, Travestis, Transexuais e Transgêneros, bem como elabora projetos para o trabalho de Educação Sexual em Instituições Escolares. Atualmente é o dirigente do Grupo de Estudos e Pesquisas sobre as Sexualidades (GEPS), cadastrado no CNPq, pelo qual coordena uma pesquisa na área da sexualidade e violência contra a criança e/ou adolescente — financiada pela Fundação de Amparo e Apoio à Pesquisa do Estado de São Paulo, FAPESP.

Contato: nando@assis.unesp.br